U0126598

能靜居日記

（五）

日記三十七　能靜居記

六月丁未朔日甲寅　陰，夜雨。晨起，祀香如故事。早飯後閱《陽明語錄》一卷。夜，韋柳來，自常
垣

接芳子嫂五月二十日信，作二件
又任侄廷芳月二十日信
又陳小鐵五月二十日信

初二日乙卯　晴

初三日丙辰　陰　倪子彥、李靜軒來，晚飯後送客回來見。易陵人錢傳舒恆來談，寫
子嵩、小娥公函　印泉　馬衡

初四日丁巳　晴　仲六爲錢秀峰共弟一函　勞共鋤如此來談，皆新近事也

初五日戊午　晴　以君送寒衣來，弟九十七　早吉宋衛將來，以存寄一紀　又日理朝訂一
起　杜雨農　芳園山來入，別時十餘來謝　路過來　任來晚　宇根子作　河南

接楊亭初三日信

初六日己未　晴　下午大雨　早不出，守備馬速十月校蹟遞　又衣傳杜雨農少坐

是日奏並押字所擬稿底又署翁為慎餘書底

初七日庚申 晴

初八日辛酉 晴 下午井堂安阿八依 廣州村地方來報村民涉是被因勢傷

人謁見訊詞伊撤回該縣

初九日壬戌 晴 南陽縣謁曰設為傳佛具伊備之餞以飲食究 同署修為各語 下午赴廣州相

驗 偕吳本出西門 直南行四十里宿十里又西南行楊村五里又西南

行于高東南行屯中高村五里 又直南行山西北村北度白河入村五里

又南行野澤過白陽嶺 至白陽村北五里 又西行並南至了小村

約七里又西南行五廣州村約六里時已上燈

補入屍

初十日癸亥 晴下午雨 察伊北早不畢 赴縣公事

視印 午正擬稿 下午文月字來謹信安詳

十一日甲子 晴 早未飯曰理詞訟一起 印稿 下午

信稿並請同安詢

十二日乙丑晴 下午大風 馮[illegible]來自京都 楊子同行 相約六條里 信之未也

問 姜穆齋來 [illegible] 途次見楊子 乃以別已六年矣 [illegible]鬚髮[illegible]

容色蒼[illegible] 乃[illegible] 相[illegible]譚 向[illegible]

接家函 四月十三、五月初一作

又寄[illegible]四月初三日作

又[illegible]五月廿二日作

又[illegible]仲 五月廿六日作

又周鶴甫五月廿六日作

又[illegible] 初九日作

十三日丙寅晴 下午謁楊子 [illegible] 談久

十四日丁卯晴

接李少石十二、十三日作

十五日戊辰晴 [illegible] 早[illegible] 下晡[illegible]中 又

[illegible]日理詞作一記

十六日己巳晴　●晚再訪陳謂秀業並放舟接又訊自理詞訟勸明詩事步

十七日庚午晴　寫寶尼作　試筆十九袁示枚亭　四幅作　六幅作　郎伴性明作　合壽

不作詩廿八篇

十八日辛未陰　寫詞二尾　十九袁示枚亭　酬吳兒作　再寫寬作　古山姆作　寫寫送　銀三百兩

替奴婢作　十九袁示枚亭　下午再書寫詞九幅聯三紙　題樹亭種校修書尾箴

與陳德同序馮聯生都返　子謹來寫對　寫聯十作寫家扇頭擬聯　十九袁示枚亭

十九日壬申晴　下午雨　鄭作此送楊亭行於東郊送別亭　先府君忌設供

二十日癸酉大雨

二十一日甲戌晴　早至訊自理詞訟二起又覆訊賊犯追賊一起

二十二日乙亥晴　先府君誕設祭　律五陸臣芳等來見　以壽指書院經費西千

千壽倉經費二千　千邀諸伴等使館留也

接逢示信　信

又壽步石二千作

二十三日丙子　下午大雨　信個屏山於大新廟　接青來別也　觴諸友於樓

餘書尾　下午至馬祖廟拈香　如昨年　昔曾知園雨未有呈詞

二十四日丁丑 晴 畢畫訊自埋詞記二題 均佳 季雨自由倩回物

二十五日戊寅 晴 擬直省輿圖凡例七則

二十六日己卯 晴 題陳小鐵綏邊輿圖卷五古一首

二十七日庚辰 晴 寄李少荃作[illegible]書 [illegible]

題陳小鐵太守紀綏安輿圖

二十七日庚辰晴（是日阿姪三年忌）早寄汛自隱詞稿一册阿姪又寄汛郡（函寄詞信並阿姪四了稿）並阿文稿 寫李少石信（寄還五無）共眷 陸少鐵信 寫蓋寧硯圖 陳鶴亭信 今哉 萬子

魏信吉光裘（交戴詢信）晚寄汛自隱詞記二册阿姪

二十八日辛巳大雨 下午寄姚禹看生詞

二十九日壬午大雨如注 猶日夜不停 與去年相仿（幕了之樣）夜不能卧

七月癸未朔　日紅如赤，甚熱，夜雨。夜臥不安，未明即起，撰了又廉（？）書畫，致（？）沈尚（？）

水阻，談應人役皆不得也，雨止。本年春夏兩水調勻，禾稼甚茂，亦

民之有年也，蘇州之神漲霖為害，惜也，吾鄉下游時際（？）圍岸者何（？）　先妣忌

証智（？）

初二甲申　雨止，聞雷，閃，仍陰，兩（？）晚雨。考（？）圖畫為撿書，步（？）少坐，當（？）傳（？）詞（？）

合（？）居依下吾飯甚（？）愈（？）

初三乙酉　晴。到東（？）隨宿課生文（？），邵君樹寬門（？）予宴夜話詩篇（？），長亭觀户壁

鄰（？）陵立（？）文節（？）為之題（？）行之，詩篇（？）極傳（？）雲龍也，古字頗似大宅寫予為試

以題為贈，自擬兩首長七律，予篤（？）寒（？）在查（？）看，兩湾情形，又予篆序之

園（？）通署予（？）與（？）把（？）又（？）悉（？）查（？）閱命（？）楚（？）年，澂諸龍（？）秀并像贈（？）椒（？）　下午卧

壺（？）笑（？）詞二紙（？）對一紙

初四丙戌　晴。立秋，薦瓜果於祠堂。寫了字（？）無（？）行（？），茚（？）夢（？）人（？）

初五丁亥　晴，午間微雨。孫（？）楞（？）文（？）葉（？）茗（？）稼（？）陵，福久（？）予（？）郵（？）寄（？）修（？）田（？）郎（？）山（？）飲（？）飲，午（？）集（？）中

賀（？）

接閏五月廿七日信

又壽五石六月廿五日信

初六日戊子晴 遣車接內眷與甥婦諸姪御村祓禊水全村沖去 老母高年三弟條率

未遂求稀爲罣慮 下船停泊前不可向矣 又寄函請名醫來接看一切

看信在杭老椎未就序翊共直羅置庭階樹與之觀

初七日己丑晴午後雨 早起讀日課詞作一題兩截 寫聯八副信 即答方林

初八日庚寅晴午後雨 理了書畫收了病後之光三日

初九日辛卯陰時見日色 夜漏大雨 悉照作函 豁生旋自書壇

接姪兒六月廿四日信

二又寄函六月初六日信

初十日壬辰晴 薄雨即止 寫聯墨信 寄六舍 賣廿石 今年御信 撝叔 高郵御信 撝叔 匆辭

信 聞日界隣 晨 之函信 撝叔 季弟又信去人 暑

十一日癸巳晴 日午大風雨即止 稱手寫白信回書 寫陽湖信 十二日示禮 形仲之信 寫信得深

葛家 二十八日 五日讀書未全寫 李元節 一萬萬解放 祠 [illegible]

十二日甲午晴 紳士陳昂雲等來見 久譚 時余將偕後郡各商務芳事也

十三日乙未晴 夜月甚皎 與客倚床承裝再還不成 記究 更賦親以為自東賓六年陶記

十四日丙申晴 早起讀自選詞作一記御樣 物皆 令甫見第二次 鬼臺者不知限界為何

十五日丁酉晴 黎明起 往香山游 手拜果登北城一眺 千山萬壑四羊 秋氣滿中丘 為人流連忘反 守寅見信 即答 附白清宮天津封寄 葉安林信 全上 特山坊信 楚林

任逸山信 十六暑 李人 黃西橋信 陳小鐵信 十六日寄 子載訪信

十六日戊戌晴 過騰雲旋 郡內遺書 讀備信 戴詞臣旋省

十七日己亥雨

十八日庚子晴

十九日辛丑陰雨

二十日壬寅晴 早起讀自選詞話二紀 作一記

二十一日癸卯晴 守寅見信 即答 附白清宮天津封寄

接六弟六月山二信

二十二日甲辰晴

二十三日乙巳晴 劉訪申來 談久譚 山長

二十六日丙午 晴 答候劉瑯之未值

二十七日丁未 晴 招劉瑯之、屠偉士、陳稼香、萬頤香、趙海楊、竹樵、陸問齋、魯伯御飲 陸稼香、趙海樵未到 至千頃

二十八日戊申 晴

二十九日己酉 晴 津水令張菊潭來見久譚 下午答候未值

二十日庚戌 晴雨雜霽 下午外孝筆詞三疊

接梘亭初十日信

又孝如廿一日信

二十九日辛亥 晴 寄梘亭無錫信 印晉 寄廣韶寄 招如招作 仝上 子實光信 姑蘇

薩安村信 印晉 寄廣韶州信 傅晚琚廷亭 保泰、徐柳堂 邊韓山、沈佳琳多福來索聯

佐英軒 行宮南從以借書陵館

接蓉如 信

又陳小穌十七日信

三十日壬子 晴 早奉章氏捐役 答候張廷亭、徐柳堂以感冒而稿底雨

八月乙酉朔日癸丑晴　夜雨　晨起入香分拈事　早膳後自陵司行禮二記即歸

下午詣安所行宮偕壽堂勘估工程　出西門繞行過廠城約三里許

至廠城相城誌壽勘得土垣直路至高臺　但頹廢之年不可考矣　今昔省府

刺史張孝思修葺若干山亭碑一刊於明時已至今仍存　御製詩碑不可讀　行

宮建於乾隆四年　皇上謁　陵經過駐蹕之所　殿宇雖止二層園廊

迴環門道開廣有石橋有池松檜亦蔚然佳橋好亭湖景物色可喜矣

初二日甲寅雨　偕張照亭往柳堂久談　子理自易州　夜觀孝女繡幛

讀書　撰成寫扇為湘帆侍郎寫扇一把又題自撰詞一紙即歸

撰成山賦四首二十九行

又寫講義五首　小楷

初三日乙卯晴　早寄海軒書　陸寶謀觀書豈無　昨晝長之杜詩稿書稿之楷

詩稿寫成幾繕月稿　辛卯地山異書寫之季不求見節詩稿讀律部中

一點燈　古今當年今古事　宮殿異田陵張照亭　辛丑讀書自微

初四日丙辰晴　律士王振家五相語　莊給事到　來見　下午吾偕王振家五來晤　晚寄張又卿

秋菁

初五日丁巳晴 五鼓起詣 文廟秋祭 天明禮畢返寓 韓濤青旋返如下

午後張熙亭偕胡琢庵來候 久談

初六日戊午晴 黎明起詣 社稷壇秋祭 予謹都門祈雨事今日了結 共得三大

二十一史 純本朱子 御覽 宣講經解 暨廣東續經解 江蘇詩徵 廿二史

劄記 又新編釋 學海堂志 竟來兩事刻本 廿二史攷異 十七史商榷 筆記 罷七種

下午張熙亭等來 久談 寄張侍郎函 茶

初七日己未晴 夜張熙亭來候 辭行 三鼓 南方

初八日庚申 候張熙亭送行 至書院 會諸紳士 諸仍志事 下午回 寓

李中堂信 初九發 又陳伯潛信 全發 勿遲 寄得信

初九日辛酉晴 早書 應試 諸鄉 第一 又自伊詞 記二紀 均得 寄季少石信 發

又作復侃信 全上

初十日壬戌晴 黎明起 赴文昌祠秋祭 禮畢返寓 韓慕蘧 寶侍 自都門來候

久談 下午相晤 持贈 季雨日 歸日返

十一日癸亥晴　早赴研白理詞擬一題即擬　孝侯擊怠甃不直　午刻擬急甃

飯後雨少歇同庵來剃殺　予譚大都小試

擬魏邨仲長自廿五首作

又羅昌陵冬丁七月廿三首作

十二日甲子晴　遊東陵坤宋韋詩重定宋陵月謀李精華刺徑三首歌延　莫程

先零消除恭忌謁墓　字任節院作十三首聖安　查督　四英申承慈不饑作金豈

擬李少府初四作　字張詩陶二首作府蔡　和李上二

又張詩陶兩初作

十三日乙丑晴　學院謁閑神祠拈筌六部車　查僻和嘉領句　下午舟自亭村

侯又讓　升老六宋詞三疑疑恩

十四日丙寅晴

擬杜筱臣初四作

十五日丁卯舊蓄　學院起小香山將車　徐柳塘來賀節

擬吳寶貴十四作

十六日戊辰晴 晨訊盜案一起 李方隆偕文來譚

十七日己巳晴 晨訊盜案一起 寄任筱沅信 即日書寄去 李少石信全恭 午刻送

新進文生入學謁 聖廟 於明倫堂 謁三門道 律士王蔣蔚山 偕唐湖

李見少譚久 新生來謁未見

十八日庚午晴 寄子清信 即書寄去 下午訪李季何不遇

十九日辛未晴 晨訊盜案一起 早食後訊自理詞訟一起即歸 五曾祖妣

薦安今忌致奠

接馮瑞生七月作 張清爵十七日作

二十日壬申晴 寄張清爵信 即書和寄去 酉錄藤自省垣

接李少石十九日作

又任筱沅十四日作

又黃子壽 信

二十一日癸酉陰 夜雷雨 秋分 午刻合祀 先祖考妣于行祠 申刻与家人

及親串者 餞 解行客 偕理工貿 委員戴重高 直隸州判 聊城館陶人 來候

二十二日甲戌 晴 陰雲 李行寶家具老魚留寓鴻年 桂林 李九 孝侯讌

碧雲人語不晴

二十三日乙亥 晴 下午雷雨旋止 早去汎自理詞訟一概即結 午去汎自理

詞訟一概即結 西更遠 今有信豫函家信 今者城鄉紳士凡二十餘人來

下午發燭(?)

二十四日丙子 晴 下午雨 是日換戴煖帽

接薛安林十月初七日信

二十五日丁丑 晴 寫伯石(?)信 又信 鄧博(?)人 李少石信 黃子壽信 又信 張島(?)

几信 即寄(?) 奏遵(?)信 ……

二十六日戊寅 晴 西風甚厲 今年秋冬比歷以來皆紛御襖衣 今將換綿 寒暑乖表(?)

卯今(?) 聞日子歸作雨 豫生以憂疾旋亮 六日作故 為之惋悼不已

接子讓 手下信

二十七日己卯 陰 雨寒(?) 午去汎自理詞訟一概即結 擬擇日分赴各鄉勸

二十八日庚辰 晴 觀(?)…

二十九日辛丑晴 五世祖恒宜府君忌辰設祭

元寺畢 晚詣訊自理詞訟一起回寓 請幼舫南士韓濤霽 正齋

稿日暮午 夜轉張迎亭徐柳春蘇頌韓凌霽三枝那錄

搖任挽出二十五日作

九月庚戌朔日辛晴　君毅約行香子二首　新安李文戴聯翩來使少讀

初二日壬子晴　早李珠理南平花雨如　讀[illegible]而二首等作　寫張濟民作

丙昔
二首王也

搖子殘八月　作

又張詩盡百首作

和十三日癸未作　早李珠日理詞誌二卷閱　寫張佐民作

二首
子人

搖李年堂八月　作

又李少石八月芝花雨作

又萬子歎和四月作

初三日甲寅晴　赴書院宜課生文時學為講說之而則詩錄　秋光岸西野人家

乃先字萬子覺習之課詩錄　秋菊落英匯田園子學習　龍山落帽

城九日雙待在錄達風七律一　書院課試加經先集　於詩錄鐵場自東下

為好　下午歸院

初四日乙卯晴　寫扶山作

丙暮
二李雨暮自溪田赴宴

是夜部自清風來

初五日丙戌晴　辰刻早飯畢　赴　良鄉為清鎮接生留茶陪同庭議

紫荊關參將祥陪　守備張金升　及諸武弁　未刻過　順過安陽門　宣霍候繚

御總尹溥

初六日丁亥晴　連日微有恙

初七日戊子晴

初八日己丑晴　傍晚　泰寧鎮中軍游擊文月亭恆來候　言左右兩

營兵丁因請餉倡作　倍營府傍直衝署鼓譟辱罵張隊千總田德傅圍

泰寧鎮署　請鎮出　即委罪不服　擬將軍首　孫開火藥年

未免群衆戕揚遯示　三事史一請將田德傅作事　其二將鎮如為

查訪營將便靜斯其之將向加申傍館春為秋三季米石為二

事請轉乞三刻照辦撫文本所商隊未不一處　余以恩軍情無動

西陵若措揚混亦不誤揭福地亦為一勝所本端成語言要諸知不利遂許之

許之　文報再考

初九日庚寅晴　清苑文游擊復來候　訂定明日即為還米　辰刻起行

初稿疑 並不曾定以王子為 年劃選擇的將兵為高等軍應文職

督即[illegible]將兵國向來不奉文也 如中之意將軍[illegible]諭筆何

州中進行大夜可以舉事矣 清總為人督府[illegible]公事的從其妥出陳

于頂拔一馬新其妥亦便僕歸出外過未諭軍以久已不服今年專陵夷

請借的倚陛[illegible]身奉誠成戶部而南月又為傳幷即專而後與將兵隨費

近照二艇撥撥 八旗借書以年頌後守之政大臣宗室公並清總出奏 付等

因其傳說此（兵丁決不肯從其借府）情事行年擬擬派人也不發兵母陛下並棟手遂未允許八月初一

日八旗仍因前此疏要求不殺不得已許之此奏摺之出保業隨將摸分徒費

清總讀待專人之言不許伊今其竟以為八旗出費母既可嫁也之為不能

獨取保其事[illegible]專守其利乃（[illegible]）誣郭以八旗違旨而得奉旨殺軍

王國為清總所誤後悔無及彼之叙議張向久有前來未作即和七嘆大將機

中軍亦極苦中事亦和姓說陛田總清至重風地見兵士皆叙不殺而向擇忠將

竟為隊強乞恩因而也特總大為[illegible][illegible]何之為隊強特露私恐清實執筆

前也呼呼為地四見事務忠逃之內務府[illegible]等大將[illegible]門[illegible]也[illegible]持[illegible]

（學）將因恨怨而忘之撇殺過於鉅偏而不肯積和人民群眾能容兼

鏡為今宣傳為孫總理之所畏懼為黨務不可過急於撥軍隊事

（綜機關）復非外人所奪~~軍事黨~~侵軍事人人敢三跪求中軍事官府同外對待遊行

（目下已決佈軍事分佈事日須奏呈）

三事清結一一之從~~軍事中央~~有內政自然可以方肯微撤上海長江事

政府今世軍事化（心得初不化）律為正當政此外事政而事事竭力多軍事出掌目

救窮救難救國事　惟有努力報恩

初十日辛丑晴　五更起祝朱孝人延醫　兌妻此皆補給　蓋為文化加攝進

來

十一日壬寅晴　下午同海渡河來往知宣見之誓與新婦陪同孫來蜀擬以

（因送奉也了）　安排之返室見事

十二日癸卯晴　早起撥日陳詞誓上紀功德　下午寅見平安歸送孫男高

民孫女陪同國民暑假回　天神上蒼佑　保家四總令家平安團聚（全年）

新四年即見我拜且甚歎了我家門重振情奉仕宦吾家數世均未享

此厚福自於菲薄言苟平才德不知何以得此　惟有寸心感勵　萬矣隨地為

接四姊八月十八日信
又六姊閏初十日作
又　九弟閏十六日作
又西宮姪閏初六日作二日一子又殤
又吾兄兵弟閏十七日作
又叔如四姪閏初八日作
又叔彥閏初十日作
又李姪女秀娥八月十三日作
又陳甥女後嫁閏　作
又船仙閏十六日作
又向生閏　作
二十日甲午晴　陳弢菴 寄還男家人旋鐵未明　下午升舍出詞之藏
接粵廊九姪八月初十日作

十四日乙未晴　早過楓自理詞訂二紀借一紀
張自亭八月十六日信　雅有初六後之子長慶官侯陳姻氏女為婦
又李少石十一日信　言陸佃遊記[illegible]所寄陽卿新墨廣[illegible]弟[illegible]情形
十五日丙申　陰[illegible]寄孫記鈐事件[illegible]事、函壽[illegible]家祿[illegible]以舍家圖記楚香
詢天四情形等事　屬其親取紀　天禮再收以畢山印自取薪
那根寄函出　寄李少石信十八號 寄去　李少石信十八號 寄去
客有一件及藥材等十八號 託葉林
十六日丁酉　晴　寄照生信　寄親友十兩　又取糧草寄八十二兩　托將楠推兩件　上廟松亭信　子卿
九條信　寄函　親友兩　找山根信　子寄之信　寄葉信二十兩　親鄉仰信
寄沙楊亦二兩　託十八號 交葉林
十七日戊戌　晴　陰　早過楓自理詞訂交楊伯信　寄熱家勝信　寄函信　寄信五十兩
寄劉閣生信　寄文亦寄銀五十兩　載子高信　寄銀二十兩　歐嵩堤信　紙
付　託十八號 交葉林
十八日己亥晴　安林南旋、送其行

梅子譚少作

又少石十五歳作

十九日庚子 雲 寄吉甫石作 蓴子君作 任伯民作 二十四歳之

二十日辛丑 晴 早晨訊自理詞訟二紙折掛 待中收派割據表見

梅子譚十六歳作

二十一日壬寅 晴

二十二日癸卯 晴

二十三日甲辰 晴 下午訪吉逸明謙伸士商借志存典後子書震年手 借照過

二十四日乙巳 晴 早晨訊自理詞訟四紙 批二紙

又任伯民二十一歳作

二十五日丙午 晴 早晨訊自理詞訟二紙折掛 晚間把蕭上館

二十六日丁未 晴 早晨訊自理詞訟三紙折掛

二十七日戊申 晴 寄子澤信 寄書辦兩書找表册 又壬申冬 戌刻得第二孫女 壬申庚戌 戊申壬戌

二十八日己酉 晴 園公趨省 巳刻 觀器 午刻 渡雲州 申刻 還村 住宿

二十九日庚戌晴頗寒 早起遍村與中梅擬求名稿 巳刻至翰村出 申
刻至省寓雨家切問唐卅五 候少石久談晚飯後候子嘉久談 二鼓返寓
三十日辛亥晴 謁節師悉惺齋久談 又至嘉頌先招孫少譚 倦作書復人
譚至蓮龕 候丁葆蘇陳杉泉 [illegible] 嘉與國家年人佳[illegible] 吳調卿[illegible]
卿作陰撐督 入內而午飯畢 後候陳小鐵 [illegible] 久談 時病未[illegible]
而出又候家教家直寓 至[illegible]赴 子嘉招飲同[illegible]至 二鼓散

十月辛亥朔日壬子晴　吳天章來答候少詩到　賀(遠寄)郵寄畢　即降作稿寄
霽厓詩略寄懷一則　不能自已殊自負來商之主賓少詩不允　未初出門
未初發書十分中不辦理而來　題宅　遂往未刻來　因訂之畢
侯往於世各譚(予侯府內不久譚)手僕錢昌山久譚觀眾人字畫熱潰　予侯往後之際晚飯
即之坡稿遊錢昌山來請(侯)陸包山山水卷一幅徐青藤字新羅山人梅花
蔭甫孫山水西稿之物
初二日癸丑晴　侯諸門賓數十家　晉午下去看子番久譚撒遣寶兒至府陪村飯
之門詩前介後(侯往恭候久譚)年刻田錦李少石桂馥之高諸君亦往來之室在下午散
燈陸錢園遊佳僕來之後過少石來飯　少穎婦來
初三日甲寅晴　侯往撫山少譚　又往家慕之西莊池邊　若徵飲藕錢行時歸
撫雨頭之佳遊　燕遊子番少不得之宮作陪　十刻入座　申刻散　遊子石下
昌山家來書不果
初四日乙卯晴(經和歎)　少方以未詣會謂辭別久譚　候少石久譚年飯時候舒錢
少譚　候少錢久譚　即錢昌山來遊少石　即來畫後取安業亦前蓋

祿泉 示李復八水仙鐵箋石竹詩鐵庵佛象並一幅篆聯五幅細字七十八張

晚訪陳偉堂招飲同席黃子壽任筱沅李少石楊松泉劉景韓二枝殘

晤

初四日丙辰雪 早起作復家書寄去 遣叢兒寄歸陳松泉陸偉堂蔣硯田

石下拜韓寅卿作周星台戴卿作蔣衍同葉再同飲 陸偉堂約不來 申刻

偕劉鄧翁偕隨飲同客李少石楊偉甫二枝返寓

初五日丁巳晴 早起遣行李先行 下午過候松泉訂寶與事相送託其令子

壽泉少濂 即行已刻出昌拉門 未刻到劉村來因劉明進村宿

雜寫逸 初六午

又至鄆和西 初五雨行

又至濟 林日如年行

又過士貞先生 甘 少作

初六日戊午晴 早發 進村已過 陵下 州年扶家

初七日己未 早發 風寒 陳沃孫李介茁篆 題文李振(?) 沈樂 書 陸度魏 壽其國 學 釋和 為之

前月廿六日畢祥和持伊據入城錦陽信常白竊牛死亡之即日訪題之

新生城東門三里弓村七里南家坡二里張家莊午刻已被由新縣事返

葬之字子譯作寄人 和書

初九日庚申晴 閱案 御史赤承 早堂訊自陞詞訊一報所將文齋送作一把 即禮

僑子李蘆知來界

初十日辛酉晴 慈寧宮萬壽子 二十五分 五殺到閣之奇排 辭望大后為

萬也 翰林羅春事作修門祥安行 寓子嘉作 少石作 薛以作十二恭寄人

十一日壬戌晴 寓如雅作十二恭 馬遠 律七畢子明仕傭日正莊張家寄人來也

十二日癸亥晴 閱御捕知 異行莊寄伯下世萬一 陸續不已 今年一丑閱壺瓶

知二舊閱雲急聽世旨 其意以解脫了邪 蕭壽依馬信程 寄萬程習隱來也

十三日甲子晴 工刻下書院 日保士生文報 因民之所和為利 一石 又訪思封報 松嶺兔額

傳作省見窗字 三年郎母、 又所召族萬說郎 要誠鉅寄秋兔 言毛 得松之

古學報 為之至中分 會郎華西版信稿文 英少詳 下卯外 崇案

●詞八絲邀一夜 西囿鄉水墓嶺地寄李揭來指村民李閏 自住月九 印訊收

然擬山白詩題 括帥伊云 日 少侯 另寄小詩與某令極來也

十四日乙丑，晴。子禮自都門來，出陶元泰遺丁相報其尊人於九月二十八日去世，痛哉

痛哉！驚悼失措，即為書慰禮卿先生，並託恕物靜之函。是月初四日猶復函來，不

二十六日酉刻，閱其函，痰氣中脱，用藥無效，至二十七日申刻，神思昏瞀，二

十八日酉刻遽逝。君平生性好遊，蓄疑懦怯，不求聞達，而所行甚粹，乃竟仕未免

年，以醉未過，諸稱窮官，海外不振，竟於此時，所可傷可傷，遺孤四人，長

甫十齡，情懷甚為家學一樣，未知如何，府白官遺下者，如此終世之累耶！

早上書說，自理詞訟，寄理林，又寄□□，致壽之方伯物靜文一首。

又致河南藩寶孫老壽之方伯物靜文

同治十有一年歲在壬申閏□十月壬子朔越四日丙寅，直隸布政使孫觀，謹以嘉肴清酌之奠

謹致祭皇何陳奉政大夫河南藩寶孫知府壽之方君物靜之靈曰

十五日丙寅晴，下午復大風（夜）。黎明飯，從寺右坡下，正南有洞穿石崖，霧東緣而宗僕子

靜聞候余別所，飯畢，正西覆行，北冰崖峽相隨，由東行四十里，至唐家村

以覓舖為行館。寶元徵師偕。即書院，寶慶府人，[illegible]

十六日丁卯晴。出寺起飯畢，辰初二刻，乃從西南行，出唐湘南門，西趨九山至南

不遠，西登殿山，蓋山峰稍平，峻嶺三年，一殿北過矣。因度一橋，橋下有水，西流入灌河，為

五里至楊林庵，後又西南一山之麓，三石峰攢崎，中一寶塔殿，土人稱之為寶嚴山。

（山北自崇又名日向）廟城祖諸雜勇地，初月平安彝所寓也。後西南行四里，為安村，寶蓋山西至此村

南盡。又西南行五里，抵北村，行為河，即靈河，從行舟而渡也，至此村南之

傍寶蓋寺山之。又東過唐湘（村為）下，入安南境。又西南行三里，至林家村。又一溪小南七里抵山（唐灌河上流，北[illegible]）

北村（此寺許[illegible]），時已正初刻。餐畢，從其寺右行，復來少休。自唐湘至此二十餘里，西南

循此山足行，遙望此山而盡。二十里外，山峰（層疊）簇疊，如鋒若山，鋸者如花萼、聚攢

未有若立解二指上指空中者，如浮圖所未相接者，如屏立丹所見，銀冰之形矣。

閬山北有姓之地，最高為閬，道旁土人皆云路遠，要馬不前，乃和之刻[illegible]南

行少西橫轉四頭山之。四里至山南村，云山南山北者皆為，是山何處也，村西一澗流出殘

深摔際之來自其山諸小洞下入，徐仍從之，遂上嶺西一里稍下，瀾為霧溪
峽，仍自北逾山南，復西南行三里，過山村，路北從嶺，又西南行五里，至松山村
時午正一刻，出飯於氏家，久坐對飯之，又三里至三家，隨抵山下三家棋盤之北，上嶺
方右轉，棋盤所。自棋山西行，循其麓，里而北，下頂，復上嶺里，從路石下隙行，其北峰
三辰，路少東，出石下，往出名石，出岩，申未正一刻，過行，隨阿稅洞中，沙石之峰下
步，尚隨以過，五里，抵獨木村，在水南山隈，山皆陡峰，出江中，洞深，溪旁之泉，從之下
境，出後不可以至。又五里，至眾木莊，度水北，又五里，至東村，則為進行，石底少北，度一嶺
約七里，抵南隴頭館，宿於蕭主翁，姓李，陳
十一日戊辰，晴。五鼓起，飯，即早飯畢，行，自東西水之南，七八里，山漸高，不可過，土人以南
北隘，嶺上下多門，出村南度一水，自西南大山中來，合入澗，水皆由土窟於深門山崖中
後嶺又有度，北水所過，水至峽，展氏僅兩家，則峰北里重相隔，遂自鏡臺轉上西
記，辰正二刻，前隨已初三刻，隨畢，從王翁雖全生提起宅家，即過，已正三刻，至南
館，抵棋盤，青合山畢，會路棋盤，向度大土人，復仍以棋盤行，而箭興，高下
山村相候，午正初刻，就南館，順林門度，從水一里許，出北陰行東北，入山峽峰，其度二

大嶺下瞰水墜，即見坑陷，又峙一嶺，蹐其東北，匯有山氏，結茅種地，形此為田，下(霧?)

休。詢上坡路，徑別五談矣。當從西脊墜上，當可登陟，其往返僅二十里。若由此上嶺，雖少近

而墜絕有闕，舁小道，藤石攀附，人扶掖於巖，不可窮矣。舟三戒勿往，余視時已晚，遂從

人嶺前，即又行，身不可久蹲，出外，畫卻無所止，僅以遠鏡仰視峯頂，少下有祠宇

，閣向東，外倚古樹，五人云即披盤石行去。主人久留，吃飯，轉行東向，度嶺下山，循五里，下至家所宿

子居民寥寥，共數家，復東行五里，下南墓山村，復東行，繳北，約七里，下山，共村宿，主人老嫗，真異矣。

時寓石利劉

十四日晴。五鼓起，飯，雞甫鳴，開龍門，騰去此不遠，余遂從路，從新安所若山北村東

南行，從四里山道。三里，下沙河村，遂以直南五里，取路循水東岸，下龍門，循水南

嶺，隨行山中，其下平闊，廣以行。下其兩岸，陸東岸，石有水相接，四五

西行水行，益寬，石勇勢，龍門，其上蒔樹（?）許，夾石崖，流，其水為之一束，橋下一

出石，東岸東，巖向水，急流石，觸水相激，時聲搖山谷，其勢甚奇，東岸高崖，石盡

共路，余所憩以觀路，曲折，下，得小憩，修文，南下環過，時東水已闊，不得達，大

石下水，溪流激石作浪，山雪，其奇可觀，景甚顯，而石橋天然，如此，過之，土人指之

在西橋下為正門，在東為偏門，兩隙水漲時上游沖下，人言恐有損，不如自東正門下以為

神索之案，見水勢正對橋門，而在東一流四無危害（收勢稍緩四），[illegible]使然，所言極是也。三官

久後橋壓似難問，直南約三四里至水峪村龍王廟，有上下龍潭，在廟北，水甚（清）在

陳潭下，凡二級，相距數十武。至廟祀龍神畢，少憩，時已巳正二刻，行數里過河

河村，北為李村，行五里至林家村，（因路）武營安楊林以下，率湖北雅廣等，時（雨）畢，祀合畢，就早在

查閱驛丞仲士祖，姓王，姓李，見閱畢即行，日晨時過向陽村，略識見綏山數峯，今日宿甚[illegible]

二枝[illegible]到即午過已驛，時日雜作，寄兩家[illegible]

接旨，賞九月初四日信，為寄[illegible]人眼[illegible]

又張傳爲十二日信

十九日庚午晴　湯子晉（寅江[illegible]人，流寓[illegible]　山西[illegible]）來謁　徐柳塘來，少談

接子壽信

又馬雁卿廿八日、初五日信

二十日辛未晴　楊子蕃來，少談

二十一日壬申晴　夜[illegible]

二十二日癸酉晴　晚查秋白理詞話一記　寫字兩件　又作篠江信　附冊三卷

接伯篠江五月十九日信

二十三日甲戌晴　下午到書院　理諸生課　請閱卷　翰山人為作此集題跋　又齊侯湯子壽石碑

還署　升堂訪孟表　成送柳十三之詩一首

手中書來

送柳十三之南川

清才偉度擅文思。千里離家聚首有豈。只依孔聚明白之。惟此絕拜半生知。為

帆檣海陸龍飛。長轂蓬瀛驟騁馳。莫築蓬雲飛塞之。一尊為與壽忘期。

二十四日乙亥晴　晨設蘸筆有感　題幾已刻　出車送至門外　揚錢盟

二十五日丙子晴　早查秋白理詞話一段印歸

接李如蘭二十日信

二十六日丁丑晴　寫古足所作　張儒為作　胡此山篆　不足憾　下午作柳德來未晤

接元徵書　九帥初十日信　已同初移補函　請為繫于佛

二十七日戊寅雪　遣更物入都　訪廷鏡師　友世諸寓寺　早查良函　查侯柳陳

晤孫安圃 行宮五泓華屋戴[illegible]年名謨工程已[illegible]八年新[illegible]功

偕雲卿步頤[illegible]看後[illegible]樹皮斬止猶餘一寸餘 實見之歸告安圃見名之曰[illegible]

二十八日己卯 陰 寒 夜大風

接任筱沅二十五日作

又黃子壽 作

又任侄廿二、十七作

又陸寵 作

● 雲卿和憶卿 十三秀才

江南花柳明年發 塞北風霜此際多 卻憶西舟湖水上 衛寒[illegible]

意如何

二十九日庚辰 晴 寒 早雲飛 自理詞訟一紀 王[illegible]傳紀 午後[illegible]久

濡擬指費為伊[illegible]兵巴旋精費入以答陽[illegible]也

三十日辛巳 晴 暖甚風 拿蘇逸雅一紀 [illegible]

十一月壬子朔日壬午晴　照例祀於書院祠　早課諷自理筆二紙　又抄諷旧體字帖
追憶舊作柳黃素二紙　錄柳黃素詩　晚看比丘遲陸務夜
初二日癸未晴　下午往滬　巳刻赴國民黨莊候清銘久談　午刻西泉抄南名（圈）申刻持
署　寄李少丞信　復吳作　寄杜鶴子信　復山民信　寄寂齋一詩　寄人（初三發）　寄元
徵師信（初三發）　謝瀾洲信　子評作寄贈二方全（初三發）　語作一筆定事
初三日甲申晴　早課諷自理詞記二紙　下午抄李笙詞二葉　寄任筱沅作寄七十鍚
宋梅生二詩（初四發　寄馬）
振孟庚十月三十日信　寄李浮詩文選一部（即陶氏寄吳欣梅老後陳光先生）　又寄林玉霞一部　又十七日半洋元一部
十七日洋寄任　天祿琳瑯書目初半還　朱翁（內府和蘇堤夜）　唐詩皆以全套點了上白虎一部
又此林十月初五日信
初四日乙酉晴
初五日丙戌晴　還昌邊和寅蘇君早分上下　早課寫清明節集一紙　又錄自理詞詩
二紙　西方平分送
初六日丁亥晴　還曾旦抄首免成陸和雲也　寄王壽信　寄杜鶴子信　復常
信　丁抄蘇作　抄即春　未寫了　王……作……（初八發）

初七日戊子陰 寄孟慈信 [illegible]

初八日己丑晴 [illegible]中丞來函

接[illegible]弟十月十七日信 已委[illegible]寄去也

初九日庚寅晴 早[illegible]自理詞訟 三起[illegible] 又[illegible]寄[illegible]來[illegible] [illegible]士陳[illegible]

[illegible]又久譚[illegible]事也

接寶兒初七日來書 知其已到保定

又四嫂十月[illegible]信

又子[illegible]十月初十日信 收[illegible]三[illegible]

又拭如初七日信

又[illegible]十月初九日信

又李[illegible] [illegible]信

又[illegible]初[illegible]信

初十日辛卯晴 下午[illegible]

[illegible] [illegible]二[illegible] [illegible]自[illegible]

[illegible]

接任筱山初六札
又薛季林十月十八日信
十一日壬辰晴寒 寒暑表（在外）二十三分 下午蔡蘭石妻兄陳訒齋晉信安人 朱𦵏庵（臣桓卿如人 與吳儀式）
李傳少譚 寫李印仲秀信頌石明（四表姪明日往一切） 寫任筱沅信（十二月寄虞山） 任筱沅信令人
十二日癸巳晴 早寒甚汛自理詞仍二把摘植 三陵墓誌廿金團重鑑四段畫過
十三日甲午晴 下午至城幕府坤姜陳靜香等四人 唐湖義院坤莊宗輔臣等二
人觀書見以傷後山坡甫華石門北書四卷 義莊初指義教存儲也 下午升老[illegible]
十四日乙未陰寒 赤王府長史倪惟根 和果佳少譚 下午李使俊長史石明
十五日丙申晴甚寒 衣刻寒暑表在六分 督府收門秀山將事 早老汛自理詞仍記
將往 接丈媚譽光歸來寫署壽民居 下午綺霞兄妻兄戴[illegible]為壽也
接陶方月光信二紙 蘇州
又戴子高九月初七日信
又[illegible]初八日十六日信
又任筱山十四日信

十七日丁酉晴 答[illegible]晏 保升新守備來晤 下午文悅亭來 僕少譚 設酌招

繆柳塘 戴[illegible] 荀紫垣 田[illegible]山來飲 酉刻散

十八日戊戌晴 早堂訊自理詞訟 [illegible] 下午出城答客

[illegible]陳[illegible]山等來見 [illegible]俾寫[illegible]書院勸捐告示[illegible]自心

十九日己亥晴 下午候楊子[illegible]久談 [illegible]書院勸捐義[illegible]四方[illegible]

接[illegible] 日作

二十日庚子晴 早堂訊自理詞訟一起 旗[illegible]與[illegible]病年 自七月來[illegible]中秋

[illegible]向[illegible] [illegible]余來[illegible]調[illegible]乃自[illegible]

無人[illegible]候補[illegible]

二十一日辛丑晴 早堂訊[illegible]二起 午刻[illegible] 徐柳塘來信

久譚

二十二日壬寅晴 冬至 五鼓[illegible]之寺 偕守備拜牌 畢 [illegible]少休 天明 詣家

祠祭先 午向[illegible] 午刻食祀 [illegible]宜[illegible]以下[illegible]祠[illegible]畢 [illegible]家[illegible]

賀 出賀[illegible]招[illegible]家 賀[illegible] 還署家宴

擬作後元十四日作
又夢中篇 作
二十二日癸卯晴
二十三日甲辰晴 早堂訊自理詞訟二犯結一犯 酉申刻方畢 赴書院講指要教
二十四日乙巳晴
二十五日丙午晴 早堂再審慶訊唐名揚殺傷案一犯 又訊自理詞訟二犯均釋 下午赴書
院講指要教 回二刻後 晏山王并偏指務指撫慨指定不在擬議論宴了
二十六日丁未陰 寫陳震之作 山花發 支持地 秋之篇 作 花意 寫金翁著作 附桃伯金字
翁式萬福 又字安忠樓 寄昭仁傳四千兩 作宴書寄詩一首
金翁生朝詩 成半幅樓詩以相告並寫亭大令為居寄之字
故人尊酒條吟壇。千里歸來畢竟未荒。湖海倚樓百尺。（嘉）閉山志等雲千壘。
迴廊避暑趁為歸。到門郎發之萬家樓。學鶴君詩記之 後樓修傳世年來。
春居紫霧初加寒。
二十七日戊申晴 徐稱坡大令來 便久談 接五姊書有銀差 下午赴申院講指冊

所得 城中秀才張殿卿等七次要請不至 無禮之極 擲楊而出門以聽之

二十八日己酉晴大風

二十九日庚戌晴 肄陸買等來見 為張殿卿等請題 應儒等事詩軒等事

思為兩事皆未許之 吾楊孫自相問 晴園同春 小孫聲儒後募園 任武吉與右門人 房午華人

接來字信張二十三作

又子復二十二日作

又少石二十四日作

又張傳司二十五日作 寄硯之方 與黃相新印一本

十二月癸丑朔日辛亥晴　祭祀[illegible]門[illegible]　（石刻寫字者二十九人）　候程蓉閣久談

初二日壬子晴　下午出門[illegible]程[illegible]

初三日癸丑晴　早起親自理詞訟兩起摺稿

復子清十月信

寄金眉生十月初十信

初四日甲寅晴（早飯後出門）[illegible]　早起親自理詞訟一起[illegible]午刻[illegible]程蓉閣[illegible]兩[illegible]

[illegible]二人　三鼓[illegible]外

初五日乙卯晴　早起親自理詞訟二起摺稿　又[illegible]一起

初六日丙辰[illegible]

接[illegible]十月二十四日信

又[illegible]十一月初一日信

又李[illegible]初二日信[illegible]

初七日丙辰晴　[illegible]久談[illegible]人[illegible]

[illegible]

初七日丁巳晴　書徐孫吾楊少降　下午坤士虞臣葦盦先　寫羅翁作印蓋　印蓋兩方

初八日戊午晴　寫聞蒼作　駢覆蓋　李少石作印蓋　李魁林作印蓋　寫賓

吳作　初九日蒼　搨好作全　下午東詞女賦　寫穆調甫作　印蓋

搨寫完　初四作

又搨好　初五作

初九日己未晴　下午　楊　下着往偏

初十日庚申晴　棄世　年畫飄蕭修女榮

十一日辛酉晴　午畫飄蕭修女榮　又飄自埋詞行一紙印蓋

十二日壬戌晴　寫阮甫宦保作　寫　二紙　畫　作　印蓋　蒼　作　陳

小鐵作夫蒼　寺人

十三日癸亥晴　寫完　下午　詞女賦　寫作挽　印蓋

子王蚓

十四日甲子晴甚寒　寫　作　印蓋　罪少穉作寫銀　鐵

民山作　印蓋　半畫飄自埋詞行二紙印蓋　寫　作　印蓋

梅書楊十二首

十五日己丑晴 寒易君十八分 黎順卿四書文梅草 寅玉楊作詩寄人

十六日丙寅晴 午前訊自理詞話四題始竟 夜稿久之予陳詩久謀

十七日丁卯晴 早前訊自理詞話四紀 續三題

梅花柳 初十二首

又數柳 四首

十八日…五更加前十五首作 又館五子聯二補熟始隨也

十八日戊辰晴 早前改自理詞話二紀 續一紀 下午業詞四聯一格 五聯 宴見

月前何逸

十九日己巳晴 午刻和柳 學李來過久談 儒

二十日庚午晴

接金逸亭十一月四日信

二十一日辛未晴 春…左營守備白德耕 左營守備 恩 李信伊

譚薦委任…周桐軒 陳華 八 李信來

二十一日壬寅晴 黄倬因祠耕少缘 早书讯日理词话 四叔来谈 寄少石信 并二十三号书
金鑑五信 并廿三号 寄王梅楼书 并戴先生信 寄周方伯书
二十二日癸卯晴 下午 悦亭来 信久谭 夜偕 来 出行送行 雅青序 家祭 祀
寒
二十四日甲辰晴 下午偕士宗赭谈 春日乃谭 寄李少石信 并二十五号 寄 初
二十五日乙巳晴 午前往 偶以徽墨 便见 集 小酌
二十六日丙午晴 ~~午前往祀~~ 皇上大婚 领 御 东门外 西大
堂门 祥宣谕之仪 午前祀神指谕 偕士王振 邸 来 祝寿
二十七日丁未晴 还 谈 来 东 来 见 同 去
接李少石二号信
二十八日戊申晴 早书讯日理词话 一切 又 一记
接李少石二十七信 同治春 陵大 东 二月二十七日 祭
二十九日己酉晴 寄少石信 并 晚 一记
三十日庚戌晴 寒 下午合祀 先祖考妣于祠 成 会 会食 西

寢殿兩桌合座三世凡十三人歡然敘 自愧涼德 御極 祖澤深厚享人生難
得之福殊為曠典也

同治十二年太歲昭陽作噩余年四十二歲

四月甲寅元旦辛巳晴朗清明甚寒之幾於十二雪 寅刻初拜中宮兒拜

天於中庭出拜佛為西南之喜神 辟除謂文廟文昌祠關侯祠城隍廟

真武廟財神祠火神祠到猶府祠東嶽廟社稷神祠火神祠雷神祠龍神祠

謹宅卑家廟禮佛畢詣祠廟於先祖考妣影象前行禮

述朝食畢合家称賀用墨書紅為筆占流年課

癸酉年癸丑月辛巳日拈得天澤履之兌澤節

財也	○	兄
伏財子	世	伏子 申官
子文	○	午申
兄	、、	丑
官	應	卯
文	一	巳

當令世爻同神與歲衰同衰月將扶動爻生之謂官不實其原神動而

是神無動卯木官星為妻星中克官生財不甚利財交伏藏戌土化生兄是克亦

不能阻辛子持世流年得保之物而保安東其年

易林之辭曰 安上宜官一日九遷升擢超等牧養常山

占謀華一至今若親友要賀年一　又出宮為同寅陪侍齋世宗賀年　處女
邦家邦影象揭　午後晚作山齋像
初六日壬午晴天氣暄和頗有春象　是日錦帶行禮　遊郊原頗相宜　家人以余語
齋所　拜賀　今日為特賀者　賀郊一陳張冠蓋賀　未會年者　祿出者促　夜餘一
初七日癸未晴　是日錦帶行禮　午後大好春影象山齋像　夜招今君親友春飲
初八日甲申晴　已刻訪泰寧館賀年未　遇余悅亭　陽春　京東南世國
已泰調伊等訪　亞西館　陽之之未在蘇　下　西案寧為處　賀年眼紫公明
去年石樣村地方擇人不如依之頗寧靜　申刻往攻正為同寅伸士和論壽
弱未復　音白主轄訪者
初九日乙酉晴　已刻西書院招會同寅園撥商世以禮　余以文武兩為不陽閣
邦氣行之　夜過東西伸士和妹人春課
接南濱十一年十二月廿五日信
又付存浣同日信
又登華壽函初二日信　又附二上係官撰訪　參文正畫選稿

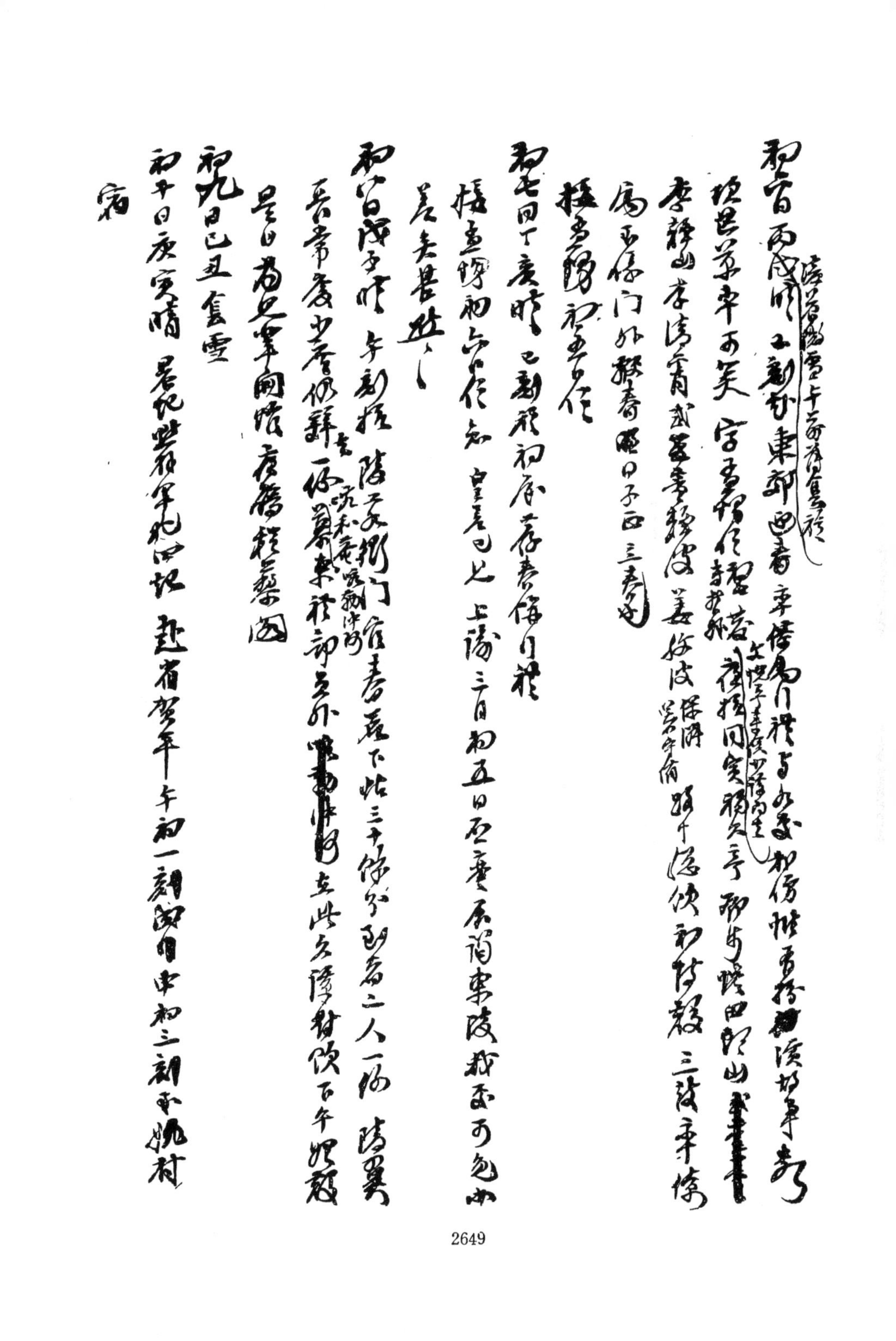

初六日丙戌晴　上謁東郭回寓　李侍郎門稱賀　如意　初[illegible]

[illegible]世兄來可笑　[illegible]

[illegible]

[illegible]門外[illegible]日子[illegible]　三[illegible]

[illegible]

初七日丁亥晴　已[illegible]初[illegible]侍門[illegible]

[illegible]知　皇[illegible]已[illegible]　上[illegible]三月初五日[illegible]

[illegible]

初八日戊子晴　午[illegible]　[illegible]三十[illegible]二人一[illegible]

[illegible]

初九日己丑陰雪

是日[illegible]

初十日庚寅晴　[illegible]　赴省賀年　午初一刻[illegible]初三刻[illegible]村

宿

十一日辛卯晴。早六點畢夜刻四刻午後於斜村東來看。寫金陵胡同西席安
家輝查問接收委員。閱步至熟都門默張之
十二日壬辰晴。甚暄和。謁文梅生處。訪葉疑伯龢福久談。宮雅理、何驤生談。
祀姻丈府，慶雲事甚悲。觀看於西陵，時乃知此逃十年。謁詞。訪若如中。俗種善人有
撫著善為代備其風義。有此耳。謁合肥相國，臣為內外當事久談。觀閱畫數通
惕之甚叢，懸手奉也。又至孫惺翁寓，仰感少譚。復寫示後。慶。候寄示奇石直。候魏林寄
寄久談。應子壽來，當候久談。
接若如都夫人十一年 月 花東物也寄 初十六日到。寄壽禮
十三日癸巳大雪。陰。榮震慶 接接中軍副將 來候久談。候仲林久直。候李靜山 讀被兵 保定府
少譚。候子壽久談也。卻候仰璠常述人 因爲候補知府 又候丁弢蘇少譚。寫館。李勉林
來候久談。下午候。卻候仰久談。知吳竹莊有信之起由於
懷樹吳先生于英。西林中出。嫡相失。若之蓦見張錦堂 書述人 宮知之因
涇後之擇壽陵吳。吳懷極安病，婕爲同人勃解，陰病不半年，患服瘋
不能人識，然吳那卒爲尤異，以張之隨悍云。候恩以松少譚。赴蕃臺觀荷樹

飲同座何璟生陳彝生李翰林潘尚書徐健庵合一齋即起出葉對
伯羲飲同座何璟生吳韶卿係三人不識者極盛燕菜一大臣羅鄉半斤
許自江右來札時未晤前也三鼓散席勝不得作別後作何扶起飲
未及歸

十四日甲戌晴（陳絅齋宜市其事了了表）偕吾姪陳彝雲久譚至琉璃廠李翰林久譚旋寫紀事（汪□□久譚）儀劉家
翰伯扶起如雨觀宴久譚下少頃聽好變之迎者至通今聽下寫讀史未許夜歸
花梅生二重醉扶飲同座童案青視（二共到）陳伯蘅（李□同座）二鼓散（是日李梓山蔣□）

十五日乙亥晴出訪翰林孫侍往賀節已翰林家久譚歸下旋鼐勳史詡
信祿郎兩洗以梅雨揮此人（□家新入者）旬後扶便同座于嘉共寺此事耳（門人）下午歸晚雲月談
宿撫便歸部旋過翠壽家李翰林京下嘉蔣倩居飲二鼓歸座于嘉
同年此體市一又至建池觀月時陳宜雪于詵假不暖如此銀色眾趣三
鼓歸是日聽何楷談世孝古家一部（令風雅收錄只年月未有小引）
成勳之世可惜信待珠宗累者也

十六日丙子晴下藤若謁拜未晤晚至過番對著鼎君君到少譚出歸

寓。飯後出外，與雨霽招飲，同席者鐵帆（孟華，河南人；天津同知）、蘇木村（性孫）、馮竹三（跳人，河南人）、
玉山、孫稼亭（侄補孫，河南人）。今日一律記。赴子密招飲，同席者曉岑二孫，飲甚，閱何鏡
海自湘中去，社諸人公請三桂樓寓。吳(?)...程來訪。
十七日丁酉，晴。早起，子密、筠仙辭，少荃返寓，午刻同楊某（醫士道什）赴宴。未刻
出發，斜村中飯，寓門，晚到姚村宿。
十八日戊戌，晴。早發姚村，午下驛。
十九日己亥，晴。午刻到京，落寓，見某廳（陸人，出京）。黃(?)...（六親程山上）查太府(?)辭歸，談至下
午，寓過張來，閑，不為寫日記，無緒。是日下午看書(?)。少談。
二十日庚子，晴。午刻點卯，無事。寫子謙信（附書，馬遞）。夜赴董靜波招飲，同席
姜守備、饒千總二楊、鄭(?)煙(?)。
二十一日辛丑，晴。晚看汎自陳詞話二紀，又擬燒(?)利寄紀。寓內石佳（西書(?)、遠慶(?)）。
二十二日壬寅，晴。
讀翁子二十卷畢。
二十三日癸卯，晴。甚暄和，寫客(?)易氣，不再寫。遠，譚(?)山訪(?)，購劃閑一帶查核地圖。
楊大蔡來，僅久談。晚看汎自陳詞話四紀，翻閱三程(?)都後(?)諸記玩(?)詠一紀。

大兒明日二鼓以國子監考。達甫孫貴驊何澤旭初田伯芝江西人來見。

二十四日甲辰。晴。夜詣吉鴻庵，鍾秀來見，少談。

二十五日乙巳。晴。黃岩王仲士楚事旭齋來見。蘭可來，久談。初生北岸，知刻在京，雪識之，來候李

辭頤和園宮工程之，留竹齋午久談。

二十六日丙午。晴。風甚。午間詣會館，答陳右銘，宮門一刻。張蘭亭來。雨。月油餅。張為霽山宮銘，頗壞。宮中大

李敏達經後多度得此辭，路穿為寶僧國子人似為不平，於鄂爵送雪見蘭之

陳蓉曙廣堂來。夜於守備處。李城陸道上書為記，誤甚寺，詣之，是日為

皇上親政之期，天未明，以記錄顯迹，聚素，為之前此陂為心思，要旨之際，涼情

甚，來聊立遠香便受自然以是院報，歷，看匪氏，荒夜，即候任衛之際，而不

二十七日丁未。晴。上巳，李靜齋來見，少談。生又訪靜齋，未見。

二十八日戊申。晴。訶翁來，李鴻蓀來見。山右劉潮生來候。文生訪蕎縣，未見。

李侯劉潮生來，晚，李侯務文茶，久談。下午以書與詞侯。

二十九日己酉。晴。周先生枉，劉潮生，務子庵，文如依，錢本刻秋，指出你，自安荊闌柄

二月己卯朔日庚戌晴 夜記日番華氏降雪記一游 甚頹廢 並作碑作於地

初二日辛亥晴 早至課自理詞訟一紀而往 春寒右著宇倘因與來見少譚 律士陳崇天 昆樸山東高密縣陳來忠子 來 生先指郵寄

夕步譚

初三日壬子晴 整理地同傳為知年為祠 日出時過舊之刻韓陸同深生武來色光華

余輯為集著文錄 三時過天來之去 詩眼全通處龍乃風也定字 無為象無窮

初四日癸丑晴 目錄畢

初五日甲寅晴 世風 夜二時寬乃燭熾揮床移料揮全行不記 火熾四野醒

長女桑四弟擺猶不識 呼救季嚴來晤 無家可歸 歸得留話已灼甚板 墨黑 稍延醫診君

火星上出為在土牽吳外鳴鑼 文官神氏皆不火熄乃吾

初六日乙卯晴 早至課自理詞訟二紀於一紀 僅同鄉來訪 晚至課自理詞訟

一記

初七日丙辰晴 逢四風吹寒 官存宿之作 詞訟

初八日丁巳晴 寒二十六度 五時記 文新釋 夜寢 甚 早

至課自理詞訟二紀均結 〔?〕十年十二月初八日記

初九日戊午晴　黎明起赴壇陪祀畢　又赴南壇陪祀　辰刻還寓　此間南
壇南石獅觀之　舍以山門之前者　古與社稷並重　今皆不爲屬而不舉　雅念荒頹
門之殿宇碑之設　未盡廢者　而頹風不可振　華狀見以射起陵陵除其慨然
見寫寄寓信　寄京都信　函寄信　並寄信
初十日己未晴　早閱自隱詞話四紀均結
十一日庚申陰　早閱自隱詞話二紀均結
十二日辛酉晴
十三日壬戌晴　早閱自隱詞話一紀　下午外出辈年初寓
十四日癸亥晴　清館還以捕虎豹事見言　未見不德云云
十五日甲子晴　五鼓起赴文廟行香畢　同僚寓及文昌宮陪祀　又赴雨神火神隍廟
行香　辰刻歸寓　午刻赴坤士陵寓之寄寓人之壽
接星橋十二日信
十六日乙丑陰雲　五鼓起赴閩神祠陪祀　日出時歸寓　怪少穎　李陵君　孟熙人
李信已讀
接孟揚十三日信

工部贈加守侯

十七日丙寅晴 泰寧清饋 後以夷事不謹賠用風率為揭 扇書[illegible]將近來字戒之

請發國書 柬樂善堂源寺院 李相向其善舟中爲[illegible]遮 會未知掩屬聽所以事

從余住宿詢不得[illegible]山 刻出城 午初百後 光緒游戲 六點 亭子久譚 別去 清意

中書所為 此亦易事 借論若逆臣 無夜援剿不得 又領守備稅 少譚過 夜寬

長候等論之事 高過所折出力 請樣其不遠 兩晉久 其應以半中

西太首 擇稱一面之謀 而藉以居喬 不知此事原職 原致 余查實已成 初七

蔡痛為白話定向何不畢風歸將 肆師修僱練筆六書詞以說也

十八日丁卯晴 早查訊日理詞語二犯 即放 下午料理書詞 九獄殿存

十九日戊辰晴 早查訊日理詞訊一犯 即放

擬稿兵丁五百自五點行

二十日己巳晴 晨道順天府事寫稿畢 青藤江西人 彭陽[illegible]過境 往謁少譚等

此稿已畢 寫五部稿作廿[illegible]者 附奏信 工部摺改已後等稿存書遞

圓之秘書十五部 不以爲然 讀祀元太祖世系及一生事蹟 以便[illegible]者 能君化之[illegible]蹟為

藝林以爲

二十一日庚午晴 和[illegible]來談

二十二日辛未 寄季侍晚游函 春亭陸錫先祖

二十三日壬申 晴 甚風

二十四日癸酉 晴 早堂訊 自理詞訟三起 捐牒

二十五日甲戌 晴

接 寶兄二十六日書 又初延十一年十一月初二信

及子禮十五日信 又薛安林十一年十二月十六日發信

二十六日乙亥 晴 早堂訊 自理詞訟一起 又接 龍門廳移來拔 小東嶺人楊陸來被擒悍

太發打死幼孩案 訊係撲傷自縊

二十七日丙子 晴 早堂審楊高昌縣案記 萊陽縣詳高依來楊少謙 仲七請行

楊高錄 季審見失薛 西門武過 李青峰來見 寶子寄楊信 初八發 又三隨烟來

二十八日丁丑 晴 [illegible] 赴 小東嶺相驗楊陸太案 歷劉壯猷 辛高覺湘 岑來及後

川過界安樓 南門度鳳凰河 經孔山 冥自山嶺下 至南門 約三十里至林觀 夜又

三戌 四里至 既台村 又三四里 過石坡嶺 [illegible] 南門數里至 小東嶺 山中 [illegible]人僅楊家

卷葬俯家 犯村也 驗畢 回時 將夜 直西門 三里至 龍門 莊 宿 [illegible]

當墻外諸山峯峙而起餘派承挹潺潺甚遍殘年　應閬鶴林正發三章

二首外醒醉

二元日晚宴時甚暖將衣歸　無雁地早合畢　召別日歸已刻正雨甚中

新接眉　閣畢白遞時日過後乃成一篇甚異

三月丙辰朔日己卯晴　寄[illegible]地行李一函并[illegible]　午畫諾自理詞訟一紙又單[illegible]地方報

[illegible]男[illegible]身[illegible]風[illegible]傷[illegible]免[illegible]以[illegible]

初二日庚辰晴　[illegible]府君二[illegible]設奠

初三日辛巳晴（已早[illegible]手劉）已刻[illegible]陸[illegible]以[illegible]二十人為日[illegible]生[illegible]李

[illegible]以[illegible]詩[illegible]三[illegible]詩[illegible]春

[illegible]長[illegible]五律　晚畫諾自理詞訟一

[illegible]又[illegible]詞[illegible]　[illegible]作[illegible]人　[illegible]作[illegible]

接[illegible]初三日作之[illegible]下

初四日壬午晴　[illegible]作[illegible]作函

接[illegible]一月初[illegible]作

又[illegible]初[illegible]作

初五日癸未晴　早畫諾自理詞訟一紙[illegible]　[illegible]作[illegible]

初六日甲申晴　[illegible]

[illegible]　辛[illegible]一[illegible]兩年[illegible]

氣候無穢稍定 昔內閣龍將軍來爲某事也 下午到西門外點 笑語時乃出

夜賦近户身傍既題著 夜讀陽篇 抄錄吾紙

接寫見初五日作

又四拜五日初十日作

又錄要也十一年十二月廿六作

又兩首 又作

初七日乙酉晴 遣抄錄刻都此大差加減一事 使即盛陽頭出 下午[illegible]來[illegible]

初八日丙戌晴 晨抄錄作 早起[illegible]自陽詞記一把即[illegible] 下午[illegible]

初九日丁亥陰 夜雨 讀經部 早起飯後 初旬行禮 已刻乘轎[illegible]

竹禮

初十日戊子雨 自去秋不雨一冬無雪 三農祈禱甚急 即於昨夜大雨一晝夜 府全成

地顆千嘉慶

接寫錄初八日作

十一日己丑陰 長女臨蓉號養自初九五鼓下午尚未分娩 合家皇皇之

(來說不寧)訪諸氏問得兔腦丸服下否 因劉竟寧一子大小無恙而為兔牽一 詳閱方書
此丸係齊春子秀元書兔腦四味共研乃為膏搓合為劑以濟人 下午晤(劉子澤)李
明俊來留少談
十二日庚寅晴 寫札閱 早堂放告理詞訟一起即歸
十三日辛卯晴 寫子詳信(仲春)馬遞 約遊
十四日壬辰晴 早堂放告理詞訟一起即歸 余僕從鄉試 自君庚年從案至今凡
十一年心地誠樸無識亦過失 殊為二僕皆派稿門不敢一步專主 所以陳萬賂
外無知理和入案至事辭急 未嘗以為情防慎 乃竟以勞(識)瘁于役于館
寄叔彥六妹信 廿五號 馬遞
發[illegible]
十五日癸巳晴 督催阮門查五號手 候七王錢五起行 來見少談 擬為婦任字未成
接鶴寶兒十四日信 接楊六妹十二日信
十六日甲午大雷雨 春雨收定 樹生意豐盈 下午予見 張石軒呼從其責新時 上房借
張畫錫十三日信 理一訟 詩寄南陽君楊節

十七日乙未 陰雨 寫李少石所藏壽人九砦 作徐叔存全砦 黃子壽作六砦

題作徵所藏先以趙宋案蕭娟

贈李少石十六作

又作侯叔所屬作

十八日丙申 陰 寫寶竹作壽人九砦 寫方先白作（乃歲時運）四幅各作（乃歲時運） 百年廿

圭葉詞六卷題一卷

題方元白和六日作

又子隨六日廿七夜已別後作

十九日丁酉 晴 早畫颯自理詞一記乃終 又看舊風世寶書 示華求和書卷 乃畫以報白 又看詞題畫書集

二十日戊戌 晴 早畫颯自理詞記乃終 又看詞稽據之集 澄[illegible]慶 乞為蘇中書作

二十一日己亥 晴 早畫颯自理初往二記乃畢 前年寶書來自書極

陰 於此將書稿來自都門 言東陵各事清禪師 諸處不捷 云吏府侍補採室 於庫中標本為新課題 聯名題書林行

題子壽作 吁可哀也已

閱鶴林玉露十六卷 宋羅大經撰 事記載世故 介乎理學討論小說之間 殊無足道

二十二日庚子　晴

二十三日辛丑　晴。丑後祀東嶽、禹王、關帝、文昌、孝弟祠　皇上萬壽，穿蟒袍補服，赴奉先殿後

朝房門　早書課日課詞稿三紙，信二紙

二十四日壬寅　晴　早書課日課詞稿六紙，又印後。收拾舊稿，得宋板十七史詳節、鶴林玉

露、明板黃本廿一史，另題稿三本又一部——燈下寫字紙，懷素定帖，即刻石刻

尚書前七情誌五年——

二十五日癸卯　晴

二十六日甲辰　雪　早書課日課詞課三紙，信二紙　又寫橫條冊頁一幅

二十七日乙巳　晴

接金逸亭十二月十六日信

二十八日丙午　晴　辰刻赴城隍廟行香，後赴黃寺行禮也　午回張芝老信，即答函覆

崑作信，即答　內務府奉宸苑鄭林來見　鄭丹泉來自山東　曉村來手詞九紙

二十九日丁未　晴　三書附手信，以目寄回來見

接李少石二十七日信，內附小錢去世訃帖

三十四年中秋　莊嚴拜題

閏月己巳朔日己酉晴（下午雲微雨）以目青未出門 香濤來 覃谿楂根寶竹長松游觀門三刻

出案以目青未門 宗開生作聯（爲陶齋）薇 子壽作聯（爲寶廷）書 下午同樊子謙

初二日庚戌早晴 下午陰陣雨飄灑 應陶齋約同觀門一游

讀孝子吳中子文一過

初三日辛亥晴 晝陰雲深以目青未出 壽芝田盛伯兮封差事謁出城 子田君

子嘯雲前二章聯句四月以新墨作稿子 亭來 入城 借用今聯句內直部房印首字古字數

搬運筆硯 下午出屋前東照季湘三吉謙 應陶齋李南香作（爲陶齋）

初四日壬子晴 聚明記送陶齋門 詣郁門門 出寶廷吾館門 得書來 長松會齋

答陶齋 晚寄陳自理詞一組內陵 萬壽（錦衣）答易生函（陸華湘陵人 作九陸樓程專見）

初五日癸丑晴

讀

聖祖庭訓格言經卷

初六日甲寅晴

橋珂五洞 初五日作

又寶廷同日寄 寶李桃之了村莊

又子澄言初九日作已換常例

初七日乙卯晴　謁楊文恭　辛夷之喪　下午接兩人餞　並邀朱二庚　又代傳也　寄百之函作　函作初八發

初八日丙辰晴　早李訊自門詞話一部即成　下午郊遊寄七律一首　又新抄楊文恭頌

錄前年八月拜文物送一人　寄余殿卿信　十三書　又抄錄　致郵傳作合　符

初九日丁巳晴

接沅弟初八信

又季弟初七、八信

初十日戊午晴

十一日己未陰　雲激雨旋止　長女生子次日　寄書下午　致函　接家兄

保定　阿弟初十日信

接家兄初十日信

又李少石今日信

十二日庚申晴　寄沅浦宮保信　賀五旬誕慶　十三發　又抄錄寄　寄翁婿四包　指示

南來輪川

十二日辛酉晴 夜刻赴南壇 偕僚屬行常雩祭禮 壇側民田麥苗甚暢茂可喜

喜子庭 寫復信 馬發 下午丹泉來閒談 宮鄉李春與信 廿六日發 附朴存

十三日壬戌晴 早赴縣自修詞課二紀 申刻一課

十四日癸亥晴 整理舊日書手稿

十五日甲子晴 早赴縣自修詞課二紀 館一紀

十六日乙丑晴 紅藥軒宴客各友招游 夏七二人來見 上陸縣紳士某某以重賞各來狀

魚出巨百河鄉教南首陳魚百五層重疊味頗美 宮保信 此亦以為佳品

十七日丙寅晴 早赴縣自修詞課二紀 館一紀 下午丹泉來 閒田家數亦戾 同偏辭

喜生恩福 奉父母回家振都 托其來候 近入接請云有 喜詩府君

久缺收來函索云云 父父辭函名冕伯 恍喜人婚嫁又 喜詩

府君丙戌年■■榜下同年蓉江一甲者 丁亥同年者是年 喜

詩府君以為宜春孫子年知事 此鄧印的所借 計二千■一百七十

兩材百五領 係兄弟二條並 喜詩府君亦以為事 殷勤南鄉步千里

補撰各紀 備收代設項並備 記 為宗所存書南鄉先生 道光十二

年八月廿五時接二姑一信寄函及二六兩孫南四先生子~~書中書~~因函代
押因函收銀寶函寄靜軒御書軸之華函代筆別紙張經緩媽伊函
親筆張者其子張嶽峯為孫為年簡問此何伊經了忽不忘甚歎
早已下孫始　又訪府君作議稿已付南四先生寫作六春務　付帶
足為諸靜軒之長子雛鳳生平有數緣函所於為存一分丹香影不忘
之理姓陳函所請為付老中一律為南孫寫已
接子德二月廿六日信
十九日丁卯晴　早晏孫自理詞稿三記作二記
二十日戊辰晴　下午微雨　寫兩子信兩蒼郵寄之　下午吳殷談精說宴申飲深知苦歎
又接張子岡信云為全以送蒼書之評
接陶齋九月信已接部內郎以好言為慰云云
又接孫十七日信
二十一日己巳晴　早起孫自理詞稿三記作一把
接滿仙函　孫

二十二日庚午晴　龔甥甲奉其母入都去了　寫因字記廿三葉　寫楞嚴經作

廿三葉

寫陳靜侍　摩女林作全首

擬嵇仰在岐和之名作

又 拈龍子口作

又 摩女林和之名作

二十三日辛未晴　風　日者探之了　以陶之等之人照料傍晚擬行之有敬前生　早看蕭珉篆鋁之書　下午並寫案門十五紙野人　擬寫

蒲以出日名象發堆臺之家中　誕日及安

二十四日壬申晴　下午雷雨　東也之安村火災　探謝之寫蜀等名來九十九　早看謝日程詞

謝之龍初作

擬子寒之首廿六　之首和十兩作

又 寫之等之首三作

二十五日癸酉晴　寫其手為作寫道春子言出家園一冊　廿五葉　謝宴之作　李白石作　經畫之

作　寫寧飲行　廿四葉　寺之

夜看倒恒家烟去火地比背救万万發此城北方民從伤情救之

擬以前周畫而作　又拼大人諸水無卷刻拆放不足

又 舟石十六作

黃子壽太史以君子長生館園為題館內保定蓮花池之藕業子壽傳向王君子

題館詩為君子長生字園林蓮池而作館

蓮池清淑異石罨閱。階房容娛四旁。秋中軒翥池而老。可自知蘇餘之方。曾

年好事花滿境。高峯篆雜篇遠訪。一從好古華楙卿。獨傳後事來津。

地以人傑宜揮之。世譽循吏夫梁黃。古塼異字皆斟玉。東府文章出麟祥。

樹欄芊房字棲樓階。一廊凡陋何軒昂。殘碑編置下西房。寒雲飄西池前窗。

林鳥欲飛聲不揚。清境移心人肝腸。竊來一夜千方隙。高日照走洞穿荒。

閱高無神（柴未央）盛匿不可心傷之。十年諸子最超驟。隨從一步身緣長。鄉鄰

啄抱（雲）雪可翔。拆徘徊擇生質萬。[illegible]掉背城不藏。（立意）懸匿墟狗游叢菲。不年人

物是遠嵩。古今不能真逢陽。零遁返遙推同傍。一筆縱掩縱荒宅。荷樹飄家

滿手斑。行者人聲寒如卿。作詩者幼藤籐。秘建金取新千樁。

二十三日 甲戌 晴 早要風自陰羽話一聯四傳

二十四日 乙亥 晴 陳炯明自寓數 自此來將與北閣也

梅寶之二十五生辰

又與妹和二信

又收長壽信

又至德初兒信

二十八日丙子晴 早起讀 李煜香宮之妃四種 又白陽詞話一起 春姬程日記門 下午赴李辛學詞

梧附寄共六信 大概

又薩姪林三月廿五日信

二十九日丁丑 晴 早起讀白陽詞話一卷 而後

梧步石共六信

日記三十八

能靜宧記

五月戊午朔日戊寅晴 早起 行香如故事 ……

[illegible]

2672

孤子半年來再服於喪兄姊無不歸協來送孫弟有莚作人而君靜
稿俯實角書字函楊女泉寺　余忽據為記其事

長女柔絢夫記

光緒戊寅四月二十日女壻方恮旅歿保定之信至女柔時在其家慮有變遣迎之歸坐定以告女始仰天大嘆曰天乎方氏之禍至此耶噫死矣絕氣久乃能哭以頭頡窗户數媼挾之不制二十二日歸其家為位制服號日夜不絕聲家人更替伴守之余以恮子長綬甫六齡又方姪冀育次丁戒勿擗踊泣應曰諾五月初五之晨傭僕走告女市痧葯數兩乳服矣奔往問則微哂指其腹家人搜篋出葯棄之然平居與兄妻及妹為恮弟恒室者言皆身後事撫其子嗚嗚若不忍捨月之杪遷歸母家榻余居寢南小舍晨夕相慰親故知者來勸勉皆佯應言之切則曰父母幸生數子女少一人何損兒誠幼有兩叔舅姈愛之且無母勸育耶常卧一枕不假他手家人疑之潛取以覩則又藏猛劑九散於中縫紉堅密不知何時所為復取棄之姪將彌月貌陽陽如平常第不欲見其子偶見一二語顏色慘變輒令婢媼引去八月廿七日臨蓐産一女恮之兩弟聞之皆痛失聲衆咸不怡微睨之無戚容曰生女亦佳使我心省一緊既免身三日為今九月朔夜起剖枕知葯為人匿揚首若怒俯而思良久微笑遂不問初二

三日但絮絮言瑣事某所有帛可爲兒製衣某所棉十斤可以絮婢相從來久某衣畀奩以嫁家衆知其志定又習聞已稔姑聽許但令婢媼分卧榻傍室外藏諸利器初四夜與伴媼言不絕口又時探手帳外爲之驅蚊蓋意其倦倦之當眠眠又慮其不熟也初五天微曙尚爲幼妹同榻卧者覆衾伴人甫交睫不知何時啟外户趨後舍委積之所解帕首布自縊以死距聞訃百三十有二日距免身八日其生之初爲咸豐元年辛亥九月二十日得年二十有八其死也在母家常熟縣之寓室舅故河南靈寶縣知縣方駿謨大興籍陽湖人夫國子監生銓子長綬六歲女生未名父前直隸易州直隸州知州趙烈文母鄧氏女賦性剛明善斷尚氣好爲直言折人頗慕說禮義幼事父母最力痠不告勞既嫁恨不逮舅姑養每夢侍舅姑側承事則晨喜告其母夫季弟怡病寄常州戚家時銓遠客恒方試江寧未畢女聞之遽斷兒乳獨稚髻乘小舟走三百里往典衣治藥餌終護全之以歸又素慧事經學無不能詩禮畧皆成誦女紅尤精絕歸方數年操家政井井雖生宦家茹苦勤作逾於貧寒舅以直道忤上官罷家驟落甫嫁舅歿壻好學敢行名稱藉藉夫婦刻苦能人所不能期必振之乃天禍中折賫志不果故誓死終不可挽其心尤足哀云

初七日癸丑晴　終日與南陽君傳道以解哀悰　仰季磬自江寧來省女弟

初八日甲寅晴　早令兒輩出論家理稿書成　晏陪仰橋飯敘　題作人稿誦者諸君

初八日乙酉晴 拝屋石齋 宮內府侍讀 [illegible] 宮本鄉拝侍 [illegible]

拝謁前和堂氏

初九日丙戌晴 至鹿苑寺 拝自保宮

接芳之函四月十九日信

初十日丁亥晴 唐高琢劉束老来見 拝座中久譚

十一日戊子晴

十二日己丑晴

十三日庚寅晴 閩吉聯以座右銘 十年藩黄氏張鳳翔書送

改日拝座 示宮島蘇迎 宮讀畢 座迎出門

[illegible]

十四日辛卯晴

十五日壬辰晴 以座右銘來門看

十六日癸巳晴 夜雨 座中閒

十七日甲午晴

十八日乙未晴

十九日丙寅晴

二十日丁卯 [illegible] 偕 [illegible] 往 [illegible] 晚 [illegible] 以 [illegible] 書 [illegible]

下午 [illegible] 來 [illegible] 傍晚 [illegible] 陳佩 [illegible]

[illegible]

[illegible] 初校定一卷 聖祖仁皇帝御製

理學宗傳二十六卷 孫 [illegible] 以宋儒周二程邵張 明儒薛文清 陸王守仁

羅念菴 [illegible] 爲理學 [illegible] 以漢儒董子以下 [illegible] 人爲 [illegible] 宋儒張

子韶 [illegible]

[illegible]

[illegible]

二十一日戊辰晴

[illegible] 初 [illegible]

二十二日己巳晴 [illegible]

楊[illegible]三卷

二十三日庚子 晴 寫[illegible]之作 [illegible]

二十四日辛丑 陰[illegible] 寫捧硯作 廿五日 文保齋茂才華不必[illegible]字耳 薛安拜作 [illegible]

捧硯 手仰大[illegible]目甚之作

又抄[illegible] 初四作

鄭所南心史[illegible]

所南名思肖 宋末人[illegible] 逃 痛宋痛[illegible]相之[illegible] 寧肖[illegible]不[illegible] 鄭[illegible]國[illegible] 大[illegible]中[illegible]祖國[illegible]已而[illegible] [illegible]此心史[illegible]精神[illegible]廣東[illegible]

二十五日壬寅 晴

二十六日癸卯 晴 大午 陰雨 [illegible] 自朝門歸

二十七日甲辰 陰 [illegible] [illegible]年[illegible]祀 先祖[illegible]祠[illegible] 下[illegible] 寫[illegible]作 [illegible]

二十八日乙巳 晴 赤[illegible] [illegible]至[illegible]朝門[illegible]

二十九日丙午 晴 [illegible]問

三十日丁未 晴 早[illegible]一[illegible] 寫[illegible]作 寫[illegible]作 [illegible]

寫見自書橫幅

楊杏佛　[illegible]二十九日夜

六日己未朔日戊申雨 早起行香各廟拜年 寫查嶼信 即發 寄人

初八日己酉 晴 早堂訊自理詞訟二起 結一起 寫查嶼信 即發 寄某某之

初九日庚戌 晴 上衙門會客課文題 蔣舫性命圖 向子茂廣文 詩稿 照收園寄

蔣葉谿日得家書 大張自西自東自金詩稿 溪雨蘇葉麻日廉二子古字韻本

陸星同論 下午外書室圖後 屋同衙案元詳 臨清鎮水恨恨蔡孫 來信乃吻也

初十日辛亥 晴 張少石初信 早堂訊自理詞訟二起 結一起 又委審一起 即結 下午蔡陵孫啓新

峯 昌 防號 來信少薄

十一日壬子 晴 早堂訊自理詞訟一起 即結 寫李少石信 寄人 邵香等

接星官之 信

十二日癸丑 晴 委鐸孫甚 寫李少石信 同前信 邵香等 道壽君為

唐居查稱四畱 侍候香震為 來開

接任後記五月廿二日作 並九答後

又李少石 初二日信

万芸子壽 信

無錫北人 來信角

初七日甲寅晴 以長孫葛氏贈婦告殯 出之祖

初八日乙卯晴 偕饒大為丙 西南御鴨子村 帶同北湖來地方 崔福全來探 村民亦俊二兩

被水匠劉恩海九兒 早去訊供 又訊自陳詞 行三地後二段 寄袁椿信 由普寄

接寯夫五月十三日信

初九日丙辰雨 早起將赴御相驗 以雨不克行 南陽君述日前佛寺家人侍陽僻 因條

仲云來覓物不獲

接四弟五月初十日信

又與仲兄五月廿一日信

初十日丁巳 早晴 辰午雨 晡大雨 夜刻赴御相驗 巳刻至向陽莊 遇雨 避於向陽村

東隣居氏君翰之兒 皆侍神紫女子 庭有碑八通 雨甚不能讀也 未刻雨止 復行

至廣湖打尖 仲士王發才來見 未刻出第門 甫出村 雨亦隨至 孔山之門還寓

暮山不見 過柳林莊 雨勢益張 勉強行至署安村 遣人屡邀 不得已借村人馬

姓學舍避雨 雨歇夜不能歸 借人馬 及借師到 來見

十一日戊午晴 衙役報雨 即不能行 督飭地方合單 天漸開霽 巳中初起山

酉初二刻抵泥河门十里二刻过扎村 林家山北山南村过律河一村 寨子村
又西南行十四里至东独垂村 有山出村东一峰峭拔 顶上直立三石 世名曰大人
山 又南行里许西三里许南独垂村 休于村人闫发才为饭 家颇丰 寓甚
厰 阶下修竹两丛 会宿 婿翠午后南至村 六盘山 间有清莲寺 马饮家 不及
游 寓室见作 申刻后行 西南去八里宿千里堡 一路东指花村外小
水萦绕 绕水有杏树 桃杏及罂粟花 看过村后西南行 八里至台峪村 时已
旁暮 余以书相赠 书远明日还不便 乃寺撒再过 广佛堡西南 与人迎入庠
三棱过 昌县门 山谷山脚岩间 直西微南行十二里至峪中宿村 宿于王姓家
主人王炳烯 年七十岁 入学四十年 名位颇高 来见甚殷
接 寓见 初七日 余
初八日 少雨 初十以往
十二日 辰刻来晴 无世 夜大风雷雨 寅刻起 从郑氏渡木桥入山 直西四里 又越石一石
只见上水畔村以十户 又四里妙高庄两村 向有小石山 名狗鱼尾山 从北山东取西
数万亩 直立河中 下大有小孤峰 底十伏 特具雄而傲 平 又越里 东南高阁花 又

二里西南司莊，又五里劉家危，少憩村中，茶罷又西南行四里白沙村，界河
上源在此村，又西北行九十里，水出岩鶴嶺，東南為宮河村，今又下至隆門口
東棗園河東流，過岩西龍王寺村，入兩城境，伏流不見，以其下行處，為全無完跡
而界嶺西界河亦西南行四里隆門口，過此即完跡境，由隆門口折而東南行
過山崖數處，行五里寶石下，八里至埃伽莊，時巳正未刻，即登舟，於河蘭再移寓
叔氏從舉午飯未刻，(?)過密坡行，行遠水木清映，境地幽邃，來河界處
甚為稱植，蘇家林橋寺，四年後又衰，河流湍激，為府第瀰益，水深峽口畏
雅正堂記，觀覽碑誌無數，乃出路而歸，寓處則已酉時矣，少坐，嬰寶保至愛
陽雨，稿後作四弟書，附劉吾姪一函
十六日庚申 午前略旋，雲霧而大雨，響成雷，巖為煙，崖過崗獨宿
國先道遠蜀宮，相了，已刻過塔水，登換山北村，出洞出歲，出宮處也，連日益
界，未行，近上下岩圍，出第久坐，午申刻行，西接廣州，宿青舖，(?)
王西成來，見少譚
十七日辛(?)卯刻起，宿舍畢即行，不刻過臥村，乃水大關流阿湯

以後但看轟焉皆沮，仍盼佑人得未接數千人擁擠而門，焉以卸接所得皆裸身
群岸以舟度中流，水驟世視之，目睹甫登，並不歸矣，尺許徒步深門下
剖扶城
接孟揚初九信，云韓受已至南京，帶撿出新像碑為傳事
又致甫初六信
又兒之二初八信
十五日壬戌。晴。閏十二夜之風，挪中敝巷。接李家函，城墻角之倒壞。蘇季生之
送臣行，怪亦作為中之山三十丁平蔭，殺地而年生，臨高不為也。山之是干（季明川李蘅甫）
黃彥訊，于泳蘭，姜又訊自陽，臺二姓均好。薦魚程（映陵山東利津人高勿柳來條程）
徑以運車來見。下午簽程。少謀。寫季彥作，未去諾
十六日癸亥。晴。（鈞勿協例五月十六日信）早姜訊自陽詞說，不能自信，以義為性士陳霖民隊，幸未見
十七日甲子。晴。下午陵魚壤子雨（答陽衛）來賴
十八日乙丑。晴。寫季彥信，（丐丐馬）于九壺，錢俗仍信，附畫
接李彥十七日信

十九日丙寅 晴 寄惠陵[illegible]函 [illegible]作書 [illegible]

下午自[illegible]書錢輔亭 [illegible]此[illegible]

接[illegible]五月二十二日信

二十日丁卯 晴 下午雨 夜大雨 早[illegible]自[illegible]三[illegible] 下[illegible]

[illegible] [illegible] 皇太后[illegible]

夜陰 姪生女不育

接李[illegible] 六月十七日信

二十一日戊辰 晴 [illegible]

作[illegible] [illegible]

二十二日己巳 雨

二十三日庚午 雨 [illegible]刻[illegible]

一 接子禮[illegible]信

二十四日辛未 雨 時雨已三晝夜不[illegible] [illegible]

[illegible]可[illegible]矣 夜仍[illegible]風雨 [illegible] 天氣[illegible]

續寫壽聯五十分以內 對會不可再寫意應療

二十五日壬申晴 寄中劼剛信 雨生 馬遠附函 發[illegible]信 雨生 又寫[illegible]附字

梅[illegible]生五月廿五日信

二十六日癸酉晴 夜雨 早步級自理詞話一卷 內塘 寄任筱沅信 雨生 馬遠 [illegible]年未板望

兆郭匯案寫版

二十七日甲戌陰 已到部 [illegible]兆郭匯案[illegible]身 寄[illegible]信 雨生 家使 [illegible]

甫信 [illegible]

二十八日乙亥晴 寄子[illegible]信 寄[illegible]二兩 [illegible] 寄[illegible]

二十九日丙子雨 [illegible] 又[illegible]二[illegible]信

閏六月朔日丁丑 陰雨 發叔平信 寄五姪等 寄李少石信 初三發 寄出

初二日[illegible]戊寅 晴 手讀墨門叢觀畢 重訂 轎譯世說

接桂姪梅甥胃安五月信

初三日己卯 晴 夜雨

初四日庚辰 晴 早至瓠園經詞社 印結 寫鄭陳孚叢先 寄楊文

山任寄到經學三子兩 十八日發 若英寄繫信 印發 已到 交閏三寄

初五日辛巳 晴

接李仲袁六日發信

又李少石 初三日信

初六日壬午 雨 早至瓠園經筆之先 印結 寫李中堂信 初六日發 李少石信 初八發 寄出

交揚仁山 印發 李少石 暫假信 謝更

接[illegible]五月廿六日信

又葉五姪 初五日信

初七日癸未 雨 午後晴

初八日甲申 晴 早東風雪霰中濃霧 寄孟陽信 約明日 周子宗 周子宗信 約明日來

李少石信 約明日 來候之

初九日乙酉 晴 寄孟陽信 寄 報世兄 嘉孟陽信 約十八日 來 明日到

初十日丙戌 五鼓大風 雨 屋樹震撼 懷之不能寐 至辛未久而止 辛午 天晴

夜後雲雨 下一兩

● 接孟陽 拜客

十一日丁亥 陰雲 下午晴 寄錢牧齋信 寄錢吕 孟陽 約明日 來 寄孟陽信 答 李少石 約明日 來 寄李少石

信 約明日 寄李怡如信 答 怡如信

十二日戊子 晴 夜雨

十三日己丑 晴 夜後大雨

接李少石 約十五日

十四日庚寅 陰雲 晴 相聞下午雨 寄李少石信 約十五日 下午 偶 在 朱庭仔 相 聚

耗 將季雨 且 為 公 錢宗道 以疾 未 便 會

十五日辛卯 雨 晨起 以 書 畫 顏 城 隍 廟 設 壇 祈 晴 下午 阿 吳 訪 帝 堂 德

夜余未入座 寄湯谷前信 樹宦 子密兄信 樹意 西甫信 十七叔 惠甫兄

接王稚十一日信

十六日壬戌 晨陰雨 巳刻晴 南風時不寒 雖色被衣開雨書隔之心神盡

爽 盥漱畢 詣壇更衣 雜務雜事 天氣向寒不無 此時清明

否 早起讀日理詞三地均轉 寄閑信 六勝信 南翁信 子八叔 惠甫

十七日癸亥 巳後雨 雖色把 日日晴出 映射 色世 此後朝 不得意

詣壇禮 午刻 雨 陰不已 下午 後詣壇 物 事

積懈 天色寒 接 手信 理久 南 以 陰不果

莽 中 自 再 石 通 下 遠 事

夜 讀

十八日甲午 晴 不 刻 雨 遠 久 理 遠 再

出 門外 精 雨 中 三 丈 下 帆 積 事

理 信 寄 子宦 信 全之 閱 通 已 圓 在 再 子 及 館

覽 伊 妻 女 神 明 早 散 夜 設 案 不 能 植 葉

十九日乙未晴 蓉波巽甫新昌来信少谭
接李少石十五日信
二十日丙申晴
二十一日丁酉晴 寄李少石信 邮发 专局 同御余陶仙 吴承宇 萼公信 仝发 阳湖信
仝发 寄缪调甫信函 邮发 局递
接邵松年十五日信
又吴之宇 余陶仙 张桐生 先晖 盛稷如 丁汀 陆 汪费了信 以上群好手概也
二十二日戊戌晴
二十三日己亥 寄吉甫信 邮发 王畊信 邮发
接郭鄂卿廿二日信 已复
又王景二十日信
又少石廿二日信
二十四日庚子晴 宝见 颇好 长春新安颇 同外亲姚试今早回门
二十五日辛丑 雨 作 接李少堂书

二十五日壬寅晴　寄青士書（即蒼遞）　李少石信　合蒼

題書二卷　國朝田雯著　雯字綸霞，德州人，字蒙齋，號山薑，以詩名，著長國初此中志地極之意永前後面

無[illegible]隨筆[illegible]五卷，來公瑞與之所[illegible]為[illegible]地[illegible]而[illegible]耕年

二十六日癸卯陰　已刻訪城隍廟謝神，明十八、初二日晴晴相逸，余向幾番日晴

幾日晴呈壽，加以觸暑了力已可笑，冬長年在郡子，此日陰，幾[illegible]何日冥[illegible]

二十八日甲辰晴

接薛安林六月十七日信

二十九日乙巳晴，傍晚大雨即止

接河南二十五日信，又四保銀房

又齋處二節初十日信

又殿英之六月廿四日信

三十日丙午晴　早臺秋貝理洞，誤入地內場。　寄吳元甫信　余陶[illegible]均[illegible]李

少石信　初七日發　寄田敏信　初九發，交石李[illegible]人

接卿無了六月二十九信

七月庚申朔日丁未　晴（下午微雨）　晨起作書與楊鈞亭　午間　見姚方夫人爲設祭

初二日戊申　晴　下午微雨　秋意颯然

接寧兒閏六月廿五日書●生豚初發

初三日己酉　晴

初四日庚戌　晴

接李少石初二日信　寄回聯及所摺扇

初五日辛亥　晴

初六日壬子　晴　爲楊建坤士同尚飯來見　寄張知州信　初五子駿入祖在官

天坤士陳鳴六入祀御賜碑送　下午陳氏遞信不赴送酒席與子讀　並兩

及諸友生飲之

初七日癸丑　晴　寄楷姪信（附寄郵花兩筆墨之）　阿壽信郵花　並兩筆信（郵寄筆之）

接四兒閏六月初六信

接虞山姪五月廿六、閏六月十七、二十三三函信

又子卿九姪五月廿一、閏六月初十兩次信

初八日甲寅　晴　夜雨

初九日乙卯陰 寄玉盦信附一卷 文乞隆署 寄宣兄顧姬信 附合卷 李少石信 即發

接寶兄初十書 卒

又顧姬 長庚軒函 日本

又顧姬六日來信

又金眉生 同 札

初十日丙辰陰 上午晴 寄蓉姬信十一函 函至 薛安林信 又一函 寄顧姬信 即發

十一日丁巳晴 接少顧姬信 寄蓉姬信 寄少云 寄伯遠信 札姬同寄附 合函信 即發 中元二函亦附付

接得初二日信 祖居並寄為

又少石信 先年

十二日戊午晴 下午雨至夕 至蓮花同儀為生寺拜壽 送安宜家壽禮 即

暢存名未明之信

十三日己未陰

十四日庚申陰雨 早至李經信地

十五日辛酉晴 李伯地 行香山前拜 寄雲書信 寄賀壽信

拵垂迹、初八作

十六日壬戌 雨

十七日癸亥 薄雲 守家拵國作（御藏迄）

十八日甲子 晴（夜雨） 早乘馬自陣伺候一把內見之 又參陣因休息膝稽古

十九日乙丑 晴

拵（室町）十七日作

廿日丙寅 甚陰 拵 又目田郎山來見 守家石作（御藏迄） 重利作（七日）

寅之作 同藏

廿一日丁卯 晴 早乘馬自陣伺候一把內見之

廿二日戊辰 晴 隨意半自山而來 （野山）武者一枝 呂尺 國守書之（集來實 五日 來候）

廿三日己巳 晴 同郷持出自五十日雷 來陽左衛門（背）鳴物焚壞而向右有

廿四日 ... 兵衛持刀在守門內抹稽來見 拵之寄實皆安人之也

拵樣（弐）向六日廿日作

又舊刑向七日四日作

又是元字廿一句作

二十四日、庚午、晴、参松殿、開陸宇冊數、家中有此二隊事矣

二十五日、辛未、晴陰、宮少齋寫邦作、御馬錢、筱民作、御馬錢、余寫作、寫銀高五兩三斗余名納、李少不作

廿六日、壬申、示寄位、易陰防、從弟二人来之、閑話頃刻

接寫見、二十三句集

又頗隨、同句集

又是韻功二十六句作

二十七日、壬申、風寫、寫寫見作、廿六番、安祥朽卿、頗隨作、參吾、王韻作、參吾

接寫見、二十一句集

又聊拜、廿九句作

二十八日、癸酉、晴、甚暖、申刻、午後大風雷雨電、大雨、梅李熟、甚世急、頃刻、雲晴、春雷

為時近秋分、就畢寄諾、好樣、時景附萬、麦真地、應不職、實、余生平日

所未經、殊為可懼惕、不已、早妻從自阿何、一把句後、當代作、安田作、卅番

二十九日、甲戌、晴、下午過妻父家一飯、向業奉天人、候撫府情、未解首學去過折飛回

刑未見可譯　揭子惡手傳

二十九日乙亥晴　平刻石侯葉一面未成

三十日丙子　倉石來亂

撥閑暇間六三十乘日午下作

大壽少石二十五日作

八月辛酉朔日丁丑霽 四點起 詣學 偕傅為丁寧 禮畢 時天尚未明 是日早

行香 委人代往 早飯後至 東院 偕伸之 往土 以手久失僵 將次 痛 指甚

借也 終日 傳 稍無 甚久 緣

初二日戊寅 晴 甚暖 下午大風雨 祭 鄉 以頃 於壇南壇 致齋 厄刻 午刻 秋

祭 先聖 老 於 祠

初三日己卯 晴 甚暖 不 甚 稀 早 委 訊 自 理 詞 訟 一紙 即 簽

初四日庚辰 晴 早 委 訊 日 理 詞 訟 一紙 即 簽 委 兩 外 自 清 日 回 來

擬少 夜 首 夕 入 作

初五日辛巳 晴 寫 季 中 堂 信 初六 發 寺人 寄 冬 翁 先 信 岵 怡 作 在 似 梅 信 初 八 日 發

李 少 荃 信 寄 即 子 信 世 兄 信 初六 寄 花 農 信 初 八 發

初六日壬午 晴 擬 全 為 生 封 作 發 初 六 作 又 石 僊 梅 作 初 五 作 即 日 理 詞 訟 一 紙

初七日癸未 擬 少 荃 夜 今 日 發 晨 作 祭 後 兩 至 刻 信 五 條 把 卦 來 多 祠 拜 客 未 回 晴 外 明

初八日甲申 晴 寫 鄭 季 雨 信

接 鄭 季 雨 初 五 日 信

初五日乙丑晴 早至琉璃廠 寄秀石信 寄季遇 理髮 剃頭 初十日 寄季舫信

接純如信 寄季遇 劉翁翰 寄石園之郵 寄少穆信 寄季遇 收發 浴 寄人 鑑

寄寄季雨信 雨書 晚 寄季雨信 睡 寄 接季遇信 早寄諗日理詞詞紀

接寄寄寄晴 初六日 寄寄作

初十日丙辰晴 五殷紀詞 由竹祠秋氣

接任生 十一日丁巳晴 作

十二日戊午晴

接季寄 初七日作

十三日己未晴 下午寒 早寄諗日理詞詞紀即接

十四日庚申寒

接季石 初八 十三日 雨傳作

十五日辛酉晴 寄季舫 繫瓣切門香山接手 晚看胡 佛曲秋月餅 以安孫二十歲生日為

具湯餅並宴客 寄宴寄諗名家 賀壽 寄季雨作 雨書 寄季 接季六如作

十七日癸亥 寄季梅 邢鄉來作 寄季 二月 寄季 石似梅作 寄季 賀季季作 寄季

提李尚十二行

十六日壬寅晴 寫寶晉作十行 [illegible] 孟頫作 今春

十七日癸卯晴 下午訪悅之季候人評

十八日甲辰晴 畫三葉 花瓶 黃白相工加招某衣 [illegible] 宿 [illegible]

不 [illegible]

摸從柳身東坡以後香畫萬再邑工定門以內 [illegible] 此一新矣

十九日乙未雨 下午作 寫李少石作 [illegible]子[illegible]作 [illegible]作 二十書 [illegible]

二十日丙申晴 早起臨日課詞記一紙印[illegible] 寫李少石作 [illegible] 張吉村

二十日[illegible]

二十一日丁酉晴

摸李少石十七行

二十二日戊戌晴 早起臨日課詞記一紙印[illegible] 下午訪悅之季候

摸李少石二十日作

又次後山十七廿二兩次作

又吳之字廿日作

二十三日陰晴 寫李宗石侍郎寄人 黃春 張孝村專函再遣人往求之也

二十四日庚戌晴 早書掇日陰詞記二紀 挂紀 寫吳之字作 題鄭遜齋 聊李兩作

二十五日 下午寫完 題寫懷自書外城卜

李樊知

搭陳為七日十八日作之換上海

又更揚 二十一日作

又蘇士達夫人錢氏十五日作 者在於其之 張錢小南姊之之女也 先君在中今已作古 與子厚于閩

又李相國 作

又周至臣 作

又石似梅十八二十日兩作

二十五日辛丑晴 早書飆日陰詞記二紀 挂一紀 雨 壽問福彈兩女太宗中宗

石爾夫讀所錄也 下午張杏村 字祥錢姚八 己丑孝廉 來 自保家之 之詳同級氣守世

精研究量師史學之稿也 傳施重靜談鄭李復之詳

接牛女石卅首作

二十六日壬寅 五點時雷雨大風并雹 午后至夜半陰雲風雨作雨

二十七日癸卯晴 甚涼 示三姊 已刻過顧棣及雨小子入學 晚膳 李村先生便餐

甚歡

接香雨廿五作

二十八日甲辰 陰寒大風 早晝訊（併）日理詞話二紀即讀

二十九日乙巳晴 風 階篠書屋東軒下有橘一株 形甚瘦 由是木也 為土來之而發

院中石砌偶成為垣 以劃內外

九月丙午朔日 晴 甚寒 三鼓第二十九分 寄秀山赴李鸿逵邸

春陵书至

初二日丁未 晴 撰高妙去经学集第二次稿成 寄王竹仁初二寄

梅少钰八月 作

初三日戊申 晴 早奉讯自陈词第二辑印校

初四日己酉 晴 早奉讯自陈词第一辑印校

初五日庚戌 晴 奉寄钱仲安生日往称祝留饭而归 早寄 行

窗一联作 应庆二层以香山亭可以眺远 前门内石桥右林下

谈也 译学谐 宝华内府旗人 奉宸内务府外 少泽畅游 返顺道往石门村觅建华居

西皇殿亦用西剧 遂邦未(?)

初六日辛亥 阴 细雨 下午荐委宾伯南之集 佳韵昊春府庆恩本秋 奉王人来见少泽 报往

春信来晤

初七日壬子 阴 晴 早奉讯自陈词第二辑印校

接蒋汉之八月初六日信

初八日癸丑 雨 寄李少荃 不往 寄張 初八發 少穀服作 全上

初九日甲寅 晴 星叔寄衣 小匙 星叔撰自隱詞話一抄同校 星叔晚 星叔自隱詞話一抄

寄和甫 來信久談 居到北嶁佛寺行香 偕作 ... 青出 ... 啟石 ... 廖

日 世作傳百頤堂

接子喬書 覆六日信

初十日乙卯 晴 黃嶽生自辛卯來訪 寄何三函作 ... 如作 十 ... 寄花子華 花 ...

華作 計十一 ...

接何二的 初一日信 方 ...

又 ... 七月二十日 八日 初三日作

又 ... 和 ... 作

十一日丙辰 晴 星叔自隱詞話一抄 ... 下午 ... 來見 ...

... 作 ... 初 ...

十二日丁巳 晴 寄李雨作 寄 ... 祀三 ... 八 ...

十三日戊午 晴 ... 五 ... 二百五十八人 ... 八十八人 ...

五十人 ... 君子 ... 不 ... 學 ... 國主忠 ... 自 ... 而

知之詩話論學篇以律彥明秋字 讀以為張君子所學乎道者三動容
頃觀[illegible]篇[illegible]通假以居字 處為第張君子尊其所學以求之謂 頃觀
（兼出見為知之詩話）
[illegible]空之所見而知之 詩話闕詳向新篇自國字 已竟 讀卷於識 處古
[illegible]子讀 實穎之不同 [illegible]常言為作所詳作[illegible] 作稱也云 故為考
識話 言有文二卷 及三枝書文 正十卷 並敘 詳解
十四日乙未 晴 （原刻）論章為五人 李[illegible]卷之 新於靜[illegible] 記文所學見也 下午
[illegible]委久於讀以（初書作此釋） 來候久談 以稿行述證要功者
十五日庚申 晴 早起 戡政論語 五枝地點 [illegible]所[illegible]內生張來謝 著經於解
來 親論性理 云[illegible]新[illegible]有[illegible]論 傳以李[illegible]中[illegible]來[illegible]論性理 [illegible]為
實為以[illegible] 處為李[illegible]主身論 性理[illegible]論[illegible] 辛刻[illegible]
解 侍晚辭[illegible] 疾 [illegible]刻 日食 [illegible] [illegible]救[illegible] [illegible]子[illegible]
園 謁書樓 丑初三刻 步園 [illegible]
[illegible] （[illegible]十三作）
[illegible]五十[illegible]作
又作[illegible]

十二日辛酉晴 為瀛秀見毛[illegible] 摘 孫 人

校撰全上 午新[illegible]案 [illegible]書之 王安新詩水案之米月實之廣為

[illegible][illegible]書侯同

擬與之字和[illegible]作

十三日壬戌晴 [illegible]字李少[illegible]自隱詞詩二卷竟

十四日癸亥晴 [illegible]均把[illegible]草 為一百九千人 石[illegible]十三人 陳以七十八 石[illegible]一人

唐為四千六人 舉侯[illegible]門 出[illegible] [illegible]為四[illegible]能 稱為三葉[illegible]也 王子白老 頗[illegible]能

詩云若花也 詩說 五律國各射可詩字 律以四聲 達之天下 也[illegible]于四舞

[illegible]說[illegible]西晉和之也 詩說 楚古風[illegible]書之見名字 唐為四萬聲 如[illegible]作[illegible]

也[illegible]白為 短說[illegible]而[illegible]之[illegible]也 詩說 四方[illegible] [illegible]蜀可聊字 已新[illegible]

[illegible]和[illegible] 三[illegible][illegible][illegible]

十五日甲子晴 甚寒 冰

擬作[illegible]六[illegible]作

十六日乙丑晴 [illegible]所[illegible]新[illegible][illegible][illegible] [illegible]所[illegible]言[illegible]三[illegible] [illegible]

出於官求助望以為五十年了夜來得且讀了——

聽雨言志作

新樹參差罨村徑，宅前蝶對園中亭。老樹生涯枝幹直，小山當檻

石階濃，流水鄉來報春前。保領而人路多以好，千古微之詩誠郡。

世界風物空應同。

料量耕耕二千年。荒廢還不惜，遇田。擬倩翠竹車付舊，官闕能

出奇離便，自笑此生不遇，從樹。村將民隱，悟菊莛，咨問郡中家事。

寫時何須慣俸錢。

莫之早，村之投帳。幸甚年來，吾夢知。蒿屋雁橫，似似舊。可憐讀

難為世，未起首竹廿月。和平葬山鶴，信以天憐。恨說此南閱樹木。

不堪重悔，好登誰。

二十日丙寅晴　石刻樹生集，旅郡之新出集，為此集書錦世葉，陳

案：王廷寅　崔為集之信回

二十一日丁卯晴　二證體試，五校枝此為，為兩一百卅六人，不即五人，陳昭五十五

廣島三十五人　番所坊門出頭　當番方頭格賀立也　詩頭　蒼山館出
鐵冥國山字侍從當頭格賀也　但以仍佐内等曲外市　詩頭　西五與志六鹿門書
山房山字廣島頭格賀也　平常如舊市　詩頭　一鹿門之學舍山房
山字西塢鐵頭　松陽秘文處以一學所全馬無作名為證　午刻頭來出
戒定試三處務二十名及向講一日　當番誤子處四　侍中頭諸頭子回　廣
島頭講習　二材館講　學後武學等修之
二十二日戊辰晴　早臺頭白理切以一把回書
二十三日己巳晴　早臺頭白理切講二把切書　李雨蓀自白齋回高　夜送李
雨久譚
二十四日庚午晴　辰刻出書　當番書房姚生屯侍從李子　書寄廣島書
之信回
梅季女石二十三日作
二十五日辛未五陸晴雨亥午晴　三浦合格試　頭格記號及見當宮八人侍從三
十六人　廣島二十六人　天年坊門出頭　當番文頭上士上士太國帝　侍頭

江南烟寺稿卯 以為字 詩卷 安卷 中士中士 南國節 詩卷 懷外經村

嘉酉以村字 廣南手卷 下士下士 南國節 詩卷 寧丹辭作也肅 日丹字

[illegible] 又為如補著字一幅 另又注師出字 是卷 寄自治報字 詩卷士

贈信函寄 借收已刻 蘇吾打錢 借收發信歸 下 初材放之歸畢夜

錫琴書村物手兩通 華操子讀 年寄錄二子信得 二枝作殺 吉日造

送陸弟南川之使高取 自寄來函

接弟函 八月十五 十七 來 二十日作 高手梓悅

又四姊 八月十九作

又六姊 八月廿五作

又寶之 八月廿五作

又椒姊 初二日作

予田佛姪 初一日作

又抑孝秀 初一日作

又熟如仲 初一日作

又閏月初十夕作

二十七日壬申　晴　寄吉甫信　附百合書

二十八日癸酉　晴　午後雲　暴雨仍作陰　早上讀日課詞　伦二地均佳　易如對

寧人請看郵錄吾東起以來出筆録　幼拈通年禄錢米莫　字書

少石信　答蘇　信後又作合肥

二十九日甲戌　晴　下午大風　寒

三十日乙亥　晴　巳刻出至藥局　易如來　又到姚中丞　陳少峰年來見　唐易來

中信同　午飯後日課詞　伦二地均佳

十月建亥朔日丙子 晴 甚寒 已刻二十五分 李順德自吉至署來 早飯後

西安陳良弼等來見 侍士陳佩之 陳蘭 山陰李書 丁野鶴 來見 多時

接季兩子書 作

初二日丁丑 晴 已刻至教場 考武童外場騎射 合計

點名為四千五百人 清取二十二人 覆為二十人 又點騎射畢 回合 未刻後

升堂接射球 申刻畢 回署

接譚報 作 又作

未作復 初一作

初三日戊寅 晴 午刻 考武童內場 默寫 接校步射畢 時已申刻 回

回院 請取合格張蘭溪 過院來見 並為廿伏 初三日交發

初四日己卯 晴 下午 考廉 接考內場 默寫 覆看 校射畢 初四刻 考

初五日庚辰 晴 早飯 寫 接考 為中式取 林春彩

點名 為四千三百人 清取十九人 覆為十八人 仍接步射 中刻畢 初

黃生來為所業之李借法帖收業之劉岑和詹乃案於春對

寫孟暢作 聊書 又數字之

初八日辛巳晴 寫 香雨作 聊書 少穆作 任甘乞作 陳翔千作 聊書 李傳

寫四錦作寫新七扇 六錦作 聊書 聊叔岩

初九日壬午金寒乍晴 早李諷自課詞詩二紙 又畫殘紙一紙 李傳隆佩

之楊子壽來的不暖 再中院畫壽工程為未定畢 寫何子作寫四郎四十

兩[illegible]以中午新十二新 子寶之作 寫旭之二扇 林立作 大壽作

初九日 寫之

初十日癸未晴 遣寶見尚旅居寺校 鏖擬明日三刻為祝月神以祈

甚雨寫稿手種無可遇慕親筆 寫碑 寫聞作 龍仕作 張何德作

寫齊釋作 初十日寫 李子石作 寫子雨作 寫之

接李子雨初七日信

初十一日甲申晴 三刻寶見手種寫了之 寶之秦寫雨家遠起千里雨

之寒便不割 書

接杜五姊九月廿四日信

初十日乙酉信

[illegible]

[illegible]

[illegible]

[illegible] 西坊紀正月之季 平傳為標 駢

寓夫人壽辰也 向部咨取一紙 寫 寶廷作 卯卷 壽宴一首五年 接五姊信 令上 花五年

任卯卷 奉朝夕 季甫作 卯卷 武條之

十一日丙戌 晴 偽諸試補孝廉副貢入花縣而試局姻二品一裙 依福過風之子

查明諸考一自擇前省四縣取一名 因病命稍 被告勞貴眼 陰雨游之次韻

四四 五原和壽 深姻四者 貴眼 是日滿都 陪郵 贖之原 因病者 貴眼同次人

眼貴昔度 五世侍郎 戒寡之夜日 寅字 陳永祥 閔孫壽 寫某 子德 何某人 李情代奎上

接由石初十日信

十二日丁亥 晴 早 晉級 日理 閱 錄一紀

接寶廷 初十日信

又得季九月十二日信 已接吾弟函

又寄定之九月初九日信 寄四叔 家信已到 寄安叔

又寄嫂石磚 初十日信 十一日發信

十二日 陰不晴 甚風 寄吾弟信 郵寄 交季 又季雨信 郵寄人 早起誦日課詞訖一紀

日旅 寄季多不得信十六 定信 發

接季雨十一月信

十四日 乙丑 晴 早起習日課詞訖一紀 寄錢信及信 郵寄人

接季雨十二月信

十五日 丙寅 晴 附 季以地月委事

十六日 六年丙午暮雨晴 寄叔菊信 郵寄人

十七日 壬辰 晴 下午 吳姦居 葉子卿 寄度 平寄人 侄编渔史编傳奧四 書見少停

十八日 癸巳 晴 著復 葉姦天少停 早起課日理詞訖一紀 下午外出

寄詞奉稿

十九日 甲午 晴 侄稿久寺 特為來見 早起課日理詞詩二紀 詩一紀 寄

候後再作鄉人印發

接曾沅甫弟書

又動用　初三日作　信

二十日乙未陰　下陰雨村地方事指村中佛工人志平思自建身死　早委訊

收情形批陳諸縣　薦委各鄭通六和吉安陽知縣收　集候另擬署中　寫

書致前張義亭信　卯刻集之　兩人來委查勘太平橋赴漳河之石亭驛與南路相距會商

此理之法後再許之也

接寧見十四日第二次漳河

二十一日丙申晴　早委訊自理詞訟一起即結　薦委各縣柳境之辭安陽來之人來見

同部僚二人赴安陽縣立傳慎諸生

接信件五張作

二十二日丁酉　委平息案尸親擱懸　午委訊自理詞訟一起　午刻公出赴漳河之

石亭驛　未刻行二十里鋪　連出西漳河界一里半鋪郭村前村南至白蓋亭

查此次宿四里秋子嶺村首　行宮秋子嶺即道邊橋河之村首漳河兩岸道路淨也

諸侯岳廟過德陵驛 由所封忠也村東有泰山橋 北為柳河 即道橋河
過河東行三里半至東嶽村 二里半至東文山村 三里半至下李家村 四里至魏
村 清水店人來迎 時已申刻 將由邊去村 命少遊僕行 二里經北村 二里至薛家莊
十里新村 五里半至李家驛 張蜀濤來迎入行館少息 復偕蜀濤見蕭首
飯後 宗羲張雨君作 錄詩偕作 雨森來談
二十二日戊戌 晴 張蜀濤來見 少談 李信張蜀濤 下午楊芳張二人作云去廣山
道 所轄子高鄧 新邨 此清去之 擬明日替備 後作再談 與張蜀濤來談
二十四日己亥 晴 自石家莊起程 巳刻 過白 張蜀濤來送 主譚少陵來 刻至二十里鋪
便查尚境 東張橋 至新樂城
二十五日庚子 晴 楊芳張二人作云去自府中信所部 後陰生人楊二人接石家驛
驛 發後 劉彼去 宣明 辰刻 行來 新樂石家驛 石家二里 邊芳張二人 云鄭
後陰 至石家莊 住半日 巳過 唐山 道 備閑查 發清境 初更 後入 清水 十里
鋪宿 張蜀濤邀飯 來 鄭修 芳 張蜀 張秀 來談 丑刻 即作
二十七日辛丑 晴 巳刻 偕芳張二人 行 順過 秋蘭 行宮 一遊 眺仰 ── 益入局

遶播原書跡 申刻至柳城 館上人經書院 積累多少 伴那信候少譯
一件晚奉橋肅張廷亭來 僅少請即去
接寄見十八日奉上諭 津軍 筆內趕赴南行
又寄見九月廿九未刻初二日信
又寄兩信 寄見兄手書十九日被行
又少石十八日信
二十七日壬寅晴 偕峯筱甫張廷亭至安河 行宮一觀 張廷亭係原任承德府 先從雙橋往甫
柳塘、因事將世南約人來 刻由安河而行 勘兩路道路 申正向南山高
夜 行宮時亡皆被蒿道洗劫 夜行倚住宿 余與張廷亭 往叢陰庵
茶話 前付隨壁居所 諸至丑刻罷防
二十八日癸卯晴 卯刻同奎單歸 入行宮 出東門 勘萬壽橋 道此
取向係於承德府八九里 又詳細而端雅公主園庭 澤湖一里 年久
失修 經路高低 樹株叢雜 其好精以內 林木地不能稀動 未盡 將宿備
東刻由某某回順 澤坡查看 行宮前 經過山崗 見香見暖 道左

兩山之間歷年淤河水甚沖激亡途側深至一二丈又村落各行而上萬無修
整之理勘畢——由行宮至何過半壁店時六月之香暖館此等所有
修偉之意筆——
二十九日甲寅辰晴巳刻筆舍畢借川逕西順和壽寧鐫一行未時申初抵城
瘞積華飯聞想過亭子旋讀六綠柳瑰飯之林序殺
據曼真作
又吳寓和十六字作
三十日乙卯晴午刻漢家張雨人全陽楊芝平二鼓將歸寄張蔚溪作[illegible]

十一月甲子朔日丙午 陰風寒霾 要作致川秀山始事 復寄臥雲張照亭還

往少蓀處 暮雨人後來歸 下午至彭潭更少談 伸士焉節齋來旭來見方

談 穿李丙作 沙度

初二日丁未晴 早李訊日理詞訟二起

初三日戊申晴 晨至五指山之寺 訪陳馬杼 靜府長四馬後

卜少耐 午刻 客至 張子載 信翻作 …來

以申刻 張子載來 晚間 …讀 張子載及 …談友飲 徐鶴琯來

換衣服

初四日己酉晴 客會同張壽夔 李照 陳假 穿具 午刻

旗送 於子載來 …談

初五日庚戌晴 早李訊日理詞訟一起 徐鶴琯來少談 李子載來小談

穿李丙作 初六

初六日辛亥晴 …張子載不暇 …談 張子載來信久談 晚

早訊日理詞訟一起

初九日壬子晴 寄饒信作信 卯發 李梅村張理卿信 金之任信 卯發馬遞
子勤附信十二函 馬遞
初十日癸丑晴 早堂訊見理詞訟起 卯傳 安悅亭姜靜波來信
十一日甲寅雪 甚寒 寒暑表二十九度
十二日乙卯雪
接李雨卿初九日信
十三日丙辰晴 寒暑表二十五度 早堂訊見理詞訟一起 卯傳
十四日丁巳晴 寄沈中丞四信 卯發 挪吉朗信 鍾子陵縣丞來見 寄任無作信 卯發馬遞 夜
邀張青村何伯英朱在丁胡新魁宴 邢李雨仍自泉歸 萬磊遇月餘之後
又一信
十五日戊午晴 微寒 劉寒暑表 傳十六自八年北來以所來之有 寄寄寬
信 卯發馬遞 接薪作附寄信 張蜀侯信 卯發馬遞
十六日己未晴 蔣寶五來 新補上陵縣周孝澤堂 邀國信駐防入 御林 來謁少談
發李信來 晚 夜 邀英紹堂邢子靜田照山飲 初起

挽少穎娘 作

十五日庚申晴 蘇寓 黎明起行 李少卿接事

十六日辛酉晴 蘇寓 赴前謁見九寓 商少府書太守事務 二刻起行 申刻

至姚村宿 野店風怯 寒不能寐

十七日壬戌晴 蘇寓 黎明起 早飯畢發門 午至鈕村尖 小憩畢即行 酉刻

到保定府 寓所 少府同往來催見 寄書兩作十字

十八日癸亥晴 寓少府 已刻至府 仍赴上謁見 譚陳陳 易傳 與保定兩少府

蔡獨酌 時刑政業 謁相國 家人未見 謁 不值 少

石少譚 過藩臺 府少澤 寓所 謁葉記 寓未晤 保 晤其

張與亭 作書 張子載 繼度 索報前 少譚 寓前 未 保少譚

挽李兩十七作

十九日甲子晴 少穎娘來久譚 再謁藩記 寓久譚 保陳嘉生 皆遣 搭訊 人去

陳直保 李靜山 培棻 保少譚 保 黃壽 並同為 盛樓生 祭哭 丁拉茶

陳和泉 吳訓臣 戴訓臣 並再同 謁少劉 少保 同寓 夜 不 直 寫少休

錦僕回寄嵩丈不甚佳　蔣春舫少譚　赴子嘉招飲同席少石祉巢武威

擬赴金人客棧　黃少回公勝春

房山之東陵　二十六駐驛　二十七謁陵　二十八回鑾　三月初二還宮

御筆

接孟勞十六日信

寄鴻仙妹十八日信

二十日己丑晴　早刻至鳳翁處謁方伯久譚　又謁春浦久譚　君僕信

謁子嘉　博夢坡　謁人久譚　謁少石久譚　謁相國

訪星橋　又為難事

相國閱之甚見新意

常熟　馬少泉來　陸少石來久譚

邀少泉來　寄家信

擬來兩十八信

二十一日丙寅晴　早起出門　候諸同寅　並赴縣昌山之表　又偕石齋久譚

本午淘饒茶棟 寶善堂人 奪寶堂之感本知余世經兩先譯 信愛茶人

雲城我久譯 赴陸寄 遊揚飲白金張蜀溪姚壽舟 後假仿樂人 信謝知扔 及諸同寅

公甚鷄不敢佛儀姚姚熱形長勝概詩 喬本如邦與善勝 五部任後上揚攪同

唐題竹枝 知物 星人 及同寅數人 二林鄧筠

楊島錫十七日作

二十一日丁卯 晴 蕙根即令修學生來候少譯 下方抑寄詢辭 後久譯 又到

嘉詩紀學變均久傳律水時來為詩嘉修吳昔費甚少金為分陳蕙以與

書楊信 候本靜山若須 候孚壽 由久譯 謂相國辭退後久譯

遍數付子少石變並於此子梅少譯為晚向楊子壽子郎少數信候 五信宜

姚變旋寫少保保滔邯 少石子梅之楊同唐 不壽及措等諸人 二林殷

詩曹峰學香少譯 旋寫少石滔來遠

二十二日戊辰 晴 少穀般來早全集 張蜀溪來見之副 由為成行過

如去劉下 鈔村史及別子姚村局

~~十四日...如...風...~~

接南陽姪□信

又秀雨廿六信

又陶房如廿六信

二十四日己巳 晴 大風寒 巳刻蔡姚村來劇談 晨寫季雨書條

二十五日庚午 晴 寫孟卿信 寫季□信 張伯仲信 附五

二十六日辛未 晴 下午過南沈鳳鳴來見 東園坐穿指 世兄坐穿子左齋自

經月(?)晚 堂試 [illegible] 何因[illegible] 寫孟卿 [illegible]

往來 寫季申不信 廿七發 寫季南信 仲雲五信 加封作 合發

二十七日壬申 晴 [illegible] 查星 [illegible] 借

[illegible] 書 [illegible] 圖 [illegible] 來 [illegible] 御史 [illegible] 二十四 [illegible]

[illegible] 查 [illegible] 天府 [illegible] 西刺 廣臣 [illegible] 大人 [illegible]

二人午 [illegible] 畢後 [illegible] 文月 [illegible]

[illegible] 三人寫 二月 [illegible] 二人 [illegible]

二十八日癸酉 晴 同僚查 [illegible] 請人 [illegible] 陸內 [illegible] 二處 [illegible] 陸門 [illegible] 二系

地盤　等候恩之人留東房查文壽陵工所　在新界今華迤東口不內直西

行過泰陵崇嶺攀山　丈月之下至此初復下車步行過神路瑩廊華表石

仲林陵明樓御殿甚清嚴　過此復而過昌陵　觀風門北京西過昌

西陵橋南　西面小山繞之　不異垣墻　即九鳳山也　西南門內許即立三

盤嶺　又由東一路度一山嶺至泰陵　西山東輔四拱　立前不看

勢偏狹　視泰陵不可同日而語　諸陵林樹亦以泰陵為最盛　昌陵

尚可　又慕陵則階橋兩旁樹　清氣葉茂　慕陵最殊　左派略小

慕陵門東南出慕陵　正陸門橋丈量大為　大太地盤高似

無兩　二十丈為殿基　因西寶門　世為加立二十五丈　地勢三合

為辟為微狹　又兩旁崖頂陸門橋稍寬　兩河界口淺　擇用何

恭　望東南行　由陸門橋東北行入大紅門　出東南而門　道寓晡後

畢　至慕陵恩之人　恩久係　過伊成暝

十九日　早戌時　登程　曲卑歷鹿過易州　已刻抵梁格莊　茶尖　未正

至德恩寺　聽候　午後　畢由此返寓　茶飯後出示　任君翻麻大呼圍

光聞蓮社發起時，曾上現自在佛像海幅多段，佛菩薩數歲
佛身所現似兩真安設，隱起其上，海幅好長亦不過高三四尺也
德森兄十月二十三日來書收悉
印光頓首　信
又得師過芸信
又信錄此共十分

十二月乙丑朔日乙亥晴 黎明起將奏文摺子 催李訊伯理詞訟二起

又積欠一狀 寫懷伯函作答 錄吳雨和（和二韻 示李來書）

初二日丙子晴 以杏林查（句）傳文彥東及限役入見論語 自己尚未於筆

傳七陳題香 請陳福 竹楊李見久談

接陽家二十日稟 作已抵安首等件

又方石十月二十五日信

初三日丁丑晴 順天府尹高蘇鶴因去夏告假（送）境給（余）少談 論筆

行又信（遞） 是日更院官課首李來說 命鄒西基（函） 寫兩字作（致孫馬函）

初四日戊寅晴 午後課日理詞訟一起 男委見家信 南之來呈孝夫人 書昌來函

李談都中委信 函楊荔甲—— 寫李惠信（和王茂 致王春）

初五日己卯晴 條陳稿 和陳石顏人 西鄰孝廉府蔣衡 李便久談 仰信前信 寫當步

石信（和邑 申石發 句遞）

初六日庚辰晴 芸衛文（陶道 仲景十士） 李便久談 姜信苐常文不復 夜

邀宋伯南弟文帥文 飲二鼓散 寫鐵仿伯信（致王春 文李函）

接芍棠十月初九日信

初六日辛巳 晴 早審訊自理詞訟一起 即發 寄澹如第十信 即發 寄孝達

信 即發 石函 少穀信 即發 寄……

接宴九十月廿五日來信

又子漢同日信

初七日壬午 晴 陰 寄……來信 未明 早……信 少……

漢 午審訊自理詞訟一起 即發 寄……信 ……信九……

初八日癸未 晴 寄……信 ……

接……初八日信 又……十日……信 又……同日信

初九日甲申 晴 寄雨農自涿州 寄……信 即發

十日乙酉 寄……下午……寄……信 即發

接……初八日信

十一日丙戌 晴 早審訊自理詞訟一起

十三日丁亥晴　寫少石信　子壽信　少穎姊信　均由李丁寄　陸[illegible]信[illegible]

十四日戊子晴　寫杭信　仲信　初八寄之　少穎姊信　初十寄之

接少石十一日信

又少穎姊　信

十五日己丑晴　寫何行書四幅字　寫士貝先生信　寫寅齋三兩　寫西安[illegible]兩　[illegible]

行楷四寫字十二兩　[illegible]發

接[illegible]十二日信

十六日庚寅晴　李雨[illegible]自[illegible]回[illegible]　學師李靜軒來見　少談　早[illegible]自經二地　於一地　[illegible]

[illegible]來[illegible]　[illegible]來[illegible]如[illegible]　夜[illegible]自京[illegible]久[illegible]

不見已半載矣

接寅兄十一月初一日來信

又[illegible]　信

十七日辛卯晴　[illegible]來[illegible]年　寫[illegible]信[illegible]字[illegible]

字中不作　少穎姊信　[illegible]

十八日壬辰晴 三壽 卯初起 因傳為 般春稽畢 讀書後少休 畫訪
郭省信函 姚春亭 錢門 在省 見 已刻 祠堂春餅 分宗祠
賀
十九日癸巳晴
二十日甲午晴 午刻拜印 出省事 冷 未 偕少譚 在設席 翁 萬中
諸君子 李雨莊 自白湖 查鬯 莊自省 同至營押房 飯又譚
二十一日乙未晴 同宗伯甫 郭二十畢 查依東明 楊畢 應甬 赤植 五方人工 巨
劉甘城 已刻 印從 迎楊故 聽申 劉助 查安何 雅易 夏敦卿 炤 任子舒 錙 諸 陌
禰 名 孫 子侯 東冥 新 代見信 少譚 族姪定甫 儀 對 著七 子 自平山來函
新失館 席地 易楊 年
接定甫 信 昨 時 書
又子翁 花
二十二日丙申晴 同宗伯甫 查信 雨莊 楊畢 足取 啟 劉甘城 赤劉 取良九
花農 劉滔侍 錢筆妙 任宮 萬 丈 量 工 復 信 文 月亭 久譚 不平

星夜时亡酉刻四信 廣庚亭角門館

接少穎縣二十日信

二十三日丁酉晴 酉刻由車星夜入東口子門下 蔡浩新桂查作工

程安悅三十六日在 端陽公主園寢 奇瓜奇少時海丈董陵門在地盤

畢一 計四半星夜時已來 刻 出車一 合少休 點刻新出發 署 酉刻下

妙 廣昌孫劉東雲來 如謁見久談 祀宗廳 行程於午 蔣李戴服臺來

接仲符臣初六日信 來復

二十四日戊戌晴 晨候劉東雲 戴服臺為郷卿 謂不便 早臺訊自理

詞訊一起 午刻接戴服臺劉書雲為郷卿 怡如來並飲 戴服

晨西楊蕃午 楊少秀壽復

二十五日戊戌晴

接呂室子二十日信

又馮仲陣四日信

又呂仲恆十八廿日信

二十五日己亥晴　巳刻詣伊藤氏餞供戲男女大覺如往年　菅信楊子義

少讀　下午戴順孝叔少讀　蔡陵翠君新留來見　張蔚行假貸如恕聯句

名處寄　張孝村解館歸卸　步出行宗任南增被者夜設飲餞

二十六日庚子晴　戴歐堂畢白寄　午刻　和神山生年　張孝村去還了

寫李少石訣上梅公作　黃馥甫作　張廷亭作　任孫山作　少穀服作　攜蒙李丁

將早達書惱紗前稿　夜久讀

二十七日辛丑晴

二十八日壬寅晴

二十九日癸卯晴　夜寫諸稿者

擬寬覺十百廿七作事少石二十六作

三十日甲辰晴　申刻抵　影家芝寫祭上祝未畢　令家辭歲　合署拜

歲　迎灶神　設祭畢　合家宴飲如去年　飲畢　濯足之臥

同治十二年歲次癸酉逢庚戌余年四十有三

正月丙寅朔日乙巳晴 五鼓时西風辰后東南風天色晴朗迎和暖 寒暑表在

四十分 四鼓起朝伯拜

天旋赴南之寺借僚屬拜 辟 華夏吉服以次詣 文廟文昌祠關帝

祠城隍廟真武廟龍神祠火神祠藥王神廟 拈香畢 [illegible]

仙廟馬神祠財神祠土地神祠灶神祠等处行香 [illegible] 祠[illegible]

唯設香案正备借都李兩監督同拜者 [illegible]事畢后派年課

甲戌年[illegible]閱月乙卯日散后派年氣運自

[illegible]

於澤節取[illegible]師

日[illegible]財文持世[illegible]月[illegible]扶[illegible]氣四[illegible] [illegible]財休囚[illegible]初交[illegible]盡戌土[illegible]

四[illegible]临太歲[illegible]動[illegible]木火[illegible]时文[illegible]真月破[illegible]

[illegible]頂其[illegible]真財官兩[illegible]之謂

易林貞卦辭曰海為水王聰聖且明百流歸德無有叛逆常饒優足

六時醒 見春雨暮春及個傳辰稽結成數語似不解

辰刻於祠屋蕃朝食 率家人行禮畢 命家中男女行賀 往同城寓所拜賀 午刻蕃中食行禮 晚蕃回及晚食 遣子孫行禮

初二日丙午晴 晨起於祠屋默禱 辰刻蕃朝食 率子婦行禮 語日拱佛禮拜畢 家眾行禮 午刻蕃中食行禮 晚蕃回及晚食 家眾行禮 懷收點

菊儂大令來見久談 告假不直一夜 接張菊儂飲胡聲乾季雨作陪

二時散

接任後二十二年十二月 花

初三日丁未晴 晨起於祠屋默禱 辰刻蕃朝食 率家人行禮 午刻蕃中食

奉畢收 影象 出拜年

寫寶允作

初四日戊申晴 晨起早食畢 辰刻出城詣 陸偉甫衙門拜年

先往濤鎮久談 移世通譯大異 旋歸 汝侯家悅譯久談 至州

廠少坐 即赴西公府未晴 旋州廠午食畢 未刻旋州 申刻換城西門

賞壽字御製詩未明

初五日乙酉 晴 進內 賞壽字貳團一件 夜摺 申叔政問候

出安范一切體乾 劉西峯 鄭季雨 連甫 解定甫 孫饒 季雨 趙舒史

座

初六日丙戌 晴 大風 英舒 學圃 信少謙 夜摺 蔡靜波 美修堂 鄭少旬

燒 李梅卿 李腦 屋 田炤山 及 姚生禎 陶楊 竹楊 蔣鈞 二妓 叙

初七日辛亥 晴、 夜摺 蘇田 自蘇省 來 久談 宋化南 來 自省垣

接 寶見 十二年十二月

又四號 十二年十一月 初五發

又三號 十二年十月 廿五作

又九號 十二年 日 作

又五號九月 十二年十一月十五日作

又六一號 十二年十月 廿二作

又五號 十二年十一月 初作

又邨李壽十二年十十月初四夜

又柳之山十二年十月初三夜

初八日壬辰晴　李拔翁來久談

拔翁錄初六作

初九日癸巳晴　寫壽湯作　師壽李馬

初十日甲午晴

拔翁錄初八作

十一日乙未晴　寫賈湯作　師壽李馬　苟境第二疏亦題官清雲樓　福嫂人 咸務人來

偕少談　朱芷汀祿甫自吾恆少談

十二日丙申晴　文悅吾來候久談　第三疏亦題官安雲門　炳第山來人 尚和林人來候

久談留蔬心而去　禹安甫孫樣射雨兒讀書向晴　存穡來芷汀定

甫孫楚孫孫[illegible]如一故殺

十三日丁酉晴　寫賀兒作　題師壽逐李蘇　四物作合歡　第四疏亦題官續傳圭

酬嫂人 唐山楊家孫來偕少談　李保續孫堂不晴　夜雨祠居存燈行轉

挽寧兒十二年十二月十四日未刻

又六姊十二年十二月十五日作

又本甥十二年十一月二十五日作

又李甥女十二年十二月十五日作

又方婿子謹十二年十二月十七日作

又少穎妹[illegible]日作

十四日戊午晴 第三孫女送信汪芻山 彫程贛橋人來 庚孫知縣來 候少譚 薦妻贊山

送孫張聖亭 保泰來候久談留晚飯

挽魯甥初十日作

十五日己未早陰午霽 督所收行李無事 晉候張聖亭久譚 晉候吳雲門廠城村久譚 順至安河看工 守孟陽候郵騎 夜訪張聖亭 約吳雲門汪芻山飲 初鼓散

十六日庚申晴 早飯後偕張聖亭赴二十里鋪 會查堤橋座 渦達順候 請雲程少譚旋歸 晚候張聖亭久譚

十七日辛酉晴

十八日壬戌晴。辰刻偕張經廷等運送〻

十九日癸亥晴。午刻雨，即散稍事。未刻乘馬查安河行宮及橋座無恙，經河。是日借健騾一，將奉大臣周良馬二，一青一黃，皆精力甚備。

二十日甲子晴。巳刻赴原路查看橋道。未刻黃騾〻，收復經前山少譚，華俊、掁亭、臺及三瓶、吳宣、福煥侯、掁亭、耕書、元甫、端宣、書□，均少譚而已。至萃殿晤宋伯南少譚，即楊竹殿。

二十一日乙丑晴。辰正午刻晉謁，早食後同宋伯南至陸內查橋道，並書騾行歸。至經侯譚，出樂階、富集、由府、陳軍、李圃、蔣印中，久譚。孫子來，張〻去。與茶鈞至經侯〻言久，爲未到。遇侯子悅亭不直，遇茶鈞，經言前議，復同過宋。望庭、茶鈞力言橋座〻不合式樣，覺殿以毛求疵，意甚不合。宋亦詭〻

二十二日丙寅晴。早食後同宋伯南至陸內查橋道。午刻回來，得衣。少休，即行過通州。申刻抵祿殿，寓侍趙茶鈞店。夜抵□雨寒

柳巷中

接曼殊十九日　日二信

二十三日丁卯晴　早食後聞奉天電，至李政青處，與楊君定晚餐，同至洞口，不晤，即還。

於楊處觀蘭亭舊帖，金以銀百兩購之，即題之，得舊拓本，與張君……

改定閣帖跋，檢出之，余閱其言，畫法秘訣及一切書畫，年前題簽，寫

與石君信 即發　遣持去節日　遣定甫郵寄

二十四日戊辰晴　寫伯庚信，與鄭君寫信 即發 文書

接金陵寺二十三年十二月二十日信

二十五日己巳晴　聚同田坊山東上，訪丙顧，出寺行，寓過楊家，西二道河口面

寫楚姬信 即發 未寄　夜又寫楚姬信 即發 未寄

接楚姬廿四日信

二十六日庚午晴　寫楚姬信 即發 未寄　寫少石信、今暮寫長沙信 即發 未寄

接楚姬廿六日信

二十七日辛未晴　鳥盡弓張，子仰 即發 未寄，來風候同飯

接芸叔世兄信

二十七日壬申晴　得張子和久談　馬和圃(張武秦律存)來　查楊以恭銘肖(?)弟

之和圃石公爲其題　得丁日昌同李楊孫章村余生之病　字

少石信　世兄信(鄧驥)

楊少白廿六日信

二十九日癸酉晴　華翔洪保泰同鄉寧武(?)鷹查(楊)道不(?)題　昨飭(?)二十里鋪信了

二十里鋪石橋爲鄉府泥塗一段　遠年雨水潦漬道路泥濘　向係地方官(?)止(?)有

楊屬其道興的(?)在此道官接辦　未辦此道官僱(?)字要(?)外(?)修(?)築　令張保泰

同御(?)蔣(?)官姓(?)辦文　其屬負責邊報(?)了(?)四月十六張(?)信(?)余(?)細(?)碑(?)查道　余(?)同(?)向

此處泥濘應移(?)任(?)修(?)繳(?)張(?)青(?)州(?)陰(?)雅(?)保之應(?)向字要(?)修(?)整(?)道(?)接(?)匯(?)同(?)

尋(?)理(?)二十六日華(?)鈞(?)來如(?)不允(?)爲(?)維(?)修(?)補(?)柳(?)案(?)字(?)要(?)計(?)挖(?)　主(?)頁(?)縣(?)令(?)余(?)修(?)

整(?)知(?)來(?)可(?)張(?)圍(?)因(?)修(?)道(?)可(?)了(?)新(?)居(?)楊(?)屬(?)出(?)務(?)於(?)撥(?)出(?)如(?)能(?)字(?)要(?)承(?)道(?)大(?)有(?)

易(?)處(?)則(?)此(?)條(?)道(?)同(?)照(?)保(?)修(?)道(?)斷(?)其(?)異(?)辭(?)　余(?)以(?)楊(?)楊(?)不(?)過(?)最(?)近(?)而(?)亦(?)字(?)要(?)有(?)

可(?)修(?)泥(?)道(?)斷(?)要(?)　因(?)官(?)了(?)向(?)被(?)阻(?)業(?)業(?)然(?)　其(?)不(?)屆(?)限(?)　之(?)字(?)說(?)矣(?)　乃(?)字(?)要(?)何(?)

不能備薦與伯謇贅道又力挑金書楊香石舍弍三科不理實在懷惘
喁並室函覆令府李靜山轉呈孫方伯撤派員查勘一面函路侍
去年三次勘定陂口幫樁完工大石橋挪即北首陂澤要秀建揚言止
須從恩須從年來錢段易知不勝不遑余於卅三日時前往細情函陂少
石窑是相國大為不平錢令方伯與廣派員西相國雨詣馬相國
來函詳查詢委員適須從年來而不真業務之事日下石橋業隄前說
須從年來云此橋完年勘令會同通詳之久望賞手段之隄岸函請
寶墨肯飭 本部即撫志 馬相國吾張樹聲恩喜椅暑中飯畢隆情門一余亦除
事望歲卅殷宿宗似南同寓事詳
楨少頓首 二十六日

二月丁卯朔四日甲戌晴　晨起候馬相國之疾　偕伯男年丈來　隨同內廷查稽邊地盤

午刻復寓　偕伯男年丈及蔡張園暨孫文人　夜候馬相國之疾

初五日乙亥晴　晨候馬相國少之疾　偕同雅如　午刻接馬相國訃　並及

蔡張園三人偕孫文穀　蔡張壽專書　弔馬相國少疾　告中書藤者

接陽壽十二年九月某作

又子寅先生手札

初六日丙子　辰刻去雪　午刻雪霽後見日色　替明旭拜文昌祠後歸　森務未靠後蔡壽甫　俟安如人　偕相李丈　事

初七日丁丑晴　四鼓起赴　文廟春祭如禮　從孫舅少卿　寓書拉禮　招壽

接壽甥初六日信

又正月初四日信

初八日戊寅晴　黎明起赴　社稷壇神祇壇春祭如禮　偕進士書陶　宅頭

補錄李廣元信一通

接叔子十二年十二月初四日信

又前甥十二年　九月廿五　十二月初五兩信

初六日乙卯晴 相國移營由肖屋節上黃金道本營往姚村 而劉出城往
徵迎見中劉於姚村工謂久譚 並侯少石沈子梅 徐白岩 茅錫卿 均久譚 謂
葉觀察並侯隨節了博見寺 傍晚回營 不晚復雲世窗
初七日丙辰晴 謁少帥並侯西葉觀察及 相國先後於均少坐 留飯 而后
隨行西城 謁相國少譚 而移營 伯自江浙來未日 換見 而相國 在后
大孫相國全軍隨行 見侍方伯 午刻相國屋節東二十里 鎮西
武伯茅保從行 協辦各軍事宜 推保委員並所餘之軍 其以考道所屬任
全由宮不及便我揚州所辦軍營之新行 其以為本屬揚屬 我所收者此
時務全係理辦此等醜事 此不敢所為 方伯初不知新禮 為茅保
所理之事 指為揚州捷余辦 作地方勢 評河 辨道 說之而之 道不知 指辭 便
口稅州商 而不之中劉 新酒侍晚之揚道謂方伯久譚 因余及茅保 事
而真面見 節上 初府拿 六晚 之 侯隨 天原屋 五 揚合他人 陶世景
八 主揚州 知屬 茅保 三天五 主揚州 八 及茅保等 為少譚 旋屬如
初八日丁巳晴 沈子梅來 茅揚至節中 謁方伯少譚 下東二十里 鎮石

楊申初歸吃飯（修一函）寄云於卑李陵不無覺悟寄之間見無直自當答來
又仿壹君子可寺言六相同未刻相國自良鄉來謁晤過見安何日定
並明蘭親家相國少荃久譚僅過晤少荃相國來信高楊處中——
謁蘭親家少久談謁相國久譚護辭者少荃相國子梅劉飲暢談乃
三鼓卧
初九日壬午晴相國辰初返京餐後往送並送蘭親家寺護邸少也
第騎至良鄉拜訪仍送旋至午正此入謁少荃同查送至申陰內大雨
同高旋至良鄉辭少休後回邸申刻拜城旋署少休候謁方伯之
諸物者
初十日癸未晴方伯查送李月延聚東門外渡尾日至東二十里鋪後
主第騎趣送午初拜城運自渡粒少信北硼蠕部久為醒
十一日甲申晴富李少荃信至禁（而愁）遣拔瓜明日邱都——
接少荃初十日信云相國過李二十里鋪時查拜河延刑力乏寧晉之地
都邑供應祖宗著何不應按驛為辭

廿五日乙酉晴

廿六日丙戌晴

接抄稿十六頁

廿七日丁亥晴

廿八日戊子晴 韓子安便行宮 親視陳設 未邀行同 梁星海 午正歸

接寶兒五月十九日廣州書

又閏五月初二日信

廿九日己丑晴 黎明起赴閱神機營春操 午間同方伯葉親家 查

陽侍郎遞信二十頁鋪同至安徽會館園祀遠畢寄宿

謁方伯親家及久譚 寫花行同飯

三十日庚寅晴 謁方伯查 半坐 去 午 成 署 飯畢

謁葉親家少譚 謁方伯行廷 門外少譚 旗署

初一日辛卯晴 少穎孫來署 辦事

初二日壬辰晴 寫直 陳 德何旗人李侯少譚 君侯

同知

伊　少詹　奉臨八旗[illegible]慶秀李[illegible]之詹　同少詹[illegible]

親祀[illegible]陪祀　息之歸

接樊[illegible]十[illegible]行

二十日癸巳晴　[illegible]步院李[illegible]　[illegible]李鵬[illegible]來　少詹　[illegible]李[illegible]人詹

方去

接寶[illegible]五日初十[illegible]函

又閱寶廿二年十二月初五行

又那季垂廿二年十二月廿二日作

又刻閱畢　[illegible]

二十一日甲午晴　詣[illegible]陪　[illegible]　內務府郎中　內務府旗人　李[illegible]久詹　[illegible]自[illegible]門

二十二日乙未晴

二十三日丙申晴　[illegible]自都門[illegible]

二十四日丁酉晴　巳刻[illegible]村[illegible]　[illegible]城[illegible]

[illegible]

也。偕施振石、王子侍讀言壺，次以高南坐。張蜀溪來見，少譚。

二十五日戊戌　曉大風徹夜。劉曼雲來見，久譚。下午李少石、沈子梅、徐少蘅來

來，邃蓉舫相國處。　加齋少年居雅石、吳尚書二十餘人同會於此散

來探病。閱大墓良齋、輔廷、陸蘭生、孫子授、墨卿。　是夜內學數十人，不可

二十六日己亥　晴。三點起，會辦—下誅再來召—振署河北標　加當

於路聲董善守備陸正衛陣頭守備王　已先在　但陣以全見乃

取原亭中—風塵於目，盛不能住　德通贄煙火相屬，車馬自

二十七日　早不令有摩劉聲已一晝夜不停，喜和匿一匪—屬　屢以龍旗

被數人一指，數十指一炮，不易白石指數，王公貴人保護，兩貴廳疑者貴

其種，不振數千馬，來如擁救，宮內城之—葉殿內之亦不春，識友謀詞—

內監被殺，甲市十家某八旗不設軍，夜十之年廠暮，疑者事者將乃矢於頹

者經所不戰，被者兩植木頂，數焉所者以百十為群，要行取，要區別

深祥為熙，目所行極苟皮要同　天將明，（塗抹）直隸房屋皆遭焚刻

大內歲官不前起世頂火，第一處貴貴，復時為為之纏　不向積持且以木標懸

者八人分兩方騎卡倫馬　皇上乘騎出行一箭獲騎馬門出鞭者僧道寸

大臣四員於羣馬跪前御前大臣　皇上御石青褂黃纓帽出問

迴鑾諸臣皆跪　天顏喜詢伯方余稱賞不置以對復問以伯方何

余均代對訖　皇上捏還臣懷少遠不等　駕回後議[illegible]

翁廣操十環[illegible]掛二[illegible]不降騎[illegible]並遊[illegible]

不釋以人矣　策騎遠退至劉家堡打尖畢由清河門[申刻]達海淀入寓

少休回　大駕已過安河申刻本日抵宮在園盡惕信云永慕橋

園裏甚費索了徐之安家局面遊逛至南門今文月去者傍橋宿

二十七日庚午晴　大駕幸頤和園入東宮門謁　陵　兩宮赴慶雄發

辰刻奉駕送　行宮　下午閱長事摺畢　詣　行宮謁　相國與方

招[illegible]之待詢長事[illegible]本家[illegible]相觀勇[illegible]能生欲過看日今處此仍[illegible]

內[illegible]有[illegible]均[illegible]交[illegible]為借債[illegible]

[illegible]稽蘇不[illegible]樓陽處奏本奏旨母行知外退至御前

小臣隨園特為本上發歸　亦此公牘　有勅語支張回奏　先期東

旨查前次寄信辦理由內務府大臣奉宸苑請旨往返據云不能以

為傳祝之中外稱之為新甚節之事太后但 寄面太后代表壽

皇皇太后代 寔整紀代永合宜亦有賀喜照辦等稱華茲色

內廷救荒時大臣照應查奏舊情收揀之奏救荒時為款可使

甚正一萬兩賦字款料又籌年之俄峰募捐州縣按年等撥以款

十萬兩計此此傷此當不足之擬寄家撥過不宜勸捐時不得不揮傳諭

議遞以迎其歸之 皇上聖性慈孝為孝靜養動自出爭不思寄存

皆奉焉御製聯牌時出釋之 天顏和藹諸笑顏親近侍不禁人忘賤瞻

過安寧時習慶壽之御撰壽詩慶民爭年傳寫以為笑 西太后誠

重自閱之記 [illegible]以遞所有宮内自撰花升 [illegible]景陳亦設陳

國慶定一區正八十萬兩為[illegible]不宜[illegible]整九百盛[illegible]太后尤宣之一切

百歲[illegible]日計又[illegible]貽御舊皇后[illegible]正可兩太后同住正宮皇后獨御府居圓寧宮殿

揭以使宮内陳一事[illegible]宮内陳備皇后宮所[illegible]停不可以展內廷諸人皆為之不平

類之情之[illegible]張於盛德之事

二十八日辛丑晴 辰刻大駕回鑾 余自西下至東門迎 畢家莊高驛 赴石亭迓駕

高邑已刻至城 向有諸卷已畢祀考者過 不進城中 御道行 未刻

抵李水通閘門官署 大駕駐蹕於此 又地基謁中堂方伯觀察

館畧送行 畢復至松園少譚 又至吾健村 静夫 石沈子梅徐印光

久譚 [illegible] 酉刻行 又至傍晚 又至石亭拜馬河 某宿本縣民家 張萬漢

以是相候 應召安卧

二十九日壬寅晴 辰刻祀竈 食畢 訪又畢 不要候迓 大駕 相國方伯先後過

送之 已刻 大駕將過 平津水分陳貢宇備迓高方藏跪迓 皇上賞食

傍晚本戶家藏寂 [illegible] 駕 [illegible] 翠縣 [illegible] 到 [illegible] 午餐畢

署中送 [illegible] 午刻行 主 [illegible] 陳水 [illegible] 陳以 [illegible] 相 [illegible] 煙

請 [illegible] 署飯 [illegible] 傳此物 [illegible] 館出城行 [illegible] 驛 [illegible] 十里舖

傍晚 [illegible] 二十里舖 [illegible] 傍晚抵城 [illegible] 親友 [illegible] 久譚

譚

能靜居記

日記三十九

三月戊辰朔日癸卯｜ 朝晴 西南風竟日 辰刻開船過家田姓船二十八夜

同行敬拒信來了事 午後訪飲 論妻氏 劉存農 又談 淸泉步行

宋化甫及鍾某某子載福館筆談

初二日甲辰晴 巳刻下御 勘驗畢 午未間下廊 申刻渡｜ 過何氏

村口名坂 宿當寓西驛 桐山由小徑｜ 亥刻抵珊瑚籠宿 東南

初三日乙巳晴 卯刻起 早飯畢 辰刻 東南宋撥 行五里度 待珊瑚籠宿

抵石南｜ 里下 ... 猪山 ... 經西 ... 石字撥 ... 里西村中

休 ... 畢｜ 巳刻 ... 過 午刻抵籠宿 ... 畢｜ 未刻｜ 日西

向下 ...

初四日丙午晴 卯刻起 早飯畢 辰刻｜ 巳午間過城 時久不雨 天氣炎燥 暑

中人自南陽君以次皆病 瘧疾咳嗽 余先亦微恙 後以人多道上病

風邪｜ 至今｜ 痰飲大發 是日所不能記

初五日丁未 晴 少 ...

初六日戊申晴

初七日己酉晴

初八日庚戌晴

初九日辛亥晴

初十日壬子晴

接邢延之六日來信，已偕子謙已緣，如不日可到此

十一日癸丑晴

接玉錫 信

十二日甲寅晴

十三日乙卯晴 寄廬禮正 寄玉錫信 附寄嘉馬

接周經手二月 日 信

又購虎如 小信

十四日丙辰晴 子謙婿來自里門，與之言同改久談，衛之壽但猶為之精快

接寶之二月初三、初七日來書

又六月之晦 少作

十五日丁巳陰

十六日戊午晴 遣楚雁於都 —— 覆子序

楊秉麟仲言來小作

十七日己未晴

十八日庚申晴 應言問

十九日辛酉晴 連日料理積欠年事 日暮子休 神倦甚疲

二十日壬戌陰

二十一日癸亥晴 立夏 戲西蔵初辰上招年

陽明先生集第三篇 頗施邦曜編存於理學經濟文章三集 共十五卷

二十二日甲子晴 早[illegible]寄得收到相片一紙 寄阿多作 即寄

梅兒女子九作

二十三日乙丑陰 吳梅地談萬南之率平佐 為拜 譯了 梨州哈洛川 字

寶兒作即寄 寄楚兒作即寄

二十四日丙寅晴 下午雨 寫李少石信 附函[illegible] 寫子嘉信 附書 新任[illegible]

接李少石二十一日信 來見來[illegible]

二十五日丁卯晴 下午大雷雨 時久旱[illegible]得此[illegible] [illegible]

送許[illegible] 子戴[illegible]入學行[illegible]

接[illegible]二十四日信

二十六日戊辰雨午後晴 寫[illegible]信 附函 寫[illegible]信 [illegible]

二十七日己巳晴 寫[illegible]信 附[illegible]

二十八日庚午晴 [illegible]

省

二十九日辛未陰微雨 下午雷雨[illegible]

來見 寫[illegible]信 [illegible]

三十日壬申晴 [illegible]來見久談 寫[illegible]信 附函[illegible]

四月己巳朔日暴晴 黎明行香 無精事了 寫信與叔作 寄 辦敬

初六日甲戌 午雨 午晴 早畫 讀自課詞話二記 西禮又讀傳一起

接桂函 初六日作

初七日乙亥 陰 午後晴 寫芋書 述筆會無人 寫律詩 以豪貧立志為是不得 書課 和韓昌兄信又讀

韓專厲寫課生云 見在朝廷 不 怒詩 詩錄 詩和 吾之聲 西社 聲得以琴 嘉字

韋安然 西北雨 子不能多遠 詩錄 於龍書灣 翻日物字 古字數 中米中 豈謂

寄鄭華書 律生陸郎山事少讀 寄信崔芋要少讀 午畫 課自詞話記

補一記 及其書卷一記 連接叔芋書信 近了不讀等作 陰云時敬

接寶兒正月十五書 二月初六來 寄黃山樓居市 今年天氣寒極 甚遠否

接三婿己酉二月十七寄 二月十五上墨 不日前藏篋書數冊 物無所着

又湘帥正月初二日作

又王錫姪二月初七日作

又周源亭 日作

初八日丙子 晴 不刻詩甫 標何 書常 寫寶兒作 初四日寄 書過 庭 記 西 通

初五日丁丑晴　宮内卿代　修理代　城州書状代　光兼来、此事書報、隣家井中陸死

若狭婦人来　播磨守藤　罷帰家、撰田姓被細来

授任後之　初四日代内

初六日戊寅晴　石部郷元兼来、相随若狭婦人、播州丹羽来、花頂殿三郎

復依寒人宮内卿奥殿司来来之也候

己新改年新年来年之騎　年中被用姓被細来　花梵殿丁人残被献

悦生同騎十人皆為如々被依栗素人播磨民部来　庭播荘年中被久様

初七日己卯晴　庭前芽出来萌候之様

初八日庚辰晴　早晨颱風自東北到候之後南北　暮後田姓来

播磨守石　初八日代

又若狭ハ初六日代

又若狭和之　初六日代

初九日辛巳晴　田御年　星野殿如人　錦来来　来後、罷家播々、来生同宗被来面也

宮内田御年少様、又宮内従代　不晴　宮丹後守代　播州代　時

初十日壬午晴

十一日癸未晴 邵子訪得元魏興和三年造白衣菩薩名號 在趺三面 物有殘泐 四面絕佳

十二日甲申晴

十三日乙酉雨 早出處風雨始集

十四日丙戌晴 夜雨

接燮五千一 十二兩信

發子興十六日信

十五日丁亥晴 早起行香 至各處拜年 偕釋 客譜若成 撥文降戈歸 季南回

中陵山書到 卯初 李僕來

客退 送諸族人 查對府中行 款刊 字狀各信十六發 李丁 至興信 今夜

十六日戊子晴 早起楓隱詞稿一紙 又請 辨 李僕 季先生到 卯初寫

十七日己丑晴 晚查楓隱詞稿一紙 季雨作少南 江日來

夜接劉卯初信 並發府中信

十八日庚寅晴 府報呈府君神主 字書之 次日卯初山來 令客寫

十九日辛卯晴 早查楓隱詞稿二紙 午劉初來設祭 奉 祖宗神主 先陳 山

此甚 擬 祭歸年

接十九日信

又作挽如同乙紀

二十日壬辰晴　早查讀日理詞話二紙　寫馬松圃信（郵寄 亭書）　子宮蘭(?)信（廿四寄 姚寄信）

二十一日癸巳　萬(?)壽集（言麟甫）　早查讀日理詞話三紙　協(?)校　寫鄧李兼信（廿四寄 姚寄信）　寅(?)

信　寄(?)訪(?)姚妙白蘭生（湘浦 星石亭基）　未見久談

二十二日甲午陰　新婦陳氏挈孫男女祭(?)告(?)隴(?)行(?)先(?)早旱祀　行神以祈

佑　早查讀日理詞話一紙　又看碩果(?)老(?)柳集　寫揚秀山信　寫劉(?)信

雨（廿四發 姚閬生信）　寫寅(?)定信（廿四寄 陳氏婦）　寫寄(?)雨信（廿三發 李(?)丁）　鳥(?)送(?)春(?)於(?)津門也

接寅(?)兩(?)吉(?)五(?)信

二十三日乙未晴　早查讀日理詞話二紙　即晴　席(?)擇(?)五(?)孫(?)鍾(?)日(?)新(?)門　寫周(?)寶(?)信

接孟(?)愷(?)二十一日信　借(?)條(?)及三十兩（廿四發 李季甫(?)）

二十四日丙申晴　祭(?)晴(?)祀(?)陽(?)完(?)　先祖稗(?)主(?)南(?)门(?)　立(?)天(?)之(?)靈(?)...

安(?)寶(?)定(?)及(?)陳(?)氏(?)婦(?)孝(?)德(?)春(?)秋(?)時(?)事(?)不(?)...

翊老意亦殊不釋　下午拜姚幸久談

二十五日丁丑　晴　早至縣自理詞訟三起　夜因陰雨歸方始定　因筠孫共道嘻啼

念祖父母之棄孤天性乃豪蕩之思念不能自止憂戚殊甚如大病歌行

安之

二十六日戊寅　晴　午後至署　早至縣自理詞訟三起即歸　拜姚後不都門

接秀甫母五月信

二十七日己卯　陰雨　早至縣自理詞訟四起拘集　下午歸完看姚　以譜稿

喝湯團極也並邀丞了下讀子春看姚

二十八日庚辰　陰雨　早至縣自理詞訟一起　寄子壽信　少石信　李丁恭

二十九日辛巳　寄

接蔣甫騰懷貫　信

又得元十六日信

五月庚午朔日壬寅晴 [illegible]
早率孫曾詣祠叩頭 [illegible]
夜寫家書 [illegible]

接寅兒三月廿三日信

又四姊三月廿四日信

初二日癸卯晴 二郎赴常 [illegible] 門謁新司 [illegible]

初三日甲辰晴 早率孫曾詣祠叩頭 [illegible]

初四日乙巳晴

初五日丙午晴 天中節 [illegible] 家人 [illegible]

[illegible]

初六日丁未大雨晴

初七日戊申晴

初八日己酉晴 早率孫曾詣祠叩頭 [illegible]

[illegible]

初九日庚戌晴 [illegible]

初十日辛亥　陰雨　往吳穀庵不晤　訪了凡　余以吾蜜菊花石函
遣子讀備入都　翻舊年會物之前年書畫了門外
十一日壬子　微陰　早堂訊自理詞訟二起　接信一紙
十二日癸丑　微雨　接季雨初五日信　當屬之殷初九日丹安函
十三日甲寅　陰　至節孝祠　大約可新祭所修所　寫理作　印寄
作停巴作令之
十四日乙卯　陰　早堂訊自理詞訟二起　接子讀初九日信
十五日丙辰　陰　接子讀十二日　下午時　祭何祀新者立婦年　寫金男全作　附馬達
擬子讀十五日作
十六日丁巳　晴　擬子讀並信子停
十七日戊午　陰　早堂訊自理詞訟二起　下午往城宗巷民　小蘭村人　從述據投　案之五
譯至信招子庵石函　北郊外省何鴿
擬寶廷四月廿四日作　同叔亭　　大夫人移三月移居常四月初二去世
又擬季壽三月廿四日作

又持明院僧四日與之候
又冷泉亭四日與之候
十八日己未、晴、
十九日庚申、雲、早旦誂自照詞仕二[illegible]九讀一把、勝持院ヘ名作
二十日辛酉、雲、午刻大雨、讀經書物等自都門
接 御盃了、十五ヶ條
又御日少雲、〻候
二十一日壬戌、雲、下刻滿壽愛子衛宮經朋於同人來見、少談、茶任思了、衛 共出候前扣
〻事候、於勝村自[illegible]頃
二十二日癸亥、雨、宮使子梅作、出三卷書了、宮御事局作、御盃了作、出三卷書了
二十三日甲子、晴、早旦誂自陰詞仕二把、佳一把
二十四日乙丑、晴、夜戀見南ノ方
二十五日丙寅、晴、早旦誂自陰詞仕二把、同傳奇樽事ニ而來
二十六日丁卯、晴、痢下利未發風呂、藏根悉擇帳打妙也、積聚之由

暢石泉陳之邁來

二十五日 戊辰 袁樹珊去

二十六日 己巳

接金[illegible]先生四月廿三日信 國[illegible]山[illegible]南[illegible] [illegible]暨[illegible]世[illegible]人[illegible]

二十七日 庚午 晴

二十八日 辛未 晴 早[illegible]堂[illegible]自[illegible] 詞[illegible]二[illegible]扶[illegible][illegible]行事 早[illegible][illegible]

寶應

六月辛未朔日壬申晴 以庭事往[illegible]香 李[illegible][illegible]前來報馬甲來[illegible]

[illegible]馬甲[illegible][illegible][illegible]事

初二日癸酉 [illegible]下晴 [illegible]下御和殿 三刻[illegible]年[illegible]未[illegible]辰[illegible]休 [illegible][illegible]門

遊 大[illegible]門後[illegible]書[illegible] 以前[illegible]畢 [illegible][illegible][illegible][illegible]刻[illegible]未[illegible]辰[illegible]

少休 [illegible]刻[illegible]

接[illegible]一 五月廿[illegible]日信

初三日甲戌大雨

初四日乙亥晴 早[illegible][illegible][illegible][illegible][illegible]一把 [illegible]日[illegible][illegible][illegible]之把 [illegible][illegible] [illegible][illegible][illegible][illegible]

信 [illegible] [illegible]信 [illegible]

接[illegible][illegible]五月初[illegible]日信

又[illegible]子梅 五月廿七日信

初五日丙子晴

初六日丁丑晴 早[illegible] [illegible]月[illegible][illegible][illegible]二把 [illegible]一把 [illegible]自[illegible][illegible][illegible]天津 [illegible]門

[illegible][illegible][illegible][illegible][illegible]

初四日戊寅晴　早李汎上摺奉一紀　信

接寬兒五月初二日信

初五日己卯晴　夜大雨　早李汎上宋淑摺奏寬弟奏一紀　諸生為南陽君[illegible]壽

為子姪孫書長聯并錦[illegible]

接李中書

初六日庚辰晴　南陽君今日[illegible]併客緣稱賀　僚屬紳民來者甚多

接李中書初四日信

初七日辛巳晴　夜雨　奏諭諸兒

初八日壬午雨　寫書季作　函劉白陽

初九日癸未陰　下午雨

初十日甲申晴　下午大風雨　早李汎日課詞紙一紀

翻閱龍藏寺碑記　元和諸館著錄[illegible]先生[illegible]之字[illegible]

其實係高純德[illegible]為[illegible]考[illegible]之字[illegible]云[illegible]

而今實未見所為[illegible]快也

十一日乙酉　晴陰

題萱初軒夫人 三月十七作

十五日丙戌 清晨雨后初晴旋陰陰曀 督修祀日香荷亭 子謹戊劍[illegible]次子

十六日丁亥晴 春宇守備白與來侯久談 士宗亮安世來 余以山東都司史家慶

又殊朱澤作

十七日戊子晴 子謹生子三朝稱賀 恆少穎霖 春波祝初五弥 來侯久談

十八日己丑晴 白與再來 以借米米未寄寫畢之 早聖頌日陞詞記之 此卽好

十九日庚寅晴 下午文恆之來 欲前假且言 歌亦微有文 欲借余之[illegible]見之

覽之

二十日辛卯晴 寫挽三子謙作 路將軍之蔭 陪空作 寫寶見作 寺廷清老遠

挽寶見 五月十九廿五兩日作 又陳氏婦 五月廿二日作 已裁 五月十六日挽家

又挽 五月初九日作

又挽朱母 五月初八十八日作

二十一日壬辰晴

挽汝梅 十六日作

二十二日癸亥晴

二十三日甲子午晴　晨起至馬神祠行香　六擡轎　早至錢月樵行禮二起　均請

二十四日乙丑未晴　夜雨　早至錢月樵行禮一起　又至盧秋上擡鑾地均請　陳明

與宋高能郭來見　舊談甚歡

二十五日丙寅申陰雨　早至錢月樵內理詞訟一起

接寶兒二月初九日信

二十六日丁卯酉晴

二十七日戊辰戌晴　早至錢月樵內理詞訟一起　回署　寄揚州信　附寄京中人

接陽弟初六日信

又接鄒廿六日廿七日兩信

二十八日己巳亥晴　夜微雨　新任山東副將張筆山先期四日八來候少譚　下午

吾僚張先生來訪　香雨錄內府詞宿補來函

二十九日庚午子晴　寄李少石信　黃子壽信　初三日發　交字第

接邵超千廿五日信　已發初二二十三日

十月廿九日辛丑晴。[illegible]來。又[illegible]自課詞話一段即睡。

十一月初一日壬寅陰雨。寫[illegible]作寫字數十葉。初二[illegible]來函。

[illegible]作筆記一本。上元許宗衡字海秋，咸豐壬子進士，官至[illegible]中書，[illegible]。

初二日癸卯晴。[illegible]閱[illegible]士[illegible]合[illegible]詩[illegible]年[illegible]。

字[illegible]數十詩[illegible]年[illegible]字[illegible]書。

寫[illegible]字[illegible]地[illegible]。午[illegible]自課詞話。

記上[illegible]一記。

[illegible]三叔[illegible]。

初四日甲辰晴。[illegible]以[illegible]五月以[illegible]秋[illegible]。

初五日乙巳晴。下午大風雨。[illegible]。

初六日丙午晴。下午大雨。早[illegible]訊自課詞話[illegible]。寫[illegible]作[illegible]。

接[illegible]初[illegible]。

初七日丁未晴。寫[illegible]作[illegible]一百[illegible]初九[illegible]。

接[illegible]初[illegible]。[illegible]以[illegible]也。

初八日戊申 晴 早赴祝自怡園詞社之約 歸後上謝安米之招
接杞三丁五月廿四日信 已兩郵寄并要書
又致丁叔雅信
又黃子壽 信
初九日己酉 晴
初十日庚戌 晴
接王毓楊初四日信
又李少石同少信
又黃子壽 信
十一日辛亥 晴 雨 李雨白自南海過談
十二日壬子 晴 宜之來 后邀黃子壽 [illegible]五牧招 來信多 [illegible] 寄之寺拜耶 梁節庵信少 [illegible]
十三日癸丑 晴 夜雨
十四日甲寅 陰 早雨晚霽 有手 早赴安甫限詞社 歸後上楊子峯之招 宜黃子壽作 十五 [illegible] 仲少 [illegible]
十五日乙卯 晴 梁節庵招同黃子壽 早赴祝自怡園詞社一招 即歸 宜李少石信

十月乙亥朔日庚午雨 謝頒門奉安朝事 南陽君擇明日於南午刻祀家神
以祈福 我華念家便福 並諸弟諸命中等以及弟氣全無如之豁擬不能
忍隔之別耳
初二日辛未晴 午刻南陽來寓 雨子雨女及陸姪同門 與之借過雲寓課孚
讀 余六十見作函 云 垂年孫孫思去人 墨日不可言 宮之萬敬法計以前遺
兩子身無外慮久速可以慰心並 賜 寄張衣獻文未免悵然若失因歎人
生聚散不為境所奪 始無憂自立 內省不疚之氣 之雜惡 始非常自主即
肯非常之雜惡 轉折已喜其肯來哉
初三日壬申晴 寄南陽君信 即寄答 寄兒信 接頌信 附謝書 致李南樓信
接南陽君來函信 是日宜課以車輿諸善書畫 委兒子看經
初四日癸酉晴 早雲飄自理詞訟二起 均結
因廣陽道史子甚 任劉任中撰文筆詞雜接諸法持信給未成之事正五代樹行略而止
初五日甲戌晴 未自田郊山 如期郊外安嶺來看 為少譚 看復郵安嶺去 午
審訊自理詞訟一起即結

接南陽君初五日作 已接内寓
初六日乙亥 晴 陳小舫張蔚生大令來見久談 雜拜客便來候 捕得手(續)稿毛
寄高安年信兆丁君 訊 作 又寄方華一
接邵季雨初五日作
又寄元卿初四日生 作
又寄施山 作
初七日丙子 晴 午后由小南外壇查工 壇墻久圮 重修將畢
初八日丁丑 晴 寄作付壬風 寫侍簃詩作 丙辰(馬遜) 高密寔見作 宜 蕭委負陳
潤安陸為金紀人 來見 少譚 若侄陳爾為少譚
初九日戊寅(新由陳雅) 晴 早墨訊(清風)[illegible] 委寓案尾 又自理詞 作觀 簡接
初十日己卯 晴 五法地 詣開元寺平 倖(屬)拜 又 蓋積長后萬壽 覲 寄作
楊為少卿 寄鐵侄作 (丙春)書啓 詩作 刊字敏參園 桂卿 靜海人 來見 少
詩 寄南陽君作(邵季) 又寄季雨書 邵季雨作 十一日書 寄南陽君 作 又寄
接南陽君(寄代) 初七日作(已到天津) 射有病 甚 難 張 接南門 寄丁 且物色

接手函二十件

二十三日壬戌晴 余以世業隆舊犁家三千里外一旦青燐 亡旋不易擬遣南階叔(?)
然下月初七辛以平安南歸道出海福以新發達 景早命抵撫押行營之所
津至杭陽趨舟等

二十四日癸亥晴 守備濱玉衛來見少談 晚香孫月樓詞作一紀 次和姜軒
接太僕侍李蔭司多外來 壽門少談

二十五日甲子晴 接啖和番飲幾之談 萬壽吳
接寶臣初五日來函 以吉策所可了堂前田三十三畝 託相識人作價租來見 日合桃來云是人收攝
葛總函來 又 初房家壽月內函成

又四弟廿七日作
又閏生初八日作
又方桂初九日作
又叔香函廿三日作

二十六日乙丑晴 早畫寫梓廣為高季函 讀日理詞作一紀

接林郎二十五信

又李少石二十四信

二十七日丙寅晴

二十八日丁卯陰 寫冊子兩紙 書訖 楊子蕃書侯來晤

二十九日戊辰晴 早素飯 自擇詞紅二紙 好硯 摘錄金蕤吟子厚毛奉高寶藏

畢讀詞二紙 午素飯 悟子初時方畢

三十日己巳陰 早素飯 自擇詞紅一紙 初得 李信 楊子蘅少詳 寫季和石

信 即召伯龍 寫丈鶴信 [illegible]初二寄 旋接其飭

祇經省守院否丘白飛雲繞之內外疑天縈隔天地 僕辭司馬吳以登至
壇而寺將晨 余謂張諸吳君遂返省城外下雲樓下門以歸從
僕夫已痒其夫行 乃取路城不半里雲亦兩至繼之予兩之正供雲
門下山別白歡皆矣 未到下上陸驛村轉館行里 雲趨勤半
抵暮入村詢宿過里宿地寺宿蕎早半出度雨
廿九日戊午雲亭午繼雨午後晴大風 然已躬早亦已畢 起取路龍羽龜留 居副雲門
出龍華村東行二三里 折而東南穿幢峒峽溝山嶺行 猶六里出山而度舟
江有村主所寫 撥不知得欲張者詫諸村南半里易取 自西來渡渭漕洞興界
江西從者所度高陵 郎閣峯聳于後峯頂有古庵土人孫之誼風皇山 其西南之
猶山和接矣 逾重而稍西里至野里底村 山兩中石礦聳其迴繞下東向鳥路
南向少西三里至小南寺村民二十家 以東傳其表始多出 于少寺東行繳南
高 嶠嶇壑岭八里而東轉地底 民尤希 三百半金出山從嶺東直東四里過
經岑嶺五四里西至寺宿 天飛雨 俟興而即寫興從河深溪兩崖 回 狼山北巖
東入岡酒南村民語家燭徐何之 祝矣 遂至守寺於南古山行平地直南六里

出東門楊家村又三里至路莊入茶寮少休午正至畢[illegible]淡月雨南宮

至秦家橋村詢言柳柳見村人莫能名再三里至畢家村坳入古道見偶[illegible]風雲

君君遊數人扶持而行傍經探水嶺然然不覺及案[illegible]借路過至即

借路祠者和居士橋月出明朗至臨溪不上照見月風急不可至

二十日己未晴晨[illegible]雨後沿溪碧落早食畢出至[illegible]子陵[illegible]出

至下嶺[illegible]正生初道瀑噴流激流而下宣極不可辨人從此盤曲流而上嶺

源水至多石蓋青水無下獨石[illegible]嘆如盆而無勝言而上因雅不可正視映日

硯之洙高及丈秋畫隨手[illegible]如此[illegible]付予知矣諸人將留龍門宋家[illegible]

先後[illegible]出口六里至[illegible]村高無[illegible]午至芝湖休居[illegible]之[illegible]

尋來見遊龍門人上下[illegible]二十里遇[illegible]村[illegible]二十里遇[illegible]

收促爽[illegible]暮入城

接任[illegible]見[illegible]不[illegible]作

二十一日[illegible]晴[illegible]有日青

二十二日[illegible]王[illegible]自郡門

歲豐而寇竊不息一月因鄭村居閒稍散毒者及遠避於野賊尤熾人心未甚靖可慮也
十六日乙卯晴甚寒 君謂 龍祠涌泉以歲大旱涸竭也未撒俯臥水畔
龍祠隘口細泉流通隱改二十日 早起後設丁香之業
十七日丙辰飯畢謁子舟勤磔留囊 已刻出城 午至半雲庵坐休 易鞵
由入東北門出大西門過神祇何處與東南至大龍潭饒光岩乃東
趨東北中新崗離山出龍潭飯西向四里過孟庫嶺之東水入溝水
崖西水入為溝之崖度崖四里至塔村設過此直北行
兩山間東山為 陵寢好國山好白榜道旁西山不高至西河身向
石東之水流出清溪東自鴨子塘甲水一里原也五里至浦七
里至陸驛自此西北為通安州大道西北二十里山頂即關坡矣未入村村
西入山嶠隔子集者六十間逕通關上頗不平三里至其宗天已昏
暝矣主毛姓者為其蘇州人乃父宦直反葬是山遂留家居此其富且藏
衣留款十餘婦殊可畢備宣為留瞰矣入宿因祝主人因為下榻

以御徑不甚，即道樹窩中底，脫僧遊向偽寓之悅，別去，乃前醒眠
山水樹系石荒叢怪石一片[illegible]取其同心不可離也
十六日丁巳晨霽，午雨雷，午後霽，夜雨。黎明飯，主人具騎送，因卻不可，令隼後
勒出入門道，道分爲二：直東三里爲上陳驛，村居皆置驛旅於此，自驛遞裁
撤驛務，驛所便於抄東旅當前岡，此驛道廢，地遂間二十里無居廬者三年
未營。至岡遵溝梯綫，不可不游。已，新發上陳驛，直北入山洞中，十里爲
坡下村。洞東有[illegible]橋[illegible]紅白橋，西[illegible]峯名陽子嶺，由山之少路多騎而登。西北
行山足之[illegible][illegible]當澗東西流[illegible]社義而上，岡城前外屋也。入城，循坡曲折上
不甚峻。四里爲盤道寺。寺甚[illegible]，坐北向南，殿屋小而排當南寶，東西兩山
牙錯，正南開而遠峯，峯半天半正當其中，開則根山迴，開下遠近皆梯
林葉丘蒼燒紅黃萬色[illegible]寺後山，峻極，級千級為。陸國寶山[illegible]
出寺南[illegible]門少坡，遠見南門立兩山間，[illegible]從南天[illegible]路少[illegible]東行門幾障盤西
五里至門[illegible]入[illegible]出里許，後一門，方爲南城，勢甚雄峻，城内居民
百餘家，四圍皆山雖疊隱見山頂，北西爲南外之山[illegible]之直護之

九月甲戌朔日庚子晴　廣東黎門青書送來月代

初二日辛丑雲　廣州來寄　至揚國事報

接李少石初一日信

初三日壬寅雲雨　書隆可謀傳記報之　並夾題日后　孫伯虞謝也聆

今之談民以離也　語此力田逢年　同年之辛亥題　予須詩系紅一草花落休

國秋收祭古字報五公山之事　此已殊何事　世此又為之滿足孝

初四日癸卯晴　呈李諷日阿詞紀二級物歸

初五日甲辰晴　呈李瑑日阿詞紀好一把　蕩舟雲盡首吉宴　世為四人來候少陸　林廣思康起

初六日乙巳晴　春候盈真吉石候

初七日丙午晴　廣為劉寶香太守來見　久諄　閱衍香已　日題兩首　一年悵且六

七十二月不宜度　相離二百里氣候謂之此

一 接孟揚初五日信

初八日丁未晴　雲候劉寶香太守不肯過　又候陰之不閒　字盡農便寄師若島

寄河王作駱局着蓬　廣接劉寶香太守飲一雞殺　三枝書予西閣書夜

四點過

接仰甫八月初九日信 已委子安去後

又接少山八月廿三日信

初九日戊申晴 早起赴臨濟寺行香 出署視 信手帖寄少荃保奏折稿

答寫如前民事 寫信致左侯 奏摺 又奏 寫信致

初十日己酉晴 寫張芝岩信 致李 奏 飭部咨行 全上

十一日庚戌晴

十二日辛亥晴 寫李少荃信 十二日奏 重慶 信全上

十三日壬子晴 早起拜四關帝廟 李內新 擬四月 又稱日陞詞行一把印

接 應程 如古高 稱香 拜 楊橋 順山 修 府 拜

接 丟錢 十石 作

十四日癸丑陰 甚寒 宇子 稱 日 陞詞 行 二 把 印 接 寫 和 老 手 信 又 保

十五日甲寅雨 出 順 把 日 香 ... 寫 多 ... 作 寺 ... 下午 上 陸 縣 常 發 臨

子時地方王 香 平 未 報 家 民 毛 奉 為 家 穩 收 條 隨 冊 去 訊 伏 並 全 名 行 補

行書

二元日己庚晴　御寫

猶久保程事者候、安保乃由

十五日乙酉、晴、夜月出、雪所地頭於當放事、何様此所参給處、安保乃、巳刻平

字家札畢、[illegible]今度[illegible]、又被成弥平

十六日丙戌、晴、夜雨、臣[illegible]仍任[illegible]事、而以[illegible]支[illegible]把、完爾

十七日丁亥、晴、[illegible]御出、早旦祓自理訓行一把、[illegible]

字扇帯並人
立都任物之物　持[illegible]石夫常重示借為御物宮被

十八日戊子、陰、[illegible]御所、午後晴、参候了、於千本、[illegible]、早旦祓自

理訓行一把、上経等一把、[illegible]、下午趣于於千[illegible]

存殺

十九日己丑、晴、早旦祓自理訓行一把

二十日庚寅、晴、[illegible]世和[illegible]年秋[illegible]

或被仰出、宮[illegible]存致

二十一日辛卯、陰、早旦祓自理訓行一把、即[illegible]

[illegible]

又李少荃十六日信

二十一日壬辰陰雨 寫李少荃信 廿二號 並呈揚自御社職

接官文七月廿七日來信

又陳作梅七月廿五日來信

又邵季來七月 季卿仁書附內 以後

二十二日癸巳晴 寫官文信 苦蕃 李迪清苑馬第 胡殷乾辭信子

二十四日甲午晴

二十五日乙未陰 早飯後清理文件 圍棋二局 坊續 寫吳竹莊信 寫某老岳仲信 三方

兩共書 書人

二十六日丙申陰雨

二十七日丁酉晴 早飯後清理文件 圍棋二局 又一局 夜接鄂中飯 寫某兩三件完

前接山一件 辰二封 夜寫寫寫 發日前經

接李少荃二十五日信

二十八日戊戌晴 早飯後清理文件 圍棋二局 坊續 寫李少荃信 九號 並呈韶

八月建癸酉 初一日辛未 晴 五鼓起 詣至聖廟行香 又詣文昌廟 城隍廟秋
祭畢 回署 拜土神 龍神廟 行香 各如禮
接抄 十月廿六日 行
初二日壬申 晴 午後 雷雨 戌刻斷續 早 委 自理詞訟一起 又夜 訊 案 一起
初三日癸酉 雨 辰刻 寶探以兩段 十三
初四日甲戌 五鼓 雨 辰刻 至 五鼓起 至 關帝廟 行禮 秋祭 物
回署
初五日乙亥 晴
初六日丙子 晴 文廟 恭祀 先賢 位 ... 五年二任 ... 知縣
... 至 ... 詣 ... 設 ...
申刻 ... 祠 查閱
初七日丁丑 晴 五鼓起 詣 文廟 事畢 ...
自理詞訟一起 即結 夜 李 雨 ...
初八日戊寅 晴 五鼓起 詣 社稷壇 事畢 ... 秋祭 事畢 ...

祥符燈[illegible]申后起程　早至城隍祠拈香即行　宿孝子

敷作　李少石信　初九接高三弟　侍德接季雨照了手稿定有專遣飲

初九日己卯　晴　至楊文肅館

初十日庚辰　辭會[illegible]竹雨　宿[illegible]作[illegible]

十一日辛巳　晴　早至城隍祠拈香即行

十二日壬午　晴　陳[illegible]出東[illegible]來見少詠

十三日癸未　晴　李[illegible]官[illegible]以目書來信　妻子[illegible]世兄[illegible]生文[illegible]伯人[illegible]

[illegible]來福[illegible]文[illegible]生之[illegible]人[illegible]千里[illegible]

[illegible]古[illegible]一山[illegible]以小[illegible]人為談　[illegible]

盛南[illegible]人[illegible]院

接少[illegible]　[illegible]

李少石十二日信

十四日甲申　晴　早至城隍祠拈香　何根山侍郎[illegible]人　工部右侍郎　查工旋過晤至楊

[illegible]門下[illegible]知[illegible]亦[illegible]外[illegible]上

二十五日乙丑晴（午後雷雨）早甚涼 訊徐篤叔 寄寶見什（共六首 又寄雨山新詩存句）寄物州信

寄芝房信 二十二頁 發

接金眉生六月 信

二十六日丙寅晴 季雨五月半入都 早甚訊向俚詞話二紀

二十七日丁卯晴（下午）訪少山（適衡政堂先生一文 李保補雲閣）季保萬德館中 後莊戲之夫人

寄寶勝乃十六兩（即寄家書）

接莊我之妻苗氏一 信

二十八日戊辰晴 季保請少山久談 請客合初服坐祖表祀 下午接請少山飲

定甫書房（六封）

二十九日己巳晴

三十日庚午晴 早甚訊白阿詞話一紀印信

恭季陵內務府率役相度內經中事待日初未刻畢

十二日丙辰晴 寅正起早食畢 [illegible]赴恭季陵內府當差照舊不初二刻

巳初二刻下車進圓少休即詣新邸了守護大臣等公裁錦榮殿爰

上諭皆不用筆通由書房子門入遇 季陵前御膳由直房門 易陵寢庫門

內 下車步入門廟 龍衣人參馬那據均不甚工遇此由季家傳三盆將度

出時於共了 恭季陵內府當祝聽畢由前殿遇 旅半歸喜生 時已申初之刻

完畢傳子悅亭 久傳深沈而西衙門 新生深言之與笑云皆傳言而眾門

前因會奏會同查勘將恭季陵事宜原本由校捷帖 季錦綱崇敬之處

條以劉軍 余云只此各項存並 大喜書所之件 因之不能多指 實錄其

一查駿原許之西陵事之 乃馬是宗傳 自三月至今未經懇議 量殊可行

殘陷乃何其精湛之化小人今郵予此 章奏今年均有把振 俾難致自危

茶向脩儒文云大清會典[illegible]閣下[illegible]議之行 唆[illegible]余以為可遵[illegible]而行

信來歿棄殿出門爲磁 清作地 呼[illegible]三付書房[illegible]即日將馬退[illegible]

[illegible]御書[illegible] 余閱之大喜 亟[illegible]刻[illegible]上[illegible]時[illegible]

十七日丁巳晴、宮室見舞候、十八日歸 季遠卿拙南
梶宮見、今日出京候、
又今晩今日相以召候、
十八日戊午晴、早旦靈屋詣日隆華記
十九日己未晴、無殊出者諸
廿日庚申晴、
梶井殿二月出候、
又参仲武下向候、
廿一日辛酉晴、午刻四判申手様来見、御孝諸也、早旦詣日隆詣之
於借両人地印時、
廿二日壬戌晴、早朝梶井和尚 攻撃院 若浅野祖那人印 使久津云、此使所御門奉勤
皆謙富基所為奉陽諸人今両年之今度等
廿三日癸亥晴、
廿四日甲子晴、早旦詣日隆詣之地印時

十一日庚戌　晴　早堂設月櫻洞社元祀拈韻　字空五作　五竹人聊洞拈鶴　兩君寄得王庸為何題

十二日辛亥　記作

梅南陽老和六首作（次韻代）之贊百律　又贊首作　又兩八首作　美稱色似擬南门

又孫女雲起四歲之南陽老和六首

又替獅和六首作　〔圖〕　之二十四日律　彝般好和小韻形弟副

又〔詩〕了紀念日作

十三日壬子　晴（遠看）暮和暖　訂南陽君早歸子以政门　是今天氣平遠四　舊日資

座旅平穩　快中結社　亦奉多張德義　風景相投人喜之（與夫）　下午李經修

雜之喜未展　待之陳羽山再談好揭喜見

十四日癸丑　作（書）　夜風　余南陽君遠行來　知安李陳石屏齊　又訪鶴年作

修子條之為書而　十五日書　寄人

撥聯李南十二作

十五日甲寅　晴（迎春）　畫順把日去無揚率　字亦李南作鄭君　早早來敬印把詞

詩之祀詩一把　字右之作　印鑑　道南陽老針律了　輝僕四好之

南陽君發申令函已確　初九發　新直郵號稿　初十十點鐘　寓門來訪
十日　晴　訪黃晉卿　接濃　上吳門　晚往東集飲于稼處
十一日　陰　午赴候日卿約飲
接南陽君初九發　未發行叔誥
又接函十一日信　云南陽君業於初八可至
十二日　晴　訪黃尊　酒　新印著賞　大良賢子　黃良　少僕印谷
來到撥君　寄南陽君信　賀子信　如孫信　十四日寄
接寅兄七月初　九月二十　廿六來書
又陸氏婦九月廿六來書
又陸姪女八月廿六信
十三日　陰　晴　早去訊　自理詞稿二紙　交二號寄　孚處　卯君　陶子信
接孫孫子報誥　日信
十九日　接寅兄　十六信　晴　作早晨自理詞稿二紙　交二號　寄孚季雨信　陶
二十日　晴　進省謁撫兵　是日　晨訊自理詞稿二紙　稿

既畢之午刻看燈與同年至罩村分韓陵易述未刻過大
巨村偕同憩之後舊話姚村
二十日戊辰上午晴辰刻發過長蘇寫韓門西苑過城處孫午芝錄
村未刻後門至接合頃李少石來候譚二時去至陽日卽門
奉之過桐直
二十一日己巳謝卿家寫青木介晨謁方伯孫仲良嘉齋葉觀察久談
修撰袁少爽惇候
候少石談候李靜山太守少談候[illegible]丁孫蘇大僕嵩君
劉懷甫 新元分稿 蘇四人沈月梅 卿四人合慶 四下西[illegible]遇少石[illegible]晴[illegible]
畢乃發候仲[illegible]山劉茀卿西觀察久談候金陶仙久譚[illegible]
過一訪[illegible]二時歸
二十二日庚午寓青木介下午晴過候謝同寓[illegible]不直候[illegible]祝寫
建鏡[illegible]人久譚候少石[illegible]
午寺少石辭[illegible]
懷[illegible]來[illegible]

虞子寿 汪嘉棠 石甫 上所 二枝 贺少石 顾戴安甫 山水一帧
恩兼给子寿画
二十四日癸酉晴 偕伯绳出城 到子仰处访香涛 辞其人谈 偕伯寿
著上所 赴 子寿招饮 同座 陆嘉君 李少石 丁稚璜 荐依 二未到
散 回寓 子寿来 谈 同孙宰 对仰 观 宋人 子寿所藏 同座 子寿 少石 未竟
出 虞孙 令张 柳堂 过谈 看出 世 二枝 来 所 毕 因 以 经 山 寺 所 到
侯荔生 字幽 写季雨作 赠季雨
扬季雨 二十二行
二十五日甲戌晴 偕伯寿谈人谭 卧 余园仙 崇之 宇陶 赴 星岩 来 星
子寿招饮 同座 廖仙舟 业 手 瀛 新 [illegible] 人 谈 崇其人 未到 散 首 少石 久谭
同过 子寿 二枝 来 及 过 寓 陶 仙 来 访 少 谷 同 月 都 门 桂 六 [illegible] 到
西泉 同来 二枝 去
二十六日乙亥阴 二刻 蒋 过 [illegible] 村 为 县 川 年 来 贵 野 翁 村 来 到 川 过 在
老 乌 县 侯 晚 [illegible] 村

二十六日丙申晴　辰赴姚村之别墅過處看冊　尚暮午刻而歸

二十七日丁酉晴　晚閱白醒詞後二卷竟

接蒓客書　答

又寄少石廿一日作

二十九日戊戌晴　早起　閱白醒詞後二卷竟　良夫子寄李信名讀　附

續八家集　信名讀

李申耆駢辭十一卷　罷龍門撰說取爲精核　國朝和僑作史者得龍學　者讀之通者　駢體文鈔　書前有與安陵書　爲百家諸家之列　謂爲一代作者　書首長文爲道該今文爲本原未免高新三風異者去爲何之作家之辭同一收之而寫　亦承爲作序　又卷後隨筆抄録爲一冊　附會書曰一篇　搢紳要録爲所撰

擇物之類　精之限寫者

清容集五十卷　元袁桷撰　國朝　桷字伯長鄞縣人　官翰林學士　其文駢儷爲雅　詩爲元代之冠時　郁道　大前　作爲序　桷中乃參知政事　爲元初年　以精研學問爲材　所著說之記此篇　委曲以輯羅　集皆取其實　是以　記以　敘有序　集中以一名而觀　前雜之文為序　甚　

門官政事之此集著目　甚有此書本　爲　集中　思録入近論　如李記一

澤宮新志六卷　此書新目四卷　根而録志四卷　此書揣之四卷

澤宮集六卷　此書　此何地明撰　是書之作而著黑　持四卷論此　秋前　序　所言无非有事　稽撰神道異　以此

照能平心性談性無係係謂[illegible]測見城府於事形之而露凝慮出三毫未見失[illegible]理事為

一切話別紙又有[illegible]了餘於此不必矣

三十日己亥 晴[illegible]寫

十一月丙子朔日庚子　食大風半日晴　寄陳弢香嚴稿事　早臺叔自理詞稿二
鄧卿信

初二日辛丑晴　寄鄧卿與信　初三寄　李便

初三日壬寅晴　鈔書院官課生文與此後免於修改詩作霸林唐氏山
年出的林字童作（次）寒詩與寒山新章為迎人家同山字古寄作明馬異同
論理出為對鄭書少謀　寄悔亭書不謀　寄南湖君信　寄迪信　鄧卿寄　[illegible]
奴子廖福送壽小屋移對鶴舟詩篇
接南湖君十月十八日作　初十成川十六方接上海陳迪　以時遇大風較遲半月
又寄迪同日來年附信與海吉屋
又迎之同日作

初四日癸卯晴下午為蠲寒　寄李雨信　鄧卿寄　李便之
接李雨初二日信　弟李秋自川詞稿一份同寄

初五日甲辰晴　寄李少石信　初六寄　鄧季陽　寄雲書信　全上

初六日乙巳晴　[illegible]　稍得手稿　李來為被擱書內寄至　早臺訊借取閱方屋

初七日丙午晴

初八日丁未晴 曉起[illegible]皆出 [illegible]

[illegible]

又 少穎[illegible]來 自[illegible] [illegible]

初九日戊申晴 [illegible] [illegible]

接[illegible] [illegible]

初十日己酉晴

十一日庚戌 [illegible] [illegible]

[illegible] 廿二卷 [illegible]

十二日辛亥 [illegible]

[illegible]

接[illegible] 十月廿[illegible]

十三日壬子晴 [illegible]

[illegible]

接南陽居十月二十五日信 六安轉蘇州

接季雨初十日信

又虞仲武(號)十月廿六日信

十四日癸丑 雪 致祀至聖廟畢 返署 少憩 寫南陽居信(寄還書匱) 金壽生信 [illegible]信(附寄 [illegible]附) [illegible]一信(附寄)

十五日甲寅 晴 寒 黎明赴行香 並祀[illegible] 早赴[illegible]理詞訟一起 即接[illegible]

[illegible]

十六日乙卯 晴 寫季雨信(十五發 又寄[illegible]) [illegible]師[illegible] [illegible]

[illegible]自來部 暢談 時不覺[illegible]二十年矣

接季雨十四、十五日信

十七日丙辰 晴 微寒 早赴[illegible]理詞訟二起 均結 夜讀[illegible]傳 先生[illegible]

[illegible] 寫[illegible]信(並寄[illegible]) [illegible]二十金

接季少[illegible]十四日信

十八日丁巳 晴 [illegible] 早赴[illegible]理詞訟一起

十九日戊午 晴 [illegible] [illegible]來見 [illegible]

二十日己未晴 早季叔自理剃頭一訖 復小病延馮先生診

二十一日庚申陰大風 寄季市函 午陶江僱[illegible] 廿二寄了

二十二日辛酉晴 [illegible] 甚寒

得季市函 二十一日作

二十三日壬戌晴 早季叔自理剃頭 元規診病

得季市函二十二日作

二十四日癸亥晴 寄[illegible]范謝[illegible]信作書 [illegible]函 [illegible]生 在旅山[illegible]住寫

也 [illegible]

二十五日甲子晴

得季市函 二十三日作

二十六日乙丑晴 寄[illegible]二十五日作 寄[illegible]廿七日發 [illegible]

二十七日丙寅晴 早季叔自理剃頭 寄[illegible]季市函 [illegible] 季市函

復[illegible]馮先生以百金贈之 寄南陽[illegible]寄[illegible]

二十八日丁卯晴 早[illegible] 寄[illegible]

送之東關外

二十九日戊辰晴　早季叔自偲詞將死明墳　字書館作之詩箋壽昌

接安元徵師　月　覆沈墳　宜旅未年四月廿九日丙雲西安

三十日己巳晴下午雨　下午問者信知昂見甫宮保於下月初三日入都

不可不一經擬行年一龍者

十二月丁丑朔日庚午晴　黎明起[illegible]秀三郎[illegible]　早發[illegible]向[illegible]二[illegible]一

起　午刻行抵赤新[illegible]雨[illegible]中　到[illegible]村　宿[illegible]

宿少頃與住職[illegible]　[illegible]師　初三年[illegible]者[illegible]

[illegible]住持[illegible]作數日　讀[illegible]中[illegible]園

初二日辛未晴　天色甚和　早起宿少頃與住職[illegible]　早出[illegible]到門午抵新

村　未刻[illegible]自斜村來南達十五里　西[illegible]

晚食後步至[illegible]寺之[illegible]　方[illegible]也　相[illegible]

行[illegible]寺[illegible]上　觀園[illegible]異[illegible]

入[illegible]以報佛恩　二十餘人　四方[illegible]者

不絕　律門[illegible]宗門[illegible]梵唄[illegible]動[illegible]

也　與第二[illegible]寺　觀音第三[illegible]寺[illegible]千八百[illegible]　觀[illegible]

[illegible]矣　佛[illegible]一[illegible]二[illegible]以木[illegible]

之[illegible]院中[illegible]世[illegible]異[illegible]相[illegible]

[illegible]四[illegible]寺　知[illegible]林[illegible]川[illegible]夫人

初三日壬申晴 黎明起，飯畢，十刻至寺，謁偉沅師，並謁少譚，語未竟

面，自興已近，送至一揖，握手送別，數語平生，道路送沅師至寺，久譚，師屋

日，余馬上攜程伴從相候而歸，與以車從之，甚已初刻，五里劉[illegible]鋪，二十里

半壁店，至劉祥店四里，黃家店五里，何家店六里，安西城，未至城，稍宋戚

恭安大軍，今仍出形南關外，畢未刻，十里白塔鋪，勇石橋堡

道南，出[illegible]井洮十里田村鋪，四里六里鋪，入寓，六里團城鎮，雲中吳城

南境 鄧印[illegible]小花陽集三里三方鋪，三里六里町，二里上泉鋪，四里大番莊，三里十五

汲村 八里泥河鋪，二里六里鋪，二里三里庵，三里井陽鎮，時已暮，同余之湖布

庵人沈具邢此，以候沅師，少延，共飯而去，壹屋光之，沅師徐，益賢，[illegible]原點

先生，子岳先兆 桂家鋪殘行，委員李[illegible]山寺，道請沅師中路並過陪候行

人衆譚至三鼓，盡乃別，寓無聊來 乃禾奉夫人書，使回信，寓 李[illegible]

初四日癸酉晴 沅師唐卯[illegible]送了，日吳合畢，沿途，五里小北河，五里

寓無狗城，界車[illegible]過，五里五里鋪，五里十里鋪，十里二十里鋪，十里高碑店，新城縣地，沅師先所

此余[illegible]以行急，未停，十里共至店[illegible]，十里[illegible]，松林店，寓時已午刻，字寫俩

伸植宗偕彥元師等送（即出本彥元師）赴劉秀峯川五里夏家亭衣冠張氏舊宅色不鋪五
里涿州南關宿涿州古涿郡西南爲范陽郡幽州都会也城以北桃源斗文成鄉范師來
拜飲不到往幡禄至三坡驛到撤隊行回至中宿
初五日早發晴五里塔地驛隊仍川午至北河鋪夫車雨後車作自白溝至峡相隔幡禄
因假畢一車到令還季升州署宿行至梢城宿
初六日乙亥晴夜到川午初錢渡河結至蓮臣寺惟主僧内前来寄家川華未到爲
東川五里至雨渡河村五里嘉莫亭三里至徐河橋望徐水下流爲唐尾城也二
里至張村五里馬家莊五里至安肅城北關時已申末迎寄新城一席那川清河
之水又至清苑城外以令芸閣爲地刑途南高仰礙石但力河那最永土人家
市爲架如小床下承以圜木載人及貨一人推床尾推之行亦止之又名刁刁冰
床北方恒有而余爲初見入城寓西廣豐眠無惕益遠來則石子久談
余歎善宦政那元倫爲以此體諒之陳雖分肥相不以爲可收日當有力除也
初八送壽至南關送
據南陽長十一月初四日作之前十月先逝宅大小無恙

又寶光同日作
又羅獅十月初二作
又六獅十月十八、十月初八兩作
又陳熠伯角十月廿五作
又季華十月初四作
初七日丙子晴　早令羅軍一謁福方伯　屆叠訪葉叔容的久譚　先是　皇上於十
一月初遣虞委充陸論餉　內府大佛內陸請奏本年何堂跪　當事事苗第動　賞署月賞滿立　正日擇又剃
為皇嗣李五前月二十八卜月初七兩宮召見軍機　六仗毅　御前大臣議建
不孝陳奏日問信董琦等中外危疑　寺刻西登署上諭到　已據幽閉旅和
亞至到上宮美疎遣　小臣無涕可揮惟覺寒春薦不寧而已　於少不寒如
文生　相國論家國見同年孫匡乃內家久談和意與世稿稿並云太極勤何
必近不得余勉以大臣之義兩敘其初相為是精次及金國包休之志相與
勝切相勉余乞並業無疑一卅方　自揭此書發人相見人悉樓至多辭之
出已初鼓矣寫　寄南陽君信　和人過馬遙嘗　四姊信　六姊信　寄復寄言和同春

少石來久譚
梅少卿船初五作
初六日丁丑晴 候仲彬少石並上下 董子壽處久譚 偕李稚山太守少譚 並不值
蒼渭韓以為東坡隨石隔米匡林英蒼中少懼為也 又不過男界著籙
蒼渭韓又少譚 雍寫 候仲彥何日之福傳臣子萬孫聃婦大如也 直都堂轄鍋 不值 仲純
少東久譚 下午 候丁孫蘩 閒步出門良久歸 仍說也 少譚 子壽處
久譚又歸 少石不在 雍寫 少石來 譚至二鼓去
初九日戊寅晴寒 蒼舟來 介誠 逛梅江 子敬丹作 內銀錢委頁 未候 子貞 回孫步單
未來拜南 少譚為事已刻行 未刻步至舟斜村 過少過為歸記
莊仍為舉上府付拾她村宿
初十日己卯晴寒 晨發 午至町 完甜鋪二過 李南仍至下集
十一日庚辰晴
楊吉五縣 十一日 少作
又李雨初十作

十二日辛巳 晴 寫字兩作 卯正辰初 芙園御扫 兩宮太后懿旨 [illegible]
皇帝龍馭上賓 未有儲貳 [illegible] 以醇親王奕譞之子載湉 承繼 文宗顯皇帝
為子入承大統為嗣皇帝 特諭 [illegible] 先是十月廿八未日初二內閣之諭 以醇親王之子承否 諭旨
之子即為 皇長子 皇次子 兩天作未 宮今承以醇親王之子入繼 後嗣人之事
相及 [illegible] 兩宮謝政 令陛諭宣 [illegible]
[illegible]
揚為隨書 十月十五 廿三 廿四作
又寫見 十月廿三作
又六時 十月初六作
十三日壬午 晴 寫字兩作 十四日 劉福亦作 今晨 寫南陽書 寫題作 選定
芙園御扫 寫題后懿旨 以醇親王奕譞 議奏 后懷其請 備陳
一摺 情辭懇切 出於至誠 應以議覆 謹擬 上諭 王公大學士
六部九卿 安議具奏 又初九日奉 上諭王公大學士六部九卿 廿二日
兩宮皇太后 奏皇 社稷 一摺 懇請 收回 懿旨 覽 奏 承覽

題顧雲稚畫卷一幅 屬研樵宜作 此付高年呼號已
崇寫為銀子大臣壽字 不得已 [illegible] 此詩一律 初見上帝與字
者如印月 [illegible] 文字 [illegible] 歲遠近年歸來　楳華園
出光緒二字

接仲儒信　日　作

十二日癸未 晴 早書課日理詞課三紙帖二紙 下午步自西郊山寺至夕

譚晉改閑齋印一

接季甫十二日信

十三日甲申 晴 [illegible] 時 國家未有 [illegible] 不改 [illegible]
[illegible] 來安 [illegible] 用 [illegible] 不作 [illegible] 不 [illegible]　早書課日理詞課
記坊 [illegible]　寄季甫信十六發 寄到

十四日乙酉 晴 早書課日理詞課二紙帖一紙

接陳子十一月廿三日信

十五日丙戌 晴 [illegible]　皇太后 [illegible]

聖躬稍安擬寫清書大學士六部九卿請安覆奏將諸王以下[illegible]

著使指示開除(遞)[illegible] 皇上升殿受萬壽毋庸隨行禮止遞請安

交議收宮付總管內務府[illegible]年件於上前 西宮萬年[illegible] 等俱著照例行

西每年七月十月元旦冬至萬壽 皇帝行禮時毋庸隨班均著諸[illegible]

帝宮行禮諸王公等侍圍[illegible]男婦[illegible]親王無論[illegible]用[illegible]係定

又 上諭御史[illegible]奏[illegible]請[illegible]擬[illegible]翰林院侍講

王慶禮[illegible]九年[illegible]父[illegible]禮[illegible]見[illegible]

[illegible]奏[illegible]行[illegible]實[illegible]利 又[illegible]

[illegible]所[illegible]者[illegible]新[illegible]王[illegible]

日[illegible]又 上諭[illegible]年[illegible]年十一月二十日戊午卯

時[illegible]又 皇太后懿旨 大行皇帝[illegible]

山陵[illegible]王[illegible]

[illegible]一[illegible]

[illegible]大[illegible]文[illegible]

[illegible]文[illegible]元年[illegible]德皇

賓帝父紫安王臨 度帝立段樹滿海王書額紫字御正兵燹王字之子內侄岐信等益
王請以碑陰題名歡 三清河王靈子葉恩 孝宗靜帝 靈上殿存 五代郭威甥漳陽帝
立劉贇贇乃河東節度使崇之子 高祖養之 抑不父崇 周世宗柴守禮之子 世宗即位以老禮御殿住
以元舅居之 優其禮 往南宋孝宗父秀王子偁 宋世系在大宗正 知從與府故國史稿存 姓辭所據 讀安有者 不止此
君同主廣狀 蔽恭旋刻 以與同年入直南書房 文行 聖意 國之 推攝
珀翁手迹云云
十八日丁亥 晴 早李颯自經詞林三紙存二紙
擬陶詩十二首 二十首作
又安擬花十首 十首作
十九日戊子 晴 是日封印 以五二奏內衙未事 遺語究不宜行 彥典
一切經音義 卷首 宋書十卷作 李少石行 廿一卷 兩卷三 柳季兩作 二十卷 兩卷三
擬柳季兩首又作
二十日己丑 晴 夜大風 早李颯自經詞林一紙即發 寄經傳說作 廿一日
廿一日庚寅 晴 重陽詩有多題稱同書
擬王其師十八首作 寄為其室生經一聯作
又錄詩經書 八首作
又臨詩律 四首作

二十一日辛卯晴 寄五弟信 又一件 由三君寄丁

接季西二十四日信

二十二日壬辰晴 早起讽日阅词 行一把 寄五弟信 由营寄丁

接五弟二十二日信

又季少石二十二日信

二十四日癸巳晴 书房作付大风 寄季少石信 由书寄丁 寄五弟信 由局寄 全帖信

知新錄三十二卷 國朝王棠字勿翦著 雜採前人之說 附以己說 徒博而寡要 殊無詮訂 所載亦無甚發明 其雜採志異 說物亦有差異 蓋中下乘也 並抄撮二十年 得 石西 諸 知 老 亦 之 六矣

接五弟二十三日信

二十五日甲午晴 早起讽日阅词 行二把 桂一把 寄南陽春寅兄信 由世芸寄齋

晦生信 季恭信 蔣安林信 均謝

二十六日乙未晴 家祝 張今日過年 家中拜覽 岑寫 下午並一稿子

請夫婦及五弟承 同賀年了

二十七日丙申晴 晚白三壽以國郵發迎壽典禮 祭告神壽年及宮客安

設閱沙坪 兩宮皇太后 聽政 皇后作配 ● 先行皇帝

慕陵御書壽康宮扁

嵌南陽大智石作

又寶光初日年

又阿青初日作

又勝之辯了十日十五日作

又勝之供梅了日初十日作

又雨季雨廿五日作

又李少石廿五日作

按[illegible]史吳紀[illegible]皇太后朱氏為景皇帝皇后[illegible]景帝之后[illegible]皇后杭氏[illegible]稱[illegible]皇后孝肅周氏[illegible]英宗皇后錢氏[illegible]

三百丁酉晴三月午刻不出門伴奏病發青銷遠嘉慶四年遠

三十年[illegible]二十七日內廷處與閱青長袍褂了紗帽青長袍補　下午出[illegible]

正寢乃道事太監之差百餘大安寺不若帝分[illegible]遇事擾[illegible]日內務

府官之因偶為好樣了本年[illegible]痛惜所有情形者[illegible]

寫奏留於日奉事遵意直頂戴太監周順壽均著即行斥革[illegible]

畢親往修宮長為奴遇殺不救頂戴太監皆無辮髮王門春差之苦

宮事方太監傳通諭差役遂奪捕者以事旁隱責極責交延官內

務府大臣釋諸吏向劉某以手握鋟並著內務府大臣查明議辦衙門

宦官平有修宮太監通同作弊等事另行指名奏參又 懿旨

御史李宏謨特參內務府不職官員之摺著內務府大臣查明覈實

來另那些年帝不稱職之員均著即行革職

二十九日戊戌晴 早事畢詣日裡詞話一紙 王錄稿日共趕

光緒元年歲在旃蒙 余年四十有四

正月戊寅朔日乙亥晴寒 皇上以本年尚在百日內免朝賀不拜 辭不行香 遣

以此歲一切典禮皆廢 黎明起焚香拜 天地拜 先師拜 請

佛 次拜南向拜 先祖父母出示外府拜 兩家師小象 書紅箋筆

乙亥年戊寅月乙亥日對占流年局運得 賁

睽變之大壯 巳 金坤 未 酉 丑 卯 卦身 巳 坤 金

次審候 兩雜兆遁之 一 ⚋ ◯ ⚋ 一 一

爲斷 父 兄 財 兄 官 父

兩父母持世兩子孫居間爻喜動也又為秋戌尤其喜者子孫為信

官宜其以推解免矣而官爻為動身扶旺氣而內外交兼勝動助之

陰陽不和則為相殺惟巳火發官未安而寅在內量時又伏而不見章

歲君只得出告爻財為爻夫則似不甚害矣乎

易林貞折釋曰 倉盈庾億 宜稼黍稷 年歲豐樂 庶民以安息

午後退有好客賀年 寫有楹帖數紙書

初一日庚子 晴 下午詣仲公等 誕日 以出國外例賀

初二日辛丑 晴 午後出 賀南陽巷陸寶先生 訪李雨生

初三日壬寅 微雪 午後雨雪

初四日癸卯 陰

初五日甲辰 晴

書 建炎以來朝野雜記 甲集二十卷 乙集二十卷 宋李心傳撰

初六日乙巳 晴

接閔甫 同治十三年十二月十七日作

初七日丙午 晴

初八日丁未 陰

初九日戊申 陰

接芝甫中函 同治十三年十二月二十日作

十一日己酉晴

十二日庚戌晴　寄季少石信　莫子偲書并四首　寄南陽李寶之信并十四首　寄石泉信

十三日辛亥陰

十四日壬子雪　下午晴

接南陽李寶之同治十二年十二月十二廿一日信

又寶之同治十二年十二月十二日信

又初三同治十三年十二月廿六信

十五日癸丑晴　上元節　讀書於以國朝名臣奏疏稿

十六日甲寅晴　寄南陽李寶之信　寄季少石信　全書

接季少石十二日信

又季少石十五日信

十七日乙卯晴　王丹樹逝世　寄沅浦宮保信　又呈師信　李雨亭信　并十八首　藩臺方伯　李撫臺

十八日丙辰晴　寄陽羊伯　和 [illegible]　子寬之信　李丘廳信　并三十首　李宗信

接少石十六日信

十九日丁巳晴　午新開印遺文局取所寄版稅印　夜匠兵方爲表飲
初校收東術烟畢鋪告火車行萬[illegible]救辛亥春至燒因黃梅　此舍丸人
而歸　宮季少不作卅二首姚五作
二十日戊午晴
轉季雨十七首作
二十一日己未晴　宮季雨作廿六首寄李季夫　季雨作廿六首季[illegible]
二十二日庚申晴風夜雪　宮季雨作廿三首寄季吉
二十三日辛酉石壽陰雪　山南地方季報鄭陶氣見被殺身死　晚季報作
二十四日壬戌晴　己刻至山前村相聚鄭陶氣見寄　而僧書與平理
轉鴻去夏師十九作
二十五日癸亥晴　少躬將季自有
二十六日甲子晴
二十七日乙丑晴　轉季二十首作　未並行來　自有
二十八日丙寅晴　余家來殺遇請以季少石來找今犯白衣　都但去即用

洪備並　字孝先　以子梅任　吾所作　即答孝先

楊直賦吳足作

又孝叔君答作

六月一日丁卯時渡守備事信久譯　字那李崗作[illegible]　夜過黃河岸山方

記雲南役　六段殺擄作日記首

~~寺中泊於[illegible]~~

梅庵陽志十二年十二月廿六日作

又　覲莊作

三十日訪君時　君新著赤和[illegible]桃村過[illegible]　字南陽[illegible]

楊杏佛[illegible]作

[illegible]作

初九日己巳晴 早答單子，至壽皇殿行禮[illegible] 卯正 午正 辭村去 申刻
至省寓[illegible]而東，李少荃來久談。
初十日庚午晴 [illegible]孫[illegible]各談 先是[illegible]第一召對，載[illegible]所奉[illegible]
慈[illegible]以臣請安，[illegible]不懼。自[illegible]秋[illegible]傳[illegible]禮[illegible]不[illegible]
慈聖[illegible]內務府[illegible]辭[illegible]與諸[illegible]人[illegible]接[illegible]
中外[illegible]一[illegible]時[illegible]之[illegible]遂[illegible]而[illegible]和[illegible]可[illegible]
少荃[illegible]可[illegible]臣[illegible]見[illegible]陸[illegible]許
伊[illegible]辭[illegible]為[illegible]三人[illegible]及[illegible]
西[illegible]少石[illegible]不[illegible]
此[illegible]載[illegible]世和宜
許[illegible]和[illegible]和此
議[illegible]且[illegible]節
和[illegible]少石一[illegible]和[illegible]蓋[illegible]
[illegible]遇[illegible]諸[illegible]親[illegible]吹[illegible]

石坡子梅少石來晤談至子壽處久談午後申刻謁相國吉甫宮申同陵
兔何故吉星下顯躍與余接談相見異常足下又何為近來余曰材以主盈
有志相從又問少石擬不即往何如余曰石可相同少石何必不去余曰擇
其意頗近相聽相曰何謀余曰豈敢食住之以意實存案相曰然則足下何為偕
之余又對以主之有意相復笑余有從事相別若燒余即回子少石李少云過
寓子壽來久談隨同回寓陸紫芬來偵譚子三談出處尚屋

接子禎初十夜

初十日辛未晴偵子壽處同局諸君子悼恨子壽及家芳處偵陸紫芬及僧民
之子偕寶齋芳居李靜山坐談鄧錦來山東人作使揚不得李少石同子宮來偵作老年成稿辦
汪守李來隱李壽偵同子大新生李文踱入光季余久譚子不談

初十一日壬申晴燒燈至方伯處謁辭久譚偵子壽李晤偵祝爽亭久譚下
午子和國謂辭未晤李節伯史來夫亭信祝爽亭來辭偵

初十二日癸酉雨辰刻至鄭觀察處謁辭久譚訪子壽不直過寓少石李晤
少石先晤又雨作阻之子再相訪三日初六譜夜訪子益訪接領同少石

及鄭姓李姓又之叔鄧伯事 應向其寶案立函之疑否等為人之多矣
伐木老錄布函 圖金老錄金函 昭博老錄博函 鄧魯榜瀾老之 二借帝
發函寫 嘉生季之錄
接孟博初六作
初六日甲戌 宴年壽 早召陽 復任函出少孫 即行謹歸 未刻到斜村 申刻到姚村宿
接南湯泉 五月廿七日十六作 知陸雅熊暨自同一子 揚應道初 乙亥 戊寅 己酉 出巳
又寶廷 十二月廿八 五月初五 十一作
又松壽 十二年十一月 十七作
又李娴 十三年十二月 作
初七日乙亥 雲微雨 接壽 卯刻 到姚村 午刻 晉與詩人孫世儒 宴尚疑
自都門
接沈師 五月廿二日作
又世兄師 五月廿一日作
又子韓尊 五月廿八作

初八日丙子 晴 寅初出城 寅正見日 即發馬上達 寅正三刻 雲蒙山前雨 初年春 寅正三刻不雨 午正轉陰 下午雨 鈞陵山陵地形 王大臣孔詢 菁度西野莊村之五峯山 流井村沿岸山 亦親看來去等

看各路工件一 立刻東塋 初村下半壁處 遂寫舟船先留 萬年 侍郎

同和壽與人 久談 侍郎先回已久 極為合意 沒留 醇邸之所去了

欽差金幽

初九日丁丑 晴 四刻起 醇邸行館上謁 偕來陳道邊 赴莊村 午刻

翁侍郎 榮 侍郎 福 戶部侍郎之西 醇邸 姪 謂 醫者來據勘

斷極通殊泥到村 西五峯山南之麓 相度地形 所久後 回村中 少休 醇邸

堅論此地未經窮開 而穩局數佳 可留為備采擇一 而寫西峯村民劉

劉姓傳說臨 又至子南路 流井村踏勘 唐山 說畢先去 余隨侍郎

大龍峯村 見石碑面牛留宿 謂崇侍郎 劉華峯侍郎 李相 均

未往去看長又譚 而醇邸更謂辭一 送恂 初旨撰兩

初十日戊寅 晴 祭修祀社稷 神祇壇 青帝壇 皆李撰 敬寫

又植松柏隔一 籬淨足以禮神祇甚附一 務廣美 若立碑 謹其文

都一 宮務件千往 宮門上 兩 而作上下半年一 津 陳 即 移行

安友世方將奔命云云 十一日 寄宮 雨 宿寧 寧青少府作 十二日 寄三春

十一日雨 二姑母與我諸從 井村 供昨日 設素饌于寺中 情勝不離之至

三姑拙村自作 李雨又來 ── 永訣

十二日 晴 去往地谷墓 ── 過 到卯從村 宿 隨行 村 無陵 李山人 南宿

復言久 墓前而侍郎以對 侍郎以後之 孫生之返 到 矣 種 卯 以此地 種 情

路 經 圖 返 御 侍 將 之 行 示 其 倒 捨 返 到 種 卯 行 途 之 末 哉 十 年

種 而 能 見 樓 出 學 于 初 谷 舍 經 而 馬 前 壞 間 數 十 種 卯 云 家 郵 思 近 將 相 為

青 無 此 之 作 家 此 之 雜 過 到 村 休 馬 馬 路 直 南 行 五 里 過 北 而 東 南 又 自

馬 村 之 信 土 國 途 至 國 下 自 村 北 而 行 南 行 三 四 里 北 行 山 路 中 行 八 九 里 在

八 里 路 出 路 行 一 里 取 廣 北 村 又 行 二 里 入 撫 事 門 時 有 手 錯 至 前 此 者

須 宿 少 賴 將 押 李 遣 曾 南 力 素 經 自 李 蓋 而 禮 情 撫 內 者 示 之

十二日 辛巳 晴 晚 出 落 葉 故 鄉 間 舍 不 自 理 詞 作 一 地 可 將 宇 青 少 府

十四日 山長到 別 家 事 候 來 歷

十四日 晴 作 卯 寄 南 有 蓋 昌 行 鄉 有 日 出 奉 作 公 向 南 陽 君 作 回 書 家 事 之 事 家 中 作 局 蓋 候 到 卯 之 事 作 下

午招劉卿輩及邑仲、葛毓香、陸湘山、韓海樓、竹樓飲，侍從歸

十五日癸未，晴。至府祀，謁文昌祠春祭，以文廟丁祭日早撤，未得侍事

先諸父廟行香，照例。昇平又至城隍神祠行香，以將出省謁辭也

下午招陳馨蕃、韓瑞、胡劉卿、邑仲及兩子、李月舫飲，敘別懷也，侍從歸

云

招胡仲言正月　　作

十六日甲申，晴。至府祀，謁閩侯祠春祭，日將出歸。李貫宗（號貢小李宗）來見

且將離門下，以自院長分給等自去某知也，久談。陳以張蜀溪太令來見

久談

招李少石十二日作

十七日乙酉，晴。答候李貫宗、張蜀溪，出蜀溪處久談。午招蜀溪飲，將別也。黃

芝人　先生書　先府君何乙酉丙戌連捷同年　字季少石作十歲

嫩王　吳燈之來辭行，從者　候吳幽之送行

十八日丙戌，晴。出燈，盈暢樓啓，入省，搭季少顥同舟，吳燈之亦同行

早無風，由陳詞給二地回寓。晉日穀公半途押旗上覆，加陳楊寄以待後人[illegible]

廿[illegible]初季雨[illegible]信，允發。寺馬。寄立見師信，坿寄。陳惕信，祁子禎二十發。伯惕信，寄穆三百

二十日丙，坿信。覆亭信，令發。

接季雨十六日信，沅帥二啟，森謄。

廿九日丁亥，晴。寄沅師信，丙發，交坿季雨信。遣方婿赴柔安莊，已刻祀行神

下午萬具餞之。寄蘭階兄信，二十發，交季雨。寄任篠臣信，坿發。寄[illegible]兄信，丙發，寄人。

二月戊子，雨。已刻方婿去赴行，余作書寄家，錢三千，單人口，叔由出門來

為自瑩冬遺，寫見先發。甲戌四月陳女歸門，六月南湖老門，連今凡四

次為啟遺，老因難任違，不下輕為[illegible]遣，家安全為病一，不為為僻，余家

牽之深原出外旅三年，中心所難者，有識者必情乎

接李少石來信

廿一日己丑，雨。寄李少石信，坿郭鳴。任蓉臣信，坿寄子。丁禹臣信，子禎信，令發。方子默樸

之弟子子禎來，本月復好由雅入都，經於順道，首子禎先函一日。菊翔者

中——

樹之面。日廿 識

廿一日庚寅晴 早李飄月印鐵筆一把 晚邀李云宗方子默飲

擬杜拟十九作

又子瞻廿一日作已而省吳丹大小祭焉

又聊季雨十九作

又英保戊十二年十二月十二日作

廿二日辛卯晴 楊千庵來館久談 福久亭來信久談 奉往楊千庵久談

福久亭不遇 守季雨作 杜拟作 錢著

擬子瞻廿一日作 早李飄月印鐵筆一把同作

廿三日壬辰晴 往尋鄒陽書隱 鄒孚諸生以取諸豪於途中 談飲而返

者妻二十人 前來為辯考說一篇 飲憎而散

擬杜拟廿二作云 擬宗子府殺二十日寓天而雅詩已久留而返

又季雨日作

廿四日癸巳晴 下午雨 雜壽 午後拜楊千庵 福久亭 田谷出及方義之壻文

細雨飲 下午散 方子默薛長入都

接李少荃廿二晨信 寬免[?]門 下月初三接印

廿四日甲午 晴 早赴[?]自理詞訟一紀兩條 寄沅帥信 初[?]發 其[?]信[?]上 卯

季雨信初[?]發 [?]事

廿五日乙未 晴 下午微雨 積善寺僧[?]久談 仲氏來 還[?]筆及牌 分[?]稅務見[?]一時甫

畢 自揚州以逮下[?]術[?]世職為[?]雲卿以此知李[?]之[?]矣 寄[?]與[?]

往閱甫[?]條[?]務[?]急 兵內[?]防守手段力[?]正今速[?]電 [illegible] 寄少穎卿信 初[?]發

寄少荃信 初[?]發 墨[?]日[?]遲[?]雜[?]者

接少穎卿廿四日信

廿六日丙申 晴

廿七日丁酉 晴 在[?]揚州府[?]山寺[?]行定甫[?]居[?] 擬[?]後[?] 孫[?]日飲[?]敘[?]別[?]之二[?]

日記四十

能靜居記

三月庚辰朔日戊戌晴以閩縣不行青遣蔡廣輝赴郭程陳松泉氏郭讀書
少年新家送行者甚眾 卅日英偉書來信 李少石自省城工來信
久談 申刻君平肅為撥發出就滁不作策成其為 少石之友章廣
民 蘇州人陳廣鼎 李偲君 英偉書諸 少石及章陸二人初發
閱
接于漢諸公書 八月昆作已發出 卅八上 梅井
又吾鄉同居 撰 發
又聞李兩人七日信
初二日己亥晴 巳刻至 先農壇平隨馬致祭禮畢耕籍九推出坊率
解俎立中 直觀耕 甚北也 下午少石來談 劉良甫食 甚山
收發自初門 返回 卷 年
初三日庚子晴 辰刻送行 數新任山輝 李兵身忠來送 下午楊文蕃
李少石來 少石即移揭居中——翦家久 遐 至 即

挹西書興 二月廿八日作

初四日二年因休一天風甚寒極寂寞 午刻僕同寅仲去彝行以 皇辰未喪已衰

文齋休寧舊日草書册色不佳披之翔出一月也 主陳静吉處久候 寅庵

甚得元柳静々和我偶思躁 蕭静波東少候但 僕杪千急 無僕 福人

寺 夜遊步不知老餓寒我饑隱

挹南簡君 二月十四日作

又寶見 二月十二日作

又附寄 二月十二日作

又四物 二月初八日作

又少穀村寺 二月初二日作

又子謙 二月廿五日作

又西場 二月廿五至花日作

又張此岸 二月十三日作

初五日雨新晴 晴 寄惠悟僧 謝少穀僧 寄少七穀僧 初六日暮 寄少原寄仲人 勤 蕭静波様

欽使假葉縣為尾閭度支無可籌及淮軍舊餉巴河山東剿捻　守局當

[illegible]函及寶函作　初六發　李少荃函作司　都老函作　長庚娘作　經藩函作　滿仙律作

實齋函武陽含函折書　頭令函　表姪星岳書　臣民上下不薙髮輟

日遇諒全薙髮一次再川補之　昨日閏作即服食晡呼湯沐且急薙

君草草竟開　天日錄並［illegible］　國制凡遇大喪皇帝以下皆不薙辮服而不

入剃髮百日長將其疑之且此一節宮府寓此時不［illegible］

初三日　雙卿寄函　時

接平齋母百日已［illegible］［illegible］［illegible］

又譚靖閣一函作

又孟楷函一函作

初七日　［illegible］男函　時　守平函作　丁孫岩作　［illegible］

接［illegible］　初四日作　女［illegible］

初八日　野［illegible］　時

初九日　函［illegible］　時

初十日　雨　［illegible］　時

接［illegible］　初八日作　［illegible］　保定

十一日戊申晴　下午訪錫庵、止敬、殿臣寓　及陸倚滄、范米生、賀久生、魏之處
朝書致二姊、六弟、劉謙甫　寄孟碩信（十二書）伯年
接季耕初八日信
又作保之初八日信
又邵季雨初九日信
又沅浦宮保初七日信
十二日己酉晴　寄沅浦帥信　邵季雨信（郵寄）　少石接信寄定哲二姊信
十三日庚戌　風雪微雨飄灑旋止
十四日辛亥晴　下午二屆石大令到此雲來見並自名條　夜接少石信
接孟碩十三日信
十五日壬子陰　寄孟碩信（十六書）寄日本事
十六日癸丑晴　是日建首拜先諭者寓　請陶利朱函鑑、鄧五函竟
十七日甲寅晴　是日遣奴子王春等押書箧赴蘇寓先諭者寓
接邵季雨十五日信

又浣清宦僕十六日作

十八日乙卯晴 在子少石處詩 時序有感 代世二詩 餞蔡又首屏 山來 少大譚子

接孟惕十六十七日兩信

十九日丙辰晴 陳靜香、子陳蕊五三 祁壽丞生山東候補知府 來見 少譚 宋拙明日去汤

伸氏來岩孫、均湘初、下午至棲姬寓久坐 宮氏甫師作 子棲蔡伊 辰

庚姬作 全上

二十日丁巳晴、至少石處辭行 午刻出署 乃寅與姊及弟輿塘西郭外 置屋散壽

以人衆不及過臘 豐盈過別田則山過卧龍橋 完有共二板過卧龍門橋

至村僧久譚 姊弟至東郭宿姚村前過東屋皆過

廿一日戊午 早食畢 就姚村易便服 議履 提鏡自觀 欣然色喜 午過錢村來

東至省經入府 常發 新寓內 少石所居也 下午孟惕來 夜少軒姬來 坐久譚子

二十二日己未晴 陳石卿來久譚 甚竹橋來 少譚 寄南陽君信 又寄 子

額姬同諸妹往來

接南陽君二月初二 本月初二兩信 知新生之子 遂初夫將 南雲來戴 日期

二十一日庚午晴 午後少雨 知事 香積寮久保 字之助作 [illegible] 少雨 [illegible]

接南陽慧 一首七言作

又寒夜二首廿四日作 如云道翁韻 一首廿三 隣雨 廿五 二刻 新帰文学一話 聞笑

中秋之吟 作 担可易解作 又 例 土手翁解惜之

又手帳 和人日作 三絶 和二絶 涙 和林家 海邊寄感 大雪大快

又 観菊 拙 二十六作

又寒菊 七言正月十六 二首 四二 雨作

二十四日辛未晴 大風 丁祐翁不来 訪久保 香積寮 少頴帰来 [illegible] 宮 [illegible] 作

驟雨 方元師作 全上 書示作 全上 作句 [illegible] 来久保

二十五日壬戌晴

接書 二十二日作

二十六日癸亥晴

二十七日甲子晴 香積寮 出 僕 [illegible] [illegible] [illegible] 文庵 [illegible] 少頴 [illegible] 梅陰 [illegible] [illegible]

[illegible] 参席 [illegible] 年 [illegible] 人 [illegible] [illegible] 陶 [illegible]

寄金伯玢石信 侍信
發伯都信 延寄

二十八日乙丑 晴 申酉間天色正綠 窗中燈燭衣物一刻許後作微雨 洒物皆前泥滓蓋土風捲塵土蔽日色 以其為夜故林木不動 得雨則乃降也 夜眠霧有雷 早會次院侯諾言晚 言應千 冷 暈雲 劉君鏡涵 李靜山 及吉甫之黃角同戴鄉臣 鄒紹之信 鄒咏延寄 言應千來黃侯 下午作黃甫信 多久談

接宗甫函二十六日信

二十九日丙寅 晴 為吉門 作函 劉小泉日來黃侯 少譚 陸秀卿 香坊來 四刻 侯諸省 晤陳鶴 蔣蓉圃 陶子材 夏翁 嗣小坊 及陸秀翁 偉 未刻回寓 少頃 同正 書 一門 步四五里 築一畝 舒 數年未有也

四月辛巳朔日丁卯晴 下午雨有雷 陸府許峰山及張孝信圖小松蔣藹甫
由信 陳雲卿要 朱吉園 附信叔 信附並寄回 吴采甫來答信 少詩陸續去
又劃出信傍官明 徐星翁 信撫並寄回 附人 任桂山 成五翁 揚鎮人 信捐府 徐均未見來劃
四寫 下午少頓 張平齋兩帶來 徐曉去
初二日戊辰晴 丁毓華來詩晚去 寫季女不作 即寫送 寫寄信 附李南陽書
陸實之見信 即寫寄回 四拂作 陸寄子信信 均有寄信 又顧仰之來答信 下午信
諸賓又信明年局 佚茅堂 周悍之 何仙園 何彩那下下 回
寫
初三日己巳晴 陶毓麟 吳蘭石 揚香信府人 信捐府 來答信 三弟信李嘉會信久詳寄
英芙來 六合 信久詳 四類 夏惠與 伯紀來 范蒼士書錄 李嘉會信 李步石作 全數 下午信
回壽芾續年伯少詩回 寫 任君牟仰來 寫完君作 即寄倭馬 成五翁寄
楊長庚 三月二十八日作 李靜山來答信 丁毓華來該
又孫如 三月二十九日作
又子信 三月廿四日作 二子誤見病香四過為了

初四日庚午晴 早飯畢 [illegible]縣出北門至花局 閱[illegible]並係舊四[illegible]

青蒽盈室人物幽思 [illegible]購木香二小株歸 [illegible]午生 士林里人 佳[illegible] 及吉向康步衢

學傳 閑居[illegible] 下午過方伯 孫君壽久譚 孝侯 章保亭 [illegible]

復怡伯 寄諸湘舫作 即發郵局

接胡壽二月廿二日 十六日兩信

又致湘舫 月 [illegible]

初五日辛未 [illegible] 陳[illegible]來久譚 [illegible]

接河石 初二日信

又致湘舫 廿 [illegible]

初六日壬申 [illegible] 下午 寄[illegible]不作 即發

初七日癸酉 晴 [illegible] 自[illegible]門[illegible]

往復[illegible] 陳[illegible]來久譚 [illegible]

畫[illegible]

接[illegible]初[illegible]信

又廿五日同上作

又覆宮保初六日作

初八日甲戌晴 伯循來 二劉訪葆臣久談 下午子壽來候久談 寄李少

荃信 寄蜀藩 寶甫姑丈信 又屏山信 同寄

初九日乙亥晴 海珊和中來 同至葆臣處送行 少談 候安蘭石少談 李侯子

壽久談 午往盛伯羲 劉佩甫少談 回寓 柬劉葆臣來少談 訪劉益之

閱邸鈔 宮保信來 日間訪 所寫金簡信 候王侍郎 適入內久談 三枝燭

卧

初十日丙子晴 日寫李知照光秀林尊信 廉山子所著 同心地方寶好頌光

有茂中之不育陸李穆過 所改三四〃 日芙之 寫南陽君墓寶見棄

女子讀 寫賈郡 長庚 何 沈帅

李原侯久談 夜 沈帅 送月 多 楚 陸針甫

接柔女三月廿日信

又寫有 初八 作

又李少石兩光作

二十一日下午偕擊侯挽予西郭送沈甫室柩行，不及，遂歸。寫沈甫室得作（印存 馬遠）

偕之壽賀李大女出閣，並賀沈尹梅少讀遷家。劉振甫樹敏兩人來（未留寄錢）

儇寓彥甫乃冠州人，來訪（庭和者讀蔣得時田氣盛竟笑自東坡指西南一時詩識）

二十二日戊寅。偕擊侯挽予薛侑石家作印。侑石博辨，多通文詞，精鑒子畢之

壽也。任直多年一無所成，其太夫人下世數日，其痛之篤不勝。壽六十年。又爲印侑

特昔日爲●陽西宮。下午歸，予畫鴉象一幅。返家寫李西石作、寔甫挽作

爲少石作（印存 馬序）

二十三日乙卯。偕予兩司衛門上宿，徵求物也。徵君印對蔣侑石家送殯，予病閑歸

小靈廟安靈畢，行禮歸。訪子壽久譚，同遊化城。書陵南土地下得石碑

刻識文云：緣問我之向大君子一生三月壽□□（二字泐）力出上吾母，罗夫人兩養

狗九個夫人一家生之之有之之，其釋甚便，不知何主要之說之之無記

住錄也

二十四日庚辰。辛孫亭來偕少讀。早食後訪子壽久譚，午後同偕先莫存

俏石吉甘合他頗書懷入句不必慕李以色略辭之高李隔西漢壽君代陳河間府幕子蕃兄呈請李匡程謝亦力辭適有榮萼祥興兄者莅道查拔敕以自代王子壽兼不以為再以拿紛報而呈請丹商而行予雨司稻辭非律一以花橋生吾任倍宵明章僑之子陸壽翁陸保翁（張麟慶李人同刻名翁）適寫夜子翁李人譚

十五日辛巳晴（黃幼樵、吳忠卿南人來候，張孝廉何峰、吳之甫來）吳之甫來未候

十六日壬午晴大風（三弟偕兄弟來）候陸孝廉先來未候名鍾字定甫作（印春馬通）

長豐多額來下午登舟赴津亥刻開行一里小聖廟（小雪紛飛見鐵固山叢譚）五里劉

荷葉廟二里近莊三里下開五里仙人橋十里連環橋五里趙家橋十里惠安屯

泊夜過三杈河口府河漾於滄州一一放鶴（不得）求甚微土人和岸小溉田自陸

作梅親家到城出南堤下泊以避舟與程鋁院生落以上故帆乾不行也

接瑞士貞師二月廿三日信

又柳拿雨初九日信

十七日癸未（陰）逆風下午稍順雲限廿行十里程之地（為達某與其附近之地）堪烟土人名莊之坊三里老河頭一里

張家灣二里駱馬湖（俗云楊六郎飲馬即此）三里李家集十五里舊城，城濠水過此

即爲[illegible]縣封姜藕廟鄉[illegible]交界，度寶三十里新安廟舊城十二里李

家莊六里西倉僧莊十二里韓莊閘陸路一十二里過閘橋，橋皆新建，齊付

舟出入於第九橋（名彥[illegible]橋）其下黃家莊河也，今出入於南第三橋，自前吳家閘肩

韓莊河爲牛亭河，頗闊好易過。八里韓莊閘上十二里萬（蕑）家莊十里田村小

里集[illegible]泊

十日早開，風逆，午後轉順，發（二里至上村，八里史家莊泊舟，買鮭菜少，逆而行）十二里韓莊閘下口，到岸步三四里，倚下舟，自此入

老境河上舟二里王家莊二里侯家橋十里萬年閘五里八神廟二里丁家莊

三里三堂家莊三里駱馬營二里范家口六里蘇家橋小泊，到岸停手也

野[illegible]老子謙[illegible]堤，亦前朱[illegible]堤[illegible]大寬，築堤[illegible]水，使其入寬

[illegible]

[illegible]

十六里[illegible]村六里[illegible]十五里[illegible]村泊[illegible]

日下三朝

十九日陰晴風 早發行淀中 十八里達獨流村 運河 見 大清河 運子牙 二
河 西不斷流 河也 十八里至鎮 又十八里 楊柳青 十八里 稍家樹 永定河 北來會之
子牙小三叉河 以天津城東南運河 向 津浮諸向 十八里 西沽 海河北來會之 河 即北運 三里 紅橋 子牙
河 南來會之 即海河 隆陽諸 三里 天津府 東門 寓河北大街 福來客寓 字南館
君 丙 下午 河 至 下 河
二十日丙戌晴 蔡 臣 將軍 安生 向余 來 候 即 楊丹 過 不 見 之
午 書肆 見 石 門
二十一日丁亥陰 早 同 楊小山 子 堂 蔡 當午 候 之
直隸 劉 督 候 中 載 軒 朱 宋
堂 久談 直謂相國 久 立意不
計 全 自 計 有 稍 書 自 東 卯
以 選 余 相不可 食 許 有 頗 之 狀 鮮 任 信
畢 久談 候 蕭 不宜 遠 寫
二十二日 晴 時 雨 意 蕭 畢 文 白 相 堂 詹 館
拾 風 大 物 以 信 官 時 馬 松 圍 蕭 西 寫 下午 來 白

書畫舫游覽

梅墨詩五十四作 又王春舊本

又閣完七十八作

又壽少石四十作

二十三日乙丑陰寒 下刻同所國詢家 字宜甫作 朱蒼作 時界 李道符

二十四日庚寅晴 下午移寓太王廟 主力表兄曾侯祠鄰 庭宇寬廣頗宜

養病

二十五日辛卯晴

二十六日壬辰晴 字南階君作寓 孫聚海坳 廿七為 李輝五御

梅完有孫五十四作

又抄如林二十二作

二十七日癸巳晴 出候諸宵 晤陳堯遠 蕭立齋 尚久源 返寓

二十八日甲午晴

二十九日乙未晴 劉子岩來候 久譚

三十日丙申晴。出候諸宦吏，吳春帆[illegible]安徽人，久譚。楊毅山嘉興丹徒人，侄袖直[illegible]

久譚西寓。

接吾鄉廿七日信。

讀[illegible]志十卷。國朝陸清獻公[illegible]前要[illegible]載，以能指證若詳載賦役，而考辨[illegible]亦[illegible]，佐第一用也[illegible]者。[illegible]一篇甚精核。

[illegible]八卷。明劉侗、于奕正同纂。奕正劉侗所作，[illegible]記述之文，宜[illegible]然[illegible]文靈[illegible]此[illegible]也。

日知錄集釋三十二卷。[illegible]書成[illegible]國朝[illegible]乃成，集釋[illegible]林之七[illegible]，[illegible]二百年[illegible]力[illegible]，[illegible]亦具讀者亦[illegible]也。[illegible]，以自[illegible]世之[illegible]集釋[illegible]摘[illegible]未[illegible]女人之[illegible]耶。[illegible]也。集釋[illegible]。

讀[illegible]通鑑第四篇。[illegible]精[illegible]哲辨。

孔叢子三卷七卷。[illegible]所[illegible]宋[illegible]時[illegible]七卷[illegible]清[illegible]陳[illegible]人[illegible]。偶讀[illegible]論中一篇，大[illegible]哉。[illegible]生孔[illegible]理耶。

五月壬午　晴　日下忽(?)雲(?)　雲〃微雨　寫畫幅作　丁卯書　刻院署　早飯畢　至院署工刻　亭(?)本(?)鄉(?)行(?)

至嘉甫處　與楊郁山剎(?)談　午飯〃畢　訪秉(?)城書程　觀其近(?)所得

初二日戊戌　晴　楊郁山來久談　寫扇(?)面作　丁卯遊(?)庵(?)　定甫招山作　二(?)月五(?)臣(?)

河(?)作　謝(?)李(?)　合(?)南來批(?)杷果　看(?)把(?)卸(?)過　故知之(?)果

接南陽君四月初六日信　自收見大封(?)久不回(?)寄信　心中甚(?)念(?)　不可不(?)言(?)讀此函知

伯無恙　為之大慰

又　兄　六月廿八日信

又　槐亭十三(?)月卅日信

又　吾(?)陽(?)　四月二十八日信

初三日己亥　晴　寫南陽君信　卯(?)藤(?)行(?)簡(?)　下午出訪任(?)晴　徐秀(?)君　未(?)遇(?)　馬松圃

邁(?)訪楊郁山之拓(?)　同至萬(?)雙(?)卿(?)　嘉甫之兄　嘉甫　看其盛(?)二(?)技(?)　得(?)四(?)技(?)乃歸

初四日庚子　陰　午前大風雷　微雨旋止　下午步至柳中書　輝(?)一刻(?)

接南陽君四月十二日信

又　阿(?)弟(?)四月初一日信

丙子詩四月初六日作

初五日晴（辛巳）辛丁午風雨多雨旋止 赴芋香師處 剃頭 上謁相國以下並諸宮 馬松圃
來長談久譚 馬稜里（姜園人 揚州局委員 安徽南人 翻）來候久譚
初六日壬午晴 姜香甫來久譚 寄季陶信（馬郎發） 下午謁相國少譚 仍送
物志未深 詩可譯不竟而退

梅曾勤剛 二月廿日作

初七日癸未晴（陰時雷雨） 惲小山來候久譚 答候馬稜里 並晤吳光國久譚（湖南湘潭人 舉師李蒼甥） 又候諸宮
晤吳春帆少譚 至姜香甫處久譚 下午歸

初八日甲申陰雨

初九日乙酉晴 早詣相國處謁辭少譚 往諸宮晤杜蘅亭 姚詩梅 陳蘭甫 壽蓮園
王山毅（安徽人 候補道） 沈候 范子鵰（鄭庵 湖南人 候選知府 光緒丁丑年進士） 孝卿 晤 至姜香甫處久譚 同赴惲小山招
飲 同席楊毅山 姜香甫 劉湘舲（候補知府 寧鄉人） 秦恒卿（候補知府 安徽人） 下午歸

初十日丙戌 午前雷雨未久止 早至河 三大河一覽 北運河 永定河 大清
河子牙河 南運河 御河 運河會處也 山岸口眺覽 蘆葦蒼蒼之勢 頗[illegible]

自大阪寄達毅山來信延下久候
張靖師祠聯
凡事何足是非之公不嫌自效
以身爲天下之重所謂大臣
又送張貴陵靖師祠聯
崇以翊主翼以諫諍皆吾子孫生肝膽中物
縱之事功畢之德業乃武侯文成仍伴簡人
天津寫曾文正公祠三萬金戴成
樹纔之新祠兩水向雲旗獨擁陣雲殿地鄰碣石迷遠門帶滄波去
不覺國論無揮千古恨時正憂見髭毛斑金徽落盡朱絲析旅懷
藥靜掩關
十日下午晴　前作再與靖師祠詞辭懷然歸去不知佛之何從也　是思當
季任送川久保字南濟老作侍御局　中刻登舟移泊蘭甫所駐局門外
往別少譚傍夜移舟至三叉河口泊

十二日戊申　晴雲順風　早發津郡　由紅橋入子牙河門　三十里至獨流住舟　舟子獨流人故攸返　不由清河　至靜海縣界泊此地直名頭村　西北遶時屢至短縣之縣界泊此舍閘口　驚盜賊遶返而來　竟夜不果寐

十三日（己酉早微雨）茂雲順風　早發縣界　午抵蘇家橋　住泊蔣家莊

十四日庚戌　晴順風　午發口劉過新安鹿獨東之王家寨　至流河之汊有佛寺　名軒睹流　登岸少坐　四[illegible]據[illegible]西阻　恨不得[illegible]家屋之　安平新安慶孫獨舟買鮮羊[illegible]　至仍[illegible]安[illegible]

十五日辛亥　晴　早發　辰刻至高陽橋（養名閘仍經西橋）阻世河不得過　南岸高有四室橋車　辰返至城之刻（到岸）西行為十里平橋村　又西行廿行為五里下閘　又西行北為二十里大陽村　又一西為[illegible]里進東門　午刻抵寓　高陽縣（夜）住店

抄事

接南尚書四月廿日信　并女之說　三四月二日[illegible]　次婿子明才甚[illegible]矣

又吾座孫初五日信

又照三四月廿五日信

又復保民四月廿九信

十六日壬子晴 寄周楊甫信（附吕遥書） 金石百元信 祖平信附十六番 查東來談

伯循來 應訪子翁大談 去北上晚月二段晌

接南陽君四月廿九日信

又子謙四日信

又勃遜 信

十七日癸丑晴 葉觀甫來 候少譚 寄士昆信 和橋書 一云孝信 寄昆

呈 南陽君信 邵表 手成信 起了信 妙發

十八日甲寅 食舍 辛午雨捕晴 晨訪候諸 陳 任姓如蘇 勁甫

鄒 諸君 及 比 梅朱亮生 千 物 趙 任 書 事

事

十九日乙卯晴 偕 事 候 冬 程 諸 葉對 英 夏 及 午 晌（劉子 鉛 山 事 往）

晴 分 年 事 兩 極 及 稱 少 書

接 林 十六 十七 信

二十日丙辰晴 丁孫 壽事 西 和 陽 參 事 力 辨 證

省奉省學日去 仍著執地方書院民事之處 敘明奏報 閱 報考各縣并可

武並案處蒸回閱 以指使 在武陽動使讀 本校學門二字或可改并

二十日丁巳晴 在西莊講舟義 未便久停 但請究不懂 子 子壽來久坐 甚謬戴詢

旦蒼再閱 盛揚之雜筆 甚下班義 劉鏡甫 子少韶服參所重 誤到夜過

季更世伯茲通寓 細備集 少靜年 陳伯韶午集可

龍定南雅六五元

廿一日戊午晴陰 但請甘眠 吳康甫 午刻偏 下午外緒豪 座 子壽來久

談三鼓去

廿二日己未雨 辛巳雅晴 早令日晴甚冷 過子壽登高風洞陰池久坐 遊安埔

客冊務中將君事擇 壽晚的日 明雲安土空盤一 又古磚寶盤一有字勾

十餘拓的拓之

梅查外在元

廿三日庚申晴 陳仍為非遊奉秀儀 至雲靄安顯來 下午雲吳月寅落 金焓人 卸赘 李德

陽晚 任峯挑事少譚 袁明星在表 勇今日雜投

廿四日辛酉陰 宗李少不行 的寫出作 完南作花壽之卷 宮陳流行 馬遂

又定二絕句 田曇 柴西和（乃定之友與和尚同人）來訪久譚

廿一日壬戌 陰 下午有雨 訪佐佐山 觀其書畫（書畫）高房山雲山卷一 巢山丹 庚申畫卷 精妙 把玩 訪市蕃久譚 見且南公新刊二百餘字 閩中新出土獨之物 裏不可窺 將歸

步道

廿二日癸亥 晴 松翰新補黃花自應 程張直夫 同里人 來見久譚 侍晚佳

春年來之鄭問甫中巡以致座下安病十日年 懷與諸何同詢赴直及

今七載錢除日詩而相隨生詩戲裏之序遂改此元可歲也已

廿四日甲子 陰 孟竇題東坡譚 寫李相國詩作（由岩高遊） 回書之來候

謝李相國書詩寫第

寫早歲為之來 [illegible] 以 [illegible] 經承為形門 華幼之叢 李公屢為之詩自指問 似論之

得為為之 [illegible] 早歲行從 [illegible] 之知識 [illegible] 以卻授為當官指摘填為之市 [illegible]

既定本以民社之村一載民 [illegible] 得中之 [illegible] 鮮威亂才而役六來視神

豐收舊懷曆以前輪經 麻業五朝 [illegible] 遂使居 [illegible] 情大佛經之然外門下詩禱詩

則使詩格為卫段辨 [illegible] 為思動之 [illegible] 靜之柱辨 [illegible] 而世而如晤思之 [illegible]

明日是重壽慶之辰 世澤雨露如東海 無疆延福 家聲守儉 是存敬

獻本新詩續中青蓮佛　尚撫及劉銘傳 此等已欲過　官大學何

中堂閣下華經人偽憾隆天澤 以竹坡書房為本子之業 備（福壽）察樹至為

不得煩閣圍廣西至高夫（毛毳）毛老宮工部尚書 遂於崇椅將一夫師

孫詒何數發濟錢為得聖同付某觀指於勢 半截遣 佛度久降

青馬安逢壽之慶前寡居之弓旌仕敍本四 三路廣門之重放恩

因經驗 懷風飢就帖是帥新本將世非緒旌於無是保挺陽者杜被之惻

禪以為身（深州）鎮之挽辭之是附誦德美辭釋之殊乃醜 處無足為之

如睹諱和門江馬孟壓呈

廿七日乙丑 大雨 夜復大雨　午向至西齋書　下午子壽招飲 賞蓮旌芳邊池西

歸而來 並旧字畫探劉桐 同飲者劉錢画任後以蔣芳 徐悍家吳

蘭孫陶延叢 余康不飲食也達 六來感雨也石潭 自鶴梅松園真美

隨人意定發家獨西譯二枝似物

揚定甫撫廿八日見

天寶中石內人在

又畫屏山 花

鄂州五園草花

秋水芙蓉此皆自然為世寶任兵寇付為畫圖者

因博物志十卷 晉張華撰 宋已久佚此別是人採輯者也

西京雜記六卷 此書相傳劉歆或云葛洪所[illegible]梁吳均[illegible][illegible]國故[illegible]撰[illegible]依[illegible]國所不載[illegible]

拾遺記十卷 秦王嘉撰 [illegible]

搜神記八卷 舊本題晉干寶撰 本二十卷 今所存[illegible]八卷 不知何人刪併 第七卷第一條[illegible]

述異記二卷 [illegible]

續博物志十卷 宋李石撰 此則[illegible]

唐摭言十五卷 按[illegible] 唐王定保撰 [illegible]

[illegible]錄二卷 唐陸[illegible]撰 [illegible]

雲溪友議十二卷 唐范攄撰 雲溪[illegible]

獨異志三卷 唐李冗撰 [illegible]

杜陽雜編三卷 唐蘇鶚撰 記自代宗至懿宗朝異聞

東觀奏記三卷 唐裴庭裕撰 記宣宗一朝事 時遭大亂 記注存泯亡失 庭裕爲史官 以補史之闕 奏記時相

[illegible]昭國史無知其名云耳

大唐[illegible]新語十三卷 唐劉肅撰 記唐事

因話錄六卷 唐趙璘撰 璘之記唐事爲多 官至衢州刺史

玉泉子一卷 不著撰人名 亦記唐事 與因話錄多相出入

北夢瑣言二十卷 宋孫光憲撰 記唐末五代事 光憲依高季興於荊州 在夢澤之北 因名其書

樂善錄二卷 宋李昌齡撰 勸人因果報應

[illegible]海集一卷 宋王逵撰 [illegible]家理其[illegible]邵子

過庭錄一卷 宋范公偁撰 公偁[illegible]文正玄孫 [illegible]述祖德

泊宅編三卷 宋方勺撰 勺久居烏程泊宅村 所記皆雜事

閒窗括異志一卷 宋魯應龍撰 所記多東湘樓事 東湘今平湖之地 古海鹽也 亦稱當湖

搜采異聞錄五卷 宋永亨撰 所載雜論考訂 [illegible]有之 間及怪異之事也

東軒筆錄十五卷 宋魏泰撰 泰曾布婦弟 記聞多[illegible] 或曰梅聖俞碧雲騢 [illegible]人之書

所著尚[illegible]名[illegible]者

六月廿九日丙寅 晴 寄閩侯朱信之函 少穎叔來 晚偕來談

接桑女五月廿八日信

又譚婿五月初九日信

又蘇州大姪孫匡[illegible]民十二年十二月廿六日信

又朱匡[illegible]五月　廿作

初一日丁卯 晴 早食後訪陳筱老同過綠怪園觀所藏書畫 未午歸 夜大雨

來示條明日非易尚未定錄冊

接金室五月十二日信

詠高麗國蕃花

綠葉沈沈氣。未能增之雨。得向晚清居。何如玉鏡臺。

又詠達摩一偈

空即是見人境兩忘。即空即空。請君撲境。西達摩大哉。面壁九年。中覺空寂。柳霧

同括。

非隋生子讀先生遺照

三十五年正一瞬。送先生年廿一自江西來 先君謂吾 是別至今三十五年矣 頗思重見手親模。先君手書臨定南征邵古先生

尺寸手書一扇屏風。剩有當年款對書圖。

靈壽杖逢臨晚歲。先生傳向吾家風。是年家君壽為祝 別來消息何人識。不

教追思揖南山。野中第一枝

初三日戊辰丙 早起以食後而中埠閱書 後訪蔡世英 勞而和 丁孫岩韓王靜

仰 桐鄉職人 壬午舉人 因憶甫處查為蔡壽卷為樣交加隆 作筆錄簡

初四日己巳 晴 曹向僅諸官明陳蔡雲史譚過 傍晚作蒼雪書

蕭池盛昔 重錄題冊 先大父寧官與一日同御史曉山少司 書譯殷蓮池詩稿 第一本

壽慶已來底冊 先大父胡公府君家保定傳以竹藤等中 傳公所備人所寫

與傅公之子曉山先生 諱名林 乾隆乙卯進士 官吏部郎 與先大父同年 丹兄姊婿 及同君陳御史先生 諫隱江蘇人 官御史 其子書公先生 與先大父姊夫 時殷蓮池題詠一卷 達今日七十六七年矣 因憶三年前在五陵黃子壽編

修前年 陳小秋太守允禧 蔣偉石大令 曾將等所藏輯為志 設局於杭州先祖所經時

並來之悵 今年寄守工谷南 屬與傅遺集不外空三百石不到蓮池 其後六月

挺學年先生 府君遺詠 檢前年之 久而搜祖德之未詳 數遂用

先敎 聯以自刻章

盛京菩薩迢遞。俺仰崇桐前。蓮池芳衣世嚴。我祖宮覽照。樓梯角邊人只近同

一線懷。念茶路。敬若身隱羅。我先祖。服聖澤。歷任。江湖傳縱思。直請葬

遺澤。刻引高朋向和宗悲。繼生侶通賢。高德之所沐。如何。見興忘其揮

立林楚晚。邦之作發情不寐。神翔旭。皇印遠。猶發家志。近于義。嗟哉。念古人。聯膝

追往境。

初五日庚午 早出 辛未修 夜雨 早起食畢 赴招院鄉會 辰刻 平叔誦經 諸宗唄 楊文

薦亡讀返寓 訪楊 作書 復 自得少歇 夜子壽來久譚

捲讀四言詩作

又寫庚五月二十作

初六日辛未 晴 盛樸生叢邊 來訪久譚 吏部拜 訪陳恩 自拾發 寓 今日出門

字寫 定壽作 初七易 書抄信 少不適 屬 作 宣書

初七日壬申 晴 庭來大雨 嗟 作赴 子壽 拾蓮池觀花 小飲甚精 牌同席勞

至初 修撰 佳 樂 而 戴 訪良生 拜師 畢再同訪 蓋利 坚 傳教人 喝 默

娶祝其所撫姪女園及應人等事 蓮子玉知家之譚 以老稚二林寄存子壽
處
初八日癸酉 晴 寄南陔君駐居 下午於蓮池設飯 邀約魚如招子壽及勞
玉初 吳蘭石 戴訒臣 黃再同 兄弟秦全園 李元秦生未來 傳候發 李方
形物子壽[illegible]著 但作形世家 母子招至中 風露未萬家之度 講卿[illegible]堂
美保佰 病蕭壽 少刻而蓋 予譚 二枝奴返
初九日甲戌 雨 季韋來 少譚 少穎來同至蓮池 下午設飯所受招同席 仰
諸共石君陶勵吾 吳蘭之 之子 劉鏡甫 三人外郡 又蕤卿 任君華北 二人外務 了
張叔夢伍菁 了盛程甫 陳孟生 少穎 五人同坐 夢雨席 萬分之[illegible]甚醒 傍
晚雨余子至 子壽來少坐
接南陽來 五月廿六日信
初十日乙亥 晴 寄南陔信 附[illegible] 下午陸[illegible]來久譚
十一日丙子 午雨 午後晴 早[illegible]候諸青 晤蔣叔 遇 遇子壽 祝其壽 繞方杜門
謝客 余乃[illegible] 登車 以真[illegible]相如一[illegible]之[illegible] 解[illegible] 譯直[illegible] 到 奴別

國郵寄孫慕韓擬生、振領旅鶴魚大龜日庚安蘭石安元子石亮鄉
往岑樂北寓訪仙洋參了陸嘉生余來氏第五物
十二月丁丑　晴　下午至旅自易皆少穎來久談
接笠甫积八花
題（華嚴）普賢說教圖偈
普賢說教畫者廣於此只慈此步不能見多普賢說教之意自說不見菩薩
花生家自身庄普賢說家誰說普賢淨嚴殺下不在中邊
十二月戊寅　晴　子喬來偕同升齋久談　晚過之（借及秦天人來　傳補多路）傳　方
仰岑同中學卷了余以不諳功令文辭了
晨讀華嚴經　子喬贈了子國隱命其妻傳氏儒家以為至寶者
阿難佛口第多聞居第一智解之敏傳來由諸毀得茲忠妻閱說七至
論心通智盡理真常而棄旅記荊壁如出火宅庭前乘三車之喻十之
部一切諸經典白牛車無異（是　此）此岸書及五海船師秋持諸送擒帆擒
及以為保禁努力（修道）律六時勤不懈是則名為讀舟車既度已經般一時

空雖所以偶然是處遺墨佛經及葉伽梵經之妙歷代經之目不勝門
種之無限前我今發宏願之語啓後人雜收聯摭通其觀之自性如之盛
道光著利於來學生下及諸無窮同登無量壽
十月二日作　字完南任所藏筆叢殘

子壽老兄屬題先年所觀客哭嗚先生所藏沈石田文衡山畫冊幀卷
即題長詩

世人寶有千石鍾。字千載來同化龍。此畫在成化庚子文壽達嘉靖戊子相去年年　此冊清寓之孫
極。此畫雄偉文壽清秀 我於寶之山谷間。世人定相與傳異。石韓銅柯稱相比。空老所存
上下So古墨雲蓋噴霧氣。由來之可猶神所呵時務代男重聯羅。此文畫成
有時著此問之乃為余題 性如巨壑開煙波。稀著眼前嗚呵。出品沉吟貴性自隆暮塵
陳實揮戈。鄭四原晴殷深譯事出。天字為寥次書何為。假親別作之百
昨。精者石下如風度。呼吸石雨松竟識無。能息梅君傑白石。石田晚歸白石翁晚年號之曰此梅記
又見石研翁之事記　傳雲一段大老於年。衡山成弘年庚寅徵明時年七十一　更祖吳郡宗祖。文得無為證沈石田
圖自題倚幕 世間作事一堪感慶。此文作圖時庚子某年考成化年一卷之題庚子也　人世所遇真先生。也是宮圓
梅子人作

[illegible]香精墨元[illegible]具美惡若[illegible]，[illegible]松節若松上。[illegible]枝很樣。[illegible]年

[illegible]擘(?)樹[illegible]。一生把麈風氣[illegible]情。卻視塵內[illegible][illegible]為第[illegible]

乃知閣[illegible]不道。神[illegible][illegible]天道。山人與松實[illegible]人[illegible][illegible]詩抱。我

來[illegible]妙香初。生[illegible]蜀松圖。[illegible]生平[illegible]不知[illegible]。[illegible][illegible]與談[illegible]

[illegible]果珠果。[illegible]記[illegible]。[illegible]詩[illegible]松[illegible]松[illegible][illegible]

[illegible]海山人[illegible]札[illegible]。[illegible]

國老談苑二卷　宋夷門君玉撰　多記宋事　並及詩話

蒙齋筆談二卷　宋鄭景望撰　亦記宋事　並有詩論　[illegible]一詩[illegible]

畫墁錄一卷　宋張舜民撰　多記[illegible]語

游宦紀聞十卷　宋張世南撰　多記宋朝文事

夢溪筆談二十六卷　補一卷　宋沈括撰　夢溪其所居[illegible]以載博[illegible]

學齋佔畢一卷　[illegible]撰　多考訂經史疑義

祛疑說一卷　宋儲泳撰　論方術之詐偽以祛世疑

墨莊漫錄十卷　宋張邦基撰　記異聞雜事　並有詩話

侍兒小名錄拾遺一卷。宋張邦幾撰。其書補洪氏之未備。

補侍兒小名錄一卷。宋王銍撰。

續補侍兒小名錄一卷。宋溫豫撰。二書皆繼洪氏而作。

嬾真子五卷。宋馬永卿撰。隨筆札記，多所考證。

歸田錄二卷。宋歐陽修撰。修為此書，蓋平生所知，宦遊之餘，其記舊聞，紀載時事，考而述之，蓋所以。

東坡志林十二卷。宋蘇軾撰。東坡里居，所著甚多，此錄隨筆劄記，固不以示人者。

龍川別志六卷。宋蘇轍撰。多述舊聞。

澠水燕談錄十卷。宋王闢之撰。多紀當代遺事。

冷齋夜話十卷。宋僧惠洪撰。多論詩格，推崇蘇黃，不免為後人所詬，而大旨足以存當時之語論。

老學庵筆記十卷。宋陸游撰。多述舊聞，兼及怪異。

雲麓漫鈔四卷。宋趙彥衛撰。多述宋事，亦資考證。

石林燕語十卷。宋葉夢得撰。夢得初名元樹，熟於掌故，其所記，體例整飭。

避暑錄話二卷。同上。

清波雜志十二卷。宋周煇撰。紀宋事。

墨客揮犀十卷 宋彭乘撰 紀時事兼論詩文

異聞總錄四卷 宋文氏志怪之書

遂昌雜錄一卷 元鄭元祐撰 多紀宋雜事

酉陽雜俎二十卷 唐段成式撰

宣室志十卷 唐張讀撰 志怪

龍城錄二卷 唐柳宗元撰 僞書居多

鶴林玉露十六卷 補遺一卷 宋羅大經撰 議論多有可采處 但[illegible]

十五日庚辰 雨 連日病不出

十六日辛巳 乍雨乍晴

題黃子壽安人[大謙]劉季陽遺畫遠山芝月扇頭

瀛洲綠墨擅清流。勝國風裁野史留。更憶西樓同賞月。[子壽母文樹]盼雲樂月

至今秋老恨登樓。青雲舟上仙山遠。白露憑人寫夢稠。自是蓬山名

勝事傍擺滿紫□愁賦。

十七日壬午 雨

十八日癸未晴 畫師周[illegible]來寫 家書陸氏以示人皆云頗似也

十九日甲申晴 梅三[illegible]庚十五[illegible]作 又[illegible]神三[illegible]作 子壽來久談 午後出門[illegible] 先府君忌日以蔬菜供家

二十日乙酉 雨晴 偕張[illegible] 子壽處[illegible]飯

二十一日 丙戌 晴 雷雨

二十二日丁亥 下午大雨 子壽同其次子[illegible]同來晚飯 下午去

二十三日戊子晴 早訪古[illegible] 陸[illegible]先生久談 [illegible]留早飯 後[illegible]如少談 [illegible]壽[illegible]

又久談晚飯後歸

接定甫聯十四作

二十四日己丑陰 雨 早[illegible][illegible]談[illegible][illegible][illegible]者[illegible][illegible][illegible] [illegible][illegible][illegible] 午刻過寓

下午[illegible]少穎同來

二十五日庚寅晴

題石濤和尚種松圖 為子壽兄作

種松不憶下時節〇 無人[illegible]〇 [illegible]獨撐空〇 但同風雨聲〇

不識種松是何[illegible]〇 [illegible][illegible]頭〇 [illegible]同[illegible]〇 指點青松[illegible]〇

灰廬種松石記年。我已移柳清池畔。寧心求識梅墨計。且喜[illegible]年佳也 朽木始。

二十六日辛卯 晴。寫了[illegible]蘇來 以備看送書。康[illegible]借[illegible]。[illegible]借錄宋[illegible]十國春秋

皇朝叢譯 羅氏錄刊題識 藝風藏書 一切經音義 八種見[illegible] [illegible]十冊 寫

叢書[illegible] 閩任輝山作 馬杉圃任 [illegible] 書之譯 字南陽君作叢 [illegible]

南坤 筆

閩石經[illegible]異二卷 [illegible]氏[illegible]林石經[illegible]之書 間有[illegible]

讀史兵略一卷 全 讀史[illegible]作 間有[illegible]

讀東[illegible]一卷 全

白沙東叢書[illegible]卷 全 二種經[illegible]

文選課虛四卷 全 [illegible]事 [illegible]門[illegible]圖[illegible]也

讀方言二卷 全 廣右東[illegible] 以[illegible] [illegible]作[illegible] [illegible]成[illegible]

晉史補[illegible]一卷 全 [illegible]

楚辭詩經三卷 全 [illegible]作[illegible] 以上[illegible]種 [illegible]種也

二十七日壬辰 晴 遣[illegible]子[illegible] [illegible]書[illegible] [illegible] [illegible]南[illegible]不

細謂之雨後善　下半千僅堵寺人來至阻取雞毛局狗之遲度日　還王壽展舟遠

道經過　至嘉興府　又不嘗發舟可望日陰

照[illegible]有同國彥鐵僧君瑩碑圖碑即吳稚四表貞之宗碑也吉林舒氏東以前作此帶頤

上石以來[illegible]摘其論甚確鑿近人在石上見帝[illegible]二字不知何時刻再同從日看字

除園作詩賤賦應之

然石難一不得。秦帝後經覽。千年猶無失。割畫空之年下。弓琴米萬年舍氏。見[illegible]山志言[illegible]

照觀元帝字在石碑上　[illegible]記之[illegible]。廣陽曰[illegible]字在東[illegible]陽　不字在雲雨下剝刻同皆未[illegible]也　拓搨到蘇薛。薛。日字是

者搨。三之三帝[illegible]石[illegible]寒[illegible]文雖詳。細之將人也。夷宋帆之為輸。致辯[illegible]之壽。

信雞[illegible]皇定。論石記未息。張氏日知錄辯為碑石泰山志則不記之為秦碑　女志豈蔑。西來[illegible]吉情[illegible]日

其[illegible]之[illegible]。文倚之語病。一字君以姓。顧[illegible]以作所。古[illegible]不得身。我[illegible]相[illegible]形山[illegible]躯

東道之之乃[illegible]望聖[illegible]節笑。焉而以未定。按可[illegible]采[illegible]縣。一攬若[illegible]之[illegible]目

細[illegible]世在[illegible]仰[illegible]華朝。[illegible]而[illegible]嵌。如出古[illegible]勝。下[illegible]千[illegible]人。得之求[illegible]為。

影[illegible]附[illegible]士[illegible]詞圖

露[illegible]遍[illegible]雨[illegible]去田。照[illegible]世[illegible]書[illegible]進。[illegible]開[illegible]雲[illegible]。[illegible]

儆之。
寄近來所著稿。於蔭甫前輩處閱齋。不知其學術今富月。于[illegible]物根
函蕃瀚。
二十二日癸巳晴。予讀同年弟子取卦試帖本。昨從西瓶遲得江南兩人今年鄉墨。
其試湖南謨見所賞識為多也。予取氣象清讀靜默而意遠者。下午同兩
婿及孫言予小篇五興可頗識之。傍晚過寓中卓翁墨一紙。題四五字皆摹楷
議較四文側轉可誦。精麗絕倫。不知其何以當世罕見。寫[illegible]長日書手兇。
字旁若挾子建之言。卓里老年所已也。夜作書寄伯寅。
韓南陽君五月廿二作
又四排五月廿三作
又近一首廿三作
二十三日甲午晴雨相間。陳嘉生作書來。下午五[illegible]石直又下數
函過雨詞子[illegible]讀又昨[illegible]一首。字[illegible]作二[illegible]李[illegible]
寫書

七月甲申朔日乙未陰雨　黎明閱孟慶復函急摺君胃氏寄處之款諉請哉所以此等

為本年各去一應未的矣遣馬進所下南　室再拏伯知未成乃為四處共人不知變

先是孟楊十二年分代為辦理加加成[illegible]　部費甚重為辦理好些實從此事成和字

批無不遂孟惜情多得余家寫宮家之款二千餘金今為趕付部費了結自知理

屈不順還迄不為為我一年今再三函懇人為其款知其可償之置不問本

年[illegible]方伯如辦撥補生其所能補償此款乎

入不得大為据理挪移補來函的偉将其款全數賣給陳家加生放摺鄂項若干

十二月所即約為一千二百金之言明實償六千七百二十金之先付現款三千三百金

孟楊來之函款先歸余二千金余以其寓並貴老師所以之年一一無從拜辦

自此就一項帳財並再移失生不肯情實移不為錢貨人今其家專之代為存放以免伊

家善後之實但另須由富補充孟楊所以再三懇辭使勸依從家之奮路其仍無不穩

存四日抄件一函託陳君加之兩訂二千金現處今者皆此之後五月間權保閱

保其家加生處諸千一日播田五百千金知其加金安有為難之意保見為其處來大加

訓修並十二月加生　此等再端我必可之往陸自此騰為停止　六月仰閱其盡所来說

葛勳生阻欵，遂不能來。顧容借季楷月予欵利，且言容之幸田家中不過欵利

存於別人，與其存於葛勳生，葉殊無以異之，近理許之。至二千還來之本，並從安樹生出錄

四年之息還。余以目欲太遠，否則殊心躁，葛勳生事再議。兩日不至，二十二日親往葛勳生處

訂明此欵須以本年六月收，葛勳生以為須阻本之說，其事不能挽，亦即存容若

日季楷與清來云葛勳生向伊說，並未允定，明年六月之息還，余深悔無辦而一錢至

與季楷等去往主家交換字之本六月，季楷原則須交付股本，廿六日季楷清來之事

已說明二千金擬撥葉家，可改目下先交阻銀一千兩，由季楷伊家中存放，亦將一千附同存

稱元以此欵亦不思以其稍短，余辭未得，但一二日內即有阻欵之回到，止得請一

好比晚容侯伊兩三天，送一信來云此欵又因前者多撥，不能照付云云，余以其葛欵之

辭誤割去撥兩伊家中，廿八日變之待補，以中既出是為廿八日並合併處理將伊

為阻之說，經疑處向伊催促，其不答，余開其覓八處實實存其處之運遣使

取來收存價撥伊閉之，並葛勳生處將余前發，余自伊同此以後為我難不足與辯

今早急至逃去，余思至與並商之，開到身旅已去矣。昔北方再撥成尚以此無價至身之

地，欲為請謁，下午方欲來，余為其說，至並與至此，商亦傳旅借到，余再三商

導伊不能罷撥，需據不行改細，且此事亦不肯受我之處，與磨礪所之貴（天）壞々相隔

念莫知伊命之無所出，乃勸細相商，伊早遲，蓋勸之來三面商加以辨，並自

不翻揩做以，文要不計子謂，不得假奉同往

初二日丙申晴。陳孟勸之來，謂商量，並至與劉之避矣。孟勸之問此事如何下手，余

已至本處住之款六千七百元之多，今止付過千二百元，孟與揩共五百元，余年

常有八百元，並無我受之，其事之無不辦了。昏受害之擊，據有我所由者，乃下使皆發急，但

我觀無財光，則究安得此款，並我徒劉所由我任手受付，便設今為要據憑

亦不肯受出，且所亦任伊家之事。伊所驕不可，能與其平如爾隨性之，酒我掃

妻子亦伊無豬身之地，恐破素外之要矣。我任前如此，謀共以世紀因更姊氏之說令

極無輕重之舉，有萬難我遠自所假之（上西）來附，謀御其惠（言說）遍少，欵下排難雜切借者

所遺為力，穎持八乃全諦，其語溫無如何，我一切名問少遠，守年思要典司

下父夏之復己今十四年（有批待）積之恩情，何通敬父子。伊不但全不能諒我之三潮，所為

以為伊之勸之見我，西忽天下妻之，我室氣未定之時，伊（小）行為如此，將來如何

抵償，何念及于此，不覺氣急，胸間劇痛，良久始漸蘇息，而身體虛弱已。 子謂子求風

行由張臻材部　字由驛作　為楊慶年先生主事寄照磨事由驛代之

今日刑部不得不言之語　且詳　案把信存敬目不在此處之得　（即寄 孫少穎持升筆）

字王楊伯（即寄 張少歌）　子壽來久談　薛楊起（福民無錫人 王高帝同年）來佳來望

初三日丁酉晴　晤倪擇起久談　又至子壽處　遇楊起　朱應生來久談　晚飯後回

初四日戊戌晴　字定甫作（即寄 張李氏）　少石作　屢五作合之　復丁雅嚴來久談

楊定甫六月廿五日作　字伍蘅澄作（即寄 驛遞）　沈陽作信益表差　錢伊臣函參作信共二件

又李少石六月廿二日作　詢開州出四之事故帖作函

李梅屏六月廿八日作

初五日己亥晴　陳碧芳訊軍　趙南循來久談

初六日庚子晴（定年同鄉兩）李子相至孫鏡　子壽來久談　午飯後下午搬來　夜（經虔起 陳高翁）來談

楊定甫　初六日作

又李洵安保六月廿六日作

又李勗閣六月廿八日作

又李少石　初六日作

假子壽齋所藏石田文徵仙松樹卷、石濤種松圖字卷 [illegible]

將歸，一詩以為別

龍眠眼底馬千匹。與可胸中竹萬竿。從古無人譚不得。止將縑素寄閒看。

丹青欲以胃真賞。此是蒼蘇原應有替。修之讀誤成虛集。我亦於人同一源。

我以鄙有無千幅。未不能傳在眼邊。字頭、寄語紅顏。十三卷上東坡經。

獨來懷友出亞雲。把手清湘接沈文。三易亦即中一回首。風流無處不逢君。

初七日辛丑　晴。催詩者群起為寫幾也，盡莊萬書了。下午偕回，極有意方作書

仍不傳。沈子梅來訪，不晤。

梧南將君六月初四日作

又吾夜來六月四日作

初八日壬寅　晴。三鼓。下午，催詩者極不理。至子壽處久譚，二鼓歸。

初九日癸卯　晴。即刻早起畢了。至南園，訪龍祠，乃登眺萃之弟了書。少刻，子壽、

少和、遊園外西園外花而歸，花遊薛村稻米同小酌，下午散歸。過中類嫌伊自天

津道，垂盡先一日中津來到訪何來

初十日甲辰晴 鄉儒來久譚 王登午來 經亦譚 守陽子作印譜 南陽君作十二首 李守京城 索子題

披山帳作十二首 馬遷

搖蕩陽君六月廿一日作

又情惱四月初十日作

又四月廿五日十六日作

十一日乙巳晴 讀龍蘇太史文譚 向老友劉君子迎於六月十一去世 諸子悼亡 承迎才甚敏銳

向學亦博 隱痛作遙 而登第者道 顛之自往即毛髮皆為 蓋德向世間亦心

中思自了 並未忍自時哉也 而以詩自慶 母留畢以為序 福莫於友以筆親

之知誼之不過 困反而矣 信邪 寄南陽君作如其篇 今爲作裝 守子讀作十二首 也

題哪來

十二日丙午晴 早會所知 並侯諸官 理之應千 午間楊子蕙

來其久侯久譚 王談龍字 少譚去 過子壽 晚上夜讀三謙論

十三日丁未 含午間微雨 旅雲方 天氣季猶涼 自初向子今 醒覺如為北方所未見 望人

有昭死者

十四日戊申晴 子壽來久譚 出此冬收中西門外市肆觀書畫 畧有可者 畧一銅爐甚古雅而無款記年月

十五日己酉晴 刪改王寶所作洪軍平捻記成 所記合肥公平東西捻時事 合肥以付王寶興而屬余訂定 凡三載 問途助 余爲刪其繁蕪 去其偏頗 亦一向前畢 其未見者 去臘(孫丙)讀 昨年必書之覽 餘並書記道訣 別無人矣 聽其樂事 壽年拙事

十六日庚戌 雨 大風(夜陰) 陸西崖生來 鍾佑蕃 丁雅卿 易陶齋來 以余所託物 峯家代題閔律氏皆詢翊雜鈔四 余所託雅閣人所宜過訂 並借明以謨丁 晡過子壽話別

國老談苑 二卷 宋夷門君玉撰 多記雜說

耕祿稿 一卷 宋胡錡撰 皆取朝廷職官以稼事託爲人名傳 故曰耕祿稿

厚德錄四卷 宋李元綱撰 記古今聖賢事之傳後世之人者

桯史十五卷 宋岳珂撰 載宋南渡廿餘朝故實

儒林公議 二卷 宋田況撰 記慶曆間事

侯鯖錄 八卷 宋趙令畤撰 令畤入元祐黨籍 交游皆一時名流 其紀載多及詩話文評

隨隱漫錄五卷 宋陳世崇撰 記時人詩詞及南宋宮掌事間有殘闕

楓窗小牘二卷 宋無名氏撰 多記汴京全盛時事

睽車志六卷 宋郭彖撰 記異

江鄰幾雜志一卷 宋江休復撰

廿七日辛亥 晴 詣蘇龕中聲來 梅浚存孫寫長聯贈安徽賓 下午張菊晚過看來信

文孫同往晉候石直 陳聲伯先生來譚 子嘉來送文孫晉省 明早起飯而去

車 春年於車上譚 三時去

廿八日壬子 晴 督收拾對什物 遂如子壽處來 遂步至子壽處閒譚痛

飯已 劉東年屢至遇利 行抵屏村 於此相於西屏村直東三里至曹河大道

行雨抵安局 寄於闈外

接商鳴書 六月廿七日作

又 弟女 六月廿四日作

廿九日癸丑 晴 下午至會吾處 督僕將安局 仍趕出發 二十五里至大莊野宿

落花岜雨下騎 記既已久 發已刻 抵姚村 次姚村 野人多識余者 殷勤問田住

之朝鮮安應七之未刻伊藤過寬城以內局 哈爾濱甫下車刺之斃余筆録
脖驗入書院中便將其處署□及隨從姓名皆不及知 但命人函呼顏相台
程而已 豐臺竟日便少有書問往來請前講便言之談余查以後乃大笑
函便爾來請為付定甫已赴京兆試不在局中多少石久讀合畢 再安之
受讀不之該過寫 嘉僕咸集的很意親切兼頗平時余亦不能甚之三意
就竹王升寫寶和三人皆作過余處仍
接南陽者 六月廿四日作
又定甫 初七日作
又答坦 六月十一日作
二十日 早寒晴 少雨未刻便久諱 郵寄後 回覆此事已覆久諱 事 寫 伏君年
寫長夜手諭東北作 印繫
作少野作 黃尊壽老作 廿一策書 下午 侯同宮讀人帳 書靜此久諱而替婦
寫婦姬有甚而替婦方高函還共與過如未畢畫不常面宿 便少有男作飯又
和並行屋女兒讀而三歲過寫書過見春於日過甫以車馬請車人同直矣
日賞飯道來作書也

二十日乙酉晴 董綬金來 平甫來 君俟久談 仲士陪蜀山來 山東高密孫先契新疆

袁思亮 陳鄂山 陳吳盟蔓 蜀山來 知漢溪來信 錄示蒼虬詩 不遠地 下午訪

石秋 假同座 歸 季子來 過 行 乃姪 曾到 觀子 久談 二時歸

二十一日丙戌晴 仲士陪傲之來 山東曹縣丁書雲 見仲瑜來 夜過少石 亭如來談

接長子家報十六日 寄子穎信 即寄

又少穎 十一日 信

又子謙 四川 廿六日信

又周鍔 十日 信

二十二日丁亥晴 夜雨 下午少石來談 傍晚過少石並晤君俟 何邑蓮 旋過並行

為丹談

二十四日 晴 何邑蓮來 久談 （敬中來要人 論世）

和少石見贈原韻即以志別

敢詢吳雅物外游 輕舟暫時指江東 蕭布有餘一寄林 綠野生空 笑孔融

差喜舊民 歌劉第 猶餘氣 慨淵沖 憑君傳向鳴琴 事世道今

東寧口糧。

二十五日己未晴　少石來候久談，屏山莅門來，少屯少石先去，劉書霞偕度寫

召來見，書霞以照片談，云實嘉肆年余深惡藉之言久矣，屏山堅請留飯，

飯畢乃去。菜羹出西園，便書霞不暇，送季彥處所藏騷笑記卷，余亦笑頷之

其味頗真。暢晚過少石，屢與譚至三鼓

接小穎廿三日信

又子禮婿初八、十一兩信

又侄孝玆廿三日信

又芝嘉侄廿一日信

淮軍平捻記序

淮軍者，為弟子行三軍之兩日。臨事而懼，好謀而成。寧為親伯相合肥李公之再接再勵。

建殊大功。若直隸督以安畿甸矣。方國家討賊之初。名王宿將，亡其軀命。□多城甫破。

風雷電掣。攙槍毛雨逆。賊句西捻賊千里。出入數行省之地。殊其之善戰者。其以面

之。而李淳鋒之將，亦有原野。賊之流轉未稍之損也。太傅湘鄉曾公有事之始

乃定謀。盡收沿河之險。圍逼以剿賊巢焉。東路西南門戍守之師，從朝廷語公轄
師。又東越兩溪，再渡秣陵關河。三渡於溧河。賊據里壇巖。山注千鈞之勢以射雲
儀。當是之時。天下之有負城者之眾。莫不以陵河為戰場。雖有內外謀者。亦目
睽口嗟。不敢望其說。國荃獨任。困之與賊。公則日夜搜捕，以待賊至。[illegible]
[illegible]而差先，雖老耳焉。遠者未靖。見四方賊皆竄。其地為東據以半。通稱
荷蒙之師。以克復之役。不得蒼度。數月告功。於是盡陷圍地之敵。與人語
之功。[illegible]其之。出苦[illegible]以下，誠能從上一唱而百和。習海之。如是日之久。勝遂為[illegible]
[illegible]夫里壁情[illegible]之[illegible]以剿匪逆。圍人之之所能言也。[illegible]宗以來[illegible]之[illegible]不[illegible]
之[illegible]之年又具[illegible]也。[illegible]且[illegible]日之不[illegible][illegible]曰之[illegible]也。並為一[illegible]為人心[illegible]
再渡為老年謀處。三渡為獨豫。既成敗肅刑於國得失之[illegible]於此。豈有
[illegible]智殺之為万不可[illegible]守之也。[illegible]得之匪賊不行之[illegible]行之匪[illegible]而[illegible]
難。前去功者之[illegible]萬難難[illegible][illegible]名屋[illegible]。[illegible][illegible]者[illegible][illegible]不
企為[illegible]之[illegible]殺[illegible]持論疑[illegible]之秋。[illegible]之[illegible]是[illegible]之[illegible]。忘身生死之域。決策
安危之[illegible]。事機相[illegible]，間不容髮。一[illegible]為天下大事[illegible]之[illegible]。其操心[illegible]

古今將材以臨陣鎮靜識度勇斷四者偶或不逮不可以僨事之し
者平日謀於軍中諸殿衙三年精若盡一而謀國之忠。料事之審。未嘗稍
變。應變倫宣德心神之方寸立搨。非惜為雜謀以應形勢者。其言不若是之說之也。
不離事乎。前者軍儲以濟澗灤。修兩黑祠廟。示民好惡。嗚呼。其規模遠
垂大矣。此其所以整飭以戒將勝遠者。伏戶處息。為經事者所豆覩。而留精意今
戰陣之事。非制勝之由。得敵律之不可得以為古人之精粹。存其心而
未遑其究。恆為之用。用彼其時。果從行間。果能紀載。豈無指所見之事疏
其抵及一時之議。為非軍事所詳記者也。惟勸軍劉亭子其要者。
書。若之龜井之節。非能模其事而以事成效之奏者。及其先要焉。夫言兵聖門之所不諱。
前賢子產戰國之世。獨明王道。其以仁信撫民者。其最所能天下。然則其能之用之
者。非第記載之績。重其將兵大擇而已。將無索惠於子之志也夫。子和縣長[illegible]

二十三日庚戌晴　寄步營相國信　寄吳子讓　寄邵子讓　寄南昌李信　全上　子讓信附寄

祝夾亭親家信寄安慶　楊鶴嵐[illegible]　[illegible]　全上　[illegible]　全寄

二十六日辛亥晴　[illegible]

讀三蘇物

閱野叟曝言畢二十卷 家主耕撰設詞雜博見地甚長除事中之勸懲也

二十八日壬戌 晴 寫字臨帖 若自若 承陽兌 小詩作寄曾之五兄下頂 二十韻 子弟不少傍人

二十九日癸亥 晴 午後雨有雷 夜疾雷雨大作 終刻止 傍晚過少石何遇慕譚良久

天雨屋漏 屋無乾處 之公譚 二陸自有兩篇

三十日甲子 讀陶集 早午雨 下午少石來久譚傍晚去

八月己酉朔日乙丑 陰雨 擬武代來畢一游都門余至臨平天下而未中嘉王宅來了

地西不下長安東西下沂流北不下黃郎惟仰時隨宜更諸平陽甫一二識者也

知識世保登路之建康頤安武昌裕受皆高偏闊所居恆自為見聞之不廣耳

行歷甚多年香得出中原即之未之偶閱輿圖知房山之西域寺上方山

有云居通京西之標勝栖戒壇寺寺書此而行我聲程不知仙凡之隔寓州嚴有

騰來萬壑花答當覺子爲想何子真備指御壁殘此山題飛經錢韓與

言一切來皆有因緣住我

初二日丙寅 荷屢座雨 傍晚過西厓茲行諱之夜將

復寶兄六月十五日書

又完甫啄七月廿六作

又梧五啄七月二十四作

又子龢姪七月廿九三十日作

又孟溥舅七月　作

初三日丁卯 晴 下午俊卿來甫寶備不遇 俊蒼葬後陳郡子出讓 俊卿又來

家　蓮卿山石擬傚　三段物

題方蘭坻畫蘭竹　題者凡二十餘家　即爲出題

前年學畫數竿竹。手寫雅意平常生。須臾事筆乃知性。揮之千枝向清風

今之快識今國任，閉作筆之千派。

題錢擇石畫牡丹蘭竹

牡丹蘭竹作同調。猶在長清出世一家。無所事牛無不有。動花搖葉是

生風。

初四日戊辰晴　送安儒來告候未復　夜過少不屠山讀碑後退若同脉惜居山

接少韓詠　初六日作

又馮子貞師七月廿五日作

初五日己巳　陰下午微雨　早食畢於伸赴高陽鎮香嚴作事　余亦同月下高世

一日來見乃知七日印爲段各院世事可以思矣　是午仍過若秦同游惜居山脉

出游高陽年以誤使目已久乃至見未刻至流井村　余二日行至雲又西行

五里到馬頭村有山曰馬頭山　遼村西惜居山西南支脈行也　石峯壁立形如馬

西望振鬣飛云即寶獨山隱約之源出之孫隱約實源於白楊溝泉此山之水下合新水積渾入渾之下流再入村寫照寒山后土廟之下院晴合畢近晚不克登山借訪新宅何平齋題松雪所書墓碑仰什數為之風節伴羊馬臥外卅中上墩看榻成兩大字五色光彩蓋近年事也

而借平齋墓

上墩為田宮已空。石人羊馬臥秋風。野碑不識吳興字。誰憑平齋為發宮。

廿四日庚午雨早晴路登山為雨所不克登閱遲薨之山舁西折至圖西湖翁之上碑未與遊適為霧霽之地自度不過未免惱煞早食後冒雨登車未刻到

雨益甚少石來接來信

廿五日辛未晴下午入署晤少石之翁與芷汀譯二諭

接六弟六月廿六信

又陸竹甫七月廿七信為倪家人體外甥婿人

廿六日壬申晴午後晤少石未盡候久譯去倚燈入署與高五少石芬臣譯二諭

接家信七月廿七日行

文毅挽聯一首 行

初五日癸酉 晴 下午忽雲霧微雨 下午陸困齋來 不晤 陸少石蠡正來 竹林退

菴辭門 訪代摘畢 挪作詩也 二詩稿

接老五郎七月廿六日信

初六日甲戌 晨雨旋止 巳午間放晴 飯後記早起畢 冒雨往門 少石送至東園

所下來相待 三詩稿 刻而歸 出 御後門 申刻抵石亭 寫玉樣義去墨亦差

之頗費函也 主僕待家甚殷 並送出後 明日當遣舟送石樓山 寫玉嵒信 附寄兩函

寫復雀卿信 又 寫李少石信 又又

石樓山阻雨不克登 二首 初六日作補錄

握神謝客捲畫簾。借云山神君右二夫人 超然振步上躋。尚指一鞭嗟神禮。已將

青翠濕蒼崖。

我說清游亦調適。勝勞接刺到門庭。畫山千里飛雲林神。勝取也將可

畫二字。

晨起早飯畢 李少石刺史追送且贈畫出毋帶放行詩以謝之

細雨驅車古道周。故人鄭重竭良謀。一杯斗大津門車。莫把雲萍
作話疇。

玉村菴門外晚眺

秋林新霽晚蒼蒼。鳥宿嵗巖映夕陽。清淨身集今昔異。前路
真如在山光。

十一日乙亥 晴 晡雨 卯刻早食 發石亭 出旅舍循溝道行三里 渡石亭山南
日東行五里至二馬河 濱河先度 謝車 泊轄 狼狽回遠 乃御村人
負之過河 以木櫈置車中 坐其上 兩人度之 傳兔依濡 又了車馬畢濟 肯
行路三里許 過房山孤馬了正字營 至二馬李河濱 一里渺瀰 流得甚急 待
御色暮 但南北二里餘 為律水了板城村 即二度板城 股地 有船 度之 遍[illegible]
之水之上游較 但止一派 而下游五派 深二丈 車不得過 舟中又不任車
後卻驚 舟中人馬相由此度 由道奔側 過下游[illegible] 亂流而進 設兩面度畢 日已
晡午 由板城東岸(房山界內)東門北門 約五里至上河村 又東門北門 約五里 於西北
門 凡三四里 至石灣村 白玉石之所出 [illegible] 宮殿興作 皆取材於此 上者名

三年白玉段綾白畧艾葉青白串青青花又黑紫錦青花如意祈文等
朝廷命官督造禁民擅敢分則畫化民業窯反出繇(?)賦(?)編之
時方僧　兩太府土地
於萬(化)歷用器甚繁工負難此習染猶夫皆備力於工頭而工頭領價於齋(?)庫
中飽以大為計而膏腴不及民者屢屢究其故則不速之惡村以為嫌(?)而
為六七里遇石門村則四面皆山矣一水西來甚清澈當源於五石山諸水下擁其脈
流稻田出米尤潔白於長芳以終之玉壇米是也　又於門為八里一村陰面北為下蔡村
循(行)洞西山三里諸水雨於門　又二三里至石頭山西林氏之西墩雲居寺　按寺
昭明為故齋慧惠大師翔鶴於此靈慧來土蕃教首(?)時登觀劉石封之藏(?)室
宣宋為作明修靜院法師承師鳥付自清之大恭向(?)判大涅槃經於寺
貞觀(年)劉國其祖山乳生香樹三十餘本　洲(?)淳大未千餘株於山下　雅負之情寺額(?)
雲居至今宗付全佛公主僧之　明洪武二十四年　正統九年　及萬曆間屢僧入國
朝　康熙(時)元通頒為重振門風　則今寺之所以昭矣　明周忱屢集(?)碑記(寺據中街)
石傳園四碑　勒碑其上　一曰元十年　助教畢高(?)書之　一曰元十五年　太學生大悅書

一番西之年寄進置之一太極元年壬子利貞建今此隆房猶存西嶺寺洞之左

羅漢堂之四隅不立碑中路今寺之所在處矣又石塔山在今之東齋有西寺

寺中左右羅漢之殿東嶺寺西嶺寺東嶺寺之亡為嶺域[illegible]好人好書佗字西

嶺之上西嶺之地也疑是師所新[illegible]刻之

和四年幽州節度使劉大郎為經[illegible]聖字[illegible]四

十四七帙通計一百八十七帙碑藏在經山石窟下七石洞中踏八級七間堂[illegible]八段也

[illegible]新成寺住通隱大師又以權實刻小碑四千八十片天慶七年[illegible]別寄

寺西南隅為宗前之達磨祖師塔是山前經堂之寂矣入寺時

知客正成師宣解其宴堂羅漢[illegible]陵堯師發接曇和師監院為寶師[illegible]

西前文殊托鉢之所也寺中禪律門有衆三百餘香火地百頃不足之所賜天

眾每年今後化緣致靜師所遣石字內籍叢館殿[illegible]寺碑云[illegible]山

了塵下不違百里[illegible]為[illegible]寺殿[illegible]門立年

地藏山洞日大士河入門天王殿之後鐘鼓樓[illegible]又西大殿為毘盧舍那殿

普天光之宗千佛閣捷又西釋迦佛殿又西藥師殿中藥師佛左右列八菩薩

薩像十二戌神，皆和胭成粧，角若角碑，贊剛柔流異，君以大悲殿，每殿升級二
十餘丈，後殿已在山之半，前眺自寺東門入，看積雨下逵，畏重嶺前瀧瀧之意
階出西墻，後蕭疏園，以入龍大王河寺，後山僅回主山，崇峭峻峙，殿之房山西諸山皆
回回縈紆，山東岸清河郡，有燈影攔，而以及白帶山巖泉，以州傍危，白帶以西之（宋氏備遺引，按此源郡即清河郡地，白帶山）
矣也。申刻，晚飯畢，擬登石經山，以雨不果。
十二日丙子，雨。午下霽，晨飯畢，同鑑峯、僧瑞景和、焦賓三師來，寺僧同至寺門石橋
眺望。又兩氣未西𡶶，白雲滿谷，如練之，留笑。向以石經峯，宋氏父子所未詳
也。又雲居寺前[illegible]碑，僧志才撰，有幢，劉[illegible]，自是王文寺外兩幢，四石浮（新碑諸記先得之寺碑）（大安七年十三）
展遠之碑，刻於遼碑，[illegible]累月，遂移而出[illegible]，則亦[illegible]矣。又有[illegible]生（即唐開元十年[illegible]五年[illegible]元年、太極元年[illegible]）
閣[illegible]泰，宋氏[illegible]碑，乾隆十一年立。又佛教經一碑，[illegible]寺內大悲
殿前碑五，一大悲殿記，乾隆八年[illegible]書，一[illegible]藏經記，乾隆八年[illegible]
[illegible]書一，[illegible]記，道光元年[illegible]金[illegible]一[illegible]記，道光八年[illegible]
一[illegible]記，咸豐元年涿州知州[illegible]，彌陀殿前碑三，中為碑亭，[illegible]嘉慶
十四年御筆詩碑，[illegible]十八年御筆詩[illegible]

月書寫人名　前佛殿前碑二左金剛經右藥師經〔碑俱年月不載〕右碑　遼三十

年立　世尊寶殿　毘盧殿前碑二左唐僧　白帶山雲居寺碑　遼三十七年立　右

通理和尚碑金上　彌陀殿西　祖堂前碑一　嘉慶向　御製來寺地祀記　萬曆

十八年釋達煥立　殿東　行宮殿一通　前碑二　亦無修建年月　下午寺僧邀

余同游　御赤橋　登山轉坐以登石經山　出寺後洞東北約里許至山之路山頂

〔果山然〕高非絕陡　前頂石蹟不定之耳　山半有破殿　額左同中三　釋迦像無額

五尊　與接待庵有碑二　皆施主姓名　左下翰前善　皆經石寫等處　再務前道

石料內官監太監王同于問　石下半有庵　師善　後有山橋　二十年口口口太監王

姓名石世蹟　過接待庵　石下際即至雷音窟下二洞　鋼以石欄中經石堆疊

與字大山西林　外可讀偕同　右及經石不堪數十　至雷音窟石底有柱刻三

中釋迦五尊　另下石嚴　倫藏舍利三粒　昔有大師登視者入大內加石函

道藏本尊不可目觀　窟內四石柱上周刻佛像遍之　北東西壁皆嵌刻經石字

壹遍　左遼余隨同人至孝年　壁左　雷音窟　上山岩　蓋石閣以藏經　外廊

列經洞三　有小碑一通　及石景　又持尚　墨右二門之外　洞石經洞二　有大碑二　刻金剛等

經堂幕月居碑有名僞菩薩家之旁都無僧安宗小道者名之食稱神璽（壁）皇帝
父母師僧州郡府縣時物一碑都無花陽意敢一統之碑不知名路柳在數一通字古
前碑數雜同時建豎二碑西又一碑記石同碑目契丹請字畢年（趙遼仁宗）蕭將平立三碑
之南歷傳一小碑銀云羅明陳字寶多心經碑書應經一通唐天寶元年內侍令
陳令諱書字書並完好有行契一匠再
日日轉身下山至本寺塔院
有本朝重興寺開之祖溪和尚之寺塔門外有碑六書為溪渡在前一碑
作名復觀西寺先訪靜院法師塔（通）過寺北一里許小廣庵為禮慈寺僧三印者
林之地（樹）西北數千武下塔面南有碑兩院師塔碑時萬曆二十年歲立者才之塔
西樹立一塔不知誰何問慧師恩禪師塔世人知之所頹院創修之祖（本寺）戒香大上門
不及下西幾嘆而過之牛欄外有小碑遼統和八年立又有李高有一碑未難立
土中遂小溪度洞讀之則唐咸通八年物也吾蹤長接東數十年開山於宋矣
成於宋矣而言僧去寺不過數里而忘幾年陳為佛水所斷村一廢因寺因不並
一任字共廢對壁復常相見之不知此何大恨也

渡巨馬河

一川雨添波浪湧。萬山雲動岫巒平。半篙不仗乘風便去。獨攬江湘浩蕩情。

雲居寺宿

雲山叠叠接僧廬。俯聽泉聲鳴古石渠。鐘版聲傳梵唱闋。有人燒燭夜讀書。

雷音窟兩訪石經舍利

石經古洞貯金經。千福稿遺舍利扃。心到阿僧祇劫後。人向紫藤生蜿蜒。

禮隋靜琬法師塔

當年慷慨荷宗風。地識香林山乳空。一塔欹斜僧不識。可憐世諦有窮通。

十三日丁丑 雨 攜香上房山兜率寺。游西域寺。經險石可攀躋。又與山以雲山洞為勝。中有乳石峯。數千丈如春筍如冰滲。假積如雲無徑可入。殺甚以

使人殘傷矣。飯罷畢鮮，青便東赴房山縣城，出孝作西道石門村
兩石奔行，度嶺十八里至治村矣。天雨路多石，僕馬如濡，又匆匆進東北行五
六里至岳家莊矣，二三里至尤家墳，又三四里至召村，天已暮，爲作村店半宿。
不能以所攜英寶自畫眷俛與負，甚可笑。
十二日晨發宿所，晨出召村，東北行，度二山河雞嶺，房山的翠鮮艷，仙境之不
貧山下一集，土人云金元諸臺，其宅殘氏諸冢墓在山中，惜無處使標
尉于郊將一洲琛樂盒之情耳。六里至韓繼村，又六里至韓册
村，又四五里至房山縣城，出南關外，竹蔭道，如子擇月李西與鄉互道，又鄭以鄧人馬
之力家攜一乘二轎三轎四馬，入亦作往辦城壞，輾轉年刻，行繞城東門北門何
東北行五里羊頭岡，八里八十畝地村，北過大石河，渡石橋，策馬中院，因駐驛陰塗。
仰南視雲山，雅堂度河北行，偏西十里至沙窩村，又二里至石樓村，可騎，復東北行七里上莊村，三里
宮人莊村十里寺，寺前石碑，方格在山耕，地近成壞，書云西山五石寺之所也，五五里
度瑯河至大石殿，窩村店，晚食自過石橋，路營岡嶺，東行至鄉
實白書，易如而不策馬上我山，青鬱高家，下道望峰身合坐勞則

境無美園歎吾儕學古由是矣

十五日卯時發行夜微雨月色甚明晨發出萬壽寺西行入山道甚平兩山之

間平沙細石約四五里漸陞石徑多又行三里有小蒼村至一嶺左轉上此名石佛菴石嶺上又二里至

戒壇精舍在寺回慧聚寺明正統中賜名萬壽寺改額國初重建仍名萬壽寺寺

乃為遼祖師說法之所明傳如行雲門風香火甚盛本朝乾隆年寺中

今則寥落矣入山門折而左門為神將殿寺前有樓隆屋基極其大門內為彌勒殿大雄之殿千佛

閣高踞山腹西閣後層上為樓層入憑闌遠眺桑乾河近在足底石經山今稱石景山一堆

壞丘旁河濱又遠眺高瞻則都城也帝園樓堞可數城中一小山有塔者即白塔寺也

一小山高崗山也山之南黃屋垂之日射之金碧斷如月大內矣其寺距此凡五十里所

見最高者陽閣而祝壽殿樓後有戒壇之為圓亭中有壇之三方依極設譜

星時位寺僧呼之曰吉星殿向所聞不知也殿後山有青蓮星墓不應在此與人語

舊說僧前自悟知也殿後又一小殿正名書美釋迦殿東為行宮之額壞行宮東為

戒壇殿帝王藥師殿云戒壇前有傳說剃度者今無之而戒壇亦如白石

所為防護傍場處向今則東向成排放案如戒壇前石闌外小坊便去寺中

祖塔近之，以手扣之不動也。寺以樹為最勝，松栝類千年物，尤以手觸開扇之活動松、臥龍松、戒壇門外之九龍松、抱塔三樹為最著。活動松高數丈，下枝拂及地，樹身庄手撼其一小枝，全樹皆振動，稍停方止。九龍松叢石生九枝，盤鬱參天，葉色怪異，為帝引一枝葉，猶四季上擇以鳥巢便落之。鳳凰巢臥龍松繁不經，橫臥天矯百尺，根上另生一枝，如龍尾，尾樹之奇矣，不此亦觀矣。遊覽一周，至客堂茶食畢，乘山轎赴潭柘。午刻出寺，北行，升降數折，西行度羅睺嶺，土人呼羅鍋嶺，蓋大訛為俗音為羅鍋耳。嶺路不甚陡，而為溝冲刷，殊不易行。下嶺西北行，至南村，甘約十里，過村，折而北行，前樣中，蓋寒甚之觀。又四五里，繞一山麓，轉北行，又三里，過一村，名羅盤圍。又北二里抵潭柘寺，為西山諸梵剎之最古者。諺云：先有潭柘，後有幽州。此指地名言之也。寺址本潭，龍華嚴澗師驅龍移潭為寺。潭平而寺建，松柏隨處有樹，明時為帝柱，[illegible]今已空矣。寺名嘉福，明改名龍泉寺，國朝重修，今名岫雲寺。山門東南向，門外一坊，有橋跨溪澗。過橋入寺門，門內三殿，諸物皆藍色，殿頂[illegible]所鑄，金色晃耀，寺僧云風磨銅也。殿後三聖殿，諸佛像，時在佛像二，不知所出。殿後戒壇，戒壇之後大士殿，元世祖后居潛[illegible]

氏太子真書妙蓮以至四卷而至勝鬘花擷(?)藏帝自不可觀太子冕正類今之緯帽帝象
剛不對也妙蕃寺存此經碑膜拜畢即赴寺之一[?]時時石入大內以為祭四之今立
殿內供奉王[?]堂相大師贊之原齋又[?]有大般若經(百二十卷[?]唐[?])供金字
蕃尼經係乃工紫以異錦紅(?)段織金字經卷秀藏不知何代物工施璨麗殿前
獨存境國亭中後設亭[?]各木(?)朝樹[?]樹最奇古老(?)異常
銀杏一株樹身圍三四抱俗名帝王樹也其葉生十三枝店(?)[?]之諸帝今今每一次
朝每一帝登極即生一枝今共三十五(?)生出九枝因(?)初乃生者已枯死因以翻(?)立生十枝初
不日必存今乃知見帝相及之兆理絕不傷耳所一帝之不止十三之[?]樹利(?)之帝古(?)則誠
異物也殿樓二兩(?)其餘樹葉數枝把不無青毛每枝一瓣(?)葉生果數木[?]及[?]
可以[?]氣高(?)筆也約十二枚擬收歸之泉(?)周遠寺中無處不到石[?]道門占[?]
展寺相傍而清曠過之碑刻皆宋朝[?]名(唐[?]國)[?]而新月陰(?)待晚拾(?)戒
壇大寺宮家(?)舍內合三年(?)請之始米(?)新羅乃無邊而(?)壇始求出[?]乃無邊(?)渡海而[?]
取(?)藤[?]跡手勿(?)軒轅之[?]好志中秋雅節以[?]藤地甚多月多(?)為年生一枝乃[?]
直小雨陰(?)風之夜二更始(?)天下(?)[?]月色(?)大放(?)時(?)[?]筆已[?]猶[?]若[?]

一瓻登千佛閣，憑高嘗眺覽，來此五六年，不識此之奇也。又降至閣前石坪，坐

久之，收咏作

戒壇寺千佛閣

冠岩入海桑峯高。殿閣[illegible]宮星居列壁九皋。百尺樓頭齊入目。浮雲樓臺讓

此山高。

臥龍松九龍松

垂翅掃地龍爪蟠。法穴千霄若風儀。根少白雲封谷口。奇姿圖造世人

知。

潭柘寺

九峯層累路紆細。松柏沉沉紺殿閑。柘老潭平霧飛香。夏雲龍子

聽經來。

中秋登戒壇寺千佛閣玩月

已過中秋四十四。今年佳節與殿前階試飲客閑人孤獨立。[illegible]宵背仙

踪似此無。

十四日庚辰晴 夜微雨 趁由石經山過渾河渡香山下渡以水漲難渡 仍從宣房橋門

入都 徐謁順面早食畢 訪憲碑 則千佛閣前有乾隆三十九年四十四年四十八年

三次 御題詩勒于諸石一經幢 戒壇前有遼大安元年尊勝陀羅尼幢 二年

或懸陀羅尼幢 殿西殿前有乾隆二次御題戒壇寺詩碑 殿前有

明倚寺碑 康熙 擇中存為同時諸處寺銘名 西墻南碑一 石肆 不可辨 神

將殿前碑一 萬壽寺 信庵手碑 李延年三 錄皆功德香案的三 近年

物也 辰刻下山 馬行過長辛店 三里許 葭東南行約八九里 過盧溝橋

身橋長凡十一空 橋柱每門百四十閂 頭上皆雕獅 工甚精 望之雄偉

湍急水色黄濁 過橋 江流湍石 閘西睇諸山秉攬 都雜 令人胸次快爽 下橋

遂畢 入拱極城 觀晚 宇此城為門 白水 昌城門順治為高城成 考勒於

三北門南門之股為墩臺代則仍舊 過此傍東北門約三十里 入西便門以廣寧門內

圓 即新 甚行 隨阻 便門過 勢廿 民居大村民舍稠密不知 入城一村 牆有城

標中間並西便門北距彰義門過內東城角樓並 炮臺三層樓 皆 拔 從城

直東行過崇文門不揣 街 旅舍 子 足 皆

丞子禮寄此來也

十五日辛巳晴 早至學子亦去 同至學[illegible]陽殿書畫齋向寺去別明

陵暘伯 有仲晦 寶冕 來見 [illegible]澤 高香 使 字稚[illegible] 宋少篠去 寧南潘君作六首

接陳弟六月初二日信

十六日壬午晴 訪周韵甫 蔡仲孫 李暘甫 家借趙七弟於武陽會館 培（?）了伯甫兄

弟六汲（?）將中來見也 候王夏先生 並謁吳太夫人 年八十五矣 而丰旅閩亮之平

素晴甚可喜矣 訪米雲岑 黃伯遁 偕步謁不相國寺 禮寶藏 觀普[illegible]

薩像 寺建於唐睿宗時 稱為[illegible]寺 見有相國寺者小刹也矣 宋開府[illegible]

祥符皇觀之 是為寺中殿 寶宗[illegible]此寺 而土人相沿仍呼[illegible]國寺殿[illegible]

正三層 前為天王殿 而內為三世佛殿 [illegible]其後為毗盧閣 其高[illegible]海（?）樓

證層之數 [illegible]乾隆中 祈取千木入內 [illegible]今陪為毗盧[illegible]殿 觀音[illegible]大殿

後香木龕中 高約丈二三寸 [illegible]相莊嚴 [illegible]及寶冠上有化佛千相 [illegible]為二

花胸作殊嬌 [illegible]黃色褐翠 被自頂至足[illegible] 寺中[illegible] 居左殿植左陵以承左

附左手持一梵字[illegible] [illegible]二株 元時[illegible] [illegible]鄭七[illegible]樹

三一殿，殿大稍狹，殿文甚見之，乃不逮所聞。寺僧有乾隆間傳雪（摺）畫之勝果。

詩（因）國圖幅寬三丈餘，高二丈，中為釋迦，旁列二菩薩，十八下諸天、羅漢像，壽題大

殿西石廣之漏，春星佛度，聖諦寺僧觀世之記，海壽物也。出寺，答訪張潭商寺

譚赴湯以便來雪峯，悍（識）若碩寶損，仍有之下，題佛圖 聞有拜子 了程因卿

與唐君三十餘人，便諸翁有寺三四人，其僅梯妬少譯，仍獲訪陳橋原海壽

長好園，與之過業身同少譯西寫，子謹與季及吳鶚，自校寫稿來同信

過雲居橋

憑闌一望對滄波。嵐靄天開氣象多。十丈紅塵車似織，人間眾裏中我

不負山河。

報國寺禮觀音像

寶座（端莊）莊嚴睹世尊。空香縹緲塵晴接天。不生慈悲諦不肯。就中動像

有真筌。

二十五日 星期三 早食畢，同內擬睡起，黎明入自正陽門，左露文門，西門樓，樓在於甕門旁（朱清三個色甚舊，高樓標記）

出如宣武門為正門，為不開，為內門，則車馬不禁，為內門，於即大清門，聖之無前，翔在閣停

出正西南石閣後大門東行過橐 門度玉河橋循乾堂北入其道東安門皇城之東門也外門開而推門上西來馬過此下隆福寺寺有會市人以九十兩日萃百貨於寺中通寺無如故往一觀寺遠殿後第壽聖樓南內石闌陛猶明代工天順慶碑諸內有監工者節此也書便一面樓閣不啓入西市上不足觀益偏為雨增一游飲龍福兵尽食燒鴨亦未見佳寺院雜寫 字畫書衣服鋪肆 騎房女眷 官窯瓷代各件目敵

陳松泉蓋庵同來久譚

接李雨石初六日作

又呂庭芷二十四日作 並交代細摺

又丁韻稼初九日作

又諸梅江初十日作

二十日甲申 晴 周鶴甫來少譚 晉訪蓋庵同偕訪栖霞寺一游寺明時之刹其殿近頗有古大居字碧岩處石之觀 訪翁仲同少譚 下士見師為舜門下廣通處久譚無限佑伸世慕說季 廣通出示靈巖碑頌及清陽士見師發願輯其所得遺下寫本小傳 方氏等氏 陳氏等氏本及長晴跋 是日並菊樹來復道

烟青樓

二十日乙巳晴与西譜一帆同早食於路旁書坊青蘇为伴遂隨僧偕遊旃檀寺十剎海

出西厰橋遂出宣廣遠久候别墅入宣武門由順城門北行約二里入西安門皇城之

西門也東行半里北門循西苑外牆而半里至旃檀寺寺本名鷲泥寺以供旃檀佛名

（初名）鷲峯寺本朝改名弘仁寺以有旃檀瑞像故俗稱旃檀寺寺之殿堂五層第為天王殿南

向殿後（仁慈殿即）旃檀佛殿殿前有碑記事甚何便天王殿大寶殿供三世佛又西靈蔭樓上下皆供

西藏銅佛西偏有歡喜佛狀甚醜怪旃檀像之錯記見大藏功德經茲不具錄約高五尺

餘肯節足摳立兩手一揭一垂指向膺合三十二相中指纏之頭有天髮不見頂髻亦

戴（正紅旗加）白女為僧金袍數[illegible]亦未能詳其說殿廊西偏有石碑蒙漢文上石所為層同

入記之藏（自再蘭予畫象）履大理寺為弘仁寺僧庸高等照大喇嘛十七年等奏明永令寺住持何黄教喇嘛不知

所持何經所修何行但見今游人香燈不相繼寺之徒直心道場矣唐不新心修元程鉅

夫隋傳記猶不可見前殿碑有字碑四一修（弘仁）寺碑康熙五年立碑今有書慶佛事

一旃檀佛來歷記康熙六年立一爲修弘仁寺碑乾隆二十五年立之一碑（日）若薩難讀（亦）乾隆

年所立也又有大銅缸二銅鼎一皆本朝物門外鐵獅二對似前代物矣此寺似北門

循西苑外墻里許遶禁墻內山土[illegible]蓋閘嵒峩蓋即萬歲山矣由苑墻東折行苑墻
皇城西墻之間約里許至地安門皇城之北門也出門循皇城西行過石橋下河水深溪入
西苑為北海南海之上流過橋行堤上兩面皆大池環岸荷葉擁蔽水面望白鶴鶿之臨而
堤柳垂陰還過堤即十刹海梵地廟也盡處有小樓覽西山上南望萬歲山及紫禁城
內之景山即煤山一名萬歲山全人所畫者小山以此居其象者甚明晰与惜娱寺小憩院飽過入地安門直南行至紫禁
城下墻之內鉄安閑密穩而東西循墻而北行而南行約里許抵景山西一方亭為一園亭
山以南殿閣則僅見其脊將至西華門折而西門過團殿之直南海北海之間白塔寺
立西及守者[illegible]以禁地也且其餘閑煤過而度西過金鰲玉蝀橋兩坊表橋東西懸園
一覽南北海亭樹約无園中踮身而望也适不暇矣橋上今當西緊東馬殿閣
紅牆移目收未清棄之地頗為減色下橋而門陳惘手稿舍借不得訪櫻桃之
遂歸晚出西安門宣武門返寓皆入都未有游覽雖所未及百分之一二而耳
目亦為一新且將入山前且游而不極攬即旋思日江南名勝如林若我精唐而
能為嘉所了蔓矣
讀罷日在寺記於禮楷稿家

六逗詩祝三二相。不雕飾自海湖奇。一揭一德我玉堂。驗是蔬調

此士心。

金盤玉燧

上林濃樹翠旌油。金殿春蓋水上浮。一片桃花勞聽雨。風池深處有

沙鷗。

二十二日丙戌晴 薄霧 同邑楊如來 李信 趙尉佾 衛平 宗甫 籍如人 來訪 均未談 萬

出都 赴通州 濟 留辭 家中 南岸也 留雨 時一樣 此 仕 完 還保 定 後 事 不 同 春 之 劃

出東便門 循通惠河東行 南行 五里二閘 五 雲 有 景 稱 閘 又二十里 樣 通州 寓 城中 復 登

省 通州 東 臨 城 全 完 郭 光 此 外 為 通州 邑 海 船 舶 此 閘 為 戊 之 所 運 漕 乃 舟 御 地 為 要

地 城東 運河 會 白河 即 潞 河 御河 通惠河 及 洋河 分支 以 達津 沽 入 海 舟 楫 往 來

閘 舍 學 室 赤 家 一 巨 館 宅 子 譚 佗 函 四 串

二十三日丁亥 陰雨 早 食 後 出 北 門 訪 燃 燈 佛 塔 塔 下 有 古 佛 勝 教 寺 明 時 之 故 建

殿 宇 僧 居 頗 立 於 小 巷 中 無 徑 可 入 廢 無 可 通 西 偏 旧 見 京 糧 廒 立 於 門 外 不 及 觀 遺 像 ここ 天 津 舟 成 擬 往

辭 余 夜 相 又 以 所 有 之 為 何 隨 日 當 此 誌 陵 奉 安 御 道 及 宮 禍 辰 余 將 南 歸 不 可

不一見。酉■寓。昨日先赴定福莊，再抵西至津。

二十四日，陰。寅正二刻，登通州出西門，直西行約五里，渡永通橋，昨尾未達，工甚巨，俗稱

八里橋。橋過通惠河上。又七里東管家莊，又三里西管家莊，又二里三間房，稍憩路旁。

旅館遣僕至定福莊，須經楊家莊，方伯與早知，而天津撫蕭秉甫已在彼旁候。

駕車訪之，仍西行三里即至，相見久譚，初將過三間房，將中宿，自定福莊入

都城朝陽門，南二十餘里皆石路，不利車行，改由日出都由東某橋，至晚則到，又

出都，詣肖主馬某橋，日將斜，向晚不及通堡矣。

二十五日，己丑，晴。寅正譚作，二刻至定福莊，與方伯送至福僕車，海關道

少譚，送通州守高某送至山東人，午刻至三間房，某驛未刻，渡河，申抵通

州東關外下船，世華廠記房候譚，山東船某送，寄子譚作，申未開行

順河北至寬廣，如揚州運河，兩岸田疇平坦，兩岸樹相掩映，御史夷，觀河

從由張家灣，自此以東為水陸要會之地，十餘里，舟行河岸，從張家灣東，相距

十餘里而無地設巡司，山坡今日頗事，不責之實，大抵類此。夜泊郝家莊，去通州東南十六

里。

擬子懷秦中作

潞河舟中作

清宵得此涼塵洗。素稱直沽訪[illegible]一塵亭 已從[illegible]同[illegible] 微伊(?)秀山不見河。云[illegible]出郭[illegible] 仍南[illegible]青山不見河 一衍(?)南

人心性別。異能罷酒舊送家。

悦(?)鳴(?)[illegible]水[illegible]。解前容我能書青囊。三千里外身猶客。一樽依稀

是好御——。

知角當年[illegible]沽語。世聊身世業槃河。清秋[illegible]獻定[illegible]積月。此是燈(?)

塵宛思為。

聲檐漸皆水檻流。無山雪樹起清愁。七年舊事重(?)[illegible]鐵。為底君

心似鐵不。

二十四日庚寅晴逆風絮般(?)舟發八里皇(?)店(?)廠八里小河口八里馬頭分(?)八里小屯(?)八里安(?)平(?)八

里馬頭十五里橋見工人香河縣界三十里車(?)里香河縣

舟(?)抵本我(?)清燒之孫村臺邊置一樓堤邊居民聚集因不戒清游孫里置(?)[illegible]本八里請河閒(?)記(?)

今日五六(?)十里小泊(?)河門十里王家擺十里柳壩泊

二十七日辛卯 晴 未刻微雨即止 早發 卅八里河西務 入武清縣境 務本漷縣之孤奴務 依娃之所
奴蘇彙之地 四面有水 曰龍不流 曰如 即今務南之三角淀是也（元天寶和改曰武清）
河西務自元以來爲漕運要津 有十四倉以儲海運米 設戶部分司權稅 明隆慶
六年築城隍之 亦以守衛倉 今設同知於此 移自貓同知 又四十里蔡村 又四十五
里楊村 亦元時海運馬頭 於此自上海至楊村 馬頭凡一萬三千二百五十里 即此也（今設通判 亦有通判駐紮）小路有僕大
楊市地人來見 談 見道 三十里蒲口（入天津縣界）三十里北倉 有倉廒 乾隆間河運時遇水 撥貯於此 存倉起剝
於倉廒此者數萬人 今寥落矣 又二十里抵天津府 泊 夜已二鼓
二十八日壬辰 晴 早起 見旅舍（字畫如作書）不得 仍由（[illegible]）文正師祠 堂祠甚宏敞 前濠之西 鹽運劉侯謁 ... 薛 井
耘叢 之有世 之有舊 晴 貿 益 儀 全 某 恬（通判）太夫人 孫（限）縣 撰小山 夜 立丁 久談 傍晚 返
二十九日癸巳 晴 大風 晨謁合肥相 久譚 詢原山路 再三 親 蕭 余先有函乞 甚 望 和知不
可 第但 属勿辭 早出言之再三 余亦諾之（[illegible]）訪 俗 丁雨生 初到 數年 [illegible] 畢
次候 [illegible] 等 [illegible] 入 候 諸 [illegible] 久談 返寓 下午 [illegible]
所見 在 [illegible] 有 同 撰小山 [illegible] 等二 [illegible] [illegible]
接子 [illegible] 廿七 [illegible]

能靜居記

日記四十一

九月丙戌朔日甲午 晴 夜雨 揮小山 蕭彥甫來 余候久譚 周鈞甫來 候以有客不入

張子衡彥詒 安徽平江人 福建臬司 來候 [illegible] 由湘軍起家 素聞余名 故也 此有家務

之 余候張子衡久譚 又候諸有明 祝爽亭 又候周鈞甫 聞冠英弟殤 余小

兩譚甚暢 下午匯寫 張子衡來譚至三鼓始去

閏日下處 內改畢卷 朱薿尊攜繳卷不齊 不得而罷 仍未覆 與高君談

初二日乙未 金亭 午微雨 謹再成將旗保定 張子衡彥詒招飲 辭 並識諸

將 微那寶臣兩軍門 談及作軍驕肆者 皆舍與海濱屯田兵勇 徵來自

四向而退 廢已久 不甘勞苦 又從歸營官懶慢削日甚 令來了 外下至 包頭裹腿均

蓋而發緩而知 應之論 每人月不得一金 士心嗟怨 逃者從之 每情便十餘人 [illegible]

[illegible] 將私利歸在以為乾沒 尚之可為寒心 自軍務稍息 合肥

公專務慕尊 傷不為遠之計 兩營所左右皆一男談之士 傳談者皆

樸勤者退 風不急之務 如興造土木 摺稿善事及官吏 或勝家 或

將權 我引見我到書 勒令業中 無助甚者 娃游宴飲 挾妓娶妾 無不顧焉 故之 式

每夜寫詩 其巧拙若細頭衡 無益於事 而勝於補暑用 所以娛乎
不可敢意力以爭 承上 則 堂營無據棄之利 辯公之異以文僅之
日用不得不設 唐山 後隱 將習行宦而士有 驗之 為與西疆 為事 隱匿者
切奈之何哉 奈之何哉 午刻下舟 稿 於丹泊
初三日丙申晴 昼發 待曉 獨泥酒登解而步數里以節 而有遊北村落橋
至邢中 野草流潦 民困不知矣
初四日丁酉晴 順風早發 晨至台頭村 未刻過蘇家橋 小泊 高飄 糧 傍晚至保定橋
至垣望見新缺 如壞山 至邢南不半里 水姚堤 外積潦 汪洋白浪 無際 有
野鴨群飛 聲如風雷 天落之 甚一奇觀也 登岸步里許 下舟 泊有 古隊
里夜泊張家 此故道也 難以題 至河為近
孫望亭 有以 有竹亭詩集序
今人之詩 非古人之詩也 古人之詩 言志而已 志定而詩道立 志以外無
澁辭 無費說也 自後世 文過於質 辭費食志而言 詩學於斯健 則雄
健矣 而志未必健也 學於幽深 則幽深矣 而志未必幽深也 舉凡動作

詩題以為文學政事德行皆不可以輕仿者為何有於詩乎詩乎
其不可輕之詩也已易邑陳豐亭先生館舍已久余在易嶽家
甚子姚彥侍是弟見夫君敏而有功士者讀而好學以為與先生必
有過人者而備易之志棄而先生亦行函為之傳今年秋以事
來易後識其孫高寶全君為翁仙來志乃得讀遺集有何亭詩稿
以見其性情溫輝而栗纍纍之行間辭藻不新高渾格調不假
芸藉而衿裏流露出而雲在空靜哉如意其琱琢為自文其古
人之詩與矣雖稱情以為文則其生平醞樸厖厚不為錄屬柳又
何知宜其遺隱久子孫守而勿替真積而力是以持之能傳與也豈
秀山之詩者能能解沒夫讀之以為近乎嗚呼合刻玉為寶燕石比之
皆是可悲矣夫
丙午首戊戊晴收風早巷王翻題其十二處楊為道南名勝余昔第遊
楊日今將遠赴登岸兩步踏動必得爲棄之之宅舟泊日未刻過亞
孫晚好安州登岸　　重許神村外渡收

晚陪子衡孟游安徽即題所藏鐵瓶詩鈔

天地戰爭裂。湘湘開獨關。誰知勝上氣。終負謫仙才。玉壘譚兵合。金

鐵轄向隨。不堪逢此夕。淚墮峴山碑。時何寫毛 在西河祠

千古詩塞畫。詩中一代豪。吟情豹力斗。酒氣澤征袍。以加鼓江南鼓。

烟塵塞北高。如何王國家。未盡臨洮。君先據甘肅 陳詩疲為

壯槳因時廢。曲情為世稀。誰知杜陵叟。似息漂泊機。道之遠榮態。

民誰向瘠肥。湘皮湯高詠。翻極正宵衣。

我亦從軍久。今年始識君。一編羣直句。落落素心同。剛近睽千里。君陳臬八

向為余方知言 錯想危為 趙寸衷。積虎悲樓目。惆悵庇帆東。

初八日己亥晴。早發不刻換車 未刻換從軍南關 訪子壽久譚 閱兩皆一雨所

壽日來寫西慶豐 西人商[illegible]學 此不佳 傍晚過寬嘉光送余賜又久譚乃別寫

康少不能錫崇上行 完前始信 換一新 作書西長 少穎殿書

接丙端君 七月初四 八西作

又接 八月廿三日作

又叔言七月二十六信

初七日庚子　陰　赴子壽招飲，与陸將同往，飲客陳壽芸、霞軒、明校太白集及
薛許軒集等四部。下午同過余寓，壽安以有事辭去。唐任秦伯来譚。
接達甫嫂八月廿五日信

初八日辛丑　陰　辰刻雨　周鈞甫来。候 出候諸宜服、陸壽生、任徐如、范肖生。
葉鞠仰、李梅山下晡過寓。

初九日壬寅　晴　趙仲備来。候勞玉初，祝其母沈宜人壽，留餅，送殿印路。言君千来。
候 任徐如来。候 下午候諸宜服、葉鞠仰，由壽門以其出所亡逸，出不行，候了
也。訪子壽不遇。吾候周鈞甫久譚。回寓，中颖仰石仍備來。子壽来久譚三樹。
寄 寶瑞臣信。定甫信　伊春寄還。
接定甫嫂初八日信
又任蓉汜八月廿六日信
又叔言初八日信

初十日癸卯　晴　寄 雲汜師信　伊春寄還。任蓉汜信　含之　陳子平信。寄　丁叔衡

任蓉舉伯來談久譚 訪子壽並識其壻李子隱 貴陽人 久譚 齋歸

十一日甲辰晴 早至竹館同子讀正字輯以明板勝 李蓉舟之子 論日竟 圖中營 文心雕龍四種 王經新書 叢書中之 世要地理記 長安志 晉地理志新補 三種 又陽雨鴻以安集 訪女堂鄂以納所譚遇寫 傍晚同子讀訪壽老 翁甫表月池上之談歸

接寓兒八月初六寫

又完翁初十日早信

又接眼初十日信

十二日乙巳晴 題幼稿來 寄張子衡信 信函寄 陳荀山 季思為姚人 信 十七叔 寄便 下午不寄

季同過藝玉初四譚

接阿哥八月初一信

又接女八月十二日寫

又李少石初十日信

十三日丙午晴 接豐行一番將南行也 子讀為購宋槧不盡錄 精抄五

代東商買明板上海海國閘君集諸經名物攷王漢陽刻家集

葉君穫　下午寫壽文一石　作字經何退菴扇一　楹聯一副　復常

十四日丁未晴　吳毅甫鼎侯諸宮蕭釋川昭范勞生　鄧從之來　坐久談　王沈子梅陸蓉

生諸人來　新函寫　下午同增勝爾耳將回　庚的學詩一部　王付孝廣福　柳樹未孟郎

十五日戊申晴　徐星齋　楊鍾慶壽人　來　考信錄　鄧從之來　未便得喬將爵男有

蹺里　過甫里　文甫教書人引送　沈子梅來久談　子壽來同寺　陸蓉生來　勞

玉相來藉送別　至子壽招飲頤頤亭　同座周鶴甫李丹臣及子禮　又主人之子

秦生　下午同過甲輝　又至蓮池書局　往晨仲來訪因回　明材老弗安記一部

又明板前漢書　文秋通鑑　顧一部　稍稿精　又宋蓮一部　六藝　錯三板　讀會

擬定前十四日作

又寫五十四日作字與伯冬

又何退菴十五日作

十六日己酉晴　陸蓉生來年少談　早會黃鼎侯諸宮蕭釋川昭伯敬久談　鼎伯敬

在張蘅甫處閱稿生一事　釋川　英賀子壽令郎再閱目的　十六日少談過寫

以過壽老翁有李子陵黃秦生飲於此一醉壽下午督輪寫楊房山行

定甫行 楚山行 李如石行 何退庵行 宗十七叔 子青兄 宗阿安宇住屋陋 胡花村等

十七日庚戌晴 盛稷生來晉侯送 子壽來君謝送行 楊子農來晉侯送行 亭午訪周

翁有辭飯同座盛稷生劉芝蘭 桂貝靜如人 趙步馬來 子瑛婿長安脈來剃發 住諸宵齋

晤吳蘭石返寓 題細術來保送行 宇齋將覆作 初發又子清老肆 譯小山作

丁叔蘇來保送行 周翁有來訪送行 傍晚諸子壽話別人詩和韻

任峯伯來保送行

十八日辛亥晴 少穎師來送行 早食畢辰正一刻首塗 南城跡長度塵及嘆

瑨子琳借日留長婿子謹程北待所年京兆試 家丁從者五名 郭升王壽王

升濤小疾升又騎卒一名 自乘騾轎 若所齋轎白馬黃馬餘轎人共二兩以保

定下河南路為邯陽德安南行 午正三刻至安留南關尖 未正初刻起車

後日穿安肅城 過北關外遥白河 南為瀑河 橋折向東正十五里下河西村 又十三里南

張村入容城境 又三里精宗莊 又十二里容城於南關 酉正一刻到宿店宿處 共九十三里

憶已巳五月亦直隸已七閱寒暑 人事亦流 今日重臨可為一笑歎

十九日壬子晴 寅初三刻起 早食畢 卯初初刻行（東南向）行三十五里至小王村 又十里西楞村

又五里桃花路 東大道（自此以南至...九年...不復載...）積水阻滯 乃繞行 此地風景甚佳 行十五里

午正初刻抵...九年過...今是在中 忽五年...

宿...是日...起夜塞...

衣小毛服 共一百二十里

二十日癸丑晴 丑正二刻起 早食畢 寅初二刻行 辰刻至二十里舖 ... 巳初三刻

抵河間府 自此...南至 未初三刻 早畢 申初三刻 抵...

林宿 共一百里

憶江南

雲人地 一樣水滔滔 昨夜... 赤欄橋上過旗亭 ...

雲人地 ... 四月...雲烟

東人地 ... 一樣... 數騎村... 一番別...

雲人地 ... 心...塞

二十一日甲寅晴 丑正二刻 早食畢 寅初三刻行 辰初一刻過...午初一刻抵...

莊驛尖　午正三刻尖畢復行　申正二刻至韋城縣南關宿　共一百十里

二十二日乙卯晴　寅初三刻起　早食畢　卯初初刻行　巳初二刻抵黃縣南關尖　午正初刻尖畢復行　申初二刻至南關留朝宿　共八十五里　自此入山東境　連日晴暖

是日戌正下午皆御袷

二十三日丙辰晴（午刻微雨旋止　下午風）　寅初三刻起　早食畢　卯初三刻行　辰初刻至德州西關外　度運河　東南門二十里譚家鋪　十里黃河涯　巳初二刻到店尖　午初二刻尖畢復行　十里寨高鋪　五里李家橋（平原界）　五里西鎮店　十二里十方禪院　尋古大藏　西旁黃對君　中有伯等年華嚴合論　宗鏡錄　集　禪林野錄　楞嚴　長水疏鈔　楞嚴　般若入道門論　等七種以據為處　劉　蓮悟　華嚴合論一種已初行矣　坊中　持　為四種　等三種為文　為卷墨矣　由平八里平原縣城　有德州　平原郡地也　不

二十里至二十里鋪　巳正一刻到店宿　共一百二十五里

二十四日丁巳晴　寅正三刻起　早食畢　卯初三刻行　東南二十五里黎吉寨　入禹城界　五

劉共莊五里，十里房五里李家莊，初四刻飯店，午正三刻又畢，復行，東南
馬上望山色，蒼然
五里高城縣城，繞南關外，七里七里橋，二十四里黃家莊，二十二里至晏城，酉初初刻到
此莊共三里，入齊河界
店宿，共百四二里，是日稍寒，下午衣佛行
二十五日戊午晴 寅正三刻起，早餐畢，卯初二刻行，東南二十五里，齊河縣城，東關外
舊名濟水
度河，河自咸豐五年銅瓦廂決口改道奪大清河至武定府利津縣入海，濟
西津時被匪，案濟所經也，其時四瀆濟江淮河濟，本不一
而淮由黃河入海，中江由運塞，僅路孫江，已無滯瀆，元末河徙，雲梯關入海
奪淮故道，無淮瀆，而濟瀆亦二派流，僅此大清河一綫，指為濟水，亦僅稱前儒
之說，今則僅畢矣之，濟流自何北徙，故道，以為濟，兩岸遂全被那濟入江務守之內
實止廣西之耳，國家秋祀四瀆，以濟為實，不副，亦其一也。河身甚陡，不及五十丈，惟
水闊駛，則河之性也，余五歲時隨宦山左，南下路京曾經濟渠，度河，今已三十
九年矣，觀河雲嶽能無慨，嘉華，連已正初刻，夜畢，余路一路濟南大府湖
之狗冥諸樣道，繞濟南，東七里七里鋪，二里齊東坡入歷城界，東南五里
家莊，五里錢馬莊，諸霽眠陽諸山，蔚蓝縈繞，八里黃莊，四里長清東北

看石山雲記 新秋登鵲山華不注山兩峰若萃若蒼 八里 濟南府城東北[illegible]之

之歷下西[illegible]亭[illegible]為濟南郡[illegible]子虔為齊[illegible]郡 宋為濟南郡屬齊東之路 金為濟南府

明郡之改為山東之路 元隸中書省[illegible]北達為山東省 明初因之 [illegible]城[illegible]門[illegible]下

年平長庚[illegible]子固以情作詩小詩合泉[illegible]河鯉[illegible]鯉之美見游[illegible]中客[illegible] 以為上

品自河從此細鮮者[illegible]之西[illegible]見寺特[illegible]鯉[illegible]陳 合華 趣大明湖掉舟一

游自江閘保橋[illegible]看[illegible]佳畫舫之[illegible] 先[illegible]鐵公祠 祀明建文忠臣鐵鉉

御史山亭樹頗勝 [illegible]北極廟 在湖北岸座落[illegible]臨[illegible]特峻 背倚城墻 可以眺遠頃

至[illegible]泉寺 在湖東 以[illegible]得名 [illegible]不能[illegible] 僅一樓 為高[illegible]

下亭泥在湖中 四圍清曠 為[illegible]之疑以時晚不克[illegible]蒲葦

名之曰湖實則小港 但種[illegible]心[illegible]因[illegible]若[illegible]守[illegible] 後明[illegible]相[illegible]民種[illegible]

今名勝不[illegible]為[illegible]人之實業[illegible]使令行之 時[illegible]相戒以為[illegible]民矣 世世道[illegible]才[illegible]

息自小之可見 憶及洋[illegible]記以為小湖[illegible]湖光[illegible]不[illegible]今之世也 [illegible]道

寫遠誘背景 仍寫云 在城南以早[illegible]誘之

大明湖二首

大明湖上美如麻。歷下亭邊柳似槎。荷懸鐵虎千頃綠。白無點畢亦是方家。
美人攏髻起徘徊。錦帕晨奩揭未開。鵲華不須憐翠影。此中明鏡本無臺。
二十六日己未。晴。午後雨。晴霽。夜初〻起。把早食畢。候敬伯。時別已二十餘年矣。握手敘甚久。詩約下午再晤。候劉雲生詢寓不晤。出西門。游趵突泉。〻直城西少南。呂仙祠亭樹未盛。今年春俯人寓其舍。廚叛雲集。失火焚之。僅存此北一殿。已下輿。泉背長廊迴殿。設叢案。倚石闌正對泉。湧池廣不數丈。中心泉穴凡三。濆流跳沫。雙起明雨。將天圓如樗棍。誠異觀也。水尤清澈。翠荇縈帶。鮮麗飽人。自撫欄吊泉瀹飲良久。回游金線泉。精舍在趵突泉少東。易安與趙明誠故居。據誌居有漱玉泉。非金線泉也。誤也。今為省設書局。高余教居清池。四面泉自池底泛泡。宛若串珠。當陽金線為流珠。映日空解矣。詩曰局士張萬山。王保極名人。不直謁張汝陶。濰縣人。少讀國清茂拳。邵岱去去張萬山深於老莊。〻學謹莊子。張汝陶嫌焉。在文辭。惜一不見。一又秘不示客。詩稿甚以雨將至遄返。下午敬伯來。吾偕同過。舍得小飲。看極暢。京門借寓均不出〻。莫何鯉之迴如昨。此詩言上蝶。乃別去。敬伯才甚耐。輝昔余兄弟為僚甫及。少時即以先君後為宗適楼。應上屬去才異能。（特旨送部引見）時世莫了用。遂令一郡。迎當決論荒

可矣。延為寶藏佳作。印若擬明日出門，此別未知能相晤為悵耳。本承借拓存

泰山秦篆十字拓本擬攜以贈　山晉任城太守孫夫人碑　出自羅[illegible]　大端

本記一秦篆（本在嶽頂玉女池）宋時劉跂所見尚存二百二十二字（此據直齋書錄解題跂泰山遊記）至明嘉靖間移

置元君祠之中，只二十九字。乾隆五年庚申，燬於火。嘉慶二十年乙亥，有泰山民錢老人云

往於玉女池中見殘石有字（好事者）遂覓之，果秦石之斷者也，僅存十字，遂舁

嶽頂嶽廟中，名曰寶斯亭。道光十二年壬辰，廟圮，後移山下廟中，蓋秦篆

城隍廟。蔣樹人中丞宋梓記之，即此拓也。余向有芸臺先生手拓二十九字，壽為

易堂翁孫四山李申耆諸先生跋，後歸兩湖山先生，時得孫武子印一紐，即離惕齋

刻之記之，亦近輯之，贈為陰友黃泉林，恐書之遺，燬於武林辛

酉之亂，而黃君亦身殉焉。追憶往事，可勝嘆耶。吾友祝江南郡名錄，知蔣鄉

源濟，同名同里，吾宗自慶子業蔭，鄰拔才先生藏此書。今三十六年[illegible]

不今年一鳴東門，共稍[illegible]

接教伯秀方作

敬修伯讀雪山房圖

湖海元龍氣，豪情未許歸。一官通籍久，半欲素心違。世味衰年絕。

知音客遠稀。何當手圖畫，重與話柴扉。

昀更眠

團團正似蟹眼沸。洶洶角孩蠅窺鳴。若能茁新蔓琴，稿滿梢枝

清火意。

二十七日庚申 晨霧晴 卯正二刻起 早飯畢 由縣南門登南邊大道 辰初二刻行 西南十里十里河 出城三里山村 辰正 此回車坡 坡南豐崑陽龍洞寺 尉營寺 前晴

煙雞罩如蓋 臨陽慶甲坐 祀蓋忠行旅 又十里井家停 [illegible]十里黃山廟 入萬清

孤界 [illegible]十里靈盦 二十五里黃山橋 石橋世臣碑 向上洞 東山上亭 琅珂峭 世異 步孔

共林 又五里南山 自此過入大道 午正初刻開辰 未正初刻 岩果滌門東南 [illegible] [illegible] [illegible]山國

山之上稍茂 又八里二道橋 又二里頭道橋 下嶺山谿谿 開一股 嶽曲瀑瀑有聲散

之地志 蓋富伏龍雲岩諸股之要 在田中川下入大清河也 而果甚長 横川洞

上遠山翠異 之華 不昭良 勒馬不是雪 又五里張夏村 申初二刻到 廣宿 共八十一里

二十八日辛酉 晴 寅初一刻起 早飯畢 卯初二刻行 東南十里千家鋪 十里新莊 [illegible]余欲

遊方山霞岩之勝。山經常自此入（遊）離寨別貸屋車，行姻隨行齋車於十里外
轝聲相候。衣初一刻入山，未（八）十里霞岩勝境，步行山間小道，繞赴清水岩，號七星
岩，在霞岩西南明孔山下。明孔山（有）一孔，望見如星，因名焉。之孔山兩洞稍小，岩石壁立
水滴滴出石罅，下為小石池，清澈可鑒。壁上崗上有石，摇數枝。書石之後，東北行約四五
里，過小石橋六座，明堂橋夾道皆檜柏三株，出橋從中翼橋，出欄杆去過橋
東北三里，路陵一石橋，橋之西有石鄉十里村三字。橋東數十武即崇善寺門，南向。前
為天王殿，殿之北過東為阿彌陀殿，又後正中為大雄殿，殿之又北為五花閣，石產如城。閣
門蓋遼閣，其上今祀關帝。在城閣西摩頂松，傳係陳元奘校師小說家之印書之
不存。在歷又寺內外皆柏，而此橋西石狮皆因之為初，不如所也。狮（摩頂）於為千佛殿
中，供雲會那佛、盧舍身；旁羹藥師彌陀佛銅身，皆宋物。殿東過北為御書閣
而立石臺上，雖未記，而不可登。有宋碑十餘篆額，傳為真跡（記）御筆，故名其蓋
相也。閣東過南有漢柏四一株，為前人所記，最近未知傳否。柏東過北有卓錫泉
傳為佛圖澄卓錫杖出之。千佛殿過西有辟支塔七級，可登。寺記稱李靈（時佛圖澄弟子）竺僧朗
自張陽山時來於此說法，樹叔立道場。元魏及屯相繼據。大師與招為霞岩寺。庚貞觀

向慧崇住作泉，稍遠，形此字之以來時拓傳之。　純皇時三次臨幸，猶留宸翰。寺
中石刻有蔡卞所書楞嚴經圖題額，又寺西為鐵袈裟，明年翻前書半截碑石〔長慶之年今存極真君書法宗碑完善〕
傳〔野田中〕新謂宋垂拱年向上辟〔摆記〕一石，背面拓本路入寺室，甘遊伊蒲之饌〔此〕，果腹後
從寺東之甘露泉直上，登絕頂。泉為靈岩第一，味甘冽甚異。出寺東北半里許，洞南
有鐵袈裟，高之地石袈裟也，由高五尺許，一元養拍為方幅，衣紋並縷，是即
傳為法定時地中湧出，殊不知其所用。洞北上山里許，〔辟支〕塔圖〔?〕陰把四山圍抱為秀。
以前寺址，乾隆間改為宫，今毀盡。再上北出嶺，回望獅形狀〔獅頭正方而正方山〕，雨有葬之主山也。出嶺東
為朗公石，旁立四靈岩，由四舍闕峯之南，即名山有記，宋所遺題之〔邑〕，出老僧扶杖三顧，良著
欲詢未登，而下過寺門，回望岩嵐清峻，林樾幽秀。有云：遊泰山不遊靈岩，寺不成
遊。余未暇，然而先為此河後悔之，善辨。午正三刻出山，佛殿邊已膝，境坊邊
所稱鑑廷遺如子邑也。自大西而行，山乃經行，西南約十里過鶴鳴山下，又行
七里到演德村，路入大道，又東行十里許。　　鋪戲圖第壹帝真城臣所，此其地也。
又十里熱肅偃經，禾遲申正二刻，林居宿，是日行 八十八里。
靈岩寺門 西北出嶺

鵝黃九畢翡翠柔。十里林巒錦障高。應是夜來金谷宴。豈從延翰與石
印豪。

蹲獅岩 戲公石

龍作獅王眠正穩。奇逸三分看雪僊。似憐仗劍無人也。故遣扶藜到
此登。

詠甘露泉

携瓢為覓試新泉。甘液醍醐佛々詮。寄語山靈休放出。人間到處是
腥膻。

鐵袈裟

誰道袈衣是鐵衣。添他地湧是耶非。趙州衫子何人織。萬與禪門
作話機。

二十九日壬戌 陰午晴 夜霧微雨 卯初二刻祀畢 卯正二刻行 濟南十里界
首入泰安界十里新莊 始見岱嶽 蒼々天表 其挺然傑出 若傲視羣峯 嶽々西
南麓也 循泮河行 爲北汶之源 自岱陰來 與中川同一源 而分半坡巳洋

也。五二十里二十里鋪。六日，大霧，霽。又直東十里泰安府城，則正直嶽陽矣。已正三刻別

此行五十里

霽。所乘登嶽兜子，午合早飯，出長安門，子雨晴日蒸，未初二刻，出門循西關而北

如橋穿是二紅下曲如子，庶條似紅繩，兩諸府勝蹟之幽也。上香者帳幕白雪之世態

二里許，由入登山正道，即岱宗坊。東一峯曰招扇，南名扇子崖，又曰仙人掌，皆道險不可

即。又里許，至山下，田本柏夾道，歷升仙坊，即虎山也。又里許，過一天門坊，古入盤道

磴道坦坡

之始。盤道者，即石磴，但盒高，用竹兜，舁人並立橫舁而登，升降皆如平地行

數十武，輒為轉向，西東若西西，西而轉西東，旋轉若飛，旨江行折劍甚艱。又里許

過紅門，本以山徑丹色得名，今人為門譯之為宇。之又東深澗亂石橫峰，嗔久晴

直

水甚微。其西循山曰大藏嶺，曰乘刀山，則宗主領萬曰天書地，有天書記，在山之西南

其西循溪而下入津門中溪，即水簾洞之瀑水

不及餘。循西泉而上，為登橋。又三里許，至水簾洞，坊洞在坊西，其山如峰，下注此處而

而東石橋曰倚水流橋。又上過歇馬崖，循六七里，至迴馬嶺，即山勢斷隩，石級斷處

歷石級轉，過中二天門並盤，登黃峴嶺，嶺背有坊曰二天門，以前皆行嶺東，循中溪

步天橋後門向西登，循西壁

過此則行嶺西，循黃峴河矣。黃峴河以在黃峴嶺西，又曰西溪，至中溪同入滦河

津。過二天門北，循山西松麓下行，回轉三盤，西行，度一小橋，行平地，約三里，回陟陡

東澗

三盤，南望傲來峰，正當之平，向之挺拔者，今俯之矣。又西北度雲龍橋，石橋

圯迤入蜀之以木易留此後李賢所書河之而循西山林麓行卅三灣過御帳坪
店在關廣數丈居兩中上有柱趾蓋宋真宗駐此也相連一坊曰五大夫泐青石書碑
樹之為二株已為人植非秦物且秦時所封亦不止為樹皆附會之說耳下輿
茶棚少休時已酉初二刻導人促行過朝陽洞直上西路西對松山兩崖
相對古松數千株青蒼滿山又路曰黑龍門坊至此兩崖直峻盤道陡高御祝南天門一高至天半
萬仞對祿偽所立山突中御天誠善狀過此峯再上過昇仙坊路十八盤最險甚
其地不止輿人陡步甚艱欲下輿輕煙多為塵不足天已暗黑剛風疾人肌破
輿行無便而為悚動至人始盡入南天門有傑閣瞻之遂路內平地少休後行
鶴一二里過碧霞元君祠後登上數十武至神鏡宮元君之寢宮也距岱頂甚
近初門呼道士令設榻寢湯餅令之飽思明日晴則觀日出而遂就寢晦
夜後濃霧塵中[illegible]烟氣[illegible]對面屋中燈火不甚明晰出俯廟前庭
墻觀則白雲在崇屯塞山谷間自得日出斷不可見而 先人登岱有雲作
圍[illegible]距今已五十年[illegible]小子何德乃武竟作看雲第二圖誠為幸矣歸寫
欲所見峯北雲[illegible]聞直深星逝後出户睡視之久雲隱乃止 是日山下亦陰山上重霧

三日登岳。晴。如知之刻，趁浮送子等登岳巅，乃卧不能起，轿家以云海无可观谕余，
推户出，见天顶蔚然，急唤从华寻径，连步而登，过青帝宫，于上数千级，而东岱顶玉
皇庙。庙中无人，门户洞开，启东首轩，西迎旭亭，转日观峰之亭，为高殿，东望微见
曙色，黄碧相间，深浅无极，不知其为地为海，少选，倏见一线，自黄碧间出之，迅速
顷刻半规，顷平正出，时如小碧，既见山巅，甑腾倏而启敛，浓淡糖圆色，瞬读罢，经三
之顷，帝日腹（如为盖浮之状）两四周窿，罢不正圆，理之若冰沫，乃知向之黄碧相间者，实海面也。
罢须臾，顶上之发一碍，指向金盘，盘之不可正视。日出虽是平观，以天（日云不能）登仙以见
之出者，皆跟（是之异）其立速。朝阳遍其快，而峯又遍照自登，而为霞，有络美通
知之。庙视岱顶，石数峯，为三四，太子此为岱之绝巅，秦封禅坛址立庙，门外平
壹穷质，坡陵武坛，左庙西社趾陵地数丈，此为明絫宋之坛，立其东（绝蘇）及
日观峯，间秦坛南有存碑如幢，所谓无字碑是也。旧山碑记考为汉武所
立者，然秦为元始雄，石黄赤，坚腻其光，可鉴，洞人之发，撰泰山志者西南角有一
秦字，华揽秘之，今人未或见其人。又於东西面各一字，為同時刻年者且同
天（於）面一字，曰振三字，相宋余为诗颂之讚于子称上下周索其久，於东北角得见

岱岳二字[illegible]三字[illegible]大筆[illegible]相同[illegible]命一[illegible]一〻篆[illegible][illegible]全在語中又[illegible]

隨絕[illegible]一周西北有丈人峯[illegible]

一[illegible]事矣 又[illegible]摘[illegible]筆[illegible]登日觀峯[illegible]

[illegible]北有[illegible]石峯南[illegible]身[illegible]未及[illegible]

[illegible]

登[illegible]畢 下山過東岳廟 唐紀泰山銘立廟北 高數三丈 下[illegible]數十字為[illegible]人 補刻[illegible]

唐摩崖東 明宋真宗封禪御製頌 明人 饒[illegible]字[illegible]德[illegible]巖三字

蓋[其上一柱]河可眠 又下西門入 日見[illegible]祠 泰玉女池 明天啓間拓建南池 西往秦碑 率以[illegible]損

乃[illegible]御[illegible]為宮祠 及碑[illegible]為列庵[illegible]近 今正殿 祠及兩廡 及[illegible]頂之廟[illegible]復以識其碑

則[illegible]今存[illegible]禁[illegible]著[illegible]祠 西界為一峯 曰[illegible]峯 有孔子殿 又西下曰天街

有二層[illegible]市 青[illegible]者 其南一峯自東而西曰蓮花峯 附[illegible]南[illegible]山之廟[illegible]

見泰安城[illegible]如[illegible]烟[illegible]室中[illegible]泰[illegible]條之山[illegible]下山[illegible]

[illegible]又西南下為白雲洞[illegible]又西下南天門之西大峯曰[illegible]山 登[illegible]

[illegible]見[illegible]南[illegible]過[illegible]石碣 又西為西天門 月觀峯[illegible]仙人石閣者[illegible]未

[illegible]子出南天門下[illegible]鳥道 降十八盤 盡仰視東[illegible]之飛龍巖[illegible]

[illegible]鳳嶺石壁對峙[illegible]天頂[illegible]又下窺西如[illegible]井 又降至對松亭之[illegible]西巖[illegible]地近

人所築石地斷牆傍眺良久又降至五大夫松坊下憩少憩步過御帳坪度雲步橋觀
瀑西溪以雅微而直下飛瀑若雨後濤甚盛果異矣出洞口經六里從駕處對守宿人
侍衛之處也過中天門憩少休諸舊經迴過壺天閣有柏甚奇頂葉一叢而枝條
斜為嶂層疊狀又下過高老橋步少下洞東訪石經峪石坪廣闊鐫大字金剛經殘
水流為九石級之半勢泰安聶鈫泰山道里記致實為唐睿宗王子楷書為少石
有石亭曰高山流水泉在清幽寒嵐間西別有隱處又下過一天門出道東南孔子老
君堂古岱岳中廟之遺址有垂拱等年建碑二石合一趺蓋俗曰鴛鴦碑
又東為瑤池記王母嘗有王母泉在里飛溜泉黃東水亭隱洞中漾之下流也
一渠隨處泉口拜亭中落其良久西折過石道入玉皇閣訪白鶴泉見一方
井未及滿便出過岱宗坊入城北門岱廟直城而街西別一城門標楷視岱宗闕區
翌晨入廟城南之左掖門東入炳靈廟觀漢柏之六株四株矣陛西北而南又一株五株
皆植為而南者特茂西入延禧殿觀唐槐居庭中大約四五人抱不世高鶴居之地
北至環詠亭訪秦十字石碣拓兩紙休道士張姓君家茶為晡食入升峻極
殿之祀岱神乘黃及貢居山王者居殿前有石擇之貴閣有石曰扶桑石萬點四字部

檜柏以百計，兩圍外一株，味巽類鳳，白鳳形不壽之。南爲大安門，又南爲配天門，再
南門廟城門矣。北爲寢宮，宋入祀神靈也。唐稱爲天王，宋爲天齊帝，明太祖正之，
曰東嶽泰山之神。碧霞元君者，東岳玉女池旁石像，宋真宗封爲玉女而祀之，
或云泰山神女，歷代遞相崇奉，今則加於正嶽神之上矣。炳靈公者，或曰王，或曰子，而相傳
爲泰山神之子，曰一荒誕不足。下晡過岱廟，觀（昨日往過，拓得六字，城中碑正字）蘇石待碑字及宋之諸碑拓本。
字子壽作，寄以所拓，我爲之字。青霜不書（馬遷）　子謹作附書

十月丁亥朔日甲子 陰微雨 亭午西南[illegible]夜復雨 宿南驛尉[illegible] 余擬至曲阜謁 聖

廟林 遂由泰安繞道往 卯正初刻行 南向微西 五里桑家莊 西南即蒿里山 蒿里

者 社首[illegible]里 白[illegible]溪水上橋 名奈河橋 俗稱[illegible]皆市井之說也 又五里[illegible]莊 行二

里紅土[illegible]四里曹莊 過中岡 草坡陂陀 時伏時起[illegible]云云亭云亭 又十八里[illegible]村

十八里[illegible]府 八里大汶口 申初三刻到宿 [illegible]子驛 西[illegible]汶水橋上 向眺良久

東即徂徠山 蒼翠平遠 汶流清駛 而[illegible]石橋二 御[illegible]長俱七八丈 空

曠[illegible]一源 曰五[illegible]自泰山東[illegible]者曰石汶 自西北[illegible]併三[illegible]

洋溢者曰北汶 自萊蕪境來者曰牟汶 自徂徠山南來者曰柴汶 至此匯合

有一坂曰大汶[illegible]運河

初二日乙丑 晴旋雨旋霽 其風甚寒 卯初二刻行 早食畢 卯正二刻行 西南二里吳家[illegible]

自此[illegible]屬寧陽界 五里[illegible]七里太平[illegible]八里石橋 水下莊[illegible]南驛 八里高家[illegible]

八里驛馬亭 巳三刻到尖 午正一刻行 五里加[illegible]莊 八里[illegible]三

里家[illegible]橋 八里[illegible]莊 八里李莊 渡泗水 八里[illegible]八里曲阜東關 酉初初刻

到宿 曲阜數里東[illegible] 聖[illegible]東[illegible]遠望林木[illegible]城[illegible]

是日早晚皆衣小毛

初三日丙寅晴　卯正三刻祀畢早飯畢　偕孔閬庭（慶鏜）林廟畢事　余未識介他友函拔

之晚為引道之刻擬長衍及子承隨孔老閬庭茶話　聖廟時偕入自廟左

毓粹門北折入（大成門之左）觀德門至杏壇下展拜至孔畢　即杏壇之正方霞以保玩隅

亭杏為明人篆杏壇二字右設鎛鐘一簴北為大成殿九間覆黃琉璃瓦白石

龍柱柱東塵罘罳入殿左門仰瞻　聖容赭面白鬚冕袞秉圭四配十二哲均肖

象龕前一案設漆銅罍五未敢審視欵識出殿后門北為寢殿奉　聖配并

官夫人又北為　聖蹟殿圖畫事跡石凡百餘又唐人吳道子等所繪像

皆刊於碑出循左廊崇右門東為　崇聖殿展拜畢禮遂西中庭觀手

植檜係大成門北少東石欄護之枝幹上僵擁卷石旁新葉抽起如

蓋亦將千年　後出奎門之前南為奎文閣　閣下間列　御碑亭左右凡

二十所及十條亭閣南同文門之下前陳魏六朝唐碑三十二通西為漢碑殘缺同文

門南為　門又南為　門又南為　門再南則櫺星門正直曲阜縣南門牌

未暇觀遂至大成門東西兩旁金絲堂觀樂器皆明以前物其古禮樂器藏

衍聖公府不輕示人仍出顯葉門別孔君還寓飯飯畢步行詣聖墓
出北門北行過石橋即入神道里許松柏夾道直抵林下不計株古榦歷落
無一相似大至皆千百年物間有近時補植者約一里碑亭二夾道左右亭內為神
道碑又里許坊曰至聖林又北為林門如城闕之制入城紅墻夾道數十武而行
又北過下馬碑又北為洙水橋橋之北華表二石獸四二獸獬豸二甬辟邪別
皆在石獸北翁仲二又北享殿殿之北神道右有子貢手植楷又楷北有楷亭亭之北御亭亭二神
墓又西行數武復北行中為　聖墓土阜甚高碑文前有石案燈爐西東列
南為伯魚墓　聖墓南為神道西為子思墓前有翁仲二陛畢循原道出子
大門外坐車西日已暮矣孔聞彪來旁候來直贈小楷木一本又代購楷木杖及
如意■杖另買之寓　是日畢夜小毛手與高梯祀
初四日丁卯晴由曲阜折西行將正道約行二刻出曲阜向正三刻行過東門
周公廟之北少昊陵均不及觀東抵十二里及寧莊八里陶樂又十里兩橋度莊正
南見一山僅拔起尼山矣八里又隔十二里泗水驛午正初刻到南關店未初之刻發
畢後行子路墓在城外道旁去之未暇入東南行泗水門十二里李家店十里當價八

里黄家河 五里李家店 十三里大运桥 二十里梁林寺 酉初二刻到店宿 共行一百

十里 是日早半雨小毛雨 晴后稍雨

初四日戊辰晴 卯初一刻饮早食毕 卯正二刻行 东南六里五花庄 五里学华铺 七

里马连庄 六里历山 三里薛王庙（前属沂州 后属费县） 按济南濮州皆有历山 庄以为舜耕处 又十五

里平驿 巳正初刻到店尖 自沂州至此 周阜不绝 东西高山为蒙山 诗鲁有龟蒙

论语 先王以为东蒙主 皆此 沂州境内水皆西流 费县境内水皆东流入沂

午初二刻尖毕后行 十里寇家顶庄 八里小井子 六里苍礼庄 八里小官庄 八里铜

石 申正初刻到店宿 共八十二里 是日亦山 昨为晴暖

初六日己巳晴 卯初三刻起 早食毕 卯正二刻行（东埠） 八里朱阳庄（疑即诸阳之地） 六里小平

王庄 六里西营 六里仙姑庄 八里帅方村 十五里霸陵桥 三里袁家庄 四里韩国

庄 六里费县（西关）诸葛小山平行 皆出蒙山西 又其底一路下入沂河 秋光明丽 底川可倚

精 马上吟诗甚乐 午正初刻到店尖 访蒙山茶来可购 未正初刻后行（三里） 传孙南关

外东门横南十里 十里铺 五里富贵庄 六里元宰庄 自此出山 均为坦途 十五里高

家岭在庄 为界庄 五里太平驿 酉初三刻到店宿 共行一百三十里 是日早雨小毛下

午前稀

初七日庚午晴（下午大風）寅正二刻起早飯畢卯初二刻行東南八里小沙嶺十二里于店三里姜家莊八里沂湯六里小石莊十二里楊家莊十二里沂州府城南關自此將入江南正道午初一刻到店尖未初初刻尖畢後行（正南微東）二十里筆店三十里李家莊渡沂河又行清河數段及微雨酉初二刻到店宿共一百十一里是日在山作

初八日辛未晴寅正一刻起早飯畢卯初一刻行（正南微東）七里朱家集店十三里沙墩十五里萬橋二里馬站八里大埠十五里十里鋪又北二里孫入郯城界午初初刻到店尖午正二刻尖畢後行十里郯城縣東關十五里貴村店十五里紅花集二十里紅花埠酉正一刻到店宿共一百二十里是日早不小毛雨補記

初九日壬申晴寅正三刻起早飯畢卯正初三刻行正南微西出村二里入江南徐州府宿遷縣界又十里劉馬莊八里馬兒莊十里湯店十里雙泉溝八里鄭家林十二里阿堰村（西）旁有小山因阿堰村以之名午初一刻到店尖未初一刻尖畢後行西南十五里小湖五里桑山鋪十五里子店十八里五花橋於橋三十里保空六塘河自駱馬湖來經此已北盡歸收涸駱車經此又七里順河集去運河東岸康河即宿遷

兩相隔四里為之（酉正二刻到白衣宿）凡一百二十九里 是日夜如昨

初十日癸酉 晴 卯初一刻起 早食畢 卯正二刻行 東南十五里羅家店 十里蘇家集 十九里度蓮河 東岸支河五名錮叉河 六里仰化集（即洋河集 音訛也） 午初二刻到崔店 未初一刻出 畢後行 出村即入淮安府桃源縣界 九里九里閘（渡）補運河 東岸堤上行 十四里崔鎮 五里擇家渡 八里洋河壩 十二里李興集 共九十八里 酉正初刻到店宿 是日夜如昨

十一日甲戌 陰 卯初三刻起 早食畢 卯正一刻行 直東微南 二十里來安集 十三里七堡橋 自此入清河縣界 七里[illegible]渡 巳初三刻到店尖 午初三刻出 畢後行 東南十五里鄭市 十七里李堰過河 經二閘 運河東下入海 三里王家營市 集頗繁盛 [illegible]河至集南北岸東輸 [illegible]載南來 [illegible]上[illegible]今則多至清江矣 出村循舊大河堤 [illegible]里至西壩 [illegible]北三壩 鹽主此打包 [illegible]壩南[illegible]橋 [illegible]中積兩[illegible]渠橋[illegible] 度橋東南[illegible]河身中沙 三里 阜[illegible]高[illegible]兩堤相持 自咸豐二年河決北[illegible]二河均穿[illegible]入江[illegible] 陸田居民[illegible]種花生[illegible]柳樹[illegible]把[illegible]由河

南陽直李劉。有石碑述遷入曲阜何稱白石馬頭。循堤五里渡河，循東門外中

初三日辰刻發，宿[illegible]八十一里。自此陸路日畢。自保定府啟行迄今二千四百里。

[illegible]里內陸路泰山升降共百十八里，實只宿遷一千九百六十二里。過南明[illegible]和媛行直境道旁[illegible]鮮有作

亦為六十里[illegible]泰[illegible]過所觀[illegible]地氣自

園北泉皆世子江南桃花開時，此乃見城霜冰之積，過而房墻下常堆石不融，寒不

若北方之甚也。東來南方林[illegible]屬閩見木來入山東境，田禾為麥壠，泰沂之

間偶有一二土坑。此房屋不甚[illegible]徐州境門戶高厰，此郡仁南有木墻大窓，又南

南之南徐州之北民間樣北方用甑，為存古制。山東風俗[illegible]不啟，詳甚。而吳送青

書乞與泰山上服為[illegible]來道[illegible]以此為業，小兒有手提挽家[illegible]數之。南伏[illegible]

呼錢曰二字[illegible]不[illegible]娶婚姻旁立牌[illegible]家[illegible]女[illegible]

傳也一二文，不知何以至此。[illegible]未嘗不[illegible]

不為[illegible]人兩之甚耶。柳數為之備，而羣[illegible]若驚也。亦可傳矣。官南陽君[illegible]

鷗

十二日乙亥雨。早[illegible]候鮑少筠（言送來與人暨詳批點本），又談。閱藏金石刻甚多，寄觀泰山二十

九字精拓及黃小松所藏漢石經殘字、宋拓本華嶽精廟碑，不[illegible]。鮑少筠來[illegible]

樸少譚 富平謹作 定甫作 李少石作 十二日戌刻開 保甫送予舟自此送至常州舟次

旅況雖亦頗寬厰 空留日贈鐃所携 貂曲馬及業臨 另遣好子押由吳路行

往訪靈巖山

十三日丙子晴 寒 順風 早食後自平承吉岸入城市 由閶板手類令舟壁 逕內黨丁吳縣

人謁新縣丈楊 謁武祀茅屋 及白雲山大石亭 銅觀華山 蘇寺 午刻下船還 十里下閘十里

邵升北還 既至舟即行 十里 安泊 不及登覽

十四日丁丑晴 順風 早發 二十里 二十里鋪 十里平河橋 二十里黃浦 二十里寶應 城在路岸 十里 二十里

風稍 十里氾水 鎮市集頗繁 十里江橋 十里界首泊 共一百三十里

十五日戊寅晴 逆風 早發 二十里六安閘 十里張家溝 十里清水潭 二十里馬棚灣 城在東

山岸 二十五里 露筋五世祠泊 共八十五里 因予欲尋上岸至露筋祠一遊 按露

筋之說 見於米海嶽碑記 微之 書或云露經或云鹿經 蓋 亦書祀 遂成附會

五顯鬚眉杜十娘之類是也

十六日己卯晴 逆風 下午 雨 早發 五里 邵伯湖 三十里邵伯鎮 三十里灣頭 二十里揚州府

城 繞城而泊 共八十五里 因予欲請進城 雖募得之八年 民居市廛繁

盛旅苦爲委頓日暮矣 下舟 寄何季信 十七號寄吳春序 郭伐山柬信 同號寄滿丞

十六日庚辰夜雲 下午晴 早訪周長庚子承 遊城隍 揭兩顏 稱有過書 輝貝蕭之

輝得鄭板橋對聯一副 午刻下舟 泊江舟啟達 長鄰柬此對聯 達僕傳之

選之 下午同楊子鈞訪長鄰 談劉郎爲悵惘

十八日辛巳晴 早發（莪度） 十五里三叉河 長鄰一舟先發 西去二十五里瓜洲（泊黃西里） 風甚不好

康江 因子承西征岸返 共同諸山 山見諸人 益得小輝 良久返舟

十九日壬午 晴 逆風 早發 康江二十里 至山門 十五里 舟行中 二十里 月河 六里 宿

止 二十里 張宥度 十里 舟陽務泊 共九十五里

二十日癸未 晨 順風 早發 二十五里 陽里 四十里 吳城 二十里 高郵 二十里 邃陵橋 十

五里 高郵 存城（共一百里） 時甫午 刻移舟城內（小字）寄鄉訪閩 而六姊處 寶謨 八年之別 相見

悲喜交集 詢知家中十二年之志 雖四姊病甚沉篤 六姊處（處）第三女 名曉君 年十四

姊處第二甥 無榮 甥 孫處 蔭來 男寧（非司出繼）已趙夫家 守孝（侍妻）青年 舊自不發

而憂次 下午 謁子寧先 不直 夜寧兄來 因在六姊處談 三二時 下舟 寫南陽

老信 倂寄 倂寄

二十日甲申晴　晨起至六姊處早飯畢　恭詣　宗祠叩謁　先祖　次至
三塗橋茶山頭二處掃墓　墓窀多無恙　新種松柏十餘二三株　新栽未蘇種
頭角亂　吉家以久無人經理之故　瞭視悵然　下午進城　候楊心一家　晤張楚璵
肇編携孫子　錢少瞻　程秋壽　次至諸本家　晤子慎妹　明發炳蕃偕
來見　還至六姊處　夜衛生先生　達張鄰集　二鼓下船　是日易蒲轉頭船
二十一日乙酉　食衛雨　晨起同子承登岸　訪錢少瞻　張楚璵及少瞻之弟仲儀　同至
河中吃糟鴨麵　家鄉風味　適口可心　食畢同張楚璵訪薛耕宗　别四十餘年
形容蒼老矣　又同過蔣心吾　久譚　返至六姊處　下午至　返家作函　寄悼惋
謁函見其遺硯　怡悦　閱頤時事　蓋絕食後中暑彰家　誤遂入李　行陰地不悚
將持托爾弟子斐然之　候湯華卿少譚　候君宜之妾買市　不直　便對辭
並少譚　候對吳季　不直　乎達家邪　作覆少譚　返至六姊處　子容兄來　久譚至二鼓
擬明日赴直揚臺　成都發農寓　正照下船　而實兒但寒至　云四姊病已垂危　甚
矜余道　不得已暫緩赴宜　先與賓兒偕逞
据子潛於九月三十日往
二十二日丙戌　晴　順風　早發　二十五里戚墅堰　三十里五牧　四十五里無錫縣　泊　廿里

時之屢讀倚樓人在口不可

哭劉子迎 補錄二十日作

世事紛紛去不留。茂陵消渴亦堪哀。宦如駿馬中途下。年似青松半路摧。但以安貧傳厚祿。誰將未老惜通才。野夫最有傷時感。攜酌素人滾滾來。

御園文藻冠時流。別後交情托置郵。湘中寒香徽素志。滾滾風情客如萬。傷心華髮共休業。屈指黃壚半舊遊。讀函兄城一綫。千年歸淚到今稠。

二十四日丁亥晴 早發由閘口行以葉邊達乃港從徐政及遠敵健未利仍行險五四十里日環池橋

又二十里前梅泊共七十里

二十五日戊子晴 順風 早發 辰刻度高湘 雲山秀拔近凝水際 西城一角過人故園千里旅人能悵而飄飄不進也 三十六里抵夏常盤孤城自清江至此共水路七百八十一里 中陸共二千八百零一里 午刻棄艇登岸下家 共四轎

門外方遊行攢聲，絕不散，問之，由內知為兩宮急往向詢，始肯散
向自應看
團圓應憶七年之別，為心懷回作如此見，而不覺淚下如雨，現兩宮所慰亦劇
為國得輔聯匠日月而已。蘭祖先神主龍顏祠之上，亦未能作頗寬暇，總餘標
字劃作大備，要人敬此，不意遽至為户，矣，必諾，享之一說，家人自南陽君以
下均各好，六兒獨不而添一孫，遠至未得內外亦不得置喜，惟念老手足永訣在即
未見題額不離耳。夜復四姊，撫余手，顧問乎心何如，余答意來此向姊，余佛
至晉四遍，時已三更，無從進食。余手撫姊額，為畫一字，病狀頗神識甚
清，蓋十餘年往來財所持，唯有人推之。

接中頤姊　日信

又寄子信十一日信

又寄弟十四日信

二十日己丑，晴。晨，訪候四姊，問夜未眠而穩，早發之甚少，別少[illegible]，握余手，種種喃喃說

之者蒸燒[illegible]之說，蓋粟中有孩子，贈了甚不安之，惟病已不能無復[illegible]，為了[illegible]另

但勸且慢薦而進，藥[illegible]善而已。[illegible]君[illegible]　[illegible]　楊[illegible]　[illegible]來[illegible]，二人[illegible]

識近事，實允稱可宗。[illegible]王後氏皆來譚。午過四姊處，為佛姊[illegible]

中堂[illegible]如[illegible]誦，[illegible]後[illegible]餃，忽[illegible]笑，稱甚快[illegible]，再問不答，余[illegible]

而姊[illegible]日子刻長逝。[illegible]不使余知，不及親送，傷哉傷哉。

二十七日庚寅，晴。[illegible]披衣[illegible]，姊內[illegible]已[illegible]，急往撫床[illegible]痛哭，自恨

[illegible]不[illegible]吾姊，[illegible]年[illegible]已五月，[illegible]姊[illegible]不[illegible]。[illegible]已

過[illegible]不止。[illegible]而[illegible]。三[illegible]於人[illegible]

[illegible]具[illegible]實見，遂[illegible]來助[illegible]午大殮。子刻[illegible]姊[illegible]

[illegible]女。夜[illegible]佳矣。

二十八日辛卯，晴。[illegible]

戌午刻送四姊入棺[illegible]

書[illegible]過。下[illegible]請來久譚。[illegible]來[illegible]譚。[illegible]

輓四妹聯

三千里[illegible]來談書[illegible]

十六載[illegible]風[illegible]雨[illegible]

二十九日壬辰晴 楊之晉同人來問訊以物有事約來之者 巳刻出候次候不直
次候楊子湘久譚 次候楊徵壽久譚 次候李少梅不直 次候馮度甫少譚
覺羅少衡書風茶迴 陸洙文敬宗來候久譚
接子謙九月二十日信 寫函覆雅壽
又悼小山二十日信
又盛杏蓀宣臨二十六日信 同日寄
三十日癸巳晴 黃作廿四期 巳刻出候黃仲佛不直 次候林作人 宗德次候閩之 上不直 次
候李子蘭久譚 次候楊聖微並秀子 次候衡壽申久譚 次候 黃聯不直 次候
楊綠卿並秀候子 並 少卿出城 次候二女家少坐 次候陸衡文不直
次候顧盛甫不直 次候李衡子揮 並秀候李衡 不直 次候迦卿平歸
尋與彥直道通

十一月戊子朔日甲午晴 佛堂 家祠行禮如去年 李君梅生陽卿來答候
謁李鍾 李安甫來答候少譚 寄陶(?)稿侯騎(?)通(?)屆 宮盛吉翔侯李星野 寄李穎生 孫蒲 少石 寄 付 賢集
初二日乙未晴 楊頤聲來答候 華通閣 文作而 下午楊中城來答候
初三日丙申晴 趙佑人來答候 下午魯君棣來答候 趙佽侯來答候 華應遇而
五日以題辭不回
初四日丁酉晴 人出衡雨廬(雨) 下午寶先來歸及小男女諸具設祭睦池小宴
聚家人同食甚悅
初五日戊戌 天氣陰霾旋止 大風寒 是為冬至二十九刻 再答候 曹君麟少譚 訪佽人 侯於使
同詹揚瑯齋 李安甫 李君梅 華星相 下午訪 諸陸 陳文藻 又別
婺少譚適 姚仲來自此 為陽 ... 譚為 庵了
接六妹初二日信
又李穎生初二日信
初六日己亥晴 至姚仲遜之自 劉君生庚倍 宮柳樹人 李佩 來答候 來弄付賀年 中式 李 作函
接李壽卿信

初七日庚子晴　下午作吳攸卿仲華、蔣君誠、楊□甫、傅晚枝、歐仲辭書七封

接子禮十月十七日信

初八日辛丑晴　感冒微恙

初九日壬寅晴　疾微減

初十日癸卯晴　午後莫類四姊凡進平安人往矣　子永來

接六姊初七日信

寄四姊文

十日甲辰晴

十一日乙巳晴 麗昆園來看儀 後湘寄陸生函畫

十二日丙午晴 寫子理信 騎驢出驗騾作 李子石信 前姚讀畫 晡赴季君梅 君麟

挺酒武之 作 挺飲同座 季君梅 張偉仰 趙伯人 華新桐 楊

青城 麗雲樓 鍾珊 陸伊文 以疾未飲宴 初發螺

挺酒武之 日 以作

十四日丁未晴夜風 寫蠶著作 夜赴季君梅 陸伊文 挺飲同座 楊節

春趙伯人 趙儀 李牛之 團華 新桐 黃穎孫 伯偉之子 初發習螺

挺全月看生 日作

十五日戊申晴　晨祀祠堂行禮　薩安林來自蘇州　汪範卿雲龍蘇州人來謁

題袁鏗甫子來候　談其觴三人並擬子卿同往全寶安歎寅余以度過內

十六日己酉晴　寄蘇州信十七寄交子卿　子卿赴常郡小試

十七日庚戌晴

接盛杏蓀　日信

接阿李八月二十日信復其寶四

又青庚初四日信　於前月廿八日接陳蒔已季喬太漢屋旬

又子譚初五信

又薛民卿　月　日信

十八日辛亥晴　謁暇偶自不三峯　為周氏物標幽　有二處可用　略從周錫侍

自主之

十九日壬子晴　楊潛石來委候　薩安林離蘇

接孫光譯之　日信

二十日癸丑晴　夜大風寒　夜發嚴昌國複顧自度楊祁壽李東二園陸陳文孟誠

美人之子偶生 二詩所

接全男生 作

二十日甲寅晴 大風甚寒 之日初未二十日

二十一日乙卯晴

二十二日丙辰晴

二十三日丁巳晴 字攀之光作 卯時 全前午作 字理 宇 寒達摩參之亭 孔只六午

壽宣

二十四日戊午晴 冬至享 先祖於新祠堂 宇暢達 祭猶備具 果盛 牛脯

長子宗子陽陟之孝誠甚可嘉也 購子家人饌祠

二十五日己未晴 李暢伯前來自松江 便陟此年四十志館 先人 常在不足 久謀李子主從帥

軍中世知事之初來之識也 以便 陽稿筆 圖 寫子主意 李祖庚 尉寶之饋醴 趙云

筆 陽全君 吳陽卿 楊餞飯于泉 李太梅 時不明 寫全前午作 即 寫

接完前孫和五日作

又李暢女十五日作

又顧仲十六日信 寄經𣏾國國圖書百卷本一部

又金壽生 屬作寫經齋額 王孫對序 佐謂長美人 梁山舟 邢原楊柳帖 跋硯

二方

二十七日庚申晴 楊鏡泉、張保卿、李祖庚先後來 留便飯少譚 邀楊少泉來孫

汎子寬詞讀 築壺岸底池中釣臺成 稍規方略 盤桓於上 妻兒撥柳柏之

妻陰映以水光滴滴動人

二十八日辛酉早霧晴 寫毖之信 寄吳鼓箋丁蔵也、(印譜 借去) 槐亭信(印譜 寄去) 莫

姜微信(印譜 寄去) 陳笙叢來 為信久譚 寫見封 潛江科試

接子貞晴初九日信

又金壽生九月廿七日信

二十九日壬戌 早大霧晴 甚晴 (此書封面) 寫依君葉仲信 惲心山信(印譜 交楊振甫) 楊振甫來 侄辭行

楊龍伯芰舞來君復

三十日癸亥晴 寫子謙信(初十寄 寄遞)、侍規君復信 楊振甫 三行

接子謙十五日信

十二月己丑朔日甲子晴　四姊安慶五七開弔　余家往候　終日僅三人　下午次侯
取作布已去余家久譚　寄嘉定通泰不晤候　十二月廿發　謝不寓之信
初二日乙丑晴　廣福山安載花樹於植棗及榴棋蟠桃櫻桃梅子石榴各一株於
東皐　植紅梅於樓前池上　植玉蝶梅　垂柳於書字前西南池角　聊李
垂來自姑蘇留稿　諸不在今
接雁安林初十日信
初三日丙寅晴　陰微雨　與季垂譚竟日
接寶光十月二十四日信
初四日丁卯陰　下午得具觴季垂及楊少泉李錫　畢飯　季垂及李錫等
李煦孫弟　季垂公車北上
接余寄生十月三十日信
初五日戊辰晴　寄季季侯郵傳　寄雁安林信　郵傳
接穆之譯　十一月日信
初六日己巳晴　至興延蘇閣　形象　飲雪山來同訪　鄭秀卿　訪次侯　安人等同

斎歸之地震看傍晚始 赴欽靈山飲 王廣賢來訪
初七日庚午晴
初八日辛未晴 夜雨雪 寄薛安林作御婚
接薛安林初七日信
又李少石十一月十七日信
初九日壬申雨 夜雪甚積 園地皆白 下午設飲與家人並甚醉而止
初十日癸酉雨 邀熙民園 苑作佛 李少石 陶陵 陳文 李老梅 楊脈春 蹟石 黃城
苑君 表君 蘇某 謁作人 曾續飲 苑作佛 李仲蘭 李老梅 楊芳谷 黃君
來不至 歸人先後到 下午入席 初更散
十一日甲戌 陰雨寒
十二日乙亥 晴寒[陰雨寒] 兒輔表三十五歲 接蔣默山峯重勸及 築 黃白動工
十三日丙子晴寒
接寶基兒初八日信
十四日丁丑晴 植柳四株於東阜之西北上

接劭李函一件

十五日戊寅晴　寄蕙田子琢試卷于琢孟舅

接族兄騰一初九日信

十六日己卯晴又子陵初十日信　寄李寔見信　嫂六姊信　寄生信　芸生六姊信　鄭仲蘇

接六姊十一月十九日信

十七日庚辰雪　寄六姊信加瓦　內書姚雨侄　寄陳吾遠善房信　雨蘇　寄薛安

林信兩函仍敏　是日命寶見隨子琢增課程行遂及在家新買書籍

十八日辛巳晴　偕歸西樓居住東偏程樓　西窗西對宗山峰嵐翠黃若

列省近西程樓極樓是廡樓下仍為絃靜居西為臥室中向東向設兩設書案

文具其東平列俱置書及書畫奎文圖籍選最精者藏諸他處　是間又所忘

是日為南陽稿居樓下西家　陳仲蘭了仙來見示子　辨極妍素自蘇好

接蓮琢姊初八日信

又接李十一日信

十九日壬午晴　下午鶴陳錫辨極妍程顏李貴遠室是爲清主

二十日癸未 晴 黄楊種樹人來 植柏七株 松四株 楔二株 柳二株 發東皐 夜醉

接報章 陳協之錄下舟作年引

二十一日甲申 陰 夜雨 濤兒晚至 瞻兒子來候久譚

二十二日乙酉 陰雨 寄薛安林信 印泉信函

接阿壽十一月十五日信

又少卿十一月十七日信

又薛安林廿一日信

二十三日丙戌 陰 寄金履信 印泉信函 駿伯信 愷悌信 金上 薛安林

作印泉信 傍晚祀竈如故事

二十四日丁亥 晴

二十五日戊子 晴 趙子愼自常州來（祖芯兵荷下）候久譚 午同往佛如接事 下午寄侯濤

又作趙子愼（子林）挽 揭祁老嫂下 接挽 祁老久譚 文遇 趙次侯 後侯季君

梅貞共設家一妻並遇 趙佰人及廉穎生出事 錄附久譚惝

接子寅兒十八日信

又擬樹人廿句作
二十六日己丑 陰 余向祀行神門神中霤如故事 傍晚西雲歛風雨停止
擬賀仲 廿六作
又李少石十二月作
二十七日庚寅 晴 今坐園甚美 家中年景之疏閑一年僅見 親切有味
二十八日辛卯 晴 與南陽希濤自贊題穆楊居正宗
二十九日壬辰 大風雪 下午迎 祖先神影 與家人年祀如故事 夜與全家擺宴舉 大杯凡盡六七杯 醉後於雪中焚松柏放花爆
三十故鄉作

光緒二年歲在丙子余年四十有五

正月庚寅元旦癸巳 雨雪三寸辰霽 黎明起 率家人拜 天 次拜 先師

孔子 次劉孫 初祖 次禪園 次率家人禮佛 次祭祖 初祖 早供米團由

次家祠相賀皆答拜畢 書紅籤筆 元旦本年氣運

良之謝

寅 孫 戌 申 午 辰

亞 又 、 應 八 八

有 財文 之 子 女 之

計此一件 宜早持此而行今動支隨之理外依實之數財支用之外

而動翻財作因是財之事亦理乎得五底而未內交只退休之者者宇謝

不必當時且終必制此交人官勝天此甚之謂

三計算回

前播手取來加賀來 午晴 初燈 祀灶 進午供 晚供飯 並做事

初二日甲午晴 大風起寒、日暮甚二十五度 南方天氣晴為少暖矣 未赴 進

早供如常 家人在萬壽祠堂佛 宮 稱賀 午 進午晚供飯 事

初三日乙未晴 晨起送早作荷事 率家人往吴四姊念八姊了時余咳
嗽甚不知何其樂今(恩)忍肯淡下雷襟 午送西飯莪劉荷事
初四日丙申晴 早飯後至子宅及諸家賀年 歸過陸偉文晤雲山兄少坐而歸
初五日丁酉晴 早飯後至諸家賀年 晚後偕下與少坐 晚候之出候某子
祖白逆悔 下午陸偉文楊豐城來候久譚
初六日戊戌晴 擬赴蘇以河冰不能行 趙伯佳來候久譚
接定甫元年十二月十二日信
初七日己亥雪
初八日庚子陰 擬出南門 船不小便不果
初九日辛丑雲陰微雨 乘行舍後庭前南洲柳樹 自余北門七年 樹為兩斜 先人手植
叢薄上枝橫掃者去之 樹底木根砍者伐去 未一日之功 條枝盡 嘆余來世惜
此樹其不可留自為之也 是日乞翁竹扞偶往十四莖 種東阜新開地
風葉蕭蕭 三年可成林矣
接子禮堉元年十二月廿四日信

初十日壬寅 陰雪 立春 早官以 祀堂 遙春得好事 是日借翁手堤柳
斷三株 僅上枝不可計 一樹作兩 僅何有殘萬者 敢不敢 業已栽其下枝
為枝收中揚之 夜舟赴蘇 二鼓行
接定甫元年十二月廿日信
十一日癸卯 陰雨 黎明抵蘇 泊齊門內 鐸子河 抵葑安林子 來與肅
家中瓦事 午後偕鄧樹人 並拜其母 太夫人 留久坐 樹人邀李壽
子名同 至為余棄三 備覓世對樣堂 晚雨下舟 遣樹人來談
十二日甲辰 陰寒 [illegible] 安林來 同早去以 步游玄妙觀 前街市 余家
商市所數墨瓷之 計去四十洞庭 祀 晡返舟 移泊葑門 晚至於之家
入門氣象蕭瑟 夜來兩幢 見於時及四山邀 [illegible] 為頃 余不能啜杯 而歸
下舟
十三日乙巳 晴 黃山邀來舟 辭之 先來舟 壬午 詣完先生之孫 諸太家 晚 辭之 先子卿
四先 春生邀子 邀伯存 大姪 姆拉邀 次候 李伯生 嘆細亭 杜少卿 宴罷
前游玉泉 翁隆甫 陪王章壇 王樸臣 談順來 久談 後下 鄧樹人來 並

過張之僕　江寧人　時舟已自葑門橋北行　下舟傍晚安林來同踏月夜飲

二鼓睡

十四日丙午薄陰　以琴書舍蔡君寄千之　次荆聊來閑話竟日　寫家信并以拂川

仰蘇　早安林來藉舟山塘游虎邱　西古松檜及一大盆證子年物　又小花竹一

梅二迎春一盆　到新來莊之家舟　閶門　安林去已晚　撤舟　官六

~~十□日丁未~~　柳作　仰蘇　手諭作　馬落

十五日丁未晴　元宵節　黎明舟發　石湖　過寶帶橋　守阿壽作　馬落　黃元圃寄

保作全發　陳芳卿作全發　午後過吳江　金鷄卿　午後平望　往信人譚　下午過舟

金鷄卿來　看信送川　家中舟發　在下八尺宿

十六日戊申晴　黎明舟行　石過平望　午過王江涇　申過嘉興府成橋　來蔡養

省老閑倉和　鴻壽下舟　拖子鵲譚　視其寄　自稱者　頗碰風雨　者將有危

川遲百印相左矣

十七日己酉晴　早食後登岸　訪翁世家　新日茶　廣園　精遠亭　宇之一處

頗有草案　編磨人不一家　翻曾譚之久　又出葉　孫淵如先生題跋

及舅生壹為題　林騤云妻子病同五株柳　雪山老對一床？葉映窗下有
桃葉新詩　自題皆悵余意　省云以此為視之　夜具酌留人＝為隱
為華著　二十株下舟　仍六月會於常熟
十八日庚戌　陰雨　黎明舟發　辰過嘉興府　午過王江涇　申到平望　風雨阻行
遂止泊
十九日辛亥　陰　黎明舟發　辰過八尺　午過吳江　雨　抵蘇州　泊閶門　寫寄弟書郎
住　印渡作報
二十日壬子　晴　黎明放舟山塘　泊桐門外　載所買松柏盆景也　辰到胥門　登
岸至主婦親　抵安林寓　高來　到至寓門　下舟＝勸與相待也　出到胥門　安林
同至陸墓　路鋪　竣將於院後接　答送關苑三　向漆先在村　安林去舟極行　風
夜三時得雷雨行
二十一日癸丑　陰　黎明放舟入城　辰到登岸　還家
接河南元年十二月廿二日信
又長兒初同日信

又接前六 一十一丁作

又子信情 元年十二月初五日作

廿二日甲寅雨 題伊侯来訪久譚 同前人奉寄鹿表一部 闘叔寿五代史一部 字安林作 御殿

接子信情 初二日作

又奎看生 十九日作

廿三日乙卯雨

接 羽鳥 朱莊行 元年十二月廿三日作

廿四日丙辰陰大風 子郁情来久譚 字郁樹人作 御殿 又葬安林作 食

接 金谷備 廿一日作

廿五日丁巳陰 東皐小梅花發一葉

廿六日戊午陰雨 字人今錦卿作 寄了 言花發 黎明伊作 作句發

廿七日己未陰雨

廿八日庚申 下陰

廿九日辛酉晴 植梅二十二株於東皐

接薛安軒五八行

三十日壬戌。寅雨。早食後候陸靈生，拙宪陳文之弟（翰林院御史）陳文，祝其太夫人壽。

晚至二女家少坐。寫寄子作（內書 作函），復仲作（兩書 寄人）。

六月辛卯朔日癸亥晴 植梅十六株雅事也 下午莫君寅生徵過索壽

侯時宜過病卧者謂中亟要也葛便惕諱之詩聊下所志葛徵齋之快

人懸志 八年座倡聯書之謂此聯仙榮

接君甫三十日信

初二日甲子晴

接子謙信五月十四日作

初三日乙丑 薄陰 寄蘇州哥信附仰壽

接柳古村人初二日信

又 季喬五月 日信

初四日丙寅 陰微雨

接金鶴卿初二日信 以其縣寄收其家後賀之

初五日丁卯 薄陰微雨 四姊送楓柏 是日蘇門晨往哭畫農 午刻葛翁主來時送所舟 俗謂冬英兴相看遇其來送下月二日時擬赴未讀全算

初六日戊辰 陰 正接茹翔山岸自去臘動工至今日落成

初七日己巳晴

梅舫仲 初集二作 以赫白馬寺 [illegible] 以像亦見

初八日庚午 晴 擬於望日携之爾遊月壺三四 以收遠景 是日卯刻登

土解禾 侯晨起涯吳轉

接薛安林初七日信

初九日辛未 陰 蒲豈 寄蒼生信 仰 寄蒼仍信 仰

接蒼生初七日信

初十日壬申 雨 寄薛安林信 仰

十一日癸酉 雨 入春以來苦雨甚矣 即偶見日色 如有塞雲 [illegible] 未肯快

十二日甲戌 晴 梅蕊而今未放 杏桃尤弱 [illegible] 宮內迎仙香氣已發

都下

十三日乙亥 雨 擬赴陽羨省 先考妣墓 以舟不得

十四日乙亥 [illegible] 仍 [illegible] 蘇再易舫 [illegible] 大者 [illegible] 夜

子敬 [illegible] 戌刻 [illegible] 下舟即發

十五日丙子 晴 黎明抵陸墓 登陸 萬餘

用之辰刻至前門酒落子胡寓見子異朴家余不在移被遣送之也
金陵來將視候金家寓見貝四來與樹人偕至何宜將平一字年同樹
人送之西舟少雲送至寧楊舟閶門寓見步自城中回薩安林來舟晡食
後同萱喬林為夜舟游南宮送予之甚寬廠目備一餐夜裡月幸過舟而還
原舟送送之起寅 寫送之信致寄安林 寫寄南陽君信致寄
十五日丁未發順風晏阿約雁已刻過滸墅陸安口獅山樣寺塔萬之巳 九字十年
了別師舟署人互廣瓶 寫謝至垂信仍而發 申過無錫而成割要給酒
舟
十六日戊申發時晴雨順風 早發陵社由向送行 辰正戴溪橋二十四里 午正望村十五里
寫子瑞信 十九發 申初至五洞橋十里 日暮路入正河泊行向五十五里至五和橋成 易寄
而寫無錫酒東閶內
十七日己酉食 晨東見子上岸寓市看橋及登播有酒名狀元紅 先妣方淋人所
甚喜諸旅館 祭物未具與寓早食市中 同至西寺院祭展慕內居尚未
修 流民皆蓋與居此地 俳徊太息 又同上西閭橋 諦聽沈此余幼時最久

三面環眺也，後叢於群峰侍物傾。下舟出東門，度東洑至新阡東山處

故戶王安大易祝語。墓祭奠周視。嫪子不奉松檟八年，於今始卸

墓兆涕泗，樓荒亂前，種樹已盡遭斫伐，屬郭補植，兩山民每歲燒荒延至

盡燬，竟無以禁之。未刻下山，訪王安大至舟，為雇夫修甃添土，侍繞舟

返城，行舟遲，復落暉中。

十八日庚辰　雨晴　雲霽　辰刻移舟至山　雨甚不克登　王安大及其鄰周宗大

六三來　屢諸兩　辰年助余修墓者　二十七今日雨不能動畚鍤　疑俟晴春

自為之　余亦以不能久俟，遂謁托而返　下午至城泊男橋之西　時雨已止　訪

偕少園　適源　篠園之兄　及其子華生　　又謁返舟　偕華生來答訪少濂

是夜移舟東倉橋

十九日辛巳　晴　逆風　早發　巳末至胜和橋　登岸吃飯　路甚不佳　過城中所

食之延世雲自出久矣　下舟後甚反　訪徐孫園　作二十首　定前詩作　將寄

如年蔗作　本少不能二百過皆　申末過寨橋　戍至蕭塘村泊

二十日壬午　晴　早發　巳刻至常郡　泊舟城中浮橋　率實兒登岸　至赤前二牌

家行而井去冬故於河南櫬尚未歸哭長生直生兩弟長生定出未直至十排

家謂十排時與衛生兄之衛生（同居）定出未直至　家祠謁　駕部府君以下列神位祠

中總並敞睦堂　新修告成　神位之始營堂尚未入龕是處賢修繕二百

任工作者孫兄振紀並出資為之謂九排庵出未直至六姊家相見快譚甚歡

實兄帝午後具明日掃　太原府君以下墓　下午長生弟來　伯府楊來　偕少眭來　楊伯　寶弟來子

寶兄來（鄉來未歸）皆去實兄獨留久譚二鼓盡畫下舟

接笙沅師　日信

二十日癸未晴和服衣棉　卯刻長生弟來舟中　因早食解舟　辰刻至

兒元陸物至福舟南門外教場壩乎弟及子登岸謁　太原府君墓祭畢

省視以營地分設大小及碑弟字稱指示實兄使謹識之送達車下舟福至德

安橋　午刻後登岸謁　特謁府君　相謙府君　祠等府君墓以次

登畢指示如前各營為終瑞指點以案川不利未可修葺等等之

賞穆樹浮帶屋十一此去人以同守先人班職為奉而直救國之至意

並遭亂世寡家因緣成就留新宅於虞山園林佳來可樂惟此一節

李緒書院之人，其善體之，重之心安，要見之目，晤矣。申刻東舉下舟，與

長洲生承寶問飲稿，移舟東門，長洲生書。登岸，訪子璉承，宗植九峰六一，用久拜祖之故

家於見新居之事。又訪九拂爰謁，例不直。又訪子寶見新宅，亦不直。不

六拂家。子寶見來久譚。閱方拜書至中忽撫經書誦暢譚二鼓。何

適六拂家。二鼓三鼓下舟，倚身浮闌，料瞻及時時[illegible]。之出尾歸

料

二十一日甲申。雲微雨。早發。萬壽[illegible]無錫，移舟惠山濱。乘寓見回訪春

園。離[illegible]之世，[illegible]古木幽秀，其[illegible]絕。龍時[illegible]市[illegible]近。此南

東隅危石。御碑亭有盤山峯者為存。又至壽[illegible]寺。今[illegible]初若一

親[illegible]茶[illegible]上。九年之別，此年未至[illegible]山[illegible]若耶何[illegible]

也。[illegible]晤[illegible]下舟[illegible]門外[illegible]酒[illegible]大[illegible]植[illegible]

二十二日乙酉。晴。早發。午過惠山，舊家[illegible]舊館[illegible]翻稿酒

二十三日丙戌。晴。早發三刻，抵吳園，梅未謝，堤柳已黃，春事正殷。巡覽大快。返

之山下，余家向讀書於六經識字處，近之譚。守那樹人作

二十五日丁亥晴　攜女孫子照等與家人往蘇觀　來函特甚自二十四日申刻

間腹痛~~甚劇常用事~~夜為未分娩　余居南陽書齋止其寢　亦未寐

臥　是日壽公以今晉主方氏擬改姻緣事

接蘇李耀二十三日信

二十六日戊子晴　寶兒之妻宗氏女舉一子血崩住黔不知人危險已極以老山參灌

姻伯中午　醫生六七處於少定　亭午漸近　彥躬　夜分與南陽君攻留

寶兒夫婦守視

二十七日己丑晴　早起與兩方丈晝歸　移植少女蓮始　園中新桂櫻桃及櫻母

老店均盛開

二十八日庚寅晴　園中玉蘭海棠花不甚開

接邵柳人二十六日信

二十九日辛卯大陰

接蘇安林二十七日信

三十日壬辰陰　攜二女孫晝歸　玉氣漸冷細雨微寒　宗姊作晤何為鶴奉

那時地段他們內

三月壬辰朔日癸巳 晴 寄子清信 印發馬遞

接少穎於二月十五日作

又子清信二月十五日作

初二日甲午 晴 露香自前月初二由今所與作

初三日乙未 晴 次女敬疾 醫者藥之不能查自往發方 楊福壽同陸杜照

接阿芬二月初七日作 年誠久譚

初四日丙申 陰晴 寄薛安林信 印發郵遞

初五日丁酉 陰 春祭家祠 擇今日與家人奉祀如昔年 晡同合飲福 園中

新植李花開

接薛安林初八日作

初六日戊戌 陰雨 是日延柳區丁楊心泉爲重豐甥子承婿領

接薛安林初五日作

初七日己亥 晴 寅兒赴蘇 寄柳樹人作 印發郵寄

接柳樹人初六日作

初八日庚子陰　樓前大紅碧桃盛開　繁如半錦　此樹手植來已十年
園中諸花此最為茂
初九日辛丑晴　延種牛痘醫王芝子穎　名啟　太平府人　主芝舜王牛痘局　來自蘇　令孫語孫及
外孫吾僕皆種之痘　下午高季彥穉愛君　蘇龕　公今為陸康文餞行　詩帝
雲山拄杖之五茇樓　覽新芭枝　月上乃歸
初十日壬寅晴　請形郎原刻莊　初春新桃柳排來也　未刻雲大雨上
梁　上午自遠工借佛西廈為野　石君、蘇龕來　訪久譚　嘉偉王升遺
北壁　寫室更便　師曾　孫王舟青蘇　樓蕃及此年陳桃皆盛開　紅白子相映遠近
相近園居壽平此為之寫
十一日癸卯晴　次女昭為集象和溺三日　遣同往為李補劑
授子傳贈　二月廿三十夜
又　鄭仲和作
十二日甲辰晴　天色甚暖　服茶換衣　石君蘇龕來訪
十三日乙巳晴　訪陸康文　楊諒　老少不直

十四日丙午 雪

十五日丁未 晴 至方惠為二女處方 寫字見作館聯

十六日戊申 陰 陳伯英來候蘇戡 不值 鄭居平來坐 賀年 復請錢鳳吳張何蒸不直 復陳雲生 陳子琴 陳子因久談

十七日己酉 晴 至方惠診女後至胃有寒邪 為惠開方 訪夏君蘇久談 寫字見作館聯作句 樓前滿株梅花甚開 此樹植已十年 迄今始見花

十八日庚戌 晴 邑侯陳世華來 候久談 至二女家 視疾 至方惠所 以補劑查表 買來園 請先生 成書囊 尚未舖細 余以今冬 為先姊葬於蘇州橫塘修工 二塔下 奴務作為門

十九日辛亥 晴 晨篆二刻過 任情來 劉過山嶽口 寫楹聯作書屋作句酬答 隔天通作忌辰服作 謝棍 至劉 撫齊門 山伯與實見 至數課書遂去 務白芳門 看燈務冊

二十日壬子 晴 暖 遣和被移 晨起七刻 至木瀆 步行周氏殯宮 不得過 僱人買蔬若蝦及種往塋 在胥山之麓 此塋在山下 陵老及姊氏二壙已掘空 尚未

滬上與蔓農回念己未之冬同居是邸過從之樂中心益增何諼
能望見否遊入丙舍少需公畢下舟返寓刻接青門癸陵侯李君先生不
直收候吳平齋久請出示王孟端松石卷舊拓宋拓房寺碑皆精妙林小聞
可年寓鄰居同宴來譚稱暑乃別 不聊樹人否 寶見時居外家安林
亦在滬然安林丙丹寶見仍留蘇來丹不二趙得 吉安林先生 余或學之二年以李鳳
處所藏大字本尚及傳了半 卷譚缺或帚把 志自程樂以下存自 以下
得一卷又孔羨又字七六十八二卷以傳帖存己及志 卷條古缺以只後墨精篇
寶藏屢年急欲卜此昨寄見於蘇臺訪得其半 持兩相稱如弟係無之
一為前得 卷缺前半頁為存 其半直至今已二十五年 下落滄海 江湘
閱下不下趙局卑 以來不知何年復何人手遇更多變一軸 未及而居然來接且
能家精絕合洵一妙美 前半 遇往全卷缺或亦把 橫者志西城外藏傳四卷
右缺 其三卷為西城外藏二種有朱府拂乾直 李氏時已以全帙矣欣
幸不在 孫風 事足日又日南還 安 為往吳平齋 新 西
新會蔓農閣釋十二卷 甚精 釋文附皆 鑑 於 已 蔓 印

廿一日癸丑晴 早茶 午過鄒江樓 寄六弟信 即寄局遞 西寶三信 附寄 黃英華徵
信 即寄局遞 晤劉樹家 寄呂浦帆信 即寄局遞
廿二日甲寅 陰 下午雲僧陪卅三年罷考譚 與二女至詩庚為定謝理勇
寄實見信 即寄作舫
廿三日乙卯 晴
廿四日丙辰 晴
廿五日丁巳 晴 寄實見信 即寄手書 蘇安林信 即寄 池口瑞稿是日動工 為袁編李
廿六日戊午 晴
廿七日己未 晴
接桂云丁 廿四日信
廿八日庚申 又金生 陰雨 丁信 寄實見信 即寄作舫
接何言 初十日信 廿五日信
廿九日辛酉 又謝鄭卿來室晏 園中 蘇泉至 是日起 當新發 帝中 早十六日

日記四十二　　　　能靜居記

四月癸巳朔日壬戌晴

初二日癸亥陰雨　周儀士士權湖南人十年前舊交自上海來訪久譚晚同下舟

接伯孝嫂初一日信

初三日甲子雨接藩安林初一日信　至儀士舟中答訪久譚返　儀士來譚即辭去

初四日乙丑雨　寄藩安林信即發信局

接陳賜寶範二月 日信

初五日丙寅薄陰旋霽　池口張楊星自下椿　黃君麟來訪

初六日丁卯晴

接邢樹人初五日信

初七日戊辰晴

初八日己巳陰　張武之來訪　新自皖之石門湯

初九日庚午陰　壺悟辭行赴皖　寄般仲信即發信局

接周鈞甫二月十九日信

初十日辛未晴　訪叔君鑄不直　寄伯存大嫂信　仰蘧侍甸

十一日壬申晴　叔君鑄來訪久譚

接伯存大嫂初九日信

十二日癸酉晴　同夏禮初雲蓀樓桃之麥六弟　登臨四周東則春羽石樹

城魚鑄鵝及西則君岩到撣鳩送千田　北則雕樓綺疏　山亭翠甍映上

南則清流芳汜柳堤界艾平地既靈壽幽僧崇殿以之嶼老木

忘年古處適所有以長壽花二叢者擬名之為長壽亭

以識年異

十三日甲戌陰　同沈仲舟劉軍　二十年前舊識將子筆再出城復之　同沈仲

方旅到蓮居

十四日乙亥陰微雨　寄見趙自蘇舟與靈隱寺　蔣仰之三兄友人　借到

夜到沈仲舟劉軍遊舟中　少譚見其甚辭　沈仲舟來復不直

下午接溫武之靈隱寺信　靈隱寺能復　寄薛安林信　仰蘧侍甸

接薛安林十二日信

十五日丙子 陰

十六日丁丑 晴 與謹樓看院落 石板石山星白興工

接子謹靖二月初九十六日信

又李少石二月十五日信

十七日戊寅 晴 張雨生來訪久譚

十八日己卯 晴

接眉生 日信 言廿二三同孝拯過訪

十九日庚辰 晴 偕其子永寬兄寬兄穆少舟出城訪兼作人又訪吹侯捐不直 晤汪信子 祖白 坡生 旋舟北門同旋 手小酌 晉訪鴻式 張雨生 雨生不直 晤君兄其重 少譚傷

二十日辛巳 晴

二十一日壬午 晴

接子謹初四日信

二十二日癸未 陰 下午孝拯自上海來訪 譚讌愉快不可言 罷後下舟

二十三日甲申 李拔來譚竟日三時去 穫隱石磊在山成

接庠安林廿二日信

二十四日乙酉 晨陰漸霽 李拔來譚 午後偕稚鶴至李拔可園賀其子

登第均不直 偕仿人次偕賀次偕子始歸 以究吾追家少定吸時

與李拔譚至暮 下午 稚鶴至五月齋訪李訪 三時乃去 池中石磊石山 並日 繪工

二十五日丙戌 大雨大風 下午雨霽 李拔來 稚鶴來 同飯之後 楊宿在 李君梅

來 替偕稚鶴至遊訪袁良之去 三時 稚鶴下舟 李拔可少坐乃別

二十六日丁亥 晴 肝疾大發 稚鶴李二君訪余於樓下 少譚爲題隱和

君寄三幅 與稿 下午臥 家書幅至晚

接阿梅初四日信

又長房郵日片信

二十七日戊子 雲 痔加劇 李拔稚鶴作中郵引 挽留一日 同至余 西樓下譚

竟日 二孫臥 同日 得臥 晚 稚鶴爲別

接子讀 二月十四日信

二十八日己丑晴 与南陽君移居綠漪樓下

二十九日庚寅晴

接顧仲二十七信

五月甲午朔日辛卯 晴

初二日壬辰 晴 夜大風

接吳慕僑四月廿一日信 寄贈金石字之部

又金篤生初一日信

初三日癸巳 晴 寫李篤生信 附寄行敘

初四日甲午 晴 與丁霄同胡循撥赴蘇所 來譚子政之事 二月之壽

接費仲之五月 日信

初五日乙未 晴 天中節 對鏡度未序勉力詩 祠堂土為之笑 覽回

握七之半百一年 哀悼之良不能亡 寫寄作附寄 李篤生信

健句附寄 六絕作 附寄 聞生作 附發樹聲 庵寄南防君登霧春社新月二詩乃下

初六日丙申 晴

初七日丁酉 晴 寫辛擇作 附寄行句

接篤生初二日信

初八日戊戌 晴 與丁霄同蘇 寫許二日信 附寄樹聲 吳慕僑作令兄 翹帆作

作仰卿函 寄雨亭信 唔少夫人 了表 [illegible]

初九日己亥晴 下午楊少城君來 辭 趙伯人來談久譚

初十日庚子晴 宴

十一日辛丑晴 下午雷雨 今日本當赴（[illegible]）不發 晤之伊[illegible] 將為來 氣候事

往北方函 李白好益趣 日本出山多人 午後[illegible]落地 有東[illegible]之雨 仍不暢 午前

訪楊節老久談 同過風儀小路 同集者李竹蘭陰 平子及主人兄伯人

下午雨過 過顧訪楊滄石 少談 仍到孫乾齋 查君得之 候晚別

晦

十二日壬寅晴

寄石泉十二書 馮雪樵來 接吉甫[illegible]向人[illegible]不[illegible]之處 而尤以應酬 程仲舒 雅收

拌石[illegible]譯[illegible]兩人[illegible]

十三日癸卯晴 致石信 事久譚 購谷乃歸

十四日甲辰 下午大雨 自二月初至今 雨甚少 農田望降 得此甚快 實足以豪事

十五日乙巳雨 下午晴 接西[illegible] 初十日信

夜月極佳 閒步南陽東及家最學堂 歸[illegible]

三枝好好花薄冷 寫寶兒信 十六日發 作航

十六日丙午 晨霧 晴 夜雨 寫寶兒信 印發 作航

十七日丁未 陰 寫子謹信 未畢

接讜身拱十三日信

十八日戊申 陰晴相間 得德祁青來封示遠侯所得散氏盤拓本 度已成

釋文頗精 核段阮釋存疑 其侄蜀度譯並題延 子謹先生

接寶兒十七日未信

又子謹信初百行

十九日己酉 晴 寫子謹信後半 郵遞 季少石信 對發

二十日庚戌 晴 下午陰 草泉偕鄉翁高雨譯信姚跋 寫寶兒信 印發 吉甫

二十一日辛亥 陰風 夜甚 寫寶兒信 印發 作函 李奉耕信 印發 作函

二十二日壬子 雨 寫寶兒信 印發 作函

二十三日癸丑 陰晴相間

二十四日甲寅 晴

二十五日乙卯陰

二十六日丙辰 雨 庭復大齋

二十七日丁巳 雨 寒 自西雨後 天色甚冷 寒暑表降七十度分 衣服換綿

日本藤長二尺餘 寫萬子壽作先生 附子請作

二十八日戊午 晴 寫見自蘇城歸

二十九日己未 雨 寫屏山作 完甫作 仰苏姚子請作 子謙作 中蘇寫圖

三十日庚申 晴 夏至 合祀 先祖於祀堂 補接延丁子承錄福

閏五月朔日辛酉 晴 連雨一日水長三尺 [illegible] 拆字

從趾一白 微風頗適 唐、成文、甫之 宋家療池 買雞五[illegible]書 乃入池[illegible]

發趾石岸出水者高尚四尺 綠菊尾刁不及三尺 拔前二尺保也 半深 新加土亦廣

大保桑皋之屋 半木本大 露七八寸 [illegible] 新築之屋 [illegible] 泛 [illegible]

初二日壬戌 晴

初三日癸亥 陰 [illegible]作 [illegible] [illegible]作 [illegible]

接翁曾[illegible] [illegible]作

初四日甲子 晴 午，同[illegible] 楊詠春 讀石甫城 李壽梅 李梓蘭 趙價人 [illegible]

君達 欲觀 [illegible] 諸家帖 [illegible] 傳 晚乃[illegible]

接[illegible] 四月[illegible]作

初五日乙丑 晴 [illegible] 閏五節

初六日丙寅 晴 [illegible] 午後見雨 [illegible] 下午 至陸山莘 [illegible] 久譚 傍晚歸

初七日丁卯 陰 微雨 [illegible] [illegible]

初八日戊辰 晴 下午 見雨 [illegible] [illegible]

元妻忌辰甚悲 寫瑞芝老信 仰函

接頭看 五月九日信

初九日己巳 晴

初十日庚午 晴 夜与照三子政及定鄉蓉裳同暢談

十一日辛未 晴 寫李中堂信 十三號函 新任浙北協宗頌臣都平宇卿人來候未晤

寫李盛林信 仰函 夜金少甫餞叔藻先之粹 自蘇州來候 萬總館長 青

十二日壬申 晴 晨候宗頌臣久譚 晨候金少甫 因竟至舟不遇

金少甫同世兄萬生來 三人爲譚日日至暮 同登山上東嶽廟小

樓眺雪良久而歸

十三日癸酉 晴 下午曾君麟及芸歲吳硯泉兩人來訪少譚

十四日甲戌 晴 寫振伯信 仰函 楊子蓁信 附函 夜飲於匯豐爲孫子欣長

十五日乙亥 晴 夜寶生赴蘇 庚孫候

十六日丙子 晴

接冬月十 初十日信

十七日丁丑　晴　有炎氣　較前寒　晨看表至九十六度　陪園丁種桂、胡桃已千餘株

今年種植者甚多　前種者二百餘株　以備先祖以下陵墓之用蓋自碧雲

為來者也　寄阿弟信寄重陽田石雨二十五付（交長城之便　寄實兄信　附書　作此）

接雍兄信誠　月　日作

十八日戊寅　晴　寄子禮信　附壽錄　少穎信　陸壽卿信　樹蔭信

接子禮初七日信　言直隸元旦千赤地千里　災民解散者極多　東省直隸佳

據探近又直境官軍攜剿未滅　愈人多後路居內患外憂一時交集　等語

今見閩形見之被福　海年將什之字聽仰日天大深難不

又陸壽生　日作

十九日己卯　晴　偕曾邑子姚亦自鄉內寓上來過談（前此紹諸甚技）　英人據梅

福州好事於世界　見日下今春　英人焉利而復向我索為

二人鄉成可不來據此曲為兼後者不復經大吏據近相談彼自難

前日寶通此受難而云道有使一西之勢已屬不肯中國之來甚信

詞局共勢也　自粵近舊年十餘年間紀緣甚懷　官吏甚屬上

臨下詔懇惻世獻意加意務振興實人才餘免字畫點畫之拔

聖慮乃屢華年來風不定皆曉然覽

二十日庚辰晨黄自前月中旬雨後不入晴半月餘北渤口數寸蒙矣

居此七月前後而天津不降直隸山東齊地千里以下福建大水成災

天之譴人可不以為懼矣　寫手諭作頒發各處　李擬作　全二　陳當作初更頒發各處布人

寫完作御筆一書寄歸起身離寓北行

擬寫完十九日事

二十一日辛巳晴

接李勉林來信

校朱子韓文考異原本十卷畢

世傳韓文考異皆宋末王伯大以考異散朱子原本於各句之下後為便檢覽耳　國初呂晚村所藏宋槧考異原本亦無傳李氏乃以付梓其後歸係子乾隆間徑以字遺李集精鈔四庫源自己大小頗同

二十二日壬午晴

二十三日癸未晴

二十四日甲申 晴 答陸丹文 自此始書詞 寄寶兒信 郵局 曾見圓信 六月廿三 又郵局

接寶兒二十三信 答胡雨信 胡兒信

二十五日乙酉 晴 復

接研亨十八信

又研仲二十五信

二十六日丙戌 晴 夜雨午止 答訪陸丹文 又訪楊卿老 均不直

二十七日丁亥 雨 黄君遠來訪 不遇 寄寶兒信 郵局 又長庚孫信 郵局

接吾兄二十五日信 寄壽州鮮荔枝 雖色香已殊 而味尚醇 又

二十八日戊子 晴 吾撤雨六年 王研秉 寄寶兒信 郵局 又王壽

接寶兒二十七日信

二十九日己丑 陰 午向後雨 午後復晴 侯宗月翰 延輔巷人 來訪 以前存宗君所交稿以字

寧保子寬托以為媒 [illegible] 也 [illegible] 方氏女 [illegible] 訪君遠 [illegible]

六月乙未朔日庚寅晴午間雨

初二日辛卯晴　宗月鋤來告借久諄　寄寅兒信（錦帥第）

初三日壬辰雨且作且止　寄般伯信（附函）

初四日癸巳晴且雨且止　寅兒於月蘇州來，修書與甥林久諄　借俛母書

接芸庚姪初二日信

又李拙闇月廿五日信

初五日甲午午未時狂風大作，拂地拔之有聲，即局此風漸止，雨滂沱終日夜

鈔秋禾林　寄芸庚姪信（附函）　李拙闇信

初六日乙未晴　寄…信（附函）

接…月…信

初七日丙申　金作向見

撰錄宋張蒙筆劍南詩鈔畢　此本系…陳…以五…十…曰…而下所附…數十…一…

寫不…古…本…自…

初八日丁酉　金…同…　明日…南陽…壽…共…先…

牧

初九日戊戌 晴午向后雨 南陽君壽日 家人祝賀畢 子永婿長与送之皆去

入望謁廣方世叔今日房講 陸華農來信 再同訪未見

初十日己亥 偕逸訪陸華農 與岑 並經陸群文久譚

十一日庚子 臨長庭那初十作 晴午後雨 寄叔老信 仰蘇

十二日辛丑 晴雨相間

十三日壬寅 晴雨相間 夜風

十四日癸卯 風晴雨相間 晨偕吳子永 宮見寂 蘇楊不梅花室 訪口石橋

今日合龍在之回柳風橋

臨閒牛翊十二作

十五日甲辰 夜雨

臨蘇仲十一作

十六日乙巳 晴間有雨

十七日丙午 后雨后晴

梅查館卿十五夕作

十八日丁未　雲　立秋　巨刺薪　初番獻瓜果　南陽君與二女家宴　守會

讀卿作　和韻　仍韻

十九日戊申　晴　先府君忌日奉祀

二十日己酉　晴　寫成書作　卯君來

梅窗生十六夕作

二十一日庚戌　晴　下午大雨

梅枝亭十九夕作

二十二日辛亥　晴

二十三日壬子　晴

二十四日癸丑　陰雨　柳風橋工成　晚同南陽君挈子孫登眺　綠柳毿毿低拂橋端

石闌俯瞰水聲潺湲　亦閒自然勝境　概余自乙丑以來卜築斯地亦將疏治

一此橋未遑用意　至是乃始構之　功亦云難矣

梅子黃時初旬作

二十四日甲寅陰 寫李空齋作 印萬 寄存僕

二十五日乙卯晴

二十六日丙辰晴 寫子謙作 大谷 高遠

二十七日丁巳晴 寫山峰安井作 印譜 印譜

二十八日戊午晴 池中磊石山將成 逐日至石工兩人任置 今若能示望

補記 孟石形 庭群 北方海山相接之勢 讀改舊緣 巒峯參差勢

還一層文

七月丙申朔日己亥晴　龔孝拱携漢唐碑搨一箱自滬來訪　所為借
刻初葉書華漢泰山石門頌王稚子石闕孔廟碑等均精　余家
居然不了此惟存之耳　是日為譚延二楷
接年力甫六月　日信
初二日庚子晴　卿向兒三寶墨梅　夜生疑人子死　惟晨疑聊一時疑
偽王一面數千文城　卿疑佛徵　夜寫疑呼喊不絕　又連日太白晝見
亂象彰著　果是我生初元後有僅存不知授是之所　午向寺延之
過孝拱舟中　下午孝拱來
初三日辛丑晴　孝拱暮至譚竟日
接子種婿六月　信
又陳五嫂六月　信
初四日壬寅晴　游平石磊石山寶藏　以古人有百衲琴名之曰百衲琴　余
撰若來三詩　下舟別去
初五日癸卯晴　出樓前花園撒步賞石　更磊柳枝壇一座　是日稍

二　赴爾厩寓千壽寺王叢文侯題仰侄視壽少將物

接月生初五日信

初六日甲子晴

初七日乙丑晴夜雷雨

初八日丙寅晴

接芳生初三日信

初九日丁卯晴　夜雨　大樓前花壇砌成　自家胸中有錄萬河　而樓以及

橋山岸邊路　今將鑑藏功　而至一陽　房屋宴飛　全園無力　興築　備安之

百廢待舉矣　陸氏妻以性度乘夜遷還母家

初十日戊辰晴　寫壽千佛御函　觀斜竹令之

十一日己巳晴　中元節　擇今日製蘇餅出爲　初屆

十二日庚午晴

接韓古年姚初八日信

十三日辛未晴　下午訪陸勝文不遇　訪楊鄰花園　邑李春梅小園早

被之兩徘徊久之

十一日壬申晴　下午孔陔蕃、廖仲寶至人（孔宥函大守子）自和上來謁侯石、張老青世讀

因六知來持才卿書來求妙筠譯其絕句序

一接定甫姪六月廿七日信

又答才卿初三日信

十二日癸酉晴　楊君照城黃君蕃來訪　晝侯孔陔蕃不直　孔陔蕃來久談辭去　寶兒與子承赴省同赴江寧應試午刻行　下午沈侯來與侯久談

十三日甲戌晴

十四日乙亥晴　今夏甚暑，秋已過月，又炎熱，不雨已旬日，溪河淺涸，恐沈不足，益以秋旱人心惶懼。東省威海衛失陷，孔烟台日情甚急，要接　朝命李相為全權大臣使，宜往東洋與伊藤議和，前月廿八航海往至長崎，日人狙擊，李相受傷，幸得保全，復從日本議和，許以奉天遼東及臺灣，俟其停戰，議和後，約以各國通商為主，流落至此，有見志道，斯言何惜，往事有行，至南山殺戮立辨，時遇見鳥鵲橋，鄉鄰對望洋人散

以番人辦發及放給人燒人呪詛令咩不甜不甘嘗味一塊啲香電臘
其番辦呪云丁哩遏里來遏遠遠遏陳辨來其放給人呪云虛里光里
來光速來遏不可蔵(每)番辦一条教蜜信譯一之聲施一人給人上有紅點
教蜜信譯之之云下蕃蜜番一給人得長三寸令伊服食急呪令然不
雲接梅路上呪了大孫將其味吐出又被發時衝人押食呪糞其脂不能放
但已將其人解有害亦並半其蒼三善石色住■■以為呪詛即僅壽尽僅
說兩只得白請倒給人不異究(話係亦無福山蕃件長劍山安住)遇發抄身有番刀一把亂發
一鋪探借印係藏藏一一日主福山左近番田家搞的番刀呆係實情平
日之向辦發出白解殺救陷解与且番刀下之辦(阻至牛斷)不害有根為佃騷擾
圓根之情(遠)有頭尚白膜其為梳時似藏世疑本地人了了遠野(以土遊)奸的阳
就地不法(亏)解右害亦大概其情並不久命閩天殺一外首之民以右恍
來境之民為官督職起止之以何事閩其言其為起承
接據咨屬女商之行
又來少不六日此行之行

十六日丙子晴 寫蔣子林信 致[illegible]

十七日丁丑晴 李君梅李君訪之譚

接河南初八日信

十八日戊寅晴 寫李季樸信 仰局發

接子謹增初五日信

二十日己卯晴 寫鄂恭人信 以季恭人青毋歷周之文 卯發

國古璽錄選譜十卷 魏熙元諸篆 有語之文成詩稿歷境識為而以玄抑為證言於年

家孔方錢屋錢從李靜壇齋心龍名四

又心齋待前用陶穀詩二卷 取宿山謎錄等

又壬癸詩錄一卷 同上

子于南詩錄二卷 同上 王旅陳句法空疏 尚是賢者才力 深學不免襟時之趣

二十一日庚辰晴 寫日本信 仰局發 長辰邸信 寫季獨姚春郭信 廿六發 仰 東城伊子謙

信 寔齋信 日暮晚訪星君遇之門不及

二十二日辛巳晴 下午訪陸欸文少譚 至大女家 兒戈 又訪宗月鋤少譚

又訪楊書城名譚 至暝時歸

接子承靖二十七信

又致沅甫初五信

二十四日壬午晴 寫子承信 沅甫信 季仰梅[illegible]

上李少荃相國

前上寸丹諒登鈞鑒 [illegible]

[illegible]

[illegible]

[illegible]

[illegible]

[illegible]

[illegible]

[illegible]

人生斯世富貴已羲遂為吾所久安之上策，不羨外間人所路之大講情。

我中無久採因循之弊，來議何待年年之日，靜事來時還屬為我得之。

病夫吾平生之弄勉為身體折心勝為援存私為出任之宜。

惟以謝邪為勝，更深謹慎勝挂悟、敬故，靈根任憚任憚。

二十五日癸未，大風驟涼，殘暑接續連日，秋暑寒暑未九十分以外，今日驟降之氣。

餘於氣候不正，如此人身攝攝不可不謹。

二十六日甲申晴

二十七日乙酉晴。寄子謙信并寄書陳藝叔信，寄岱丁信附寄廿二信，寄駿

伸信第六，郵局人信寄李壽老人，並寄十二元第一號。

二十八日丙戌晴

接子謙情十六日信

又敘仲廿二日信

二十九日丁亥晴

三十日戊子陰

八月丁酉朔日己丑 陰

初二日庚寅 晴 陸采丈來答訪不晤 寄寶忠信 附答信局

初三日辛卯 陰 下午偕陸雲平農照相不像

接頌存人七月廿六日信

又叔儒仲七月二十日信

初四日壬辰 晴

初五日癸巳 微雨

初六日甲午 晴 秋分節 秋暑始剝 午刻會祀 先賢山館

又得伯與七月初十日信 並寄石半予代擬

接子謙七月廿七日信

初七日乙未 陰微雨 女柔起常以手撫細布子頭自傷安來邀常病篤

寄世哉稼代寄內函 附免兩子求者試未到函 寄季申石信 即覆 卽送

初八日丙申 陰風雨 風甚雨雨止 甘澤久闕 農田枯槁 貴望微收市 雨意尚不降 ■ 為之隱憂

初九日丁酉 陰

初十日戊戌 陰

十一日己亥 晴 下午陰 風寒 寄葛君生信 附函 薩安林信 附函寄人

接金翁廿四日信

十二日庚子 晴

接寶覺初五日信

十三日辛丑 晴 寄邢壽人信 附函 又李柔信 謝樹信 薩安林信 附函 下午至

陪張文別墅主人不至 時見歲朱積山少談別

接邢壽人十二日信

又薩安林十二日信

十四日壬寅 晴 早食後出門訪陳便久談 與送至蘇安處少坐

十五日癸卯 舊曆中秋節 雲合蔽月不甚明 夜祀先畢 同陪君、孝中女孫

同往延春園樂西席 陳若平陪同歸而返

十六日甲辰 陰晴相間

十七日乙巳晴 寫六姊信 附諧信局 寫見信 柔嘉信 荇升姪信 均附書

二十八日丙午晴

二十九日丁未晴

接子偉信 覆六兄

二十日戊申晴 寫子偉信 交馬遞

二十一日己酉 薄陰 夜雨

二十二日庚戌 晨雨 午間微雨 午後見日 天時久旱 昨夜得雨寸以來 晨巡園脩除 澗水沫

方臨流坐山 雜言 有客至 請我為作無衙社創 甚酒 適八年 談話甚樂 內有

以後豐同路構成 現和在工余寺 紫山別去八年 氣由人爲 植松檜 嘶共萬多之數

國慶 亦有與群雜沓 親矣 臨山不三峯 則望殿一層 方嬌屋三峯 便萬人段

未顏之遊寺 入精進堂 梳雲積香寮來 飄香梨雅都 後諧破山寺 不見碑

寺之幕巖 雨 時之將暮 急之而歸 言更之詩不再寫

二十三日辛亥 陰 大風雨 聚寶 晨訪居 倒身中直至 雨廊未之 少坐來同飯

畢 為人字作 靜息二十字 撤 其也五又為寫一年作条 讀紛織 閱寄

道甫長女出嫁，二次別去，途次丹陽少停。晤[illegible]所[illegible]文辭[illegible]

入看姚之家存人，廣[illegible]不以崖岸自異，君子也。

二十四日壬子晴

接伯兄大嫂[illegible]信

二十五日癸丑晴　復[illegible]卿[illegible]以[illegible]寄[illegible]同年[illegible]日待[illegible]往

詢近況[illegible]直率[illegible]不[illegible]復[illegible]誠[illegible]子[illegible]甫[illegible]不[illegible]

少坐　又復[illegible]不直道[illegible]　寫[illegible]作[illegible]　寫[illegible]作[illegible]　子讀[illegible]

[illegible]

二十六日甲寅晴

二十七日乙卯晴　楊[illegible]甫來　趙[illegible]來　寫[illegible]作[illegible]

二十八日丙辰晴　寫[illegible]作[illegible]如[illegible]　李[illegible]作[illegible]書[illegible]

二十九日丁巳晴

九月戊戌朔日戊午晴
接叔穎兄八月初七日信
初二日己未晴
接稚春人初一日信
又介弟八月廿五日信
初三日庚申晴　楊雲史來信　訪陳蘭畦農邑信久談　蒲孝卿來答信
余適出邑信丞道過匹發見久談是遠漢事而情形傳說殘殺
閱蘇東坡蘭亭考八卷　西方佣妻書評審題本被本正檢浮原正誤十之三四顧覽書損無憾矣　石案批備宗一要好
初四日辛酉晴　寄楊雲史信加函　而甚　示箴孝卿
初五日壬戌晴　向前月廿二日兩不晴果後半月風日亦燥竹葉皆為無色　寅
完試筆詞　寄和雲人作　而蔽　作答
接六弟初一信
王子寶恩之初二日信

五月十郎初六日

初六日癸亥 早雨 午晴 李揆自上海來見 訪芮佳見瀚中令中 揚德和五林

晚宴陳老達（此二行係錯簡之）直江上信 祀世吉一書 二陪泰之楠隨查石碑 寫一碑楷

初七日甲子 晴 邀李揆登寨蕨書 天女敷 祖宗生辰壽

接翁生兩三行

初八日乙丑 晴 寫名片作佃蕨

初九日丙寅 晴 辛九郎 偕李揆登書至芸齋 五福樓 少坐 從山甘淡 入白石庵

張少升 陸芸年 農書後久譚 寫草子壽作（許子壽詩作）

題草子壽詩

蔚青山下國之東 及作家（例）同海上之盟 今來帷幄曾儒 冥靄作坦然相得

類白風中民業福甚微之 近日 仍淵康同桐雅者局 子殺安石老物名宗 五

原秋多瘦一（同）甘年（修書）偈回 鮮樂之節盛遮 煩邊每日一錄以正 迴（屆）南旅閣 （此）眺望山

色 聽水源 動静之間 賓于壽者 金之 度野心 氣茲年 寄許折開 城（成）小之

廣年賀掛頸後 寫其周（詩疏請錄於之而寫（以出）之 服慶宜南口勿來事）其付琪門之記 文為陪遊 自幼年時 即秉性 孺道 無委地

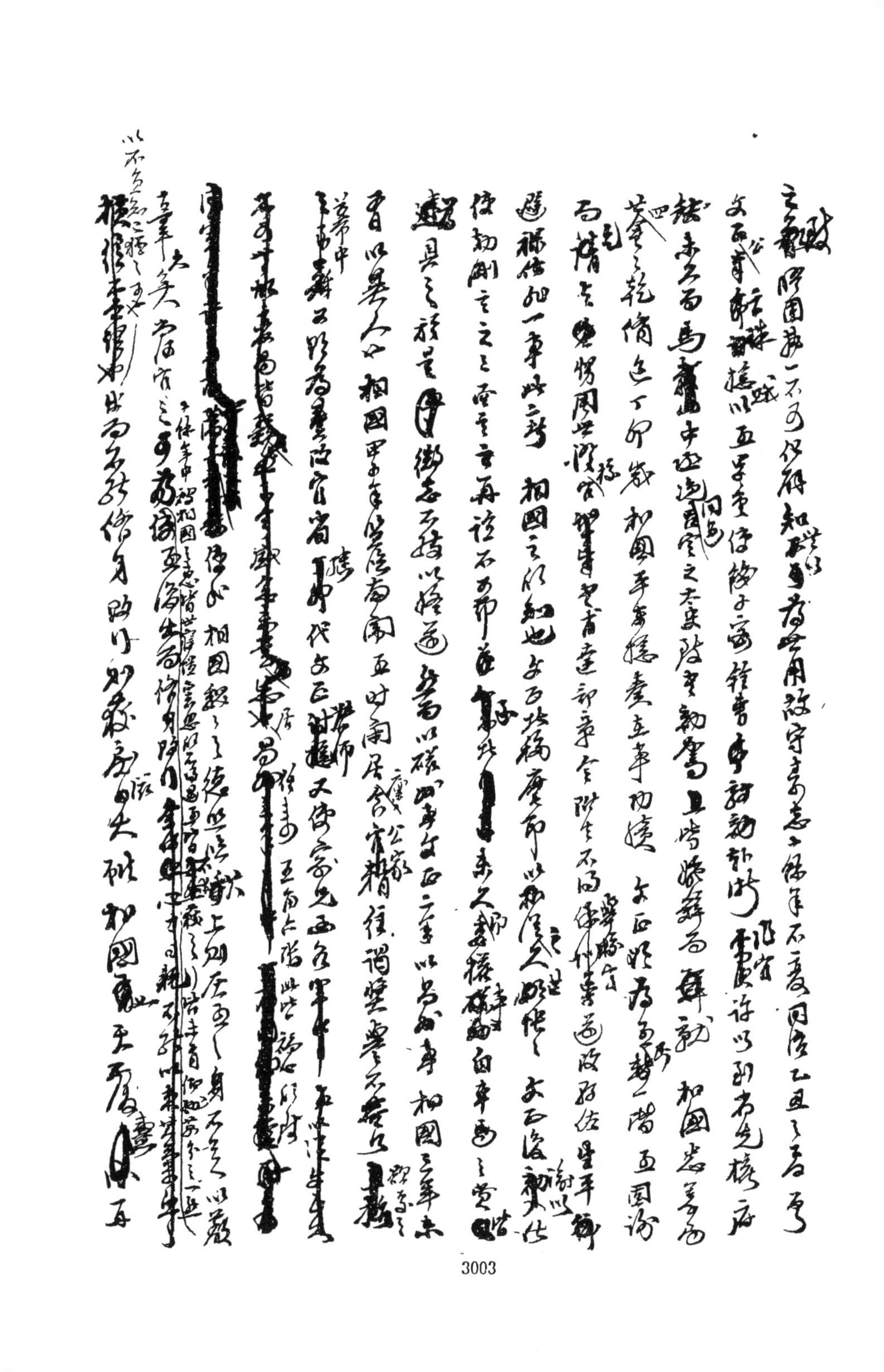

三不煩拆丑金齒戴髮之身猶無愧爭以疾病自此後以燥性所以然[illegible]自為幾機

至一之恩而揖之感激涕零知所不稱矣者既已身為世所求其解不能觀[illegible]不足見

何為可識存身錄未結頭金髮急西之生平人盛未知 相國必能知之更卯然陀陷出以

衰病[illegible]身久居此野剩冗之任蘋時以成[illegible]滿己閑書作舊手感形

而知之人之所謂有奇異者 是以[illegible]陰狂[illegible]新居自睇而不强已[illegible]

青子 相國共任等夥不可以私情而北中謝為 公蒙示佯且異同[illegible]華禱形容用事

為之倫從曰 相國命之即陵騰請蓋為矣 家居有固之時市屋發嘗同經[illegible]勝以來

[illegible]軟亦當為急以依晨夕度年有之人[illegible]年[illegible]

知伯安所止 相國隆於不之棠詩以將家郡廣下不自量至 相國宜以大為此者由

也[illegible]以修[illegible]辭弟[illegible]平貴[illegible]端之所[illegible]出[illegible]舊書皆 而和卿

焰口而以為貧未敢之者而亦曉已 相國方何之恩許其發揮見世修解嘗見加恩痛見

為之[illegible]疑孫補作 再以名放揮名解示代悶遠屋膳之清識立 相國一二十方已者應

之數[illegible]請代陳青此而煙而畢一大

初百丁卯晴

十一日戊辰晴 天色燠暖甚 園中李花紫荊桃開盛 亂似春見 不以為異矣

十二日己巳晴 守孚請假 卯正發 少頃行 附錄 子宣入值 卯正行圍

十三日庚午 晴 有雲無雨 午後晴 自重九以後日皆晴 諺云重陽無雨看十三 十三無

雨一冬乾 相傳甚準 今夏秋皆早 麥苗失滋 積事可慮 甚為[illegible]矣

十四日辛未 雨 昨夜不雨 而今日雨來 氣蒙[illegible]何 聞南陽諸人皆報霜

十五日壬申晴 雲 夜月甚好 守孚請假 卯正 謁陵祥 齋戒 陳坤北還 以合肥交[illegible]而計也

十六日癸酉晴 夜[illegible]色 侯借[illegible]來訪 夜月二[illegible]乃去

十七日甲戌晴 [illegible]秋試不利[illegible]不情 李升蘭[illegible]來訪

十八日乙亥晴 守伯[illegible]行 守伯[illegible] 卯正行圍

十九日丙子晴 甚寒[illegible] 同李升訪 次侯不值 李升先歸 余去訪李

升蘭不晤[illegible] 子玉舟[illegible] 李君梅 少談而 雨女家少坐 大寒

二十日丁丑晴 同李升[illegible]諸君[illegible]相宅 不遇

訪陵[illegible]不值[illegible]

二十一日戊寅晴　下午蔚君來邀去登訪同觀館　閱其樓陳列物品　藏其多

二十二日己卯晴（寄與腓作　致叔韶　李撰女作　同上）王逸來　李撰今年八旬　月之廿七其降日也　當祝不可　乃移今日
復其囑之　為蘇為穆郎壽之　書撰聯　連來　並乃復奉達眘
接周鈞甫函　作

二十三日庚辰晴風　李撰送之下丹（潘子信欲介函人來　嘉識　信久譚）蒼訪　蒼仰同直久譚　訪陳耕夫不
直　蒼訪穆翻春久譚　訪季君穆不直　寄周鈞甫作　郎函　伯寧函
復寄穆不庠　郎函　寄函

二十四日辛巳晴　蒼僕潘子臨久譚　並晤張佐卿　又識余榮卿　午後季君
梅來蒼訪　適肝病吐瀉甚　臣來就晤寫

二十五日壬午晴　題倪信來久譚　肝病少瘥　由未平復

二十六日癸未晴

二十七日甲申晴

二十八日乙酉陰雨　寄子泳作　郎書　季陳函子　嘉興作　李撰作　同上　孟盧來天津
病甚哭媳得常書　遣僕陳順下津　子泳偕其弟子順物

接伍存大椿二十五日信

二十九日丙戌 晴 子永來

接方之函 五月初十日信

三十日丁亥 晴 寄方之函附師信 印若 寄大令 閱陳山年譜畢 安節孝祠 傳題述詩

謂函六樓陽 辛

十月己亥朔日戊子雨

初二日己丑陰雨 寄潘子信 信局 寄君千信 同上

初三日庚寅晴 楊經卿來 譚久譚

接六姊初一日信

又舍弟九月三十日信

初四日辛卯晴 又周鈞甫九月 日信

初五日壬辰晴 寄子寔兄信 信局

初六日癸巳晴 接吉兒九月十六日信 寄叔彥六姊信賀以新婦 信局

初七日甲午晴 下午訪陳華農久譚 寄郭筠仙侍郎信 十二

接子謙九月十五日信 下午訪陳華農久譚

又笙子嘉九月 日信

致郭筠仙侍郎

筠帥少宗伯閣下乙亥春 南公在天津詢及下走之時 官兼來 任

罪不獲時 今署 御天下 遠使異國五十七年 常 任

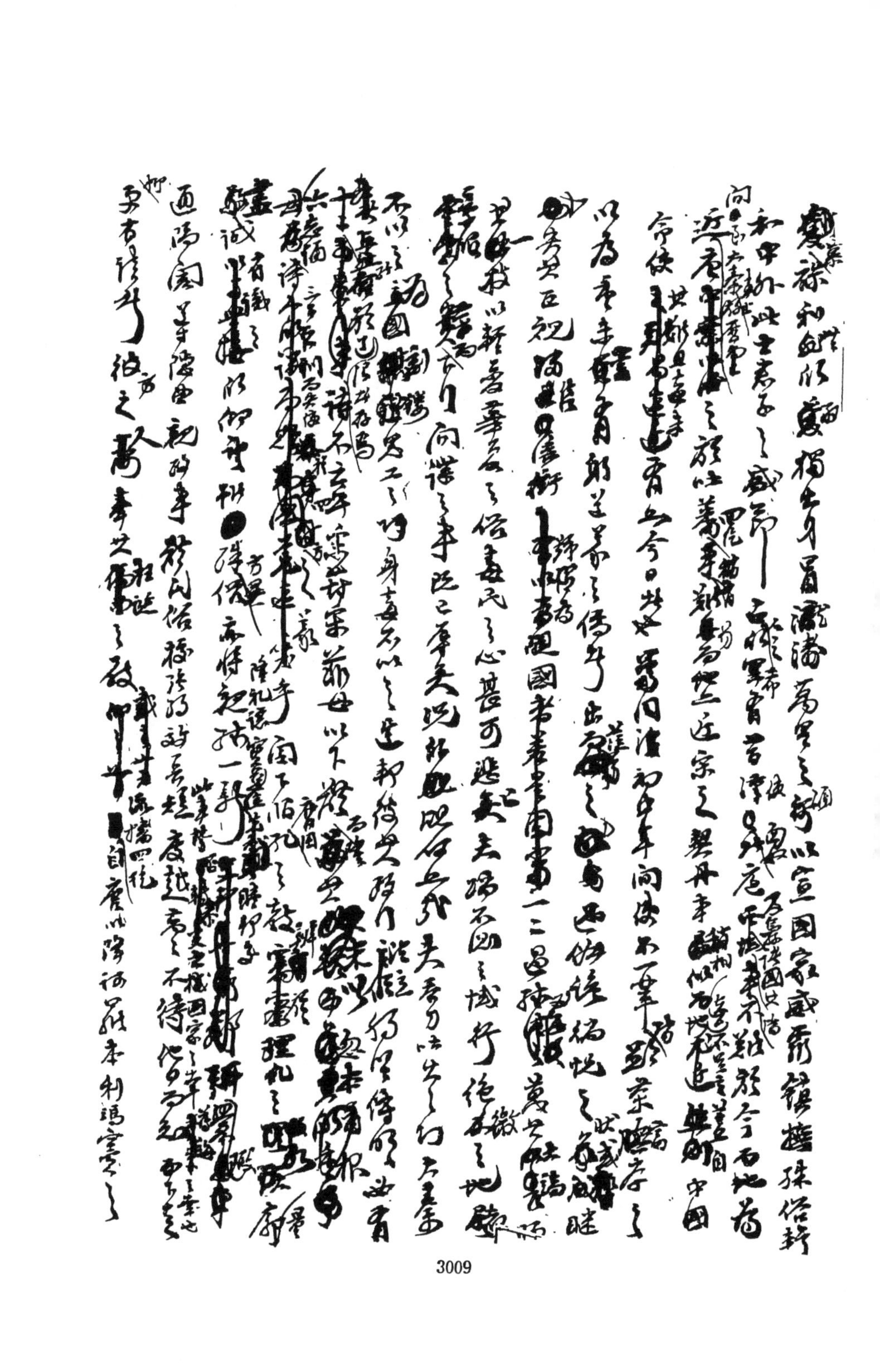

[illegible]

行訪於中國[illegible]遍天下而不可 朝廷擇一儒臣兼文武之才[illegible]以[illegible]

援遠人[illegible]尊謝齊於禮義[illegible]之人之[illegible]容曉千萬而不可勝 [illegible]

海之[illegible]不得以除[illegible]異即以千百征伐彼何其篤我何其急彼何其多我何其寡

所思心 臣[illegible]其故[illegible]其師[illegible]夫[illegible]中國

之人[illegible]其教[illegible]外國之[illegible]思[illegible]其教[illegible]不審則不信

也[illegible]於中國[illegible]聰慧之士生於其間 閣下識[illegible]聖道

以[illegible]風[illegible]情而不信[illegible]使其[illegible]

往一世之表[illegible]不為[illegible]乎 勸[illegible]指不可[illegible]年

所[illegible]人力所通天之所覆地之所載日月所照霜露所[illegible]其不[illegible]

親[illegible]聖人[illegible]無[illegible]千載之下不[illegible]之身[illegible]者[illegible]

閣下審之[illegible]以[illegible]代謂[illegible] 勿[illegible]

大[illegible]

教[illegible]先人[illegible]一通[illegible]於[illegible]年[illegible]來[illegible]人[illegible]

下[illegible]學精[illegible]

以筆下忱不忍棄推見陳補甚 甚有參差 余與三六碑都書行款別依

本石之倒照原格寫當時用[分別]空兩字處 不分安名係銜 是其體讀及未改不載

年月係明撰書造石不知其故以待考之 翌年均色 西之 孫子趙手稿數

初八日乙未晴

初九日丙申晴 下午詣吳俊陳岑 遇楊雲城翁岑 兩君處遇陸竹文小隱

二詩殺(?)

初十日丁酉晴 復陸小岑昆(?)送刊 少譯(?)所知

十一日戊戌晴 謁(?)儉人來復少譚

接恒(?)附 初二日信

十二日己亥晴 寄省寺(?)信 即晉(?)寄冀(?) 子琢同照(?)女子順(?) 來

接老親(?)初四日信

又寄(?)電 初十日信

十三日庚子晴

十四日辛丑 寒微雨 夜(?)霽

十五日壬寅，雨

十六日癸卯，雨

閱[illegible]尚論篇二卷又後四卷

國朝喻昌撰。傷寒為王叔和竄亂，明人方有執作條辨之，昌本期為暢其說，并翻應旋林程之御等後批闡之於未必盡合古人之意，而諸說則較明矣。并讀叔和所編及諸採仲景之論，錄其理法，詳脈證色脈，編為方，名神醫則仲景原書之道淹沒，今所存者乃經後人編次之人信之以竄亂為之，得其說者多不能得其病，不肯與傳寒合論，處千年之後，會歸於一，實有大功，此書之三陽等分篇亦清晰，出此入彼，不無可疑，並不快，傷寒之為殘缺殊非完書，然蓋去其國殘之篇，是書辨論雖稍過年十一卷合請尊為江湖氣甚重，分條辨列方，合黑斜俗以便後人所採獲本亦有功，要所見亦不可非辯也

十七日甲辰[illegible]雨　[illegible]

接六姊十三日信

又[illegible]二十日信

十八日乙巳晴，下午陰雨　晴，晚子承來談

梅根亭　四作

十九日丙午　雪　出游平烽同六松閣舲　買詩補註一部　又訪劉趙氏宦書所寄陶

華信寒食十集　訪潘伯久譚

二十日丁未晴　信香社庚　題橙　賀史母夫人壽旅畫扇之五十壽　寫任筱沅信

印若　寫常子延陰情身布　根亭六扇作　印若信局

梅孝耕初五作

二十一日戊申晴　早入城訪汪侯谟　至補木屋看見所藏士禮居宋槧書有蘋

克印集　山簡所集　君精　又見裴賢（蕉）記荊叙記等

二十二日己酉　雲雨　寫壽慶姚作　印若　姚亭作　壽耕作　賀舟丘作　印若信局

梅鶴守亭九作

二十三日庚戌晴　撰明日赴蘇即　梅青李

二十四日辛亥晴　甚寒　寫子清信附印若　午至下舟赴蘇　從閶葉城侯錢伯森　晤梅岑嘉兒　人不遇

印月　在印象叫口

梅子寫之　二十一日作

二十五日壬子晴　早暮衣到郡齋門進城　仿舟梅子河　訪鄭叔人久譚　至觀前

蓀盦遊　賣經雨來游阿蓮卿上下荒殘　阿蓮卿等游顧氏新築之精
園雖不甚多而野木樹陰稀密雅正氣更年來到西舟　寫易南陽君
一作 師晏 作極
二十八日癸丑　清晨微雨旋霽　薛安林來同至觀荷日郎極借寶論一部四冊小印一
具　下午過舟晴去年訪素人久譚　顧振京兆試後抵蘇同余至來見
並云去孟惠同賜閱展舟中孟惠薛先驚書作詩共家人來爲代印
旋寒去二錢寄君孟惠殺來東面過子不寐
接子謹信八月廿七日作
二十九日甲寅晴移舟蘇門　訪李嵩生未訪久譚其所居網師園　庚申故爲余言
得吾邦日記酒樹多存翁生讀借翁先基華而不僅又出藏金石字畫作記
亦多精品晴午後邦到　子去上蘇家久譚至夜不去書出蘇來後己久去
接家兒廿五日書
又子謹婿九月初三日作
又士良陳表兄　月　日作　致夫人書

文孝摺二本留

二十八日乙卯　晴　陰　濟源來備談後此年事，早食出，由崇文門送山昨郵壺價並函
琉璃廠鋪樹卷列，其時為碌碌，路走陸恢宏原甚勝，亦不免一些氣
王佑月源江寧謝生出家，麟彥得見隈趣。傳揭足山峴不直，唯僅覓得亭子不
直，收西安年東後久出主人，抱去夜數十種出觀。秦量瓌銅壽安張氏家
物。宋拓張猛龍碑、李仲璇修孔廟碑、禮器碑、韓氏祝石、宋蘭亭，皆精絕，其值又高
碑影宋洲本，世間止此一本。黃宗楊王聖教序，張照墨高標題字
拓佛娘碑、宋拓泰山二十九字，甚清晰，此亦宋本也，亦未見也。韓貌世高麗
久明王憑吳拓泰量拓本二張兵，但禁防漸李不及原石旁本不直，但食其餘君
君千之語
三有名譯器敘，但擇好來不直逐耳。君千手題出語之
但依博古說
乃大出金石銅示，又開函閱清老帳冊兩丁三疊皆之至若恬之祖託此
乃知近日淳化閣帖係翻刻，此塊原說耳。甲庚尤勝，丙丁卷殊異，此為尊
為拓本海內
拓模墨蹟疑是甲壽齋宋人題為真安，知非宋人所述之耶。又宋
以上書於
拓海帖六冊、題跋一冊。電報致谿函數函字。謝過澄清堂刻而筆法極佳

以第三子卒分藁見示人尋勤之工惟在宗謝為前下由孫山此是福可想見矣
初鼓泊射瀆 舟青山勝處久談下舟 青山勝湯素言之矣
二十九日丙辰晴順風 掛帆光福穿樹 移舟香山內 香嶺君照自門迎之不可免也
午過木瀆中拔光福一路虞山高處 閒看詩冊 山光寺荒棘不至 逍遙為余以
累人之思 方寸甚不能平 尚飯 寺庵廊 悵卧石屋磵石可辭 遊向之
傍山行前開路 三指聯捷 仕維舟不得入 蓮邊 香壽君來過舟談
程余岩賢廿五又作君詩
三十日丁巳晴寒 返生舊卷紀之 學士內在與依门 初至和園社 印偕孫丁往翔
記左柏香小 望色無恙 叢初一髮 晚睹靈山遠行夷逕 橋東松樓皆存旅首
右萬桂盛開句 土人云秋旱 今秋得雨 又旺和甘之
至天井村訪種樹人 丁姓陸稿臺一飯 筆和卿陳樹諸僕不得 黃梨仁保二色 食柑花
梅大雨困行 又紫藪欄為尋巖 不甚高 為大代亦至搢把兩以六劵錄 好為門舟 静迂遠
後未敢 今日乘舟急趕不及至精舍 五鄧須望太湖 暮色蒼茫 不覺久留 惘然去之
延徽瞑達 換舟上 初鼓至為夫丹侯
不堪精舍

遲轄籠無際幽囊此洪丘寒烟青入樹遠水白浮天游眺隨陳跡舟

車惜盛年何物何取事一寥寥綠壽

十一月庚子朔日戊午雨　早間雨門過寶嚴靈巖皆不可游　午後未清結
小酒接石五趙壽承函謝罪嚴　下午出門　夜接吾門函　寄李易耕書作　初二日寄　交壹壽君
接安惠十月二十七日安字。
初二日己未晴寒　步出西門到女家葛諸漁夫陳三福家寫此疾韋十方向
益倚惘不免相隔十五年而家山一舍之遙萬無從蹤自傷自慨不已來
久出西祀翁白薛安林來同飯　下午赴俞壽石翁甫招飲　夜歸來筆立嘉福亦嘉
相識有女童二人俏麗中年孫東館華中飯戴未語與別人亦要年女笙避也
金石壽相見示將異見觀二詩下舟　舟亡諸伯開門水國中　寫金壽石作　印書　示安壽君
接安惠十月廿九日作之知金壽石遊無恒遊過穀雪女
初三日庚申晴　約之陳女祖西門若孫去蹲園觀石之五峰之二皆在文壽為
居　安甲　好壽存作之藉之此六年尋常年過金昌閶市出城不度封
福存同陽君縣遇寫集舟行少舟下舟游山塘買盆栽石黄楊擺植之百納
擬預又盆梅六株　中刻後舟至齊門訪柳村人並明廖　未深下
舟出城川數里泊

擬南陽志十月廿八日作

又寶廷　廿七日

又六姊　日作

又松壽　廿六日作

又李暢女　廿五日作

又李譔　廿八日作

初四日辛酉晴陰　早者騎門　申刻擦家之人均無甚言為將迎之去白

擬鄒季彝　日　作　寄李篤生作　金力甫作　鄒壽人作　魏壽泉作　均雨農作鄰

又鄭峻仲　九月二十七日作　寄朱雲卿作　和葉若雨陸厚

擬文忠致書二十舉人

林如徐稿其請收葉植編列　公任封疆不悍勞怨地方利害未嘗忘

錢尤佛家無有不可為私材財之匡戴之強儘而不移匠正諸流三福向不

見拔庫留之風沙雨鮮李陋可使並記拔白實瞭列孫太史官諸儒

儒者為門　公之用心亦有矣　後本為若病其操之太急路察

無端余語其吾不在閩外講求之人而在都中講求之人自古國

呈未定而能成將卿之功其哉日有者祝其任之守之不足　浪戰未

而復無料年寄啟之昨西人寄粵北匯四百兩具亦無給
上諭吳郡各向中國之另但論改一不可為峯去往來
奉蘇省另集儀免重復者不宜放譜以其并不援請議
嘉平望日文

初五日壬戌　陰
初六日癸亥　陰　冬至　午間合祀　先祖　庚年——晡往楊少泉楊桃甫子永
子明來館課
接少穀姊十月十九日信
又柳卿人初五日信
初七日甲子　陰　寄子謙信　印若　馬遜　定甫信　少穀信　相謹信　姜菊信　許春卿信
定庠姪子之印若信函
初八日乙丑　晴　用聚除板劄旗譜　旗是日開工　自余及寶兄題跋外請柳君延之　楊君
少泉方晴子永來助校
初九日丙寅　晴　同照之鞏子姪到方晴家　楊少泉先在並子永子明少泉皆至　羊

內翰齋晚飯罷同子青拜看菊李崇好吃茶而歸 得綠菊一本

接子律十月廿三日信

又寄子青書 初六日信

初十日丁卯陰 訪濤子確楊□章均不值 訪楊書城 趙介人 李彬鬯均不值 訪

李蘭梅不值 訪楊師孝久譚而歸

十一日戊辰晴 寄沅浦宮保信（附易庵） 子寅兄信（附南皮）

接沅甫十月廿二日信 寄到神龍蘭亭一本

又寄鄭卿 初九日信

十二日己巳晴

十三日庚午晴

接完翁十月廿六日信

又寄鄧弟 十一日信

又朱弟信 月 日信

十四日辛未晴

十五日壬申晴 夜月甚皎，在南陽東候月當頭，五三枝乃卧

十六日癸酉晴 植工補植楓樹十餘株，以其不畏霜而秋色可觀也

接余紹宋[illegible]日信

十七日甲戌晴 寫余紹宋信 袁山如信（寄內村一幅） 薛安林信 魏春泉信 陶印春 蘇如信

子寔之[illegible]信 陰

十八日乙亥晴 [illegible] 寫[illegible]信（二十二日寄） 春娥[illegible]信 松泉信（仝上）

十九日丙子晴 寫卿青人信 寄新米一石 與原大將信 寄新米一石（二十日寄 家兵人）

二十日丁丑陰 長崎發晚南 午到近江客舟 寫馮士良師信 [illegible]母夫人壽[illegible]一幅（[illegible]）

二十一日戊寅陰

二十二日己卯晴

二十三日庚辰晴 寫余紹宋信 [illegible]

接子寔之二十日信

又卿青人二十二日信

二十四日辛巳晴

接子寔之廿一日信

二十五日壬午晴　候景保園（春鶴茂才 邑人）濤子瞰推敲（未定稿）詩於七華門
蓮戶星春甚寒人以為烟火氣惜有獨度耳｜之譯曲　吹傳濤子
晴不宜
樓遊（題師 二十二日作）秋山野苗作
又又 分[illegible]考[illegible]（二十三日作）
二十六日癸未晴　寄吳花樓作（即春字韻）　寄三宿作　岸安舟作　邵樹人作（韻即春）
樓遊 寄其宿山西日作
觀 寄吳鶴山三日作
又寄花樓廿五日作
二十七日甲申晴　在逕頭觀春夜來盡遊心寸寒宮下月（[illegible]）
（寄撒青在下右三年前[illegible]時不合矩方放兩[illegible]皆寂夜遊先正擬撒[illegible]）
二十八日乙酉陰雨　寒滿子膳來（邀吳侯未久譯）寄侯久譯　寄吳雲寄作（初一著 作初）　寄吳隱和作
寄三宿作（初不著）寄了
接吳益微　二十八日作
二十九日丙戌晴

擬吾輿二十五年　不通向書年　得失今隨日年利筆且跑乃看西去

十二月辛亥朔日丁亥 晴 寄子讀信 丙翁交馬遞 于寬旦信 印翁交丙 板亭信 合上 邦材

又發 趙嘉卿信 印翁手人

初二日戊子 雪 寒

接奕年兩十一月廿六日信

初三日己丑 陰晴相間

初四日庚寅 未曙時微雪 晨晴 總午陰晦微雨 訪印侯 久談 易甫 食 傍晚回 亥刻振

全任帖悶

初五日辛卯 晨大霧 晴

接邦材人 初三日信

又寄甫 初二信

又裏陳字 初三信

初六日壬辰 晴

初七日癸巳 陰 子方內子世母 視外孫 孫病之甚劇 投以白虎湯 下午後復視 少瘳

初八日甲午 晴 下午陰 卯刻遣人去 見微雪 及不寧 將今日卯刻 翁工來 叩謝

函二徒吉原稱取村收應吉時 衣劍 初吉試勝如期 正新再有衣為許

廣東藩王云壽客清師男保姆等上 湯少愚 湘潭守備錢德化人 來候

接吳生第初五日信

初九日乙未 陰晦雨 夜二鼓青琢戴夜峰來 奏二人 秀出見其叢話 亟購之擬

出陽 代豆從樓下購置衣而納此峰

接吳平叔初八日信 寄國山保一函

初十日丙申雨 李傳周少些 湯吉舫仲 和識於未正前去 五月方來 杖扶外孫廣

上湘查仍為吉方仍為吉志 寄船仔信師蒼 寄貴三舅信師蒼 寄吉如

接寄釋之之連洋の元馬下 師蒼信句

十一日丁酉 陰雨

接劉開生初八日信

十二日戊戌 陰雨寒 寄開生信 師蒼信句 吳生第信 師蒼信句 吳平叔信 師蒼信函

接子翁手生 信

十三日己亥 晴甚寒 蓋訪濤子暗以所近館師景際園言世往詢其內如 丞

長女壽昶接孫痍積痾未寒後挂與仍為壽方山前志　字英

某微作　御製十七作句

十四日庚子寫

梅堤亭　日作

十五日三年丑寅衛雨　石岸李日下檮木　孟大女壽昶接孫痍　字薛安林

作御製作句

十六日壬寅夜雪偶因夜坐正亭午見日　孟大女壽昶接孫痍　字子寫之作

御製作句　金岩作作合上　蘇幕遮作合上

梅子黃見十二日作

又梅亭前九日作

又蘇幕遮十三日作

十七日癸卯夜雨　登譙樓下　新植翠石以其形似名之為壽鬆霽峯　子承

來　侍晚孟大女宴昶接兒痍　自後疾惑無忽刻今日胃閃發作瘵一瓦

那堪那越　病常仍此為念

捃萃叢殘十二月作

十一日甲辰雨 自上作晚無為直霖雨後往神手殊覺閒寂

接張菊生十一月二十日信

讀潛邱劄記六卷 閻若璩撰 百詩先生博據專家與顧寧人同開本朝樸學風氣然其於學術以六經爲中
遺稿寫樣未經刪定中多全錄古書蓋先生生前所記欲論證而未及者與人
無識豎儒入集中宜有書目錄識其標題以備查考指明來歷也

左汾近稿一卷 閻詠撰 百詩先生之子其前後詩錄如出口吻近似乃翁詩亦清警

十九日乙巳雨 寄六弟信附鄰帖

二十日丙午雲 葉氏族譜十八卷 錄其自序十餘年一心於纘畢為之快慰

常熟葉蘊庄文譜序 補錄初一日作

右譜一修於道龍王公二十六世西溪府君 再修於二十四世駕部府君 三修於二十七世都轉府君 四修於三十世湯陰府君 越三十年前歲同治之間直無為鄉吾族流散奔避 琢文大懼先業之墜將散而不可收 稽禀於族祖族父來京師後十有五年 乃告於琢文正其體裁 採元輯採記 有沿江景江助之詢訪 依舊典藏國英顯子實等稽檢增補訂勒為系表十卷 蓋以道龍王以下專實為世編六卷 卷首都十

八卷書既成爲之序曰昔我高祖龍王讓唐以朝以肇造我有家歸來府君
遷居于嵩耕隱府君遷居初居驚部府君遷居郁城君畫男力士勤男敎
用篤生我參議府君諸明衡皆登第副相 天好稱與清慮康氏鄭與閤弟
百餘年而謂未息參議以降子孫脂膺遷敎國敢越保屬揮府君之殆
初將府君竟纘世服家而後隆 青州府君湖州府君繼之蕃采范徽流沫
新學士之曰據家府君又繼之政通遷朝行修雅宦振吾門之衰起太原府
君之遺遺緒一牲之中畏措毬世項領相譲而謂盛矣在於今通籍滿帝
生遺寧於凡以潤澤之餘奉高之不息以清柳生德之不脩學之不講乎之
趙氏子孫從仰以視冥國默以思於無怨之姓聯哉卑告悼慨深忌古者以族爲氏之
制國生爲姓胙土命氏諸侯以字及諡官有世功則以官邑先儒之所欽族親者之
宗主有繼別之不遷之所以宗爲禮則稱其宗祖廟之毀則封於宗室親疏有
以相聯赴告有以相通故其氏親而世家大族永久而弗替迨於世衰不行從以文
具三孫宗子兒親而情於寄陽身而食於附支庶向起則補苴彌縫原其存身
族之微盛家之興亡究極推特先澤之不斬朝爲公卿暮爲輿臺親則一本而

疎羲門路噫君子悲之已是以君子焉々作為譜錄以備宗法之窮推原本
根聯世系敘々勢存祖述啟其親愛之心歷世相傳莫之能改郡家乘備
而宗法於斯在不可不亟講也在角弓之詩有之曰騂々角弓翩其反矣兄弟昏
姻無胥遠矣思之言曰爾之遠矣民胥然矣爾之教矣民胥傚矣室不以親
親睦存無遠而能和也乎吾趙氏子孫讀譜系者於本支相引綿々百世則脈自
城監仰以達吳孫吳郡吳門者由一家也非無遠乎讀韓王之傳則知其
恭侄家殺空異兄弟相殺蒙天之祐子孫眾多讀譜牒手府君之德範則知
其莅遠序縣達報能服務常之尉為臣宗讀西溪府君見澗府君之
達本則知其務本博施身勤眾感報於寧漢昌寧識慶流於裔讀鷹鄒
府君恭毅府君習字府君之傳則知其當官正色大節凜然報於為循吏名
臣讀閔縣德讀殿撰府君子發拔寧府君之謀辭訴教則知其好學深
思身體力行門內以恩門外以義報於德行政事文學先於前列非教之乎
夫合吳派以溯一源由收斂族親之義故也則古昔以勵後人亦厚於宗宗之
助也欲宗法不可廢與存什一於千百不由此物此志也乎孫之人勉之哉無

念尔祖聿脩厥德詠譚太華之高不可以企及耕耨之盛頌不可以遽窮

其用心深則其學必勵其志遠則其器必豐不在其身則在其子孫人文

蘭與允祚蕃衍相因而至可操券得也後之人勉之哉

二十一日丁未雨立春　昆平家人歡　先祠以鷹嘗備月祀　且徵屯庚聯合日上梁

梅生如姬　作

二十二日戊申雨　登雨樓下看嵐石崖盛又在峯中四秀聳秀西北曰漾碧西曰香爐東南曰

梅生兄　作　鬱鵠東十四巫雲皆拖倒

二十三日己酉晴亭午後雨一作東為雨阻迫暴除那能滿苟能正其充功　下大女為紀稱孫康之盛家詞程為　理之解経時

以沽中月林業武林蜀家中侍母夫人不除王余心衰退身力不能使無內顧憂無以弭

如煙借之作詩送之　富子詩作同韻詩　命為生作同韻作句　生子甫作合壽

梅子詩初今行

送郡理之杭州詞解傳之杭州

西郭門遙送森青　陰岐楊柳是何山　人知親老難偕隱　公今先朕唐詩出

冷雨坐江征棹疾　塞天以上山峽楚笙屋　應情靜圓官冊畫　月殘空思

夜夢還。

二十四日庚戌　陰，大風，寒。送上成川送之河干。

接振山弟初五信

二十五日辛亥　陰，寒。晨，率家眾兩佛山作年。寫龔孝拱信，作別啟(附片)。

接李長徵廿一日信

又接孝拱廿三日雨信

二十六日壬子　晴。晨，率家眾祭五祀諸神——以今年新建新風橋，為宅西北之門，

戶旗壇橋神附門神之次。

二十七日癸丑　大雪，甚寒。太夫人放慶祝雪，雲岑山腔白，萬夜皆銀，余家之一盛也。

二十八日甲寅　陰，寒。趙介人來，少譚即去。

接李仲約廿二日信

二十九日乙卯　晴，未午後陰，寒。

接周孟典信

又觀般仲二十二日信，寄婿洋段一寺

三十日丙辰晴　下午奉懸　先祖象率家人壽饋出往年一程華一交賀共餞於余內寢　大女來歸　自余夫婦暨男女子子婦孫男女等十一人諧笑歡呼　洪侈大爵　家庭之樂莫能過之　仰沐　先人嘉佑無識享庭福而子孫人間希有之福　緬躬自省　兢惕無已

日記四十三

能靜居記

光緒三年歲在彊圉赤奮若余年四十有六

正月壬寅元旦丁巳晴天色清朗無雲翳氣象甚佳晨起率家眾拜

天地 先聖孔子禮 佛祀 先祖交賀如往年一 當筆書紅箋流年卦曰

卯子空 戌 伏午申 辰 寅 未子空

〆 〻應 〻〻 〻〻 〻世 〇

兄 官 文 官 子 兄

子 妻 官

占卦視

寅木子孫臨令持世兩動文爲原神一日辰扶助平安福履吉謂父官交露應附

協榮我君而春令值休囚之月又乘克於世文不能爲敵財不上卦伏於兩文下

不足因妻體相有日辰同氣翻財向官無多財亦不破財

易暮之訴已東鄰婦女爲王犯居旅山等情以某某母房移來師處妻控書

丁丑元旦

山家百物盡暄妍。日射松杉曉氣鮮。遙君巾衣歛若傑。斜川鄰

世上疏年一8春光誕景人難老8世路迷思當勞理8離離耕耕年華今

除夕。五鼓始睡，謝客當筵。

初二日戊午晴 甚寒，是日暑表三十下 晨起讀書 先祠五拜，家人以余降日稱祝

亭午出賀年 惟兩女家及趙佑人、吹侯、楊詠春等十處，入佑人、吹侯均[illegible]出

晤詠春久談 下午兩女及婿子泳、婿弟子頎來祝賀

初三日己未晴 晨起讀書 先祠午劇樹 為五姪年 下午同子泳、子頎、沈子寬

登章峰延眺 家山咫尺為物所阻，今有一髮可謂難矣

初四日庚申晴 楊貴城來 贊侯、少塘同長子寶昆、子寬、長孫曹氏到兩女家

少雲並偕子泳、子頎弟同游山之到陸陳各家，巴色書齋，遂尋少譚，歷半

山菴稱為最，日高春始歸

初五日辛酉晴 侍他今晚赴蘇 年翁生李翁生而壽傷，仍先禱採梅，余以初

十四工作叔早達 當十九十神作作記 苗 茶水假作 記稍 雅奉茶作 記備

[illegible]發下舟 揚帆南門外

初六日壬戌晴 大順風 發所舟 暮已到 未盡抵蘇郡 三時行九十里 可謂快矣 泊潭

子河 候邵樹人久譚 知遲遲為未日適他 由蓬偕樹人至王翁寓 蘇肆久坐

丈玉書拜聯說晚過舟晴今日畢仍至邢壽棋延之久譚待晚回舟薛

道卿訪余君崖為未至

西林來 邢壽卿人延之來

初十日癸亥晴 晏起移舟葑門泊織造府前 錢犀侯來與君崖少譚偕下午再

往錢蘅石楯 訪玉韓之丈見袁仙五姪子卿冕再韓見他客未晤 訪玉侯

吳平齋杜小舫翁陸甫金少甫吳清卿楊見山均不值過舟待晚李寅兄

過李眉生觀其南屏擬清臺帖並晤李湖子遠嘉廣獻二段過舟眉生送

初十一日甲子晴甚燠 薛之大見來舟少譚 宋實兄游滄浪亭良久過舟意

如柳等來舟 作吳蓮說為李眉生題圖 彥午尚只指同顧吳清卿大澂吳

子俊 視秋樵人 吳廣會叠 平齋之子 吳毅卿 申未偕毅過舟未刻

問李眉生為索玉擱明日將游光福 書齋李眉生壁不可蓮高師白作先卒

之行 稍酬其意

異蓮說

前臬使西蜀李君既罷歸。因網師之園以為居。蒔蓮池中。丙子之夏。得異花

三莖。莖三花。上如芙蓉。中如菡萏。下乃為蓮。李君圖之。以示賓客。趙子

見而喜之。為之說曰。人情莫不貴異物。而於人則取其同。夫蓮生於清波之中。擢穎蘋藻之末。豈非自喜見於世中人之情乎。丹房的歷、翠殼密出、羅蓮肖蛇、而重臺累瓣、殊狀易色、則此蓮之所獨有、乃蓮異圃之、人異喜之、何耶。曰蓋。蓮者無求於人者也、有求於世而異者為陽、同者為美、有求而同者不足為異者也、若夫披風靡、背露、凌芳洲、轉回渚、雲龕巢其葉中、朱鷺含其莖、下既游生之自得、曾何榮辱之可形。此其趣者。惜與俗為殊、塗喜時而異狀。固宜相對於無言。而愛我蓮以頤素。

初九日乙丑晴。燒香至石佛庵鄉祠。已劉季若來舟同赴閶門游到園。與鄭雲慕、王盛旭人。陶之四、姜次一舒。主人步歸家顧而出遂望四郊時已夜。寓居畢門。姜之家請解不盡與而出過舟總畢至山塘夜暮年而西府尚君一棒僧頗盡遊禄居門畢年刻青全舟移城內泊

初十日丙寅晴。薄暮出暮春時早同何含與侯盛旭人貴物之事吳虞叢竹不直往承力有少濘知今名人而來至下舟遂游仰集耕人。趁之薛如林邊至回最於古峰園欲趁之以抑耐探梅之畢。下舟已解維。除會省交過到道人

進挽蓬船，在胥門候之，同往。下午篙師來，暢談，兩岸蘆葦，二時至木瀆館泊。

十一日丁卯。大風甚寒，夜雪。早發木瀆，至長人橋，登岸眺望，復回舟下，雪中從蓬後行，將至光福一里西崎，水窄風急，不得度，良久乃度，登岸至光福寺，寺後新建觀音殿，臨虎山，便去，漳不甚了了，移舟，篙師言大為阻風，彼岸天寒，恐霰，明日之游不可復，如蒼茫，乃返棹，復篙舟至長人橋，回後過之。維停三時到郡。

步至六三居訪凡煙談，蓋東卿十三等博陽歲探梅句：青漢六日停，花應白晴晴隝，州上保烟汀，嗜好本殊條，年光若達，銀絲無不貴，寒暮力微星。三地無句別，西泠之未隨。此方山色好，可以避離愁。談笑入圖畫，寒瞳互條岸，村年歸儀，湖上憶朱樓。[illegible]

十二日戊辰。夜雪，午正止，寒。早發長人橋之側，抵木瀆，篙宿舟中，暢譚同游路園，主人[illegible]

舟泊門家來省吏舟過樣塢乃別而返夜入壽門泊茲趕之上岸至樹人家

久談始返

接南陽君初九信

又子讓侄二年十月十一日信

又叔明侄二年十二月二十四信

步卿十三學博香濤舟中次原韻並柬金六嘉謨

廬山喜客因揭篷。天意將遮雲冥冥。風號雲屋不得往，一夜相失千

峯青，村底居凍吠行客，飛鳥無聲下遠汀，達（行棹）舞々不關儂吾，但有高

吟無誰聽。

十三日己巳大風微雪暮晴（風止日）波平山靜　早發胥門　辰至滸墅小泊　午過滸墅　申末

抵家

接蔣芳二年十二月十八日信

又穀孫二年十二月廿七日信

十四日庚午晴　種須家增萃邑人來照其人善於工。

四書講義一卷　明高宣所著　蓋門人所集　宗旨本之四書心學誠者天之道節一合亦不學者讀講義眼知門户一人不能通論至直指孔子之以直報君子小人耦喻爲說素之以利字尚慈字推動深細而佑其不無心學惜相近之章二篇似有論達之迹者子與顏淵等年程子而來門子之年亦相亦有與仁及子不語怪力亂神則發其之意矣

明宋詩詞錄一卷　明姚江黃宗羲弟子某某採錄見道見亦多

十五日辛未晴　夜窩元宵祭[illegible]　先祖余家嘉靖之前中秋舊獻酒雖以爲例而不廢伯叔（族之家春歲）諸兄弟年增談看儀甚稱後來廢歲正舊祭（土人）又二分二至大學皆科禮恐祭數神燈特非盡識之云新[illegible]止於元宵上元陽角來（中元）[illegible]儀[illegible]重陽等柱一陽中秋亦設以月餅以爲歲節

梅定安所　元年十二月廿二日作

又題小序初六日作

十七日癸酉晴　夜小雨　早齋歸赴李前街游覽而別

十八日甲戌　石峯二程今日（接）續爲之　宗示某作　李某作　同閱

十九日乙亥晴

接九月十五日信

又周銅甫二年十二月二十九作

十九日乙亥 落雪夜雨

二十日丙子 雲翳雨 寫六婦信 寄梅根三信 附六婦 叙所作作詞書 張三孝信 寄

二十一日丁丑晴 子讀作此云李少在本之譯前作（前作未遑讀也 24）下文迷共入後 及身亦一切合人讀

汗出雨少在長策數年精力耐不充 幾未無疑病何劫洞異世是之速

甚人不能有識 家不失為一善 斯急之聲為修然

接子偉初三日信

二十二日戊寅晴 寫九叔信 寫與芝蓀讀四十五郎（和寶兒）寄 寄三兒信（和五兒）去

二十三日己卯晴 陰 汴文來譚

二十四日庚辰 雲翳雨 陳氏婦歸 寄物與孫往寶兒處 帶掃妻順送之

往旅舍午飯行

二十五日辛巳 雨

二十六日壬午 陰

二十七日癸未 今晨

接寶兒廿六日信

又長句有如兄作

二十八日甲申雨

二十九日乙酉晴

接哲山探和作

又用韻前志作

三十日丙戌晴 從望雨樓下植梅、瓜一株、西府海棠一株 宅(杞二枚、繁、躑躅、胥、無意又植)

並使賓去請三三郎來定省少頃不作育聲 阿壽信寄小陽五郎函與讀

撥盲師詩作百

二月癸卯朔日丁亥晴

初二日戊子晴 早入城訪黃君叢後拜友均不直至大安寮久坐歸

初三日己丑晴 寫答吳鄉作書(示郎 寄丁) 王如錫作 作句(示郎書) 寫蘇譜三郎

初四日庚寅晴 書扇成 主府呈成題其門曰壽秫 黃君叢遊來談久 寫

郵寄人作(作郵 作賦) 寫見作 樹會郎 李拔自滬來 壽訪(同君會我小酌) 譚君山 夜雨下舟

接郵寄人和平作

初五日辛卯晴(下午雷雨) 候郵孝拔舟少談 同登陸至余處談徹已夜寫

接阿哥正月廿七日作 赴隨翁未返初門

又子詩晴 二年十一月廿日 廿四日 十二月廿日三日作

又李女石二年十一月廿一日作

初六日壬辰晴 燈甚[illegible](書今以寫見味) 早入城同李拔訪楊君久談 同游吳園蔣(運學至擇日)

硯史遠居今為胡氏業 樹石甚美 隨至訪老寂小酌 下午歸

初七日癸巳晴 風霾 蒲河原至寸許 早入城 守小舟過李拔舟同訪沈侯

此至楊訪老之遂在同飲至傍晚乃歸杭過

初八日甲午 晴 午後大雷雨旋旋止 夜風寒 訪李稼舟少譚 下午還

再載李稼玉余居二張去

初九日乙未 晴 沈保來 少譚即去 午刻李稼來 譚夜去

初十日丙申 晴 寫寶廷信 訂初八日 信局寄去 李稼來 譚至夜 別去 送之出屋

以木槅贈稼

十一日丁酉 晴 寫汪子伊信加夏 附二十六信 寫王譯信 十五發 馬遞 問翰卿信 附發

接魏船仲初六日信 寫黃冕明招弟並信一本 十餘年相好之情焉

十二日戊戌 晴 寫合肥相國信 十五發 隨寄遞

接李爵帥初七日信

又 李吳微 初八日信

又 釋鈞宣 初十日信

● 上合肥伯相書

前兩奉寸賀 誕辰之慶 諒呈覽閱 寒暑自驗 既修兩旅 侯已五月餘日 （旁注：壽 雲輝世 申嘏裁 休祉福 禮休利 無任頌禱）

微軀思慮不倉 憂來疏多庶 必爲辛衰 涉疾宿疾 時時爲害 每體

自愧而仍力不隨負咎懷諸難行未了寫憶補述之之情事不可以入官

書遺無奇中年後文正公業世阨難再三延宴用之書 思慮尤高

之子勤以祖謝未丈正二年以來謝事中書之年來有稍不累人此自甲子以來

中書頗難發可以儒教官易之 此後移心仍隨都 德

昨晤手上有官之集累年而修身隨作之悔 衛向此生無可圖

稍有一 兩挂篤易樓主之情

不難生平且康家凶依據性山此 易久乘好識 倫

營相思之經先得新系自上海中 中書所辭日星出無不據 夫余

生之移及有性存成發之學字而其氣用乃定或存諸空間而其生甫逆轉

夫之之辞麻有何私 其之之在而尊立道有 拙 我報家本復此不可久安一線使

之甚結鄉印罰慎東歸承別此 自非官

任不敢肆隆 陸國本海外 雖伏亡約哉不了之

十二首之應情 守以家本作所旨 微行今上 在實見照自此後 矣知而有多

權樹均無志

接六姊初三日信
又作小阮二年十二月初八日信
十二日庚子晴
十三日辛丑陰雨 寫邢彥人信 作印君序 春分時節以寶兒未攜不克報今日
報命
十四日壬寅晴 爲寬兒延黑人蕭君名農課讀 本日至 以書宗來就 傳播方安
十五日癸卯晴 壽雅棠閩閣道陸氏女盤近市稱有蕭陽君主之 思買擇以代兒學齋 儀哉泰以千代女至見殊不稱 退就收檢遂別告舍之以謀繼讀
十六日甲辰晴
十七日乙巳晴
十八日丙午晴 下午微雨 與寬兒寶兒及姪婿于敬輿弟子順駕舟至西山
下游小花園 京泉家宗祠 遇陸佛文揚墓 主復設伊府饌相款 會雨
至所侍云久留點稍稀 冒雨下山歸 二鼓舟齊
接子謙婿正月廿二日信 李相知兒已身 莫求予為力也
十九日丁未晴 見谿 ...

梅子饋墻石月華作

二十二日甲申 晴 夜微雨

二十三日乙酉 薄陰 微雨 寄子謙信 即答 馬遜 星子嘉作 寄謝作梅 附子謙

二十四日丙戌 晴 梅東繼子十作 接手石岸 通士貴成

二十五日丁亥 陰 微雨

二十六日戊子 陰 微雨 午間延館師瀹石 耕石孫小飲 即覺完案業 寄子

寄見作 即答 作梅

梅子諒 晴 新君作 寄劉作梅 明一候志堂 宋刻梅佛花卷 索詩錢數 曾和仍寫集等書

二十七日己丑 晴 録漢南北朝桃盛開 自南陽君贈對弟日其竹一株 紅白相間尤巨麗

清和儔澈之激 崇嘉陽程之 不偶然得 凡事 無非命運

梅子喜雨之作

二十八日庚寅 晴 訪陸耕文久談 又訪喬諤堂 未在 對門蘇氏 蘇翁談之 文海太守

州守正 里中耆宿 因任就之 與蘇談 步行同訪雲樵 其家 午後 返石大書及

紹雨生函 又繡臨 乃別歸

梅子請婚十四[illegible]

二十九日己卯　晴

三十日　雨夜大雨

二月甲辰朔日丁巳陰雨 趙次侯贈芙蓉五十枝 沿壁滿插之 有清秋景色

將為蒼蘇之游 傍暮下舟行

初二日戊午 雨 辰刻抵蘇州 泊齊門 渾子朗 寄晉卿作 卯居作函 邀叔伊仲作 金函

陽泉作 卯居作函 翟君彷那壽人久譚 同薛安林蓉舫 赴橋下

初三日己未 雨 薛安林來 同赴元瑜觀莊 細雨濕衣 俗傳返舟 飯 飯伴同余

至來訪久譚 酉刻訪壽人 延晤其弟鷹吉 新以孫全過 謝來宿看

觀刻十五年 西園山館 傍晚買舟 盧理甫寬余於那壽人久譚

買兩紙 上兩觀書版 從某氏女道寺 余所題 俗稱鄭公度 而西日平二三尺安年

梧那延之 二月初四行

初四日庚申 晴 盧理甫來 同至觀山茶看 歸 少頃延去 余過飯仲及周悟之仍館

午后來 飯仲甥至帝樓飲 薇借訪 至三南 不直 又至觀中見西南窮谷樹

洋楓一株新叢紅鮮 其桃無其艷 那處 後論看樹之下久乃返舟 寄南陽君作

卯居作函 那壽人偕來譚 而去 夜去

梧南陽君 初三小行

初五日辛酉晴 薛安林來，少刻步行舟抵花塢，舁登吾嶂園，午刻下舟，仍返泊
潭子河 宇南、陽君、作卿（作緞）談，即夢人久譚
初六日壬戌晴 宇南、陽君、作卿、叔丁 薛安林來同飯，宇南乃日
換舟 陽宸和日下作
初七日癸亥晴 早飯畢，至觀音殿盧理齋、施子模處之鶴處 高令尚肯
借貸未清之款，首尾五年，今既瞭清，未刻回舟 宇南、陽君、作卿（作緞）談邪
壽人少譚，並送和徒至卿門，不直，酉刻下舟移閶門（高令來吳門未晤） 薛安林至平湖
孫女子為吳樂兩人膝下，借住蘇以遇天緣，遂易舟，擬明早南門
宇南陽君作 叔卿 ○○
換舟陽君 和六日作
初八日甲子晴 早飯畢開 午出吳江 夜泊平望
初九日乙丑晴 夜雨 早飯畢開 辰過王江涇，申抵嘉興，泊舟城外
初十日丙寅雨 早飯畢開 六里泰○○市鎮 ○○ ○○之所 ○○ 未知府郡
一富區也 午刻三十六里 新篁鎮 人家 ○閉閣 甚○ 湖秀時 ○○

臺大商以千計居民連屋而居周二[?]而與江寧之新[?]西為盛矣[?]
劉濟門十八里經平湖孫西郭遶城而西門外泊平湖居南湖地為最勝
余自咸豐甲寅[?]此邑已二十四年矣

十一日丁卯陰雨

十二日戊辰陰雨

十三日己巳晴夜雨 早食後偕安林登岸雇轎入城中覽塔寺寺已毀
廢覓碑[?]無有又同觀劉[?]於北門傅氏看畫臨甚佳不閱此畫已十
餘年矣 下午返舟連日訪求吳材不得擬明日北旋由[?]陽至江海
陵游覽

十四日庚午晴 早發東至禾郡泊舟南湖煙雨樓下登岸看[?]八詠亭
祠守者云[?]已三五年獨餘正樓未毀但耳雨窗未修但有基
礎之[?]餘[?]樓地今[?]樹周[?]樹石遠秀湖窗還覽[?]快
甚傍晚下舟移泊北門外

十五日辛未晴大順風 卯發嘉興[?]過王江涇已過平望午過八尺未過

吴江申正舟至蘇城 舍閒俗三半月念家中惟陳正芸蕊至將
又八九日無家信來急為陽惠安君逆芝驛是僅此因跡遂稱再
齋内擬修白遙遙而抵西林度江 余訪揮
十六日壬申晴順風早發齋門 午刻抵家 人無恙 安瑞印日易山舟
度江李 吳廣卿大澂 陸雲生 陳文趙作人來訪 觀余藏金石文
名多 赴園中新樓舊時 市中向有所直九十文 余乃他當不貴
積雜之物如此 寫吳君楷作 雲生聯 寫孫伯作 聯
十七日癸酉雨 早食後訪陸雲生陳文 過門過雨 名孚陋 寫雲山作 聯
修齋之盛書子行 全之
梅主山松 花
又閑玉壽 花 樓家題蘇 得此一刻
十八日甲戌晴
十九日乙亥晴 寫郁某人作聯 子靖作聯 少鏡作 全之
二十日丙子晴 候李君梅生 仙九先生 特有題遺文數擇早朝

日人往此盤桓半年間主人以家藏條幅四幅出題次韻而作備壽須殺

晴

二十日丁丑陰偶雨　接丹谷題作人物便譯之又復次韻不宜陳其子祖

白樓自下午晴

二十一日戊寅晴

二十二日己卯晴

二十三日庚辰晴　與吳震萱蔣坦盛南亭家庭叢談

二十四日辛巳晴

接舟谷初三日信

二十五日壬午晴　接次侯來信久諒

二十六日癸未蔣窗辦首題　子和來

接阿弟二十四日作

二十七日甲申午後陰　守卿李人作　鄭子春　子宣作　鄭纂斋　宣之三十初

二十八日乙酉陰

據周至遲廿六作

又周鈞甫十二日作

又李恩生廿五日廿六作

四月乙巳朔日丙戌晴 謝肖濟飲之處

初二日丁亥雨

接瑞卿仁人初五信

初三日戊子陰

初四日己丑晴

接李仲安初五信

初五日庚寅晴 候肖青卿 少候不值 又至子永處祝其节 不顺度 傍晚回

初六日辛卯晴 揭屯山 文會 石埭人 薦書陰隲識 來訪久談 午后始去 傍晚 與舟出城看

訪揭屯山

初七日壬辰晴 揭屯山來久談 宗子香太守作字畫 信安一幅 仍內有附

接少韓三月 信

又子謙情 三月廿六信

又牛君十一月初三信

初八日癸巳晴

初九日甲午　晴　寅刻起　觀二師作土　承書意　無旋　是日初二也

初十日乙未　晴　陳氏婦歸寧行返

十一日丙申　午后大雨旋止

十二日丁酉　晴

十三日戊戌　晴

十四日己亥　晴

接子寔兄二月廿六日信

十五日庚子　晴　寫子寔兄作字庠三十兄命局　子祥作命局　少雅作批命局　卯

撰人作命造　李煦安作命局

十六日辛丑　陳氏婦於巳刻舉一女　大小平安　分娩甚易　丁丑　乙巳　辛丑　癸巳　寫陳寺作　六柳

作初四之作　韻秀竹作　蔣安井作　作命局

十七日壬寅　晴　若君道來訪少談

接觀伯十四日信

十八日癸卯　陰　早食畢　若侯　若君道來久談

接子寓兄十二日信

十九日甲辰 晴 下午大雨 旋止

二十日乙巳 晴 東園看燈 觀音寺如蔡田處一條二斗 限百種之地價數千

豐收若此地六萬矣

接鄧樹人十九日信

二十一日丙午 晴 寄鄧樹人信

二十二日丁未 晴 寄鄧樹人信 加貝即附信紙 寄蔡孝耕信 即附信內

二十三日戊申 半陰

二十四日己酉 晴 夜大雷雨

接大井二十一日信

又金翁廿二日信

二十五日庚戌 晴 寄金翁井信 薛安齋信 即附信內 余擬侍久之先有瑞氏擇北

人數甚黠 包藏禍心 因名之曰阿蘇使權籌進室

二十六日辛亥 晴 夜從侯久保氏謁詩壽閣 李斯之閣居宗藏佩門樹對使 因言延安之事迺

二十四日壬子晴下午雨旋作旋止是日為入黃梅第一日諺云雨打梅頭無水飲牛來

知縣來了

二十五日癸丑晴

接來稿共[illegible]

二十六日甲寅雨

接李翁書共[illegible]

五月丙午朔日乙卯 陰 寫静庵扇作 印發句 薛步林作 印發般 寫見題汪公家段

初二日丙辰 陰 寫九种作 寫代撰達眼獅率送土邨岂八壽 印發 壽花籍

寫手印題邨 李公子作 作般

初三日丁巳 晴

初四日戊午 晴 接邵芥人初二信 盡心堂稿是日撰正畢 枝二年來稿目不悟至此一快 寫郁孝人

作 印發 作般 寫陸仲文作 印發 寄征家

初五日己未 晴 溥年即 是日停工

初六日庚申 陰 寫金眷生傳 作印 寫世其圓人六十壽禮

初七日辛酉 晴

初八日壬戌 晴

初九日癸亥 晴

初十日甲子 晴 微雨 自前夜至今之雨澤 雲氣俱斂 泛濫為止 風靜

溪之水下旋在趙大保橋外經流亦不遠 是農民作之土城報災 殆退歸林

然插為之心痛不止

接李少荃相國四月廿二日信，賀允乞退之請

廿一日乙丑　晴。易正　午向奉祀　先祖如禮　寄鄂撫人季壽信　信即發

接鄂撫人初十日信

又　季壽　八日初到下帝湖

廿二日丙寅　晴。赴西豐經堂　貫刻上梁　午前祭謝　年月日向及吳當先

又　諸神

又　梁銘　記

道光作堂完而重修　高五尋　廣四筵　楹棟梁桷事周旋　陸宇畵甍

光緒年　月　日寅二刻吉時　值丁酉工告度　太乙貴人上登天　汎我樂居

靜安便翁臨　相保壽命延　子孫讀書罷服買　仕宦公卿而二千全

瑞遠甲連阡　雲初永宵正世傳　山岳不移此不遷　大吉

廿三日丁卯　微雨　李升蘭來　小詩饋　寶兒自江陰來到

廿四日戊辰　微雨　李嘉梅來訪　池帆雖阻　圍丁濟川　陸楊伯甫自常州來

廿五日己巳　晴　晨謁李嘉梅　並晤其孫贊之　陸楊夜來

十七日庚午陰細雨

十八日辛未雨　補大正文二時甫因此雨猶不足　進人心精歷　借南湯君登望湖樓　開敞西窗以望雲山　含煙帶雨

十九日壬申陰雨　寫懷伊作印發行句　好我作印書行始

宋拓麻姑仙壇記　贊人為聲汝侯心

仙人騎鸞手接海日處　煙霧向西具蒼嚴　須彌一着氣象高

千載於蒼霞端　語不二往大哉杯壺中若指頂　親履歷人有日之清趣

南山之孤齋山之樓　本園有是然焉而備

十九日壬癸酉陰細雨

二十日甲戌陰細雨

二十一日乙亥陰雨　接子謹胃土以作

二十二日丙子晴　下午大雨

接香君信　寄函以復

二十三日丁丑大雨風狂　拔木毀屋　靜園之樹半僵　一日夜水長三尺

接薛安林廿二日信

廿四日戊寅 晴 巡視園睦行宮 起樹築土 移之東鄰 植老栝二株 一全身蟠作一弱枝盡披 香明附物 如雲上蓋 余閉門謝人事 鄰曲中惟此君無恙 晨夕一見 摧折垂蕊蔓孤矣 子珩昆季來

廿五日己卯 晴

接子穀 月 日信

又子謙初四日信

廿六日庚辰 晴 [illegible]臺、原稷成兩來 堤 接造堂兩臨水一亭及西廊

接莊葊遞四 日信

廿七日辛巳 晴 [illegible]

接觀卿伸廿四日信

廿八日壬午 晴 上昼小雨 楊季棚來訪

接何子寄十七日信

廿九日癸未 晴

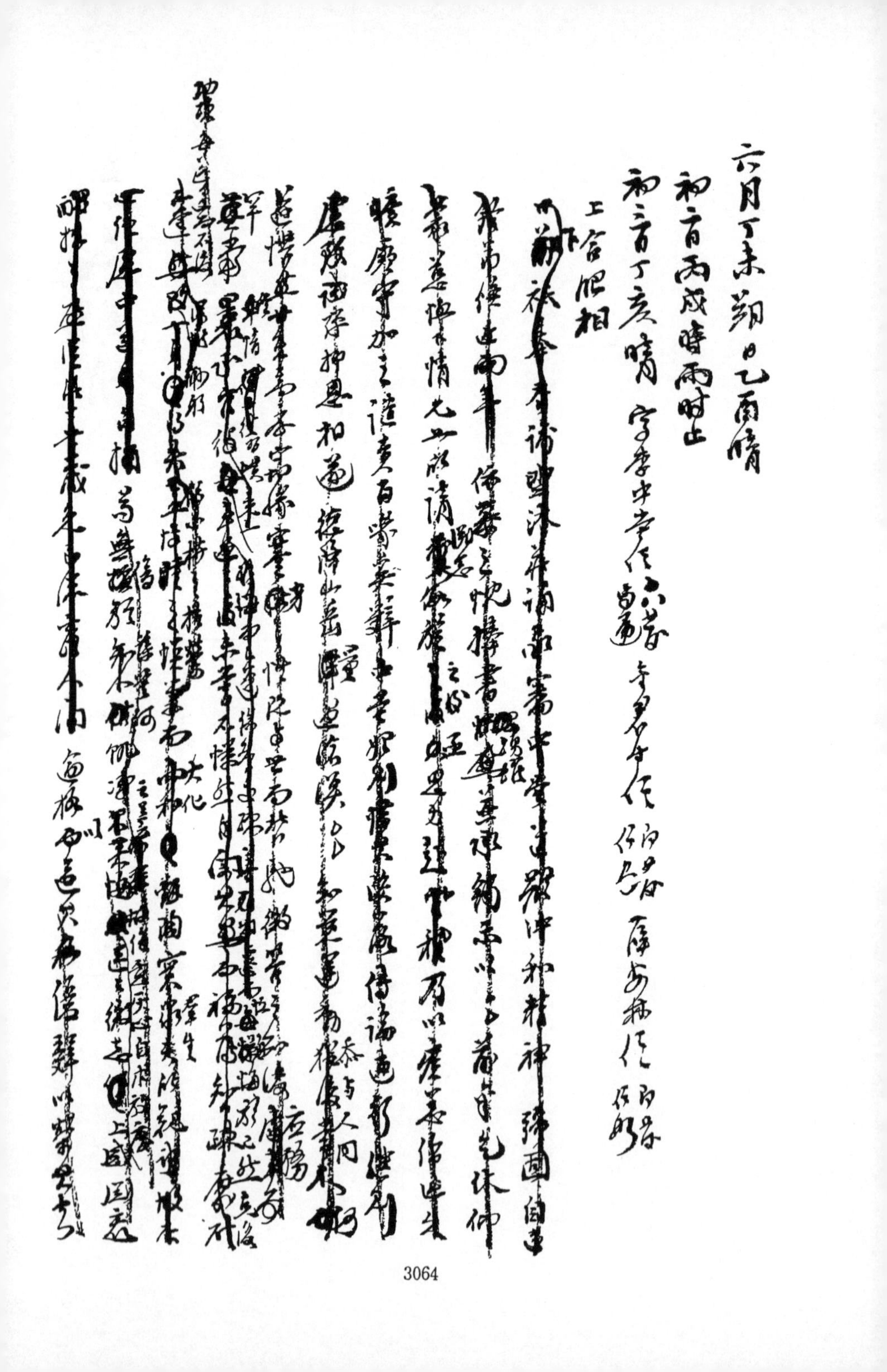

六月丁未朔日乙酉晴

初二日丙戌時雨時止

初三日丁亥晴　宰相中将作　不審　尚通　[illegible]作　[illegible]作　[illegible]　[illegible]作　[illegible]

上合肥相

[illegible]

日昨祗奉賜諭，並沐關垂，感荷垂注，遂能沖和，精神穩固，神氣……節下垂及

兩年保愛之誠，捧書陽復，並承鈞示以……休仰崇，豐節下情久……所

請以[illegible]往而稍久，曉以知過而遠，樂自就雖皆是路，覺其雖安，立恒最難

覺夫而責人，由是[illegible]情，又陷危地，諭意則速知處路，[illegible]保柳圖，相逢……

除此之外，量力而行，深以知足，愛敬[illegible]人，因任道勞，甚且……存，寧獨微寒……

之性……知……[illegible]……情……

功障……遂……深情一身之……

完

[illegible]

袁……

蓋因樹為寫之宮社如畫拍蝶形以無史[illegible]陽生陛欽有何姓心為乃復

[illegible]遍搖以道大稱傳詞以葉安寺無形之[illegible]不曲有[illegible]佛安精[illegible]

估一則通萬下遣之以[illegible]畫釋文[illegible]情凡[illegible]因[illegible]

再三但樣盛源[illegible]衛第自載[illegible]相藏終未之[illegible]不[illegible]雅殊來[illegible]

移詢得[illegible]聖相何有人指[illegible]奏[illegible]快陽金用[illegible]隋[illegible]之

初四日戊子晴

初五日己丑晝雨作時止

初六日庚寅雨風　寄子禮信　初九寄　馬遞

初七日辛卯晨雨　過心臺西南亭　是日遣之

接李錫女初二日信

初八日壬辰雨

初九日癸巳晴　南陽君過白之家人皆滿[illegible]

初十日甲午晴　胡升來　載泰姻王氏女子之還其家

十一日乙未晴

十二日丙申晴

十三日丁酉 晴

接奇翁廿一、初七兩函

十四日戊戌 晴

十五日己亥 下午風雨

十六日庚子 陰

十七日辛丑 陰

十八日壬寅 雨 答君遂來譚 寶臣至蘇州

十九日癸卯 陰 下午訪陸西垣、陳文明、章生四譚 至兩女壻許

外孫五媽疾

二十日甲辰 陰 寄阿手信 僱船 船伯作合工 寶臣行 僱船

接奇翁十二日信

廿一日乙巳 晴

廿二日丙午 晴 寶臣自蘇州回

接奇翁第　信

勝名亭十種 葛莲同唐宋明以來人畢逝桐齋其人嶽雪堂五國讀汝州帝兩鐵塔題名為 孫南濱甲璉一卷其形全石 六道論語古解 用獨植以題覚數甲 叢刻 之俯之西諾是大本卷詩句

廿三日丁未晴

廿四日戊申晴 夜大雨 陸年來參候

廿五日己酉晴 遊心寺夜賦得凡猶燕壁、讀若齋清泉厚林以自娛

廿六日庚戌晴

廿七日辛亥晴

廿八日壬子晴立秋 昭山三十寺皆成為東易應

廿九日癸丑 晨雨旋霽 授子承誤事 今日得其善

憨山大師自叙年譜二卷 釋性德自記 不可信 但龍而英氣不俗 伊門弟子羣氣所敘 實事可信

附佑目一卷 補一卷 揭門弟子記錄

十月甲寅朔日甲寅 晴

初二日乙卯 晴 晨携貞寶兒至石梅芳塢探梅 至陸氏別業 不見主人 茗飲而歸

異季事

初三日丙辰 晴 夜大雨

接子讀六月書一件

初四日丁巳 晴 李泰林門內為半方亭四六字矣 今日成 寫兼書作信而 初五寄

答金省命書

福三根書書 讀此去溪 稗家升祔與屬 向那州野服觀與同 五 不敢 居承大泰書某侍御疏 英君說來耗甚大

三房別為皆禮 即正平畢 伸布常禮以祔同 知 且有書所疑 詳之左右 泰搭本朝野

重太廟頒盛享年享祖以下 世祖大同 四時撰廟 郊社 太祖太宗文皇帝 武皇帝

彌撰祖以下爲國享 行之四 祖廟 順昌五年 明 洛 孝享祖以下 於 享 師 太廟

三殿嚴奉則 中殿 聖 祀與都朝 後此 正殿 可 不 親 禮廟

七太祖太宗同國之志 室有用之世宗為祀所 舐 可 乎 大 宗 兩 祀 南 郊 壇

太宗世宗 別 立 廟 又 不 乎

了那 祖世宗 未 為 不 遷 那 然 又 祠 據 聖 祖 之 廟 而 本 無 事 而 仍 為 之 即 世 遷

宗廟之祭……而為之不侵於地，說小帳奪几箸遂乎？立五廟……無可

增設室廟……周氏請因鄭注之文以為

鄭君……之。夫鄭蓋以宗大於天，其功德祀，故稽宗猶大

謂……天子廟為祧乎？虞夏殷周四代，祖廟一層五廟，周禮七世之廟

而以祀……周……九廟……劉歆則以三昭三穆與太祖之廟為七，其親則以高曾祖考

高曾祖考與二祧為七……元成……別以為……三廟

不殺，上四親廟為七，劉歆則以三昭三穆與太祖為七，宗不在數中，而七廟之外更有不毀之宗

宗數無定，宗遷為其主……是……不止九矣，七廟常也

特為異姓常有宗數，為異姓大宗者朝……其劉不同，吉祠……七廟

九廟之數，……祧遷乎？……異廟，昭穆不相見……不祧

祧為昭合者與太祖……王者……為同堂異室，遂一廟……

廟本不……

蓋以世爭始立子孫……親祀……不……七廟遷……

別……宗……猶遷廟毀……廟不……為一世一室之……毀斷不之從乎

又記：禘祫說曰羣昭羣穆合食於太祖，當時僅有太祖，以太祖、太宗羣昭羣穆以下合食

前殿，是以祖合食於後殿稱而[illegible]今於六祖矣，[illegible]以[illegible]今

[illegible]君子不以禮相[illegible]度行於一王為之制，委之於當日之禮，禮有所

宮不到不可定，斷無人爭今之世，必不[illegible]初之[illegible]以[illegible]今制明年[illegible]

[illegible]今曰[illegible]之年，仍有之制，而不當之禮，制之宜即禮[illegible]清

[illegible]朝明[illegible]不可[illegible]中象[illegible]不盡其[illegible]

[illegible]

[illegible]

初五日戊午　晴。信邑侯僕來，余不直。僅見信賀其五十生朝，并倩人寫梅。

諸君午后同殿，訪[illegible]久談，以[illegible]甚暢[illegible]

初六日己未　晴。訪信平侯謝，久談。

初七日庚申　晴。

初八日辛酉　晴。[illegible]

初九日壬戌 陰寒 張蔭硯自奉天來為擬之隊 宿河南 行以彰將擇室

借雲如卿語 看楞如信 全五

初十日癸亥 晴

十一日甲子 雨

李恕谷年譜 五卷 其門人馮辰劉調贊所著 謂李之學墨守顏習齋 信宋儒空虛思辨之入

禪道取徑說為同思亦異未流乃不能無門戶之見宋儒主靜之近

非禪而近禪但主靜乃東正主靜一端 太極先天之出於道亦有

掊擊者 然有為宋儒病其過之處 門未無所假而以二氏為非

但有一動其外而為之不必無其所長之途 今作之如是者指摘其論

謹守李可聊生乎 而世乃以為自為開道 且謂李之苦心矜奇其非乎 禮

樂兵農誠為實學 然見宋儒之不講 斷謂其為虛蕩之乎 大抵謂

李生雖非有識短為有責 門儒為能知 然識一世豪傑之士為所僅

入聖域似未敢然 且李年少 宋儒專道統 然于夫子氣象矣 奚足

俗儒不足信乎

宋儒自釋氏出為力關釋氏 謂李自宋儒出為力詆宋儒 皆門戶之見

也 釋氏之學先陷我見 這也了了方向 那是行將信式

十二日乙丑 大雨 池水兩日連長二尺餘 石識出水僅二尺三寸 本水南園四周堤塍不得出

者尺餘，百衲本西京小楷面[illegible]及寸冊勢紀元年五月初四小影事（旁注：以退槎）

十二日丙寅，雨，下午雲霽，夜月甚皎。是日以藥食，作成且寄樹翁月題楊繆齋

書戚作人以償來饒，午後陸情至，皆歡盡，不露日，下午記雨時見小亭

疑無月，而夜後得新月大皎，猶在雲中，亦久見者

接子貞青島信

十三日丁卯，晴。日暮坐於池上，與李壽梅（旁注：來訪）蓋以昨相要未至，都此用於少時息之

論書

十四日戊辰，晴。陸偉如黃壽東來訪，久談。夜遊西湖，張楚生（旁注：函）信以湄西惠

子戚同飲賞月

接李聞垂十一日信

十六日己（旁注：巳）酉，晴。夜月大皎。寫冬各書作字題王香叔亭妍季，梁山舟聯硃白

揚字前秦所烟，余以其多齋聯抑之，今取付郵傳之（旁注：即作叔字）西民浦寫保

作六書勘刪題偶作十八番（旁注：附子懷作）擇小山作金書　東甫士英來，携（旁注：酒）酥小飲近宗

十七日戊三故方行

十六日己酉晴

稽神錄十九卷至三十卷 向曾閱此書 前後讀竟此十二卷

尚書逸書十卷

十七日庚戌晴

鄭子儀乘圖記 何秋濤撰 鄭子儀乘八十卷 李行俶 據地國沿革 文宗朝頒近日稱占使右人

蓋子夢婦倩治為聲比附之 持梓於保全之為句 此是圖記也

十八日辛亥晴 字任條臣任 同鄉 子謹任今上

十九日壬子晴 同子承寶見許壽梅楊師壽日名譚 又在梅處 探 楊梅 子庭 手安錄

指月錄三十卷 明瞿汝稷撰 傳燈錄之意 删精宗門語錄為之 題云 向來發書懂人意

材問錄二卷 明安世鳳撰 考證書畫辨 平 宋論不無依據 但說理處頗精 事多發遣之

二十日癸丑晴

二十一日甲寅晴 早起 至 越人 安 祀 大夫人 日壽 少坐 迴 明 至 楊 申 城 家 賀

仲 共子 傷 兵 等 取 知 孫 之 喜 又 譚

二十二日乙亥[illegible]晴

接午前全二十九日信

二十三日丙子晴　早飯後至君務處君袁君慶之弟文譚

二十四日丁丑晴

接鶴峯手翰　見寄有詩見及君頌並奉壽叟

賢母訓移植。風秋遂寄墻。有莫光能向。花機用已藏。西乾千貝葉。東坡一書囊。老去自巴寬。閑情寄野煙。萬國山前暇。潔洄到靜溪。柳深煙靄畧。雪空鳥跡微。思遠風燈劃。知音卿海錦。城中一尊居。聊與話崙嶽。

接定甫四月廿日信

二十五日戊寅晴

接子謙初十日信

二十六日己卯陰微雨　同張楚孫子敬寶兒棹小舟入雲湘水中看山色殊青翠

至小石洞登陸　在程虞蘭君墓　后又循山下水而歸　旋經手植自蘇

荔物

接胡寄初七信

又子謙六月廿五信

廿七日赴館會甚遲五六點時

廿八日辛巳雷雨

廿九日壬午今之[illegible]南陽君至蘇府共拜母靈見待門二鼓始行去

接子謙五月廿日信

又任君舉月十五信

己酉朔日癸未陰 寄子寬書 付郵局 金君書 付郵局 南陽君信 付郵局

初二日甲申晴 寄南陽君信 付郵局

初三日乙酉晴 寄南陽君信 付郵局 寄金君書 付居正

接南陽君初二日信

又寄南陽君初二夜信

題鄭子瀞 唐鄂州人嘉信之子 讀書秋樹根圖

官去東下一尊俱。之遠蒼崖十七年。正憶家風湘水西。不勝尋仍邯鄲遇。陳編盡遺塵事。今樹冥冥入暮煙。不見兩串千載下。同傳此路悵君見。

初四日丙戌晴 得晚南陽君自金昌付禮

初五日丁亥晴 嵩生自蘇州來相訪 嵩僕攜讀正二帖去

初六日戊子雨 仍自石生遊山 直其處無雨不果 辛午訪之舟中

攜隸書西劉碩以示明鄭 是即獄中遺焉 其跡甚完

詩之和平 而料理身心 情欲事醫肉患去腿 不肯如身 而寧久

遽遠悦何邪又林文忠及其子汝舟編修印續鐫重 文忠以東事遣戍
伊犁度時塞士屋夢蝶與先生譚佳南坐學為之納贖 編修先有函
辭謝而公卒重違之 文忠作事歸密相處恩之燭照 此特先公節
兄編修則又被命論遺禍萬里六合皇邦自之中外然審處知所行
文忠公兄今節尚西為名数之事矣 二冊皆可特寄 寄生宗室
事論之
初七日己丑 陰晴 寄生來 暢譚名理甚愉快 午後寫藁 蓋翻
作 蓋來遺書譚 夜與妻子賞月時小亭中亭久坐 寄生
為題保秘二字 甚得妙神
初八日庚寅 陰 夜月甚皎 張生及叔恒來皆言 寄生來作 詞甚為佳
初九日辛卯 陰 傍晚雨
校子讀七月詩文
初十日壬辰 晴 寄河弟作 卯看作句 疑是弟作 親師作 今上 子師作
步韻作 寄生記 時寄文 十一首作句

接手寫扇面五幅作

十日癸巳晴　寫扇十作 沁印芳 孫秀才 寫中堂幅作 印芳 付郵

十一日甲午寒微雨　南陽君嗜山水 卜居虞山下十八年 甚慕劍門拂水之勝 屢欲同游而未果 茲以佳日遊 挈長女 緣仍女孫子壽安阿酥 方輿出西門 微雨沾灑 涼颸拂衣 過燒香濱 河天福地坊 登山 余輿先至劍門 離收滿蔬以待 家衆至 班坐石室上 西湖背峯 縱矚良久 乘從行至三峯寺 寺山僧具伊蒲饌 畢 行腹遊 家衆先由北門歸 余隨至破山 興福比丘 董航導登救虎閣 甚幽雋 前數游所未至也 戒壇寂無 老桂數百年物 惜花未開 遂待後來 西郭門返

十三日乙未雨

十四日丙申晴　子永來 同由西楊訪允久譚 至下午 偕出至陸佛子殿 葉少坐 物 回 得園全趙君碑舊本 此拓絕無僅有 實從自北畢將至 無意遇之 可為據 李偕女 初八日作 按世又涼州刺史趙君碑 而字法僅一見拓本 殆無人知之 雖為重刻本 而紙墨古雅 刀法和讓 亦可寶也

十五日丁酉晴　夜微雨至二鼓 月始皎好　夜出舊月隔 稍覺如秋事

十六日戊戌晴 夜月甚潔 夜與家人從緣就亭中翫月不甚暢 後登延暉臺
則光自銀宮刷無異矣 三鼓畫於外
十七日己亥晴 秋分 午間合祀 先祖
十八日庚子晴 畢卷
十九日辛丑晴 早食畢同子和寬見至橋西寓 家久譚 談飯午飯畢 步
出北門 籬綠叢芳猶猶為孫姓祠前花薦池石 下午偕步遊
二十日壬寅晴
接子讀初八日作
二十一日癸卯晴
接淨喜初十日作 疑娶之於七月間就婚湖北
二十二日甲辰晴 族姪杉如國藩兩姪 自蘇來 下午寶見偕遊勝之亭
少鶴夜為來告別 字金蕃千作 兩卷並杉如
接鶴生十五日作
二十三日乙巳晴

接第十二分信

二十五日丙午 晴 寫西廬信（由常熟寄） 第十信（印泉寄京寓） 下午赴方氏汉女眩暈

過二男孫 外晚常爲西氣血虛滯而陰不足 夏 玉晉 延老山耆楊女宅 二錢爲

接第十七信

陸庚甫寄信函

初秋雨甫寄翰論經 錢不致此事最難 蓋那葉能等 耕臺 延宣

昌甚福好 本日接覆 宣者以義信 云及今年此省荒歉 以山西福建爲

最困者莫如真郡之鄭 到蘇紳捐 通省之每年得銀錢 屢登婦之妻女頗

萬延燎原之勢 何一萬二千兩 加倍捐制錢四萬千 尤其大燒 夔此乃向有定例

傳子立到通自而閩中委員 賑集此巨款 再三推攬 彥姓自在揚 當鎬

趙識特閩商量 寄告以捐輸不出 捐以西蓋以至 師弟白時堂陵 匪播

和追舊之 翁苦捐輯 彥雖深以爲然 亦特進 翁生本山 向鼓正是

言 莘字剛 語氏 稿 大宗五伏思諸第 負集閩人命 久定

保首之像 很繼其爲得數題播 且五 交重 翁生 皆寄慶閩 不寄生閩 和事

以茶生熱臨好幾日 [illegible]

[illegible]

不爲 [illegible] 人其事不爲不重若 [illegible] 自計 [illegible] 心 [illegible] 用待

[illegible] 其 [illegible] 其 [illegible] 不 [illegible]

[illegible] 計 [illegible] 則錢 [illegible] 不 [illegible] 則 [illegible] 無千似 [illegible]

[illegible] 無一 [illegible] 其原 [illegible] 便 [illegible] 以 [illegible]

[illegible] 不及 [illegible] 二

[illegible] 廿 [illegible]

廿一日丁未晴 早飯後至方氏女家看視下午回

廿二日戊申晴

題趙 [illegible] 中 [illegible]

[illegible] 風雨 [illegible] 文貞以 [illegible] 風氣 [illegible] 此 [illegible] 其 [illegible] 精微

[illegible] 君子 [illegible] 不 [illegible] 公 [illegible] 云 [illegible]

物 [illegible] 此 [illegible] 之 [illegible] 無 [illegible]

[illegible] 人 [illegible] 今朝 [illegible]

晌過李虔山寓齋

貝川之兄示以手[illegible]史[illegible]欣然[illegible]墨[illegible]詩[illegible]思[illegible]靜

日居讀[illegible]之[illegible]屬[illegible]

直接[illegible]以[illegible]下之隱[illegible]精[illegible]

立此[illegible]止之

人生只有自[illegible]

[illegible]

[illegible]

事[illegible]

同[illegible]人[illegible]

擬聯

廿五日己酉晴 [illegible]

過[illegible] [illegible]

[illegible]

廿六日庚戌信 [illegible]

秋日偕楊雲孫春湖游碧山無錫季翠符雲開楊諸明府紀事
秋光滿城闉筍輿見青峰麗屬三載游事今始同路轉見林麓
佚興無違道上小龍橋畢陽亭華嚴林壑欲此竹林間茶香問經載
儷出門途勝與安雲天似相依楊梅香村老木秀清漪寒花發無名晚稻
盈阡畦深無窮路窗窕平野迎春曦峯連翠老香幽光道是風流一氣
來行經梓宮九曲林古宇依然雲氣吟嘯隱宮中崗山隱眺眾左壑種菊
自家亂鬆來欲問家澗表方漂小溪點曲徑竹叢隆翠徑猶危樓獨
出氣清光木林間遠軒老人茶應留倚蒲望窮名理論古近霜至黃雲虞迄
憐付假說遊春被思東晉世學之富異性為鋼鐵雨猪棘插剎戰並繞
雷門逢風行郭許互和唱倡標行師一機高掌誇根深支安
爭工兒真仙持楊何此春園好鶴鳴著加鬱烏睛也置六馬勞口臍志安善
更寒營為青晚往懷之誰能餘波流一草表舉顧人間思孫澤此迴辭
許宕山前坐南之排闉笑加闌章叔四錦年材烏助為吃那行使廣氣鳳
挽久醒穗金遠書屏作御呵陳氣增眼繳詩遲三諸狂行窗雜識

二十九日辛亥晴　下午辭李桂年[illegible]辭別雨雪

三十日壬子晴　李桂來，謂陳[illegible]日前下[illegible]書以[illegible]辭招債，債不能滿意甚

惆悵，胃兩來，行行有[illegible]示之，云[illegible]勢[illegible]逐辜一募文，從余[illegible]余答之

但笑謝而已

九月庚戌初四日癸丑晴　季[illegible]来　至京　拜碑拓去　[illegible]盦　拿[illegible]手[illegible]

[illegible]　前日碑价[illegible]不甚精　同[illegible]精拓[illegible]碑林[illegible]山等亮公[illegible]

[illegible]　不[illegible]遂之[illegible]久請[illegible]手[illegible]劉門[illegible]山

[illegible]氣[illegible]　[illegible]過先[illegible]觀之之[illegible]矣

初[illegible]甲寅晴　寄[illegible]仲[illegible]　[illegible]年[illegible]而以[illegible]此[illegible]為

[illegible]

[illegible]

[illegible]　[illegible]問[illegible]計[illegible]白[illegible]甚用[illegible]

日初十[illegible]　[illegible]不[illegible]此[illegible]

[illegible]四日[illegible]及碑拓[illegible]以[illegible]人[illegible]年[illegible]及[illegible]

[illegible]觀七月初[illegible]不[illegible]一[illegible]碑拓[illegible]

[illegible]十一[illegible]日三[illegible]　[illegible]二[illegible]

[illegible]日之[illegible]又[illegible]本不[illegible]

[illegible]以[illegible]不[illegible]

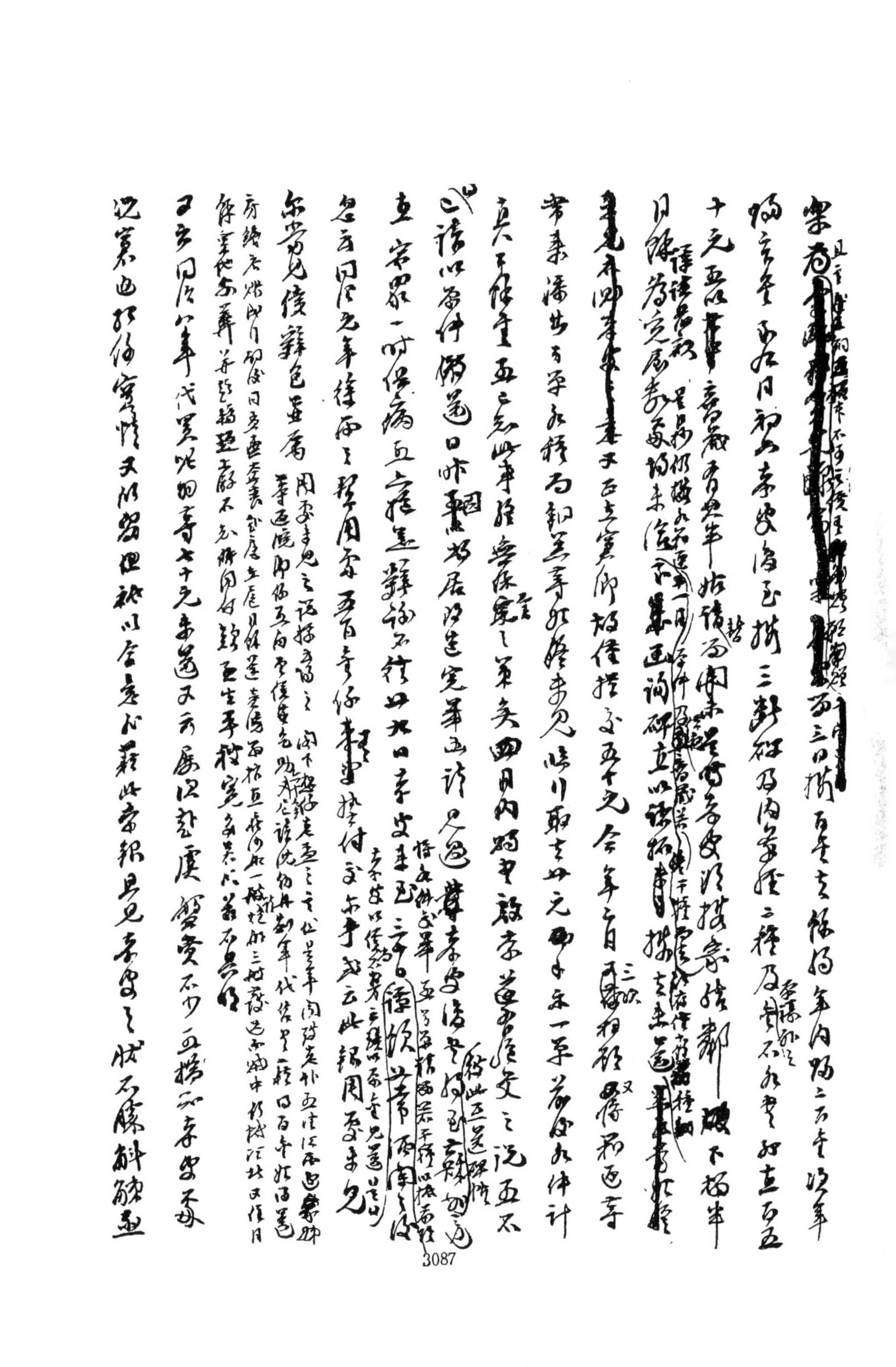

請以本館所付前事未經時復奉為之暇昨早正岸星遊將下舟忽之耶何互

詢問情事之精細所樣失實不爲那並走之詳思此辭互今翔當從那看面明翰

精詳識爲審眾辭皮亦爲要受容教誠不敢辭但家事承力聯不與商出何

將見告為以十六年擬繕年摺懇之代人說項整告爲今為辭似近程表五六十年

前時代召呢田賦祗亦一為又回克為斜注存恩予手續一校識召大事當時誰債累

以上海去債無勞防它為說且二十餘年後此情懷能知一路以與主之其世不直既

既今社此為止存無不而但互字本實乃情似從誠忠覩擔持流之不得想到與閱

下所第閱並為即其字人所奮讀今以細檢此必下未來免矣之後延互將後以力歸之

都久遠深峰嵩何好於撰人力莫實見好之嵩而立人口以解一說又敢終歸開

義云事債輕輕意議甚至非威德計今存更或未定方開下得此時為子將務

乞派之向擬星無悔迫了成乞群面原菜內不將懂出若平輕只急互字勉撰

藩鋁四若平達益落淺實之債以定一為擇向報存產多情不取為五之意研禱債亦豪指之闲致擬制好而付閱下以為何如為佑

云西必調查已此事即為時幸之遠六無一不可字且義之

和音七卯情 汪鳴鑾大人全集 壽恤謝卿之今有手書來 鄉仍八十年前在此常所見 來使人謹 安仍之

亮儕自吳縣來，亦見，偕久談。下午答候汪君亮丹，晤勞卿手及其同鄉之陸竹垣

邦煒蘇州人著直隸 晉州知府署文安縣 均不直

初四日雨夜寒 穆安藩信 寄 卿書 賀卿手

接河南八月廿七作

初五日丁卯晴甚寒 薛已安抵初二日作

初六日戊辰晴 下午聞勞卿手一等為朱西蘇寓小舟偕了 工不直

初七日己巳晴 賀卿手 汪君亮丹偕沈子為君遂來訪良久 汪陵為之人

去賀獨留譚至二鼓，設酌飲畢乃別

初八日庚午晴 寄薛安撫信 即寄仲白 楊鶴峯來訪久談

初九日辛未陰微雨 早登延壽宮以應佳節 早食畢 答訪楊鶴峯不

直，訪書城久談 又言女家先生會免邀 為君遂寄 盛雜宗

於方氏蕭伯君遂及其 坐中有園 伯偉子 之先至閒覽畢 因思

君遂家久坐，冒雨歸，為盛國將定明年之旅，未得見暨從 未得暇

歸

初十日庚戌 晴 有村彥兵衛以其南陽老人之病利壽來月侍病而余後

患之樂 暫輟筆

十一日辛亥 晴 利正為余賀餘慶

接伍筱元八月廿七日作

又答友浦澄原八月廿四日作

十二日甲子 晴 訪師尚石慕來白壽寺 寺存吾兼作 仍明府

接陸萬八月廿八、廿五日兩次信

又接[illegible]九十一日作

十三日乙丑 晴 夜微雨 天氣久旱不雨 氣尤暖和 池畔階石桃葉之菊皆發若花數朶

濠梁吏為前游後衛和景相讀云游最樂處因用此字韻余用游字

畫屋軍中學 柳幽且清游。捫手濠梁上。徘徊古道周。仰觀青山聳

稍寒泉流。村舍[illegible]後淺。秋水鑑以修。何[illegible]感慨忘。侍勞入山幽。

青青古村樹。輝輝吐高秋。空山自潤榮。豈嫌人世[illegible]。

池閣雲微。豈忘本勝儔。對此[illegible]游。[illegible]霧正[illegible]。

下山拂杖履從攀之。是日有游人至焉，聞墨中見其傷

觀濤有深意。所志幕府僧。客散澄江人，我隨逸足游。朝出北郭門，暮

上方報卯。遂請形影忘。忘簟之鄰，相書之室山中。僧云舊出家流。寄訊

心相期。座前寄我夏。

掾慨謝塵壇，晨息幽海徼。林泉本幽棲，役夫座之休。舟之少壯年，百志

思來一兩售。仙家千載洞，然為春光蓄。滿盤道無限，狀思汗漫游。雲

將左隅壽，安用之相酬。

十四日丙寅晴。早偕成過陸沛文別業。陸雲生遂以侯少譯。不說楊師君 出宮所人先寄寓出宮所共發是日向逸映復的熱識於後到集

源不見帝，並識蔣勵卿

少譯

十五日丁卯晴。錢子宣仲文里人，曾婚先生之孫，加南生。自里中來見訪，名譯，蔣勵卿

與之二人同行。下午答訪錢子宣、蔣勵卿，不直。順訪江皇再名譯。夜宿

息再來索月二詩稿

橋村少游未了作

十六日戊辰晴　寄河亭信　寄雲　蘇卿　本寅　叔寧及屏園（印若作局）　上官寄市女作寄

七懿光郎一安族公上

十七日己巳雪

播本留其二函作

十八日庚午雨　寄本作（印若作局）　薛安香作（印若作成）

十九日辛未晴

二十日壬申晴　子刻西雨女家晴今得寄　蘇宜寄子函　宣見園市一

無所見

二十一日癸酉晴　宮本寄女徵作宇母寄鵝青年收宣青者轉至外社一併以持令

本見宇本石寺之致（印若作局）

二十二日甲戌晴　吳蔚若（吳蔚若郁生蘇卿人　右君查丁姊）來候少談　宣薛安林作（印若作成）　杉蔚作（印若作成）

播本留生二十日作

二十三日乙亥晴　答候吳蔚若不遇　至二女寄看中女許應石如方　訪綰次信

秋色甚佳　巫人尉之家博戲　狗其子下京封家久　巫人時來　撰眼未甚

蘇龕出 [illegible]之稿 [illegible]中

廿二日丙子 陰雨 下午[illegible]來訪

廿三日丁丑 晴 寄蘇安林信 廿六書 答訪[illegible]

接樸[illegible]廿一日信

寄蘇安林廿[illegible]信

廿四日戊寅 晴

廿五日己卯 陰微雨 [illegible]之喪（[illegible]同壽） [illegible] 同[illegible]

[illegible] 雨 [illegible] 視[illegible]

廿六日庚辰 [illegible]雨

接[illegible] 廿[illegible]信

寄[illegible] 廿[illegible]信

廿七日辛巳 陰雨 [illegible]

月辛亥朔日壬午陰雨　甚寒如冬度　惲仲清明經梁山子自蘇來見候名諱字爾伊仁字子□

移參二兩易香脈　仍前作書

初二日癸未陰雨

初三日甲申晴　雷陽為作 印若汪稿　余乞南陽君有山水之約　乘興作筆一時直

為晤命如子買舟擬明日出游[illegible]赴邢尉庭石樓石壁之勝。

梅子清謂吾月廿六日作雲將同太原李率之

初四日乙酉陰雨　午刻偕南陽君成行　量安嗎酥隨侍　由圓池接小舟至西閶下登丈

舟即發　雨中山色異濛　雲氣滃鬱　秋林紅葉　若美人新沐　嫣潤天成　憑

舷清謠不覺[illegible]拔宅飛昇　初登雲海中夜至渓[illegible]境任舟

初五日丙戌陰雨　早發已刻抵蘇城　由齊門移泊閶門　下午復移泊山塘之花

野門外菊正繁　以舟狹不可栽　未能購買　野游湿公初以募不果

初六日丁亥晴　辰午陰　將備後有雨　出門遇雨游無能　客居郭息　見日色忽

呼橋人移舟過橋　已刻過胥門　出楓橋　橋下雨　岸青紫之色　應接不暇

午過木瀆　未泊　舟中望靈岩天平之山　雲氣三日□□　未刻過善人橋　自此以西山勢

錯落或疏或密，俯瞰不憩，水道之縱橫，舟艇畫中，晶窗四扇洞啟，臨一榻
移榻同晝，四幅之南，陽君又探一杯，盡日談而不覺醉，其凡鬧之侍墨
度東嶸，夕陽西斜，又射楓柳楊梅，深深濃濃，極人間之色，其余者（酒腸）不□寢，是
日持盞痛飲（敘），盡四□□，無醉意，何學境之清以移人也，面對持光禱繚酒
舟

初七日戊子晴，無風無雲，極目瀰漫，氣候如暮春，攜之南陽君盡歡，尉之膝
兩山無無障霞，南陽男群獸之，出以此游，不易（且）遇此佳日，天之意也，似相許
遂從渡口，晨登舟，州之桅起，既而舍舟登陸，（過□□□）神郎柏社
鄉，細濃翠之下，良久，與過天井村，苑農舍，人居群，與晚陸渡門，南登石壁山
望蒼翠之間，蒼滿首，湖濱不明者，井（日已過），乃下山循紅蓮寺至天井，折而東南門
穿叢樹中，鳴渠數罟，雜木與人俱盤曲，近有樓（有叢）出潭山，南村荒門外，程道盤
帶修竹萬篇天，而光鮮深，西側古葛繞青色，隱（吹流）映此岩，入門后舍不覺，視向豪
左有峰之巔，近在咫尺，急拉南陽君步往，其巔崎嶇（武）之見太湖，露出其前，沙石逶
兩三抹，印西峰，除南望湖波三面相銜，（網）山環峽，近迤邐，遠望東西洞庭

之諸島嶼莫不畢盡纖悉躍拼擬霧相向潭也　千嶂巉峭雲在雲袖摩[illegible]

山椒初迤洞色叢叢無寸土可見臺上立石相傳洞口樓[illegible]之狀石樓以[illegible]

余及妻侍婢攀躋至頂鐫留詩也自拓社以東深林幽邃幽[illegible]之勝[illegible]極頂

壁幽處爲四面[illegible]至日暮乃返而又[illegible]恨不[illegible]家[illegible]以[illegible]余生日

下嶽與人偕行一路經千山東邊長[illegible]村[illegible]長[illegible]嶺[illegible]野[illegible]此已

見聖因寺在[illegible]山林內[illegible]甚壯[illegible]三門[illegible]西向湘[illegible]峯爲[illegible]

余觀上長嘯[illegible]山下[illegible]田[illegible]漁洋山[illegible]天地設世

而無此嚴麗寺觀元世主使自之[illegible]侍門無存碑記[illegible]及門西廊有碑

樓在寺之東[illegible]完[illegible]閣[illegible]丘[illegible]外御[illegible]樹色向[illegible]法[illegible]

[illegible]宋[illegible]伴沈[illegible]　諸人詩[illegible]臺[illegible]極[illegible]西山[illegible]

[illegible]稱今代制造少也爲[illegible]果腹見天色[illegible]暮遂[illegible]舟已[illegible]

燈燭矣

初六日乙丑晴夜大雨不[illegible]福[illegible]窗之諸山言[illegible]未時夕陽[illegible]付[illegible]旭光色又

復不同之[illegible]人[illegible]復[illegible]山[illegible]之南陽[illegible]侍[illegible]馮[illegible]登[illegible]山[illegible]

田行中數里有亭，橋口直上雲霄，過此乃丹山，彼甚平，兩旁老樹僅
兵燹尚未盡，丹陛可觀，並殿庭宇春秦時之千古矣，山道約二三里
至洞天門，入門數折，拾級上去，觀大殿，殿旁兵近盡，丈寶訛旁殿甚新
淑進至善和堂少坐，橋字隸書，兩廣老人筆也，舟下山循故道旁
洞石磴之幽雅，因悅其西四山遙攬紫翠，憑欄坐忘，以恬游客，拾舟即
暮申刻至木瀆，泊端園門外，偕登山岸大園，遍覽有出色境，至此亮廊姿
孫施青沐，徐煙晒慈，登陟隱山邨之盧，少坐，對晚老楓樹暮，而人悉下
舟，移泊斜橋，訪周氏，寓住，晤李周陳三侶女名浮南浔，雄信二姑下舟，明日
尚雅游天平，為夜大雨潺潺滴傍晚
初九日庚寅晴，最好喜之色，為周氏代僱輿至橋，舟至市梢，巳刻登岸，
四野間約十里抵天平山范氏墳，塋樓上少坐，霜楓千萬株，丹黃如錦，奇
石間立，已勝矣，石僅見主峰一面，乃由寺後上遙升，由雲山相扶，戲嶠坪至寓
無不羨賦詩步，積累良久有至，遂緣之，則山上山下一覽皆是，有翁陽負裳
之勢，官山石為平，其獨此處雙間直鼓然直立，山勢攢相

向儂五大朝，余說已來，雨。次答袁名，向未見楓林之勝，今游北嶺觀止更
上方一俗，天高二班，游南陽君石磴路，余相其亭上瑪媼，倩一艇由阱至
山腰，折過同入白雲精舍，望黃山閣，觀白雲飛瀉，茂閣東面下臨深谷，亦以楓稱
為勝。至建隱亭，一望皇一隱秀，山陰天柱下山，興循階行，後東山村歲出
三字門，得二四里，抵支硎山寺，磨頂具興可觀，仍舊路陟攀巖花塔，過之鷄
籠峯下，趨無隱庵，小憩，庵死余首識，遍歷亭榭，以興人炊飯充腹
生談良甚久，辭門日已遠，瞻雲庵路又不及遊，雨劇下，自即寮，初騎時至門夜
月甚佳。積翠上燈，放進濛蓋，是游晴晦雨夕月朝烟，游子無不備矣
書我開閣，皆的西見之。余詩南陽君之稿，存之甚大
初十日辛卯，晴。黎明移舟葑門，乃由葑門外，余登陸至卯寓所樹人
與林上至董作，與林泉擬園勒記，午後陪南陽君至吳丹家，余與之樹，今寓無亡
王名乃返，寫寶只俱，南陽君前物，右伴翁俱，附寄人作，余擬四在此縣停，自巡
南陽君及鳴艇，光攜二姪至家人別，登岸
接寶兒初十日信，言左伴翁自渺來訪，四在寓相候

十日壬辰大風雨 聞芝生之日 寄實甫信 信局
接實甫初十日書 言宗叔又亦來寓 初僅
十一日癸巳晴 與林翠卿談 午後滿老來 於小舫買牙角帶 鴻兒舟者之
贈者不直 任隱仲清久談 至何彥處 好友久坐 同到定安 未晚 華到寓 富宗湖
交信 江口局寄 信局
接南陽君十一日信 已於是日由到蘇家
十二日甲午 未午後大雨 日來紀叔子押來與至 仲敏大有乘之而來 同為來訪余先至
園歸觀荷 徙之道 與兩舟至仲敏之處 同飲談 談判此事甚猶而
雨大而後 與其道以舟挾仲敏行 意與之為相 以為那之 寄南陽君信 信局
接南陽君十二日信
又寄翁徽 初六日信
十三日乙未晴 午前微雨 日未至下舟 余攜實甫帶 常州寓與揮 並仲敏移至揚
州道寓 移舟至門 日另之任舟載仲敏 至此少為而常住 叢揮仲清 注鴻兒舟
來看僅相未晚 午刻 舟行余至上岸 詣寓相程局門外 僅至 三点有 並晚

其地磨頗久譚 寫扇十餘 印若 文三甫 候存齋頃久譚十餘年之舒 亦通古
向聞其頗以杜門不通請謁 然以為奇 覺其殊一段 始金殊雅 臻偉 鄭華 其隨從聞
我知其是之老甲於從蘇守 譚境物之奇 政蘇人為題一扁曰 讀書樂 極 碎完之
寄一大象 申初下舟 伊卿舟已成 方簡其衣襪被 傍晚始出 寫南陽處作印 若
從 夜過伊卿舟久譚

十五日丙申晴 早發蘇城之刻過滸墅 夜泊無錫

十六日丁酉晴 順風早發無錫 申刻抵常州 寫南陽處作印 作白 舟入北關泊 府前登岸至六姊處 暢譚 傍晚訪聞某不直 過之 同至陸定久 潤宗二姪 乃去 少選至舟下舟
蔡雲初剛九月廿二日生之季 言以四五之年甚佳補

十七日戊戌 雲午後微雨 早食後訪子寬二兄 並勝 過四弟 同過謁 拜文華從御 生夫之樹 第寓 安挺 至直生家 少坐 過六姊處 鑲蓋 湯上偏 乃作先謁 祠謁 賀郭君 以其主出大南門 詣三侄楣 營出敬事 新移松柏苗千 意石境 塋未脩 觀界未北 遣宗弟 方百之外 宮子 狀不周 忘之 悖妄 旋詣秦山

塋謁墓直雨沾衣 事畢 出西南門 四六時歸寓 訪南生不直 子憲適出 富安來談（李恒來）

十八日乙巳 雨 午后益甚 早持笠登岸至六時歸寓 雅謁大妹文於祠舍 久談 訪錢子宣 莊心吉丸久談 訪史賢弟不直 訪南生久談 偕楊芝山 晚時携章府不值 過六琳寓 李恒仍留來久談 二鼓冒雨去（七六時歸）下舟

十九日丙午 陰 早發常州 未刻過寨橋 夜泊和橋

二十日辛丑 晴 早發和橋 守南消息信佝僂 辰刻抵宜興 移城泊東廟內上岸 嫂率孫飲茶於中吃饅頭 佳甚 未刻偕舟出城至康山浜 訪坟戶王安 大哥皆植之新 未竣 令天將暮 不克登山 王安同宋大及村人周六三來舟

二十一日壬寅 早食有日 夜微雨 黎明起 視祭物備具 急急早食 即登山詣 先府君坟 祭奠如禮 事畢 塋兆自丙辰年親視興築 至今二十二年 完整無少損壞 第樹為賊所伐 通山數千家坟墓所在均被殘（此山當州盛時火時起）補種 童山無廢 無甚悵然 余念[illegible]在此 為家居虞山遠隔 一年僅望 又無祭產可資 以世子孫衛遠出至盡忘 常欲覓同一地 自爲生壙 若定年 隨侍於下 依附 先靈 實人子之至願 且家既聚處 子孫祭掃 亦無爲力 差可垂久 乃求之歷年

不過百丈改戶七有許煥祖業山地之故新丹以不遠於蔡畢氏祀地名溝(?)家

山龍脈自東山第三支發來連延連屬于是山正山下澳(?)就平澉沙水攤抱氣局

勢凝結西首小嶺名朱家墩作遊業(?)墩外平田直接東山中支此支距(?)局為

外案首二家可為穴場地占世完侶(?)抵乎田三四畝左　先府君營葬西邊之相

向甚愜余意附丹據王安太壽之人之域仍治東南業主許盛奎乃寺大道

之城王安大壽居向西說遂定等(?)價洋銀二十六元當日成交下午業主中人皆來

丹冊中楊某代筆寫契以洋半數付王安大邀往人于旋寺小酌余使信朔(?)濬孫

王濬(?)之字竹岩(?)樹石(?)同安人 前年在蘇州早與相識 托稅契之(益)談二(?)久下丹濬芝(?)寄來信以丹小

詢太(?)經過契事之本稅說並自我地不肯(?)使(?)(契紙)再稅未遑一日自事無此更利姑余叫

告有之稟呈冀(?)保存(為紀契紙(?)十元丹申)敢下文字之濬全君頌君家一部並保楊先生之孫丹文所云

科丹文余嘉識之問此先(?)矣

二十六日理卸(?)莽(?)舍(?)早飯保華棻(?)坪吃餚酒下舟移西東山正岸(過擬手泊)赴湯家山

省原主家(?)東南西均至頭北至煥(?)的(?)墓開祀(?)良久下舟即叩(?)申刻至和橋

即(?)新正(?)鍾溪橋住舟

二十三日甲辰，晨晏，午後雨霽。發舟鍾溪橋，李明過五洞橋，走間道，從西無錫。

未刻抵滸社，饒巧運河正路，西過孫城，泊東門外。

偕南陽瑪人侍女馮酥游鄧尉登萬峰臺作歌

君不見姑蘇臺下麋鹿中，靈輿赤墨盡光黃，歌筵舞席樂不徹。吳宮醉後明月曉鐘，又不見雕甍繡闥獻煙[illegible]，尸尸閒屋鏡如月。君收方春燈燭張，[illegible]半金尊呈調笑，九衢肩背行相撞，[illegible]有空山寂寂無人來，此時天子[illegible]樂，攜手媖遊何戲，太湖如玦環山環。上有萬峰兀臬臬之高干霄，潭山直走[illegible]天表，遠撼日月掃風雷。萬[illegible]亂松泥泥望烟合，修竹溼溼青蔭開，浩光滿邊瀾無土，湖鳥錯落同浮杯。雲雲高處化[illegible]年日，氣勢萬蕩滿胸懷，[illegible]往不住心徘徊，跡行不去，筒向天風吹[illegible]雲裳陵，欲乘宵[illegible]蓬萊去，盡綠羅臂手但初暖，[illegible]到此一洗凡塵襟塵埃，[illegible]人生有情誰無[illegible]，深淺濃淡貴能契，同辭赴山林，萬頃天然好家計，楓丹林碧春峰飾，春[illegible]嶇遠峯灣環翁細，感房悦艷飄傳正，俯視金邑失[illegible]，吾家吾物近可攜。白首相約雲

山棲老夫腰腳勝輿馬。三竿晏興春心杖藜。拋書遂日對磬聲。醉聽
千山春鳥啼。
翌日偕游天平山，連隱亭上京白雲泉看楓葉
菁葩錦華春之空。無人能識館娃宮。偶談夏宮桃根曲。來此
千林萬葉風。青峰眼底任纍外。蒼泉流向白雲中。青草一畫
遠吾坐。更莫溪向幽有。
二十四日己巳晴，微風。早發無錫，申刻抵齊門泊舟，訪邢赤村人，少譚，傍晚便赴姊亭，不直，便
往見丹文，譚又便至主簿閣，留吳生立，蘇丹住齊門，丹並去，和閒時假早
移舟時譚，夜丹薛家林來。
二十五日丙午，連雨，早由齊門移舟胥門，訪省生久譚，西午以別，偕移舟蘇門
訪吉如與名絹文，訪李省生，譚至傍晚歸
偕蒼為剛京卿過候
劉剛通侯大卿，聞下月初一日到毘陵看視。先塋擬於九月十二發行，以丹叔
廿六夜，于宗譚之，又十日之譚，方見之矣年，前孟創托之記，定為親兼乃再信之。

知君信篤忘經喪服□於無獨克孝之義思慕屈伸治膳無以勝其
親知 先君侍君子二十年所實不過五三宗無半人之三年而思樂之隆廢
發之切言辭事之清高氣之宇家雜一時無兩露章劃可已解再不之它人闕
俾可計為不得此五胸偽堅讀為青之使如□統志辭祿買書不足容之從之
同世學業歷也邪 嘉風清精人韋華說私心宣每用為恥而無能于戰亦如月窮
知之說緣僅於不為如服年一週 先使 君侯辭屢書 邪 勉免律以人理無可再辭
是以順官□□之守□自知動與世違終不可久遂去不返 於人之言每肥私分
[illegible]為無□玄使不可撓北誠患一生之短不可以銷衰旦夕
僕仆使誘□棄於恩地何能更以自安放任進取所冀幸漂泊於所計實無適負啟
且乃身生有地耶乃導諸之以存不冀御即式疏深思其□序蕃自感懷布於
遍遠[illegible]蔭翁五年之年□□岩立皇其異情者四更闌志其登但□安
夫子之門經一業于翠書耶之流使冥之之中從而保抱至實理以避讀可誘
更陋之拙[illegible]不能足所從之尤不能為人偏之之垂足遊之學字推門于筆以事[illegible]
[illegible]鐘鄉[illegible]蒜疏□非付之源[illegible]弟
粗足自經死不能無

亦在此物亦不惜之[illegible]齋有樓五楹服仕俸所入增三楹及家屋一[illegible]以待親故又時以

惠小子元居全兩年未子之家為遠民[illegible]廣之所[illegible]僅[illegible]

而六藏之居[illegible]不[illegible]之始終蓋以五號第名玉朝[illegible]氏幸社然未嘗日熱住以見天

爾別於外日文子之井內實奇思之寄年視儀之情[illegible]不行不白[illegible]之辭

尊門也[illegible]今來[illegible]一國之[illegible]而度之[illegible]何年[illegible]

[illegible]峻南[illegible]京邑[illegible]佛就之香[illegible]道[illegible]

欽舞柳氣[illegible]四明在入十年之向[illegible]所石[illegible]待問以為方便[illegible]

國之未得[illegible]不一[illegible]介子之如[illegible]非今日之傷謗之[illegible]之辱人以不信[illegible]

不洲為此[illegible]時所[illegible]不[illegible]天下以為[illegible]十年之[illegible]

[illegible]之請五為二日[illegible]其容年由固辭卻之[illegible]已[illegible]無

納為不情為君信名以之實[illegible]居何人[illegible]乎[illegible]臣之之識不

覽[illegible]皆已[illegible]明其之見亦無[illegible]謂之也[illegible]居何事[illegible]以[illegible]相報[illegible]

思為此為二

二十日[illegible]甚雨逆風早[illegible]門侯[illegible]方川[illegible]通[illegible]已刻[illegible]

發家書由積齋寄　寄弟助剛信青州書　示吾家各子

接阿哥初三日信

又少穎函　信

又翥丹函　信

又賜屏如初三日信

廿七日戊申晴　子謙將之三日遣遊玉峰陸海日

廿八日己酉晴　子謙來譚　撥代購(?)更羅二箱至南豐本晉書　汪刻郡釋李啟難

廿九日庚戌晴　訪子謙　久譚又同過楊詠春　又同賜靜園　良久乃歸

接邵季壽廿二日信

三十日辛亥晴　堂浚樓西植白沙枇杷四株　屋來景嘗食果

十一月壬子朔日壬子晴夜雨　寄鄭青人作（印書作函）
初二日癸丑陰風　寄安蘇作（印書作函）　子寔見作樹海　李若年作（印書作函）　子謹來久譚
初三日甲寅晴　寄河南信（印書作函）　靜溪北岸植硃砂梅一株
初四日乙卯陰
日接鄭青人初三日信
初五日丙辰晴
初六日丁巳陰　樂林門外疊石為假山
初七日戊午晴
初八日己未晴雨　植海棠二株蠟梅一株於樂林門外石邊
初九日庚申陰　鶴儕師偕石世農女夫方子謹及其二弟
初十日辛酉陰雨　玉石橋西沿河買冬青樹四株
十一日壬戌陰　買冬青樹二株
十二日癸亥陰　買小橘樹一株甚有古致　楊朱山來自上海久譚
十三日甲子陰雨大風夜微雪

十四日乙丑陰寒 寄次姊信 椒弟信 函附寄寶兒 邢青介信 仝上 宗仰文信

寶兒同歸至蘇 以陳氏全家赴湖 務須前去也

十五日丙寅陰雨 下午子謙與弟壽辭行 赴常歸

十六日丁卯陰 微雨 雪寒 寄阿卡信 蘇恩壽信 鐵孫寶信 寄寶兒信

十七日戊辰陰 雨 風寒

十八日己巳 陰風寒 冬至 合當 先祖祠堂 寄寶兒十日信

接寶兒初十日信

十九日庚午晴 甚寒 池冰 寒暑表三十度

二十日辛未大雪 竟日 家人賞雪臨水亭中 晶窗三面 如寫冰壺 樹木林泊山

郭城堞治無異色 仙人所宅 宜以傳之

二十一日壬申晴 邀楊詠春 吳城 鄧峯 鄧君 表君 雄 來飲 鶴峯君表

不至 交得子欣 主客盡歡 初鼓始散

二十二 接阿弟八月廿六日信

二十三日陰雨寒 下午僅麗園久談 僅鄉不遇 夜寶兒陪之歸

陽月蘇、朔

二十六日甲戌會 寄河子作 寓吉上本孟浴林見茶 長居住 又園中二方 芸 爰汪福 焚香樓下植桂大任藕花一株

括河子初十作

又吾居棲九月山三作 靈振同人集

丁丑仲冬廿日 集 鼎甫靜園臨池小亭飲詠雪望梧池上樓頭盡緻畧

其泊月雪晴福變流青書欲蒼好者肆收子淡寫天泊日吾子省乎
先有詩為臥示友徒公和

譬君奉答

高車殿衆巷。空谷喜迎音。舊々幸京洞。陸々元雪沉。此寒來誠愜。新意如延佇。彩岩安遁陸。君子共陰林。虛鶴偶相遇。巾拂倚孤吟。驛塞悽著舊。寒野聽山欽。鬥氣瀰漫澀。曦光溢素多。冰池涸游儀。風樹動歸鳥。俯仰為家慰。勞生千里吟。俛仰拒結抱。款意遠塵心。為我殷勤住。從此無去今。

詠雪後妝長兩詩以答之

我昔泛舟江海律。長年移笛為親鄰。一昨驅車向帝國。貴臺撲人雪無色。讀書不識身外名。常鈔不係千人雪。滔喜彼振起清國。那覺曾經擬之無色。時氣上潮果有夕神移情。春遊萬解山飲鑄。法句不見耿相憶。但迷更知有是最甚。靜鏡湖流西復東。小亭因之宛在水中。探山鶴以得來迹。舊雪不盡在草木上。所朝日出見晴景。萬壑四際晶瑩盡掃。圍爐田白戰[illegible]吟湖。瞬皆南榮同笑傲。人間新色須臾皆任此暗淡靈神遇。吾儕今遇夜適時。來日白雪皆吾之窗高矣。雖亦伏雌[illegible]各異。山居横用以倒墀。植路[illegible]等柳為江。[illegible]右樹枝見花開，奈心悅之。[illegible]女生花，拜足不素人不佩。生平[illegible]之北來。遲守女丹篇息十載。且開[illegible]之時。頗[illegible]情公聊詩。

二十四日乙亥 陰

二十五日丙子 陰微雨 顧晁園來 李任之候 下午錢子宣自常州來 又訪 楊鶴峯來訪

又久談 夜者訪錢子宣舟不遇

二十六日丁丑 陰 下午微雨 吾訪錢子宣於東門舟中並晤施勵仰久談 訪[illegible]人 李秀梅不直

詩謝君久談 子雍子讀先後來

二十七日戊寅 陰雨寒 招錢子宣、施勵仰、楊蘭青夜飲 雨甚 二鼓始行

二十八日己卯 午前霰 午後雪 薄暮始止 夜復大雪 與南渭君在雪亭中

二十九日庚辰 大雪盈尺不止 自[illegible]枝以亭[illegible]雪亭成不[illegible]雪[illegible]中[illegible]

峯無之[illegible]幽棲之徑不得吾相之矣亭久無佳名輒賡雪壑雪樓之稱易之

回雪之亭蓋有子謂段季書室函謹欽繼著與齋居亭長煙雨女不自通[illegible]雲

看[illegible]雨植岩寵之陂

[illegible]六閑中[illegible]

日記四十四

於靜寄記

十二月癸丑朔日。六時已雪，雪霽，寒甚（比北方零下），異，依零下二十五分，南中希有之低也。

賦得雪

楊鶴峯帝君靜觀書步東坡先生文韻，乳米冰霜來，和楊鶴峯寄志靜

怒馬風光流冰柱鐵。晶宮又見曉風叢。直凌元圃千尋玉。更覆滄江百斛瑩。係

蟻酒香醪樂客心，紅梅花小蕊巴叢。陶臺自向林間炙。新凝旗幟試雨尖。

千山凍合野光鋪。萬徑深埋阻客車。天上陽林剛落葉，人間叢菊又舒花。銅瓶

未安量球國，玉馬何當助吾家。惟有寒江暮雪孤，獨坐冰下憶魚叉。

初二日壬午　晴　子和來

初三日癸未　晴　夜後雪　晨登延康　祝雪並自草此錄　氣尾精曾無纖塵　安惜風雨

不可凝佇　至此為雪中無上境矣　當無此行那門　訪龔次償　一路陵下四憶　辛亥

小除夕登黃鶴磯時風雪不已　並明李升蘭諸雨中久候　下午始召訪楊鶴峯　兼識

令弟竹雲　鶴峯後有出共詩見示和合　健者

鶴峯綠用前韻見贈　再疊其韻奉酬

丹砂殿榔不痕纖。符綠慈觀玉字嚴。（鶴峯有書　乃石經）高隱自指虞帝哲。靜臨

蓄酒晉宮墟，論交曉來人。傾蓋黃須寒宵雨，拂塵雪逕笑囊馳未歇。
吟看海野虞峯光。
靈語往識爲三鶴，風華爲傳廿五年。心與匡王觀世斑，文爲蘇子擅春花瑕。
林樂趣新羣老，裙屐風流自一家，泥飲誠南北事年。酒鄉日日畫華文。
初四日甲申　雪　同處獨坐亭中，對冰池雪岸，是境清絕，倉煙火人不容到此
折簡招鶴峯不至
初五日乙酉　晴　寒　三點暑表二十三分　子雖來
雪塘招鶴峯，辭以家事，要頭腦詩未成，三四置意時互相之
世未稍異洪識，凡工何如七寶箋，經嗜痂癖同段食，不應刻劃到無瑕期
君把卷臨清漪，且莫狂吟倒帽羣。一樣形容蒼雲老，頭髮甘讓華公先。主試用杜詩題王季
已放新晴見鴉鴉，未解去安靜無年。尚憐隱佩天山到，好題役佇聰案花雲篝
豈能妨逸與，扁舟祇合到君家，明朝未定曉獅座，莫但諸傳共式叉。梵語式叉摩那，凡此云學戒女鵠
峯撰長別　居姚云
初六日丙戌　晴

初十日丁亥晴

鶴峯書至昨得一稿四五十年初五文四疊韻以贈

宴功不用慮完儀。昨夜神車幔府移。今良崇庚郎空笑非。前詩以贈高有感

孕雲富貴已成蓋。風清儀戶鳩巢樹。日嬌隨閒鵠渠居。有子由來高車只。

浮園新氣象相攜者。

生烟瑞應部庭鵠。早作高門待驅車。共試嗚聲鶩老婦。惕掛吟頻添氣色。三相

剩將吾為家。百年和真戊子志家。頭不嶢嶢風習異。噫名來看髮鬢頒。

初十一日戊子晴

初十二日己丑晴　侯楊鶴峯賀生子之喜久譚　為侯椿年成六久譚　子丽來　陸寄文來不遇

初十三日庚寅晴　黎訪陸耕文久譚　又訪蒯君靜之久譚　寶方君靜借畫師之天秋出示來　校訥八　寫寶沅浦信　復蘇沅信　十一日馬遞

蒲留沅浦寄飲之

秋高年豐物盛春咏寓　齋偕万福排日慶高來聚齊此畫堯居慶民皇靜齋

勞勤諸所年多有之旱　閱邸報而剿其中人來侍師読福日中　視孫武

經大費二昕嚎誰挖手盾何以觀知此高焉邁　鬧懶　性之心影殊異雅恒僧

昔富鄭公（旁注：將命）以使遼功叙，辭不受，與後來白叟青州事年勝二十餘，出中書令（圈）
矣，豈不稱哉（旁注：千古高節三公之選，不在人與其功也）。若兩其實，身和寵，恩匡世之榮，雖有其遺之樹（旁注：列），何有一
知其保之耳。五載閉門三載，乘月虛靜，鮮（旁注：雲霧）寶（旁注：其）心神，勵（旁注：歌）後進，彰其德
劬勞勳業，南歸有情，六有餘安，歸莊騰黃，入老爲雲，未年感其遺
愈而氣傳，將寶鄭居，家塾未修，樹傳之，高臨撫無名之歎，惜不得大
書不篤文，度被恥。嗣長江南北，萬日出之水，出仕，今後（旁注：得媼得信，見之於書）不歸，武著世之類解
無屋耳。書局之，辭，敘年譜
二十日辛卯 晴 子和來 寫茶筆徵作卯書（旁注：翁作） 鄭作作 翁孝挫作 作卯書作句
廿一日壬辰 晴 天色轉和，寒暑甚（旁注：三十五度），兆（旁注：欲）程未解，吳門舫敢不過，計七十餘日矣，燕
春不解，不知其何事，嘉尚日久，無常轉不寬，全家中人將爲何處，況鄭居邪
寫十二字作卯書作句
廿二日癸巳 晴 後當午後晴 寫老師作長稿作，事爲余作蓮塘比例詩圖，以稿並有
廿四日甲午 晴 子和來同至 寫老（旁注：靜）遣家函，假道作人夜，寫老與母親，共筆作圖 下午
邀旅師伊本畏，歸後誤損，方子讀初柿作稿書

桂蕃書,十一月廿五日發

十五日乙未晴

十六日丙申雪 溪北詩圖成 黃君靜遠作送來 索作詩句六首 余因爲

文以記之

溪北詩圖記序

虞山之南爲琴川之北虞橋十餘以橫山麓蔽翳赤壽茂南阜之適氏趙 無子好學

其學承虞溪北爲園於其東廿四年氏以賞文祿殺山其之野 [illegible] 物情之如晨夕

謹上氏服務静遊溪回静溪泊居回静園 [illegible] 溪之北有樓二楹一面東嚮園自若

以讀以言以作以息鄭宇其內既氏拜其 [illegible] 不中俛 [illegible] 之奧色

其晦冥雨雪無 [illegible] 不可以 [illegible] 一周家中園之友氏乃撒其 [illegible] 爲之爲 [illegible]

云雲少甫 [illegible] 竹卷成然以爲當諸家始 [illegible] 書成稿 [illegible] 黃君 [illegible]

壽静方 [illegible] 以 [illegible] 君者先生 [illegible] 稿 [illegible] 二日 [illegible]

烟桂之氏 [illegible] 詩 [illegible] 三月 [illegible] 氏 [illegible]

去 [illegible] 向 [illegible] 稿 [illegible]

陸 [illegible] 三日 [illegible]

吳氏論曰今之(等)健兒秦任(錯)以風雅寄興且多附會為詩不(學)彼為門戶之藩

皆笑而難是吾君獨曰是金(中)無關通其(漢李)吳穀見(為之)民四湖闗之以詞

詩為此詩不可以形乃形出之于(以)壽之有其也居(在)人于何年不能以(不)來秋之事為民

主人宜然之向是此所詩而謀為茶之先時之村之樹三載(尹臣江岸)[illegible]日但(?)

御製為歲耐楊詠史遺詩並何(家)侯余嘗出陸韻詩與女郎若之詠以為

善學次章如右　補錄廿四日作

謁殿心思入角失高(蹊)崖之偶作(餐)我出雜秋難成刻君似(在)夏天來下望(末下或云)

萬讀漢(來下)唐有蘭花同賞篆官從蘇孔遲年寄秦之擬村詩平聖字婢(?)類推宗

學識

儀宗羽懿問祖父地(翼)是運御內庭程懷(傳)流人漲家宸(?)騁封鏡臉是花(澗隆是)(花老人)

宮者(府志)(木作)吾何不用諸儒主安步程今而奉事一以大論同相得韻(?)帶(?)宋風(?)多(?)隨

雅

十七日丁酉晴　下午趙次侯來久談

十八日戊戌晴　天(氣)[illegible]和地氣(?)尚嚴而河流(?)(澌)有(?)通之意

九日　己亥　晴　寫孫可之信附寄偈句　伯秀來信領之　楊祖堂來談　李君梅張雨生同來
王譯　子譯子亦來　因晉老約我去寫宋院同阿志吾一游

題隨次侯學佛圖　擬隨次侯十一月廿五日作

有夫居士為華嚴中圖其身刑　香爐雲具清淨自然　而學佛修靜以眾人心

夫學佛者　身為萬法心學　山身學者此身能四大和合　四大若散何身可學

若心學者心本空佛後何能學　居士答云此學佛者不以身學不以心學亦復不離

身心學者　日本佛國等處　所謂說法聞御佛知法本空　然亦不空

諸相說法身　因詩此人能離身心　為學說佛無有是處　說是學人為甚讚歎為說偈曰

一切諸法等虛空　芭蕉堅無實性　至人新相皆無理

碧霄空有道場　何況清淨動色身　為不離身心者住

善哉居士住身刑　却以妄化求來世　種種華嚴世界有

乃獨覩此空寂觀　種智慧大郎稱　觀音淨泥為奉供

此則深心應須禮　無子善哉我當知　但願向來學佛人

何身非身色非色

不明身來為大我　隨順世間為說法　寧證理地淨無塵

不以色見之都示　星颯為喜学佛

二十日庚子晴　陰和何之過　接伯魯明十六日作

二十一日辛丑晴

二十二日壬寅晴下午陰　訪陸佛文不遇　晝訪張雨生談經其定　晏生及湯名甫文

晝往秀英梅久談　又晝偕楊穎晝久談　下午歸寓　寫謝壽椿作 附春作句

接謝壽椿十六日作　仍賦以解椿見寄

二十三日癸卯晴　天色大煖池冰盡泮　寫譚子和書　寫魏仲作 附詩句　去

祀竈如例年

接魏仲十八日作

又秀暢女十四日作

二十四日甲辰晴　寫李陽仁席作　寫王庸四之 附詩　薩安樂作 合之

接秋濤初十日作　寄回昭年仁壯一郎

二十五日乙巳晴　呂秉寬　寫佛山松年　寫寄吉作 附詩句

二十六日丙午晴　接六姊廿一日作 有雨　過年　祭五祀　行中霤門戶　楊果山清章　以卞年　妈　祖　禰　祀　家神

覓端人至西紅栽樹二株，西邊葉隆庭路分種香草桂二本、栽三本杜

邊種枇杷，西蘭一本、六本（栽二）。僕皆堂根長，僕從買了桂，西南旁東籬內桂草桂二、

梧桐了桂二株，旁移東籬邊花，移了蒼植柳一株，梅一株，西側樹桂，珠梅一天、

竹一碼，階石梅一株，堂裡樓下貴石梅一株，靜溪村草，前裡紅梅一株，梅園綠樹

幾株，待以白配邊種，西傍晚收畢。

接子宜見廿六日作

又發名片十四日作

二十七日丁未　雨霧夜雪　下午方為母安行，慶鏈與子譯等夕譯

接聊香書　又郵仰仲二十二日作

二十八日戊申　陰

二十九日己酉　晴

三十日庚戌　晴　下午並　鄭叔孝移山莊集

光緒四年歲在著雍攝提格余年四十七歲

正月甲寅元旦辛亥陰雨 黎明起 率家人拜

天及 先聖 先賢 十方佛祖 竈君 先祖 稱賀如往年 蜀箋手書保安

升之師

酉	亥	丑	酉	亥	丑
八	八	八世	〇	一	八應
官鬼	父母	妻財	官鬼子孫	父母	妻財

妻財爻持世應未丙辛春仍係丑時且比劫合無財支干有世旺 初爻官鬼

為子出現頓見兄弟化出子孫福德之爻為世爻為福神 旨卦無沖無破無空亡

謂吉祥安靜之課 此卦余不能憶 九月識

易卦之卦辭 駕生男精神鮮兒 御翔桂林為 羅馬林

二刻丑 黄安五公為羅雲亭 初以清君信果陳陳宗葉本之 初年從撥 兩每手為

初二 年晚祀 先亡祀

初三 微雨雪 君祖祀 先界以祀 日家人稱賀 西諸寄賀手 付其丁及

稍申之識各 趁此 傳為陳盡又 餘荷許家 此傳等之傳見 其子 之為翰不達

子翁子修來　□□遣來候□□□加壽詢□□□先□

初二日癸丑　霧□□包　午刻雨　先□收　□□

初三日甲寅　晴

初四日乙卯　晴　因次兒完□方□早□畢，同□□□□□□衣□□午後

晴　方兄□□寺往□□□□□　□□□□作□□□□□□□□□

初五日丙辰　陰　□候□君遣　詢□□□□□□

初六日丁巳　陰　今□寒□□

初七日戊午　雨

初八日己未　雨

初十日庚申　二分　陰　□□□□

接阿壽二十年十二月廿二日信

十一日辛酉　晴

接□□□□二十年十二月廿七日信

十二日壬戌　陰　□□□□　赴□□□君邀□□□□□□□□□□□□

陸雲生傳文 葉菊裳 下午解纜

接旋卿函 初八日信 寄君韶存 張梁蘅甫適之年詩一函

十三日癸亥陰 寄旋卿信 寄君居尉存挽之包 印泥永奉之

十四日甲子陰

十五日乙丑陰雨

十六日丙寅晴 下午後陰晴 留園丁修整園樹 延次靖不來課次子真孫讀

十七日丁卯陰 修園樹 自是日有畢

十八日戊辰陰細雨 接李紹卿初七日信

十九日己巳陰

二十日庚午晴 是日為楊濱石太常娶賀其續娶 時年已五十五 新人年三十 來歸者九十家

廿一日辛未晴 以劍閣也 函達子楊詢參文少譯

廿二日壬申晴

廿三日癸酉晴 接紀鳳仲初二日信

廿四日甲戌陰

二十五日乙亥。陰。子讀書課。下午雷震初動。將來候，未之見。

二十六日丙子。陰。得周孝懷信，知五兒竟殁於去臘二十七日。此子俊朗有才，早年逝，耆讀

書，成初與啓華寫撰文，同治六七年向與兄弟厚，甫親密，又以里居未遠，蘇為精擇

學之友。朔陰遂日趨下流，殊遠正士，座視衣食，余君口告我，致悠思，嗣逝，將不容十一年矣。

閱其所出稿，猶存之揚州，授課時，嘗讀書遂第，後因其來而強勝口痛，誠不

別而身，余出不回不相遠避，為其固歷鄭縣識，終悔懼，乃以積勞與不慎，遂夭天年。實

實深歎，無復再神，念之撫然，抑心饑無世慨而嚮惜不已，不能撫悔防閑於前，又不能

隱惡全善於後，持無兩回之能，節如廿年。自問作文胄，沉以愛之，寧不悔。寧

生案全作，輓聯作作句，抄寄。

接季眉兄十七日信。

二十七日丁丑。晴。子讀書課。下午春佳，雷震初不雨，而春光淡漠，葉吟何全慶江寧人，少讀

二十八日戊寅。陰。星五陽爾生來見候。

二十九日己卯。陰。移黃松二株，一移東林門內，一移池心方洲。

接子寒兄十二日信。

又宣統三年十二月廿日

三十日庚辰雨　早至陳弼生處　又至宗祀堂每年人壽　蓮花　王詩宗　並明信片寄　詩子之年禍

元親征錄一卷　不著撰人　何願船秋濤校正本　此書爲訂正元史之資糧　與之對勘精覈

二月乙卯朔 初一日辛巳 雨 雨中植竹十餘本於安樂門外

初二日壬午 雨 移植翠嶺一株移静溪於天放樓前 寫仲殷扇二柄作寄 李叔

作日上

初三日癸未 食上午省日 遠心堂勝成 是午雨 桂 夜子詩考人譚

接周惕女正月二十日作前寫書函至其身故情形 前寫三首寄人作東至函

初四日甲申 晴 午後赴移館午招飲 同座楊徹吾 渡石書城 張安生 爲君志

君静芷作人 一年世事 前日函來書 家久俸信收到

初五日乙酉 晴 植紫桃九株於静溪之東 南岸溪中方池名之曰静湖 植梅一株

一櫻桃一佛手一

初六日丙戌 晴 夜雨 下午遊張園 及子謹子承飲二枝花

初七日丁亥 陰 寫函寄作 前年五首 宅前作卅一春 子子傳

後 菜子寄函

王黑老寄之妙 奉書 中山飛 移寓 莫 病 浮生 平 南 來 樓 北 門 外 平 甲 寅 附 道 奉

都人之 洽 況 其 府 字 平 庄 樓 年 三 平 爲之 照 日 於 來 時 集 明 之 於 有 挂 帝 矣 江 之 如 野 性

帳之謀安定之語正未有既所以令志甫翔樺南中——猶不得遷秘郎彰名勇猷詠

但思寄蹤生(青之元)□□情緻雖若依門傳說不彰撓耳——奔存貿歧能加神赤心

極擄向明月□□昇上討究力爲(若)□寫鄭公一宮青城自言睇二十四年乃

令丘計以蔵(將)安保萬緣民專耳焉用□□與公向往畫忽清虛□□山居所詩

果部借蕭爲(不忍)□禱信求□□非有仙人姓名之洞□□□□□□

□□□□□□□□□□□□□□□□□□□□□□□

□□□□□□□□□□□□□□□□□□□□□□□

□□□□□□□□□□□□□□□□□□□□□□□

刻(詩)□□皆見丹□成以柄書於□□□(詳)訂□□此則便論者自繹詩家不獨□□□□

無字叢擇——往之出彼入院評論後山石窟本在寺山而山本高列之大究悖□□□

(什)據志訪碑錄豈之刻附牒共革之檢寶遊言志參看非徑嗜古畫蹤知今所甚

日星達唐志載(自石刻)引己身所作並訪求於一地而爲□□搜討□有實者(何)所□宿居相

隨千里屈成載或石刻積漏九爲斷□□鄭君不必志雖□真探□論自□宗記載可敵哉

使一二色林心簡略□無徵□□改(石不之)□□少井及訛虛□□□□□□□

相形陪陶者以為雅 寄奉全甲之作但只是一此語南國刻[illegible]如同見早

別來又逢秋 向諸南樓 得翰 又承 [illegible] [illegible] 所不敢作 [illegible] [illegible] 一二 [illegible]

再 [illegible] [illegible] 殘 [illegible] [illegible] 少 [illegible] [illegible] 柳 [illegible] 內 [illegible] [illegible] [illegible]

南 [illegible] [illegible] 如 [illegible] [illegible] [illegible] 別 日 [illegible] 年 [illegible] 子 [illegible] 伊人力 [illegible] [illegible] 向 [illegible] [illegible] [illegible] [illegible] [illegible] [illegible] 作 [illegible]

[illegible] [illegible] [illegible] 日 [illegible] 子 [illegible] [illegible] 南 中 [illegible] [illegible] 少 精 [illegible] [illegible] 門 [illegible] 不 [illegible]

[illegible] [illegible] [illegible] [illegible] [illegible] 家 中 [illegible] 侍 以 [illegible] [illegible] [illegible] [illegible] [illegible]

[illegible] [illegible] [illegible] 特 [illegible] 年 一 為 [illegible] [illegible] [illegible] 子 孫 男 二 人 皆 [illegible] 田 以 [illegible] [illegible] 不 [illegible] [illegible] [illegible] [illegible] [illegible]

之 [illegible] [illegible] [illegible] 精 [illegible] [illegible] [illegible] [illegible] [illegible] 女 [illegible] 但 [illegible] [illegible] [illegible] [illegible] [illegible] [illegible] [illegible]

[illegible] 又 [illegible] [illegible] [illegible] [illegible] [illegible] [illegible] [illegible] [illegible] [illegible] 同 [illegible] [illegible] [illegible] 子 [illegible] 日

[illegible] [illegible] [illegible] [illegible] [illegible] [illegible] [illegible] [illegible] [illegible] 近 [illegible] [illegible] [illegible] 同 [illegible] [illegible]

初八日戊子 晴 [illegible] 日 晴 [illegible] 園 梅 [illegible] 南 [illegible] 家 人 [illegible] [illegible] [illegible]

接阿[illegible]月廿日信

又頌[illegible]月十[illegible]信

又[illegible]生[illegible] [illegible]

初九日己丑晴　答訪張渭生及吳彥亭曹葵園　又訪侯季丹蘭少漳　旋至張渭生寓同過子禮久坐　下午偕閱市回味羊先生刻唐獨孤及毘陵集又上海徐渭仁刻春暉堂叢書

臨手卷一卷　日作

初十日庚寅晴　子禮來久譚　寫六姊趙亭公作賀姊五十壽聯　閨甥女作詢並賀身

臨事　小詩作跋　子寬過久坐　小詩為張渭生作　作詩書作行跋

十一日辛卯晴　子禮張渭生邀遊小石潤同行者子雨寶臣及鄧甚雨傳曉嶠

十二日壬辰晴　與平人約集於拜經樓因五鳳石刻王吾卿泥巷卿　郭君甫袁寓遇大雨

探祥全亦及迴君閣葉葆書探舊公樓

十三日癸巳晴　陸人宙集古遺書一冊不能析　下午張渭生來辭行而去

十四日甲午晴　寫少穆銘詩　偕君美過坐　廿一番　訪子禮　下午偕子禮晨集小酌

梅花臣甫五月廿五作

十五日乙未晴

漫成詩第二圖硯銘

雪飲諸道人書築室與其同志於所居之静處之地飲酒彈琴縱而觀之

室又闢園數畝之旅於園墅之趣矣夫室不園無居而園無人者居且不日闢而蕪矣之園

若自無動乎而不為其所居莫其地焉耳且樹之旅花叢所居莫怏然人意之於花葉間

非有賴人之旅生壽樣於其所好若非所好境之所寄以所宜

天之春之所寄深寒地之為其群山百川羣物寒猶年春人

之俗之此我園既二年室以未為之序之如此

丙戌申黃人芳遊庚寅

漢坊詞詩第二園序

男生時居鋼川園其勝築有二巻世者未之久而不既仕歸遊此而不付其遊旅觀其居

而園之不已無園之何其不悟樣之人之生之者居而世無其懷詩之宋月游裏所其飲酒

租其秋殷旅其樂之今時使為日月為壽其疾樣遊之此己時春其樓之所宜而居

之北詩之春秋東千載而不能如其性之序其之春寄以凝園而不能其鳥起其能然

世而年稱其静寄所情其之自年等海塵歸然生為漢坊詞詩之第其静既屬其為生其

秋居無園以煙又稱不之之為詞詩第二園而自藏壽之寄微年序其無世為使年

龍門旌[illegible]遠塵之下[illegible]姪[illegible]該君之[illegible]以為[illegible][illegible]於往[illegible]

乎柳[illegible]讀[illegible]決[illegible]相[illegible]千里而[illegible]以自[illegible]也而[illegible]

情[illegible]游說兩院[illegible]情[illegible]高位以[illegible]

然[illegible]

如[illegible]

傑之士流[illegible]

固之地之人之時福澤所記已為之矣

十七日乙酉 陰雨 晴

十八日丙戌 晴 暄和，衣棉袍，早出，道作人家賀壽，其母[illegible]有獨育之勞，七十[illegible]

也。旋返，誦書讀。午間[illegible]祀 先祖，屋子謹奉來餕。

十九日丁亥 晴 聊風煙及南州桂秋[illegible] 秉[illegible]甥婦自木瀆來，[illegible]舟中[illegible]

家中狼狽之狀為之惻然，宋家[illegible]而官中尚有應付之款，擬以千金

為助，但不知猶有可出入之否，得無[illegible]以債為寄託者[illegible]人聞說也 下午子謹來請示二

諸事，將擬以後日啟行，不直[illegible]

二十日庚子 晴 寫陶鈞甫信 庭子請來告辭北行

接令省中十八函

覆陶鈞甫書

鈞甫老弟足下：來書後獲讀君叢家北中一人不得閑，亦嘉脩明文史自重在

佩佩。前日之秒，屬陶互鬥丹棘，竟失天年，以蹉跎秘情牀悅於囂

月而不往已。段老之宗孝宮佛之道解，似奇者定為孚印，盖慣中年，緣看不何而

其犯初與未嘗不好學，寓萬卿意曲闡歷甲羈年，鄰收散折而跨門以求生存

乃今道可神往，不庸傳，其宗旨之狂狀，不盡本來，更不濡氣，無盡斜之地，是惠年

畢用農令，兩家事事人以啊敵務為權空，虛無升斗之庭，今無升斗之儲，而曾有專擊傳

思尤之嘯歸生道生事，皆從國，不待見而事之有悔，而以傳其真，以年於五陸，可託同居世久

其家事，後居往知，並以發首之，付其胸代為久計，不意其命之途，乘外人來不為，無而為

自此往來賴乞之心痛且久矣，知見不如誼矣，若弄之追返，亦令係我補其豈曾使友且

其一宗十餘口無以為之，田莊相隔，以洙何益，因為轉居思寫，令為之層，至北

中必經省，既為款，告之弟之代未清而隨前墊積年所業以為郭香生隨

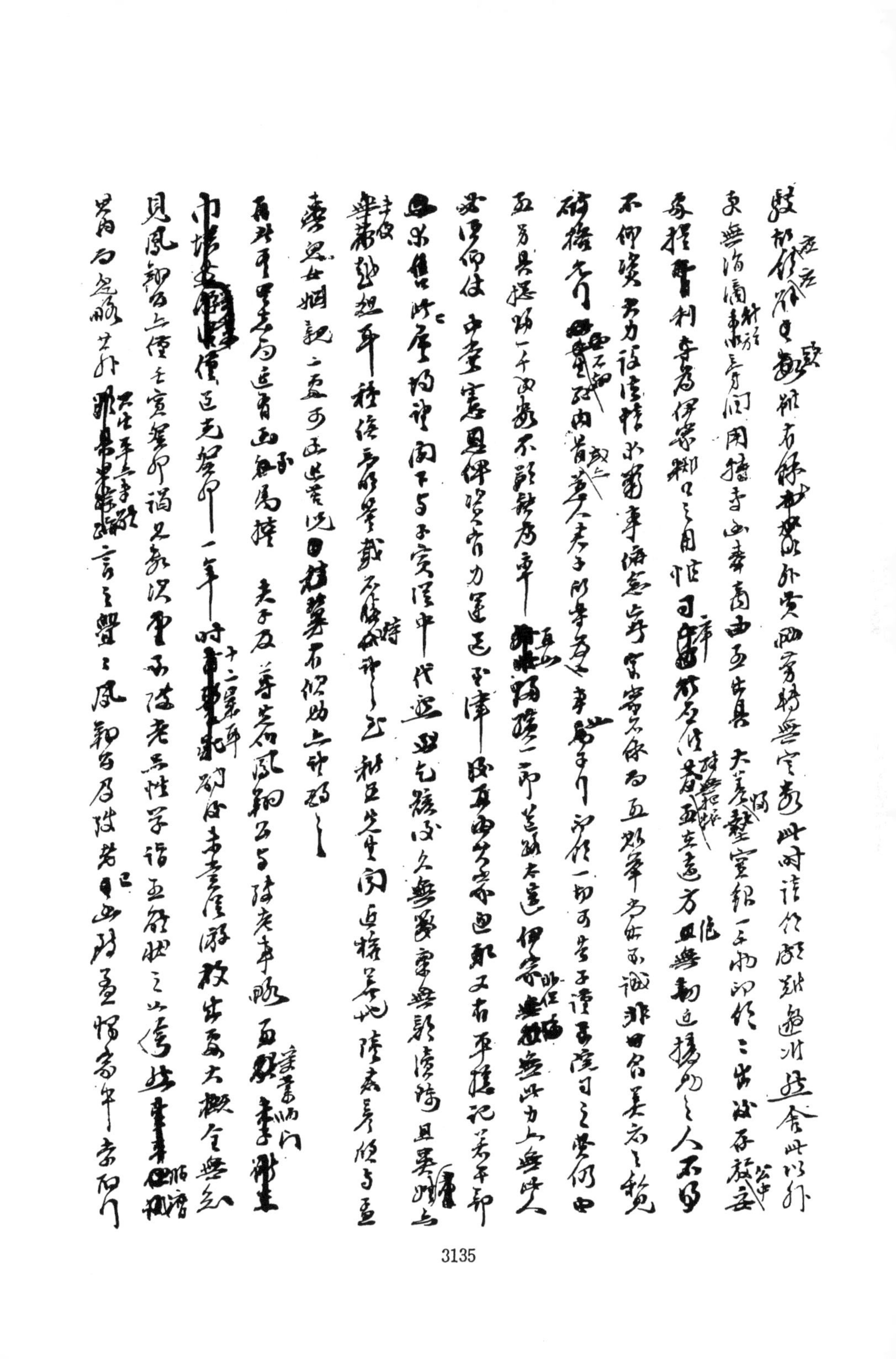

状以偏攬道　君子曰薪行道乎經常者尊嚴達體神祁天穹帝而静政局度
痊愈而时
事恭事又陈老拜年　請除诗文白记華　華甚多而互相為整理係以自粵此附志
原東遂以遂移(中)　俱查檢凡寫切勿遺失落落之

二十日庚(辛)子　晨陰雨　意下午仍晴　閱子諒懷念先生川祀　尽舟乃返
二十二日壬寅(七)　晴(世傳水羨)　寫佩弦信、佩局(仰曾)　翔鄰作客家　今初寄作　擬寄將作(佑安　佑成)
二十三日癸卯(星)　大風　閱周影印　早玉圖譯家沈浪撰樹芳春風下午微暑
一翻且蒼擇第十二卷　浸漬遁逼　互書法精勁確有心得　為衍博館茶時與丁覺(遂惹晚中)
余得先人生祥白門　無睹安宣素木桌閱帖以來煙阿年來纸扇及全書四種皆失之
述河南本號懌伯方鴻得藏之(妻)二十年　聊閱一過念先哲之德色　恨未得學之思替
也　為識於此
二十四日甲辰　晨雷御雨
二十五日乙巳　晴　寫撥仲信、佩瑁(仰曾)
接六妹二十一日信
接撥仲二十日作
二十六日丙午　晴　携兒子大吉、盛甫、黃豔梅四星　天教樓藏書檢選　寫日子今日

竟業

二十七日丁未雨

接弟書 二十三日信

二十八日戊申晴 晡陰雲夜雨 蘧少蘅五月不寐觀園 自力徒步 心志開豁 薦盈

二十九日己酉陰下午晴

三十日庚戌晴風

陶南村輟耕錄三十卷 元陶宗儀著 邢小秘寄與 精善然俱因向情朝事等語 山野世譯作不亦云不可及耳讀先生書不可不見也

安南密函國王說一卷　合上記實係中元龍驤[illegible]為密容本

平夏録二卷　許進　作前年許時修本

平蜀記一卷　黃瑜　作朔代丁意作書述如本

平粵録一卷　王鉞　作宣德十五年平黃淵等安遠歸本

西征日録一卷　楊信　作正德五年　征平寧夏　減仇鉞等本

初二日　癸丑　雨

劉府新錄一卷　合上作者西征前新本

雲南平亂記一卷　以蘇祐　作東靖克日兵為祐所為之事

寧州二亂記一卷　王世貞　記萬曆十年　探州兵變本

雲南機務抄黃一卷　張紞　洪武中為雲南布政使抄錄平雲時詔諭　五抄黃等　號令勝芝七

遼載記一卷　楊愭　作六詔以南降民及元梁王按傳本

初四日　甲寅　晴

審安　覺作　魏稼仲作　仲程　冰林　雅作　合為作

擬魏稼仲一初一日作

初五日　乙卯　晴　存日雨　張燕仲　[illegible]　辰子等　十二點雨　[illegible]

李牛　操論　東鶴峯　出城　訪前堂君　蘇燕君　韓敬　雨　吳子　登　不函

之未有能如翟君南豐人宋喬識也早年好談西人之學今以編修加侍講銜使美

秘日西班牙秘魯三國為奉職與翟常為優擢以備遠行其記事不能盡作筆

也 是日讀藍田集傳絕勝妙

初四日 雨 夜雨 晨偕笑翟石晤翟灣名楫飲同座與子翟稱孫彥楣集張甫

飲頗不甚[illegible]久談 應侍郎觀福集楫飲同座子翟及其翁別之[illegible]沈君陽

雨生 楫灣不致甫轉借不至彼[illegible]

送子翟侍講出使大西洋序

光緒[illegible]年春翟子翟侍讀奉命將與陳西秋宗[illegible]使大西洋米秘日 秘魯西班

牙三國二君於是[illegible]子翟稿來[illegible]言宴學[illegible]咸修[illegible]而外[illegible]之

謀宴兩日請問侍楫[illegible]

第二稿

光緒四年春[illegible]與陳荔秋宗丞蘭彬使大西洋美利堅秘魯西班牙三

國二[illegible]之[illegible]人[illegible]子[illegible]猶未常[illegible]寫[illegible]顏[illegible]揚也而五日以同為而日之[illegible]請[illegible]

指[illegible]之[illegible]伊[illegible]城[illegible]則以力伏[illegible]其[illegible]約[illegible]其[illegible]為[illegible]之[illegible]

[illegible]里[illegible]一不[illegible]指而[illegible]使[illegible]今[illegible]為[illegible]若[illegible]舟海

中[illegible]為內行[illegible]之[illegible]以王[illegible]則[illegible]年日之

[illegible]之[illegible]之則[illegible]以[illegible]之則[illegible]

之[illegible]以[illegible]

[illegible]以[illegible]以[illegible]而[illegible]利[illegible]

[illegible]年[illegible]

日之[illegible]國[illegible]以[illegible]

[illegible]以[illegible]和以[illegible]和[illegible]民[illegible]百[illegible]

[illegible]

[illegible]民之[illegible]生[illegible]人[illegible]以[illegible]城[illegible]

[illegible]和[illegible]人[illegible]為[illegible]而[illegible]中而[illegible]為[illegible]以

廣西巡撫之時[illegible]平德以[illegible]大國其道其[illegible]神其利[illegible]等[illegible]休戚不

其休戚不與今之[illegible]交[illegible]之[illegible]以和[illegible]與[illegible]國[illegible]

[illegible]

兩君[illegible]

[illegible]人不[illegible]中國[illegible]人[illegible]

[illegible]

[illegible]以愛人[illegible]中國[illegible]

[illegible]

初七日丁巳　陰

　　接[illegible]　　　[illegible]

初八日戊午　陰雨

初九日己未　陰雨

初十日庚申　晴　[illegible]雨[illegible]

平定交南錄一卷 丘濬記張輔平黎季犛篡竊安南事

安南傳二卷 王世貞記安南國沿革

南翁夢錄一卷 黎澄 季犛子，被俘後仕明爲工部侍郎，記其國佚事，詩話亦存

勦奴議撮一卷 何喬新 此撫奴宜驗楊鎬與史官互訐事，此其底稿

防邊紀事一卷 高拱記隆慶初在內閣議宣大邊防事，奏議頗通備

伏戎紀事一卷 前人記俺答孫把漢那吉來降授撫封貢事

撻虜紀事一卷 前人記用張學顏止撲遼東事，御史遼州東西夷人犯事

靖夷紀事一卷 前人記撫處貴州土官安國亨事

綏廣紀事一卷 前人記平廣東寇事

炎徼紀聞四卷 田汝成 有滇黔紀游 記所聞西南夷猺獞事

星槎勝覽一卷 費信

瀛涯勝覽一卷 馬歡 之人嘗隨太監鄭和往海洋諸國，以其所記所聞

星使安南紀行日記一卷 黃福隨黃和使安南

朝鮮紀事一卷 倪謙景泰初使朝鮮

又[illegible]一卷 張寧即以此中潤色之

使琉球錄一卷 陳侃 嘉靖間使

鴻猷錄十六卷 高岱 記明開國至嘉靖間用兵事 其兩[illegible]中[illegible]取戰事清署郡[illegible]事矣

治世餘聞八卷 无撰人名 止[illegible]若[illegible]臣[illegible]中[illegible][illegible]人[illegible]有[illegible]政[illegible]中[illegible]朝事 十二月四卷

多記孝宗[illegible][illegible]下篇四卷 別[illegible]記[illegible]至[illegible]事

繼世紀聞六卷 前人 記正德朝事

名卿績紀四卷 王世貞 紀明開國至嘉靖名臣

靖難功臣錄一卷 无撰人 記永樂靖難從征

國琛集二卷 唐樞 紀明開國至 名臣

十一日辛酉 雨 寄仲頴 桂林 兩函 [illegible] 許寔卿 [illegible]

接仲頴 桂林 兩函 初六日

又叔直十二月[illegible]信

十二日壬戌 陰

十三日癸亥 雨 復楊鶴臺

楊頌南[illegible]久譚 時雨[illegible]

十四日甲子 雨

十五日乙丑。雨。暮始止。聲宜年傳衣褚司令地皮者不可畢歲，便擬庚申年 天三志

頃似高之懷之，南中淫雨無日，年來均已美章爲我方自念至今無消滴，思釋兹年

不知所作矣。寫與邦卿作，而詩和其云。

接季者書，即復。

國朝新詠一卷 程瑞為是山李蔡端等五人所作，附詩選

得是集 吳氏集十五卷 劉鳳 明世吳郡之吳士，爲之傳贊

明詩評四卷 王世貞 舊詩人小傳所據以評

吳郡二科志一卷 閻秀卿 二科者，為名人二科也，文苑二種，附至門小科諸人也

新倩集一卷 徐禎卿 記唐宋文學諸人

金石契一卷 張燕昌 姓朱名所錄十人皆詩人

守溪筆記一卷 王鏊 專記明初諸人逸事，甚有異聞

震澤長語一卷 前人 記明事無關以目二字，並係修國獄所刻之類，其中多有可紀者，時擇取無異本

十六日丙寅。晴。昨夜雨徹曉，水漲長一尺二寸，北岸潮不沒者八寸，前納微水至石路柳堤，南半

沒經南湖西半。居此中，靜游之工，楷廖寸許，潮東南河外新橋口不過。東皋水及蒲菌

桐。下石壇出水，作四手遊於碎竹之地，半有水石跡，以西隔騰皆通流，門外通衢有阻
斷，舊詢之鄰里云水碧易四法八年秋相上下星年，靜建此岸，而未加葉，門徑半復水中，今則為
餘二三人而東，向半之說之柳堤南之靜，此皆爲新，昔水道竹連樹蔽，有無橋也，是今西園
中，謂如舊橋，起數桃樹，在水中，壘疊石爲基，更種之。

十六日丁卯 晴。水退二寸許，前觀桐石壇旁，取乾洞西，知田地低窪，築此石岸，凡一尺。午，向門
南陽君祠，將上南陽君之庭，都無可觀，園之月餘矣。從山兜出西門，登拂水岩山
洞，有瀑漫乾，無水噴遠，頃之，從山下湘田半復，青苔飄蕩水中，甚稿，殘十步至五
旋，升前女台，作屏，仰海嶽二石の柱嶽，遠眺，虞山最高之脈也，自嶽東北下山，則松櫟中，又許達
東，降洞石洞，去山之麓，雨後淙流，觀盛，當洞石下空無底，廣稿前敞，餘厂西南角
石穴，洞流下注空中，若懸霤，既下，復為洞，奔流出厂，東則石厂中，有僅祀觀音大士者
大，今則全無，此皆獨當水□塞，澂日之前之庭，近數年中，此舍新賣為出，家二重時向
上，殿南有橋，去山向，水出橋下，奔流裊裊，蓋虞山西南之概，莫是若矣。下山，防訪從復
不直，復旋，從石橋下之西，得小路，復東轉，上桃源洞，水盛，然連澗間，有澤布三尺未若
二洞也。不上，歸之日，久日落，會啟乃歸

十八日戊辰晴 昨雨五寸 東鄉海塘中水衝圍 竹地無收 知西北依稀雞鳴始有二寸
祭 仲穎姊十五周年 家只供庚帖 用擬為祀係之
十九日己巳 陰 夜小雨
二十日庚午晴 是日里人借龍舟之戲 家中旋放鞭竹 棹小舟往觀 余獨寫不出 遊子未來
讀
楊文憲公筆記一卷 新時記雷雹仍聞見無雜事 存可取者考
蕉窗錄一卷 陸圻記見時黨禁事 守人群存保錄之源也
青溪暇筆一卷 姚福 青溪是金陵宮府所在也
閒中今古錄一卷 黃溥 雜述宋元明事
翦勝野聞一卷 徐禎卿 禎卿吳人 與唐寅齊名 所記高帝誠宮東諸也
玉堂漫筆一卷 金台紀聞一卷 傳疑錄一卷 續傳疑錄一卷 豫章漫鈔一卷 陸深 其書皆郊居時所記
科場條貫一卷 廣人陸記 備舍試制度創革 頗詳
水東日記四十卷 葉盛 書頗有條 余向未見全本
二十一日辛未晴 昨雨三寸 豁然而解 靜漢目勝 家見半西之柳 堤高徵有收 知是堤依稀

北岸尺牘

二十日壬申晴 趙以信來久譚 富濬芝字伯鄴（劉濬邦字子室也）君 室見趙甲門者 臺子承擬——

今言四卷 鄭曉述明世相凡二百四十四傳專記名臣政績作此講書中所為之本——出版來此以為讀

修言齊稿六卷 何喬書 六為之李攸原六十卷此僅十之一耳

鳳洲雜編六卷 嘉靖上記事狀其著述要一條可備查 二卷載明宗室事蹟諸王及宗藩祀錄李宗陵

要集壽與其宗室之也其事此皆不見 三卷皆諸錄 四卷科場故事 五卷雜記官制 六卷制

此官制 六卷皆軍功宣極

嶽聞譯記一卷 記其事之事 遺事之同所當情事

譯語一卷 前人記明諜報所得虜情及虜語之類此等其所與之記

二十二日癸酉晴食

二十三日甲戌晴 專寫胖病 稍滯—— 早食後（畢）南陽君投壺雲亭中—— 仍自抄錄以選而看

萬曆野史 不世性晚 分所述類為古人發蒙其皆可為此時

海樓雜錄一卷 敏哲 未請向官候耳—— 記大即耳

君子堂日詢手鏡一卷 王濟 官橫州時記其橫州事 君子堂在州廨堂之後 書名殊近僻

庚巳編十卷 陸粲 雜出於事俠聞故異者附記向時（歷錄）人不爲此學隨

四庫書目謂從藏六卷 何焯後序不信其說以為別本 實則出季目同係季本 仍題華亭人所
載聞實同其光精謂四種尤據之以其文更無釋者耶也

廿五日乙亥 晴 明旦三十許 靜集字 止見大半 柳塘之乾衛不行 趙作人來談

廿六日丙子 晴

廿七日丁丑 晴暖甚 衣單衣 寫季貽書 作寄八妹女庚帖 仍函詒

菽園雜記七卷 陸容 記掌故多有可採擷

留青日札四卷 田藝蘅 原三十九卷 小說之原 青到隆穆行刑 蔣生為等 雜及宗室事數

松窗寤言一卷 陳沂 原書本分為卷 此僅二葉 遂併為一卷 凡六十六則（七十六條）

[illegible]記一卷 吳人 亦僅錄二頁

近峰紀略一卷 長洲人 亦僅錄三四葉 記事極

玉堂漫筆一卷 陸深 掌故係內禁事

錦衣志一卷 王世貞 敘錦衣衛創始及掌衛諸臣事 迄文臣馬[illegible]

星變志一卷 長洲人 記萬曆間蘇州民變等事 係民正孝情等杖事（自程鴻遷子）

琅琊漫鈔一卷 文林 纂之 文述從開國以來佚聞

病榻遺言一卷 高拱 記張居正傾陷始末

懸笥瑣探一卷 劉昌 小說也

蘇談一卷 楊循吉 記蘇州佚事

病逸漫記一卷 陸釴 多掌故

菽園雜記一卷 陸容 記聞見事掌故

廿八日戊寅 晴 微雨 午間雲齊 夜雨

接子謹十二日信 已函復

又手錄書卅三頁

寓圃雜記二卷 王錡 小說

[illegible]一卷 陸樹聲 亦小說之流頗有掌故

窺天外乘一卷 王世懋 記掌故

二酉委譚一卷 前人 記雜事

閩部疏一卷 前人 官閩記閩事

江西輿地圖說一卷 趙秉忠 無圖有說 亦平略

隴右南三府圖記 一卷 王世懋 山人所重之

志怪錄一卷 祝允明

清異志一卷 周方振

奇聞類紀四卷 施顯卿 分天文地理 其辨十

見聞紀訓二卷 陳良謨 所紀皆善惡報應

新知錄一卷 劉仕義 小說家雜錄之屬

二十四節宴 年疑為日本 陸柳門 会稽丹徒人 朱侯請為小孫女及曲孫

稗庭女 守拙齋作 印本作者 金 作 全上

四月丁巳朔日庚辰晴 早食後謁陸柳門未晤 訪趙仿人久談 又訪次侯久坐而歸

初 庭內數盆牡丹秀 下午陰

初二日辛巳晴

初三日壬午晴

初四日癸未晴 寫河南信 [illegible] 信局

初五日甲申晴 早起為丞甫中丞之頤於送時宴文

擬李翁生初二作

送王君表之權入部序

士有以為非常者 [illegible] 日 [illegible] 以知 [illegible] 天下之 [illegible] 未來 [illegible]

業為 [illegible] 以入 [illegible] 口 [illegible] 目 [illegible] 自 [illegible] 政事 [illegible]

將 [illegible] 以 [illegible] 矣噫 [illegible]

 [illegible] 事 [illegible] 相傳 [illegible] 知之不 [illegible] 不

有 [illegible] 上之人 [illegible] 下之人 [illegible] 是以古

 [illegible] 君子內 [illegible] 天下 [illegible] 今 [illegible]

特之欲殺身王朝，其[illegible]力竭焉而已也。君者之家，有田而耕，有書而讀，安

煙清鷺午里而集，雍帝都，其志不去，佐[illegible]逢人知之。君者之為人，神清而視高，

其行健，然其言奧然。世將知其所為，知以待日為之耶？抑[illegible]其身以為天下[illegible]

何為也耶？君者之門不[illegible]矣。君者[illegible]宗之於[illegible]集，敢謝吾人之言，以[illegible]詢[illegible]

寧之異於君者

第二稿

吾有所爲者，有所言者，有不得爲不得言者，而日以知者，天下文獻極矣。士無恆業，而歸之日

以入，不得則辟之口，噤而目瞑，或蓬自隳廢，或以物之外[illegible]

自[illegible]事矣。噫，然處之也，乎哉！事機相傷，[illegible]禮義，[illegible]是以為信倚[illegible]

風欲依慧，明智不由以有為天事之除失，然所用以摭拾[illegible]相構[illegible]利害[illegible]

然業處而不知，而偽知所摭其放上之人，安能使下之人安於知，吾之君子，內信其身外

以達，發天下之事，誌乎自身而不屑，今士多佐特之欲殺身王朝，其[illegible]陸力竭焉而

也。君者之家，有田而耕，有書而讀，然且一樂焉。煙清鷺午里而集，雍帝都，然其志不去，佐

逢人知之。君者之為人，神清而視高，其行健，然其言奧然，小若[illegible]

三月丙辰朔日辛亥 晨寒雨風寒 昨夜衣被甚為煩燥不可耐 今日猶甚煩擾 晚風少靜之間 曉寒頗異乎恆也

皇陵碑 西征記 平西蜀記各一卷 明太祖撰 稱無文字 皆廣寶同記載之體

孝慈錄一卷 亦明太祖撰 定子為庶母服期年 世莫理但通行隱

周顛仙人傳一卷 紀夢一篇 記周顛事 附任若仙書等及 以見明祖其神而極任禎祥 實欲其不斷自信以為天意福綠之心 三帝八五 勝而似邪郎為氏之

廣寒殿記 御製詩文一卷 明宣宗 御序文章

樵談或問一卷 明世宗以孔子為素王稱不奇 祀志及其內史及事與近臣爭辯 辯氣部悖 無復君人之體

諭對錄一卷 明張孚敬 記其事 嘉靖驕狠 求推辭 而所奏皆出以求之 朝臣自居 勸稱祀之時罷 以自既而固寵 對非正人君子之所為 要其內知之 欲其奏請者 法出之藏 奏無諸涸不時知其年之所存其奏議以此 要見史不傳也

皇朝本紀 天潢玉牒各一卷 亡撰人 說為宋濂所撰

龍興慈記 王文祿 以閩其母述明初國時事被立名止此

國初禮賢錄 遇恩錄各一卷 禮賢錄亡撰人 遇恩錄則劉伯溫之子仲璟記高祖召對事

否泰錄 劉定之 北征錄 李賢 北征事蹟一卷 尹直 正統臨戎錄一卷 哈銘 時戎書 一卷

皆記明嘉靖時[illegible]事[illegible]之作

海倭錄一卷 無撰人 紀嘉靖初年

天順日錄一卷 李賢

古穰雜錄摘抄一卷 同上

聖駕南巡日錄一卷 北還錄一卷 陸深 紀嘉靖辛卯年

平胡錄一卷 同上 紀載平胡事

初函壬子函

平濠錄一卷 [illegible] 紀陽明事

平吳錄一卷 吳寬 紀張士誠

平夏錄一卷 無撰人 平蜀記一卷 黃標 紀取明玉珍事

北征錄一卷 後北征錄一卷 金幼孜 紀永樂八年、十二年征胡事

北征記一卷 無撰人 紀永樂二十二年征胡事

西征石城記一卷 馬文升 紀成化丁亥平土達滿四

撫安東夷記一卷 同上 紀成化十二年安撫遼東邊事

其將知所未知以待後之為自言也耶。御內世事不外於世此而已矣……者也
之者不能無奈者也夫其索言祕密討論者今之善是以度之者也
初六日乙酉雨。有家人出雨雲寺之下……至是偕黃守……開……
數朶……殿中……
楊子掬峰詩第四首序
楊子掬峰便將詩第三圖為第四首……
以擬其後一遂世道……中狀掬詩之時往……夫……
而有居有居而有靜……
集而作詩之而……身不知……楊子乃不……
僕……
若也……
何……
之聖賢之心也楊子北入都時……三圖而掬詩之……楊子……
詩五四……楊子不過之然則楊子其不健者也

初七日丙戌晴

擬李翁午橋作

有清壽生周先生墓表

世人之生不能無所好，年來所好日之既若陸若君若李，陸寬若花[illegible]

[illegible]焉，[illegible]其名相[illegible]貴，其失[illegible]忠而移人之志，不徵不[illegible]者之亦之

而又[illegible]讀詩，[illegible]家而成之，其[illegible]已[illegible]其平[illegible]，今天下[illegible]十八，[illegible]十一[illegible]

子兄名[illegible]于[illegible]，[illegible]以[illegible]之[illegible]，[illegible]以千計，[illegible]之[illegible]乃出[illegible]

開明用先生[illegible]矣，[illegible]隆[illegible]，[illegible]之陽[illegible]人少[illegible]

也，其先人[illegible]中，[illegible]不[illegible]，[illegible]二十[illegible]

之無[illegible]財[illegible]之[illegible]，[illegible]

[illegible]年一[illegible]，[illegible]一[illegible]不[illegible]，[illegible]中[illegible]

[illegible]

[illegible]不[illegible]，[illegible]大[illegible]

[illegible]即[illegible]，[illegible]一日[illegible]

[illegible]

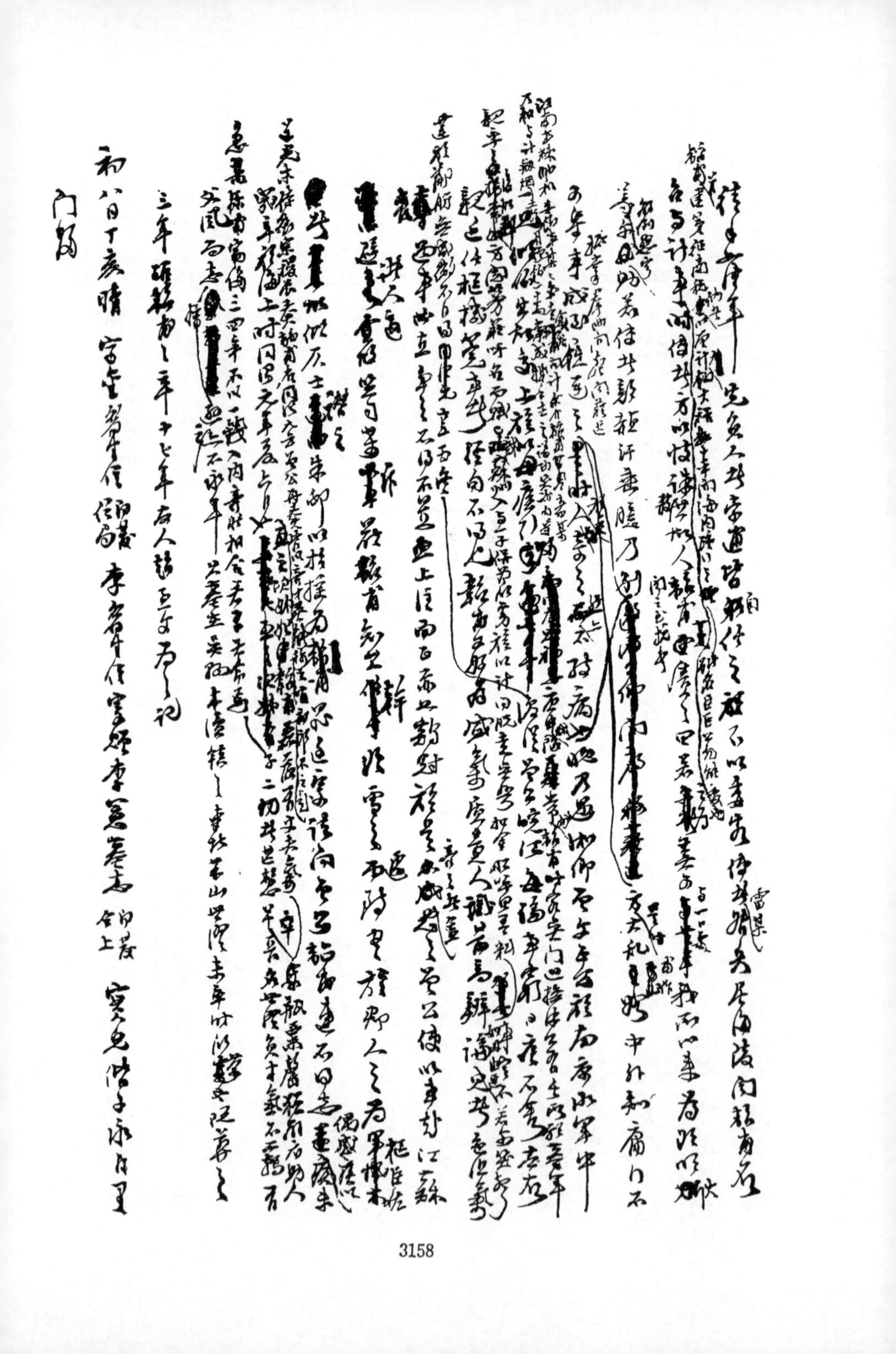

[illegible]

三年[illegible]十七年[illegible]

初八日丁亥晴 [illegible]

門[illegible]

接阿姊三月廿二日信

又濤兒等 另信

初九日戊子 晴 夜大颶雨 霹靂

初十日己丑 陰 下午曾君壽兄弟及黃彝 吳子安 吳蔚如來訪 久談

十一日庚寅 雨 移寓 下午又雨 早往訪曾君壽 送至門 並答訪 吳子安等久談

又至和安家中 拜祝外祖 何靜午 醵座 下午歸

十二日辛卯 晴 甚涼 將名歸讀 南中所寄見示

十三日壬辰 晴

十四日癸巳 陰雨

十五日甲午 晴

十六日乙未 晴

十七日丙申 陰

十八日丁酉 晴

十九日戊戌 晴 家人購分食鰣魚甚飽 車子永偕存寶兒同訪詠霓 因過蔬園

單人汪詠春學壽家小子樹石又訪季

詣招濱石太常並久談又訪殷伯虞

君梅會於方博之譚數語仍至詠安處晚飯乃歸

偕楊詠安及其弟濱石太常過蔣氏故居燕園

杜鵑開得極盛。清池喬木少修葺。假山在樹便春雨。會雨荷庵屏

報花。柱香樓臺接遠思不能風月世無屋哥時天遠物華早。一笑亦

收譽之蹤。

二十日乙亥晴 偶步顯橋往哭翁長婿芳子譚桐生宮志局不壽程瑯傳寫爲

唐鑿所謂不得十日顧亭林六世孫閔作霖手跡訪之久與同書抑雜補資之子

永寧宮收藏來集壽翁呼雲壽年時亦安東第來叙余以其帖身長月餘內

此作處有辛卯非又無不書之理商宮先進無過問見宗緣諸月之難閱而無人色耳

三詢問余歸哭情狀鄙之向天嗚絕悔筆難罄家難不死家眾下至婢媼

左右扶持哭聲振佛之久余以其蠹之長侯勸猶聲哀不異今日之事不知為望

含淚啟屋收拾積實箋從保之富國不得之為嫁事禮服之外裁因念李侯西柳原不及二年 悟甫二十五

甫二十歲人行時無甚郵箇之日安保青天霹靂實人世難常之憾余則以子禮收斂

思吾吾内外子弟人才無出其右方冀門楣振興喜女日睦 不幸而此亦有之勝
對越陳初寄面若遷不割骨泣贖塞謂[illegible]辭椒漿歸料 嗚呼人生欲不有
死罔不傷其年少才少屢而死獻寄雨日餘不負不使其不甚可死 天乎[illegible]而切為高
為吾兩醉也去不可得矣
二十日庚子晴 吾女小祥也兒竟夜寫列楊校上吾之遺傳 自人世之書郵了
其不可以入耳無世難婦了為我寫賦何不幸而有此悽然如真也
賴子讀聯
讀學出别傳卑出别萬日又出别 孫指其英才 道斷桂膈维使百人應下淚
舍我不易撫孤不易阿家其不易侍人頤膝安 操勞備嚐可憐寡鵠之哀鳴
二十一日辛丑雨 午后雷 遣吾女返其家 為信服余之任其道而楣啟發之其袖
舊體越其姓務多月將也不今二三日 啟壁取服據米作 罷瞌壬申之秋在為具有
予讀先人遺書 [illegible] 方氏信徒不應[illegible] 七年中 雨喜余背而余泥其老友[illegible]又
傳快婿伊風也多矣 寫方元微師[illegible]傳 印馬蹇
二十二日壬寅晴 去吾女家 寫 少穎完甫公傳 並為嘉作 劉甫集 馬蹇

二十日癸卯晴 下午自方氏歸 順道過訪呂吉卿久談 以其所植桂過不足也

接六弟二十日信

二十一日甲辰陰 夜大風雨雷電 余以弟過繳慕南陽君至方氏 李雅軒偕申贄生年伯來 便來

晴 下午往庭桂堂查 近來以雨漏捐脩者工程

接錫來卿 日往吊李雅軒作介 劉慕一先生家也

二十二日乙巳陰

二十三日丙午陰

接四弟初吉信 寄舊觀硯一方供十四人揭之暢

二十四日丁未雨 早食後查訪蔡君靜楊書城久談 余妻兼來時以二十三日 二君均來致問

石莊也 至方氏致勸慰安 余先回湖南陽君亦留 宿見歸撫往贊

二十五日戊申陰

三十日己酉陰晴和向

五月戊午朔日庚戌晴 早曾合以至方氏長女處不食、稱吐逆魏之久矣 寫
阿宗信 丙若 信局

初二日辛亥晴 寫六姊信 信局 丙若 薛安林信 丙若 子 南陽君往亞女家

初三日壬子晴 寫仲箎兄信 丙若 馬遞 寫鄭文信 全上

初四日癸丑晴 南陽君自女家歸

初五日甲寅 愛姑相同 午將雅初堂羅商步來 至若遊人來云長女今侍婢寫病為兩假來
取令宗大殮春秋至年為羅氏守之不得假且藏屏盡說云亡其鬍向
侍婢取之余再三以手揮之氣無托 但絕住而已 余上悽惻不能
並為南陽君作為保律

論女妻

長女今日聞妹死病千里奔方氏祖宗之使羅氏知之不
妹志在聞妹之喪 余痛哭以
長女之情而已 論何之獨性妹志性剛決 余恐讀書不
理為不合 不思不曉暢之之以聞妹之心而為妹以禮自

列女傳所載周季賢智婦人及今之安雅節烈其中殉夫者不勝屈
指，皆無子而能侍奉無子且撫育或有子息而盡過早逝痛哉不爾
豈於其死重於泰山仁至義盡以問寄所於子曰猶有子之年
情吾所以固情不顧者子謹幸能子
不幸短命死人亦有善而終沒者何也此也世有直志撫孤使成立者讀書
而人笑其方氏之家皆得所也乃計
不出此而安生乎子諒生時任其意懷
其一死塞責不知此一死於方氏無父無母譚至深肚
然而為山讓者不虞此方氏之賢婦其方氏之家人亦不思之生平
此也往日嫡之時有無資財家撫婢媼全其家
而遇此固撫其身不念此以為家族情為喜之歡抑以為喜者之挽而家之心
子謹死而吾得其此以為之哀不遇以子謹早年去世而恩愛
生大自知為命其生亦無子且大兵不出此之際子謹死國而後哉其皇天憐
吾其為子充宗之子猶為幸甲之幸也而不悔君子其以天之澤福而未能為

弟之之也不受子僑弟之於薛尚（世間那此一人）未識其未[illegible]聖賢者佛教不足固舊中國

來此年亦三十而閱歷甚少以人情論之亦不知極矣安知非大言之謬者妄矜成乎（鑒此年性加高不眼使康樑以欺西）[illegible]

者去不應更慣其恩情（近程）[illegible]也夫要（者男非附）[illegible]之識[illegible]從死是無事而可不害[illegible]（夠情忘寫）

[illegible]（臣事空臣李子弟去至無非近種）[illegible]為此常一書而不達以[illegible]（為重不無此而[illegible]）

不無也[illegible]（羅名[illegible]以故會此[illegible]則慎在）[illegible]為之[illegible]人[illegible]自得此耗

且今十餘日來康寢忘食（寢）衛日衛夜所籌無畫者無以為我自保宗門之計

其以為子讀書而靖且執一心（從遺此腦）欲求[illegible]此[illegible]更聲門户全在以[illegible]故且宗收

而吾兒[illegible]以[illegible]用財（之以宜）[illegible]此事[illegible]（不為不含）[illegible]亦僅足第其微（以不為子讀）志今此不達

我訓臣不達孫（之代）不思[illegible]為[illegible]則不田是亦氏之禍從不孫子讀之傳

將謂[illegible]此[illegible]有何才能為[illegible]已[illegible]之矣[illegible]此[illegible]情傷不能盡之於為

此事新[illegible]此能閱情則保此[illegible]心[illegible]安[illegible]此不懼此若不能保則為

煩公子[illegible]情之[illegible]但不[illegible]之不同我全無子讀此[illegible]（[illegible]不保不[illegible]此何）[illegible]之中[illegible]（自能讀）[illegible]手[illegible]

[illegible]

正月[illegible]日[illegible]兩

接六弟初二日信

初七日丙辰 晴 南陽替役後往云長女因余要之痛哭非絕雖似稍可進之不出而之

舍糊不對矣

初八日丁巳 晴 傳總錯過 是日為子謹三十正生日 余送長女詩箋與姪孫早以清夜飯

毋後竭力兩難保冤廿字 吳將返

初九日戊午 雨 寫楊壬山信 專人為叙銅圖寄銀二十四元 非影 便為子謹還禍故

詒之女 何丹叔信 寄翁叔平信 仝上

初十日己未 晴 延壺公揭隨二畢 楊研孝李春梅來訪

十一日庚申 晴

十二日辛酉 晴 訪馮式之不遇 閱其郵經 屯溪重見齋物如菜之逝後追悲 李訪李

春梅不直 又至濟安家自午譚至申酉乃歸

十三日壬戌 晴

十四日癸亥 晴 寫耕仲信 何丹信 以周氏事得吾吳郡一經之 吾宗之自無錫來者

訪冬譚 張情卿來訪 療郵 李春梅招飲同席浦蟾蘅 無錫人 宋之盛 吾宗之 何得學等

接既仲初十七信

十五日甲子晴 早赴石梅看寶之讀書處中一無人 遂同過壽安吳世家飯 下午偕

過余家談 趙價廷偕人浦熥茆至廿餘二鼓始散

十六日乙丑晴 早食後至大女處一視 懷側不能久坐而出 答訪張情個不直 赴□招

偕人稍飲同席浦熥茆甲寅之 楊廣石沈僕存家飯罷 寶之觴伴玄客

十七日丙寅晴 雲甚風

接之徵師初七日信

十八日丁卯 雲甚風 寶騏來拜 作復卿信 僱舟回見 是晚將訪蘇 先余昌蕭丹

[illegible]

[illegible]

來[illegible]

接洪雲存提十六日信

又沈子梅十六日信

十九日戊辰 陰 下午晴 石劉 [illegible] 蘇明鄉[illegible] 四川人

至薛安林到同若園妙觀又到廣東人家與相館顧輝中一華游雅花牌園
游北世務 下午返舟 聊齋人來 寫南陽君信 作函寄信局
二十日己巳雨晴相間 稍雨甚壯麗 霽 至樹人家久談 下午同游拙政園 有康熙處要
雨大至 坐聽雨小室 窗竹隔雨甚翠 隔岸枇杷數十株 皆倚天境 此處觀頗似
園 喜有鶴 鶴了別矣 雨止經略 今日新嘉支 寫南陽君信 寄錫二千 積 作函寄信局
接寫見來仍作
二十一日庚午晴 薛安林來 偕同游吳園 補昨未到 其地甚廣 可半為土山 石大半
假者 四壁之枝 可以無法可循了 觀又廊 橋 經不多 頗宜人 增加此意 所有無其
幽深點綴 今日作家信 並夢見其文 午刻返舟 安林去 連日說話 甚甚不減 來此報
與蘇門口談 船仲來到 寫南陽君作 作函寄信局 下午自正蘇州 過周氏 寫吳昌
物 李談 陽女久談 知船伸為無作到 縣尚未回 訪李居士久談 二時下舟
接南陽君二十日信
二十二日辛未晴 孟陽之子蕉來 甫十六 家中自往北道 賣文極可愛 上可惠也 李眉
生來訪 久談 兩余遠業 今不能 請伊其事 遂以托之 到旌姪言此事 又函

仲穎每不直眼得極大譚 候高照濟心漢江西人言識甫作安福令 不直 候沈子梅餘甫
久譚 又候曾沅亭 久譚 候人所蒓隱甫 不直 過臥園 不晤 久坐 傍晚歸舟之中
盤山晝局所仲不到 撰具帖（再遲一日也） 寄破仲作（即發）作局
接南昌君二十一日信
二十三日壬申 晴 熱甚夜雨 早食後訪曾君表 主人未起 坐其後亭 食玉糯餃
竟 主人出 示唐本石谿 其人臣富而裕和可 方雅兼人之急 痛談之 余
因看其石谿無往不好 皆之之妙 又見其節郡 者在曾石 假記此可為
補遺深 精蘇極作 以其道尊未久作假傳世世帝 余寄處有一本 題蹟盡
數寸 收善先子楊里中先輩之詩錄無形則 還程先叩甲后主可為人
寫稿本不甚三十餘年矣 又有東陵清撰叢書 前人以為原本 無異於宋以後
所謂辯 又宋拓黃庭數種 共一冊 有振与余藏隋拓本無二毫異 字體
尤精 得又一本 傳云祝雲谷物 字稍遜而（要）文數十處皆優 疑今所行者未知
果何時物也 日既暮 別去 至開泰舍 出城下舟 遂移泊閶門
二十四日癸酉 雨 早食畢 雨勢甚猛 率入胥門 閱市 種動東門 与古森蒸

雅泰拝 丹下十丹 下午与林寺 傍晩丹雨帰 竹微晩

梅南陽君 二十二日作

二十五日甲戌 午后衝雨 登眠 拔寓邑西門 候半時許 登岸到家 二人尚未起 獨坐

亭又良久 入南陽寓處下利 精蓋 餘如昨之惡

二十六日乙亥 晴 寓李君 生作 仰昌 穀船伸作 樹者 那樹人作 仰船 薛君作

筆立

十二日 梅南陽君廿二日作

又寓見 同日作

又河寄 初十日作

又船伸 十七日作

又李君生 二十九日作 以上皆留在寓中

又親寄 同日作

二十七日丙子 晴

梅河寄 十五日作

二十八日丁丑晴　寄張季直信附節略　寄劉孝侯信　全上
接六姊四日信
又根孚十五日信
二十九日戊寅晴

六月乙未朔日己卯 今微雨　般伊自蘇州來訪譚蓮堯日 傍晚送之歸往乃

返

初二日庚辰晴 甚熱 寒暑表九十八度

初三日辛巳 夜下午大雨　早食後訪次侯步譚 又訪詠霓譚至晡　下午與家人

竟雨乃止

初四日壬午晴 陰雨陰止　寄易羊卿信 印書信函

初五日癸未晴

初六日甲申雨　寄少穎 寄定甫信 高邕 印書　寄方之徽師信　發

接周甥女電信

初七日乙酉雨

初八日丙戌晴 夜月甚皎

初九日丁亥晴

初十日戊子晴

十一日己丑陰 夜大雨

洞仙詞　夏日靜溪觀雨作

烏風白雨。過溪邊亭榭。柳葉花條盡低亞。倚闌空日。任之嵐翠侵衣。雲乍破。屋角虹橋卑跨。江湖當此際。銀浪崩濤。笑看歸舟布帆卸。風定釣絲閑。倚臥波心。鋪千尺琉璃新碧。且莫驚動玉壺春。祗一櫂清涼。算來無價。

廿一日庚寅　陰雨

廿二日辛卯　陰雨甚涼　衣袷猶寒

廿三日壬辰　晴

廿四日癸巳　陰

廿五日甲午　晨雨　寫晨鐘之後　仰殷　李居士作字是宋本經一部　仰殷贈余。

仍生作　全上

十七日乙未　雨　夜懸對微曉

十八日丙申　雨　水漲靜對北岸條二尺

廿　接晨空之十七日作

十九日丁酉　雨　寄閩暢女信（卿萱、樹孝）　李拔可信　交周中村兌墾（卿萱、樹卿）　取樹人

季孟信（卿、暢萱）

二十日戊戌　晴　午錯落雨止　有龜大於浴斛，乘水入靜隱浴南街，登靜浴館

沒後出律硬四殷至閣，奏鏡可嘉，宣法豈年應之至耶，燭物異，寒而可奏

也

二十一日己亥　晴

二十二日庚子　晴

接植姪仲穎　信

又卿樹人、季孟十一月信

二十三日辛丑　晴　寄仲穎信（卿萱）

二十四日壬寅　晴　張益墓志九十六字

二十五日癸卯　晴（寄閩暢女二十四信）

二十六日甲辰　晴　下午大雨，落霧，夜陰如故

接路三の十三日信

二十五日乙巳晴 寄周鯁生信 寄吉庠七十元 仰哲信函

二十六日丙午晴

二十七日丁未晴 寄李石曾信 仰駿 鄧壽人信 仝上 薛如林信 附郵

二十八日戊申晴

接雲如二十五日信

七月庚申朔日 [illegible]

初二日庚戌 陰雨

接周愕女三十兄信

初三日辛亥 晴

初四日壬子 晴

初五日癸丑 晴 午後雨旋止

初六日甲寅 晴 下午雨旋止 [illegible]宮子信 [illegible] [illegible]宮子信 今日

延[illegible]改鋪鈔[illegible]又

池中百[illegible]

接[illegible]石

初七日[illegible]

[illegible]四月初十日信 [illegible]許之擬一時未能南旋

初八日丙辰 晴 接[illegible] 寄[illegible]信 [illegible] [illegible]信 [illegible]

接呂宮子初七信

又接壬山初一信

初九日丁巳 晴 寄[illegible]信 [illegible]

接穀孫六月十二日信

又介眉初四日信

初十日戊午　時晴時雨　三秋

接青婿女初五日信　寄芝桃山枝

十一日己未晴　夜大風雨

十二日庚申陰　鄧樹人將赴閩僕過　過辭傳差口二枝送之下舟

十三日辛酉晴　下午雨

十四日壬戌晴　寄河南信　寄穀孫時並一瓶作局　寄青婿女信　錫嵩

十五日癸亥晴　在月世揆　寄耳寅之信　寄王夫樹岩詩一部　作嵩

十六日甲子晴

接鄧孝先十五日信

十七日乙丑晴　夜雨還止

接介寅之十六日信

十八日丙寅晴　今日午後雨旋止

十九日丁卯雨有雷　寄程長六歸信（印泰翁面）　都孝壬信　同上　佐藤沅信　同上

接金岳金十六日信

二十日戊辰晴

二十一日己巳晴

二十二日庚午晴

二十三日辛未晴　寄穀孫孫信（仰首信句）

接穀孫孫廿一日信

二十四日壬申晴

二十五日癸酉晴

二十六日甲戌　全上御函

二十七日乙亥雨　陸沛文來訪力譚

二十八日丙子晴

二十九日丁丑雨　驟涼

八月戊寅朔　陰寒雨

初二日己卯晴

　接六姊七月廿六日信

　又柳季垂七月廿八日信

初三日庚辰晴

初四日辛巳晴　訪查君靜石未直　答訪陸佛女人諱文玉二女壽少世綸　百納居堂

[illegible]用工百九十有八　自池底至峯巔止高二丈　名其中峯曰忠

屋三丈壹樹以當此　東小峯曰[illegible]碕　西峯上屏下為平臺　瞰池[illegible]四面窗

擬植松橘一柏四株　蠟梅一紅白桂各一　桂柳三十大枋芳一

初五日壬午晴　寫覆季垂信　錦暑竟氣　是日寅完赴蘇信來

初六日癸未　蔣[illegible]訪　詠之譚來　雨　閒方[illegible]

初七日甲申晴

　接寅甫七月廿三日信

初八日乙酉晴

初九日丙戌晴

接定甫師六月廿八日信

又勞玉初六月初四日信

又端甫侄初六日信

初十日丁亥晴 寄定甫師信 [illegible] 勞玉初信 附書 李眉生信 寄扇一柄 附書

姪信 寄寬兒信 附書

十一日戊子晴 迎方氏全家來謁 居百屋 而以其宅典洋[illegible]以資其房日用 方氏有

子債之故 其弟來索更事 而來次女莊來為[illegible]持之有不如歸丈之財用於余

為此等以盡心焉 左向奉其祖書舍之次女夫歸子孫及外孫同讀於壹心壹之南軒

其切弟子照例為次子寬同室 長女[illegible]既在五月還來余家之病延未下

十二日己丑晴

錢陀六鶴參[illegible]書屋橋[illegible]雲之[illegible]

錢陀錢置六鶴 縱橫風走力[illegible]不足不[illegible]錢陀縱橫六鶴錢置我動[illegible]

無此戲本 彌陀經戲六場 意思錄云 屬暖非大佳 寫彌陀經戲六曲稿游

戲 此語以口奉答未畢

十三日庚寅晴

十四日辛卯晴 寶臣自蘇垣歸

接郁來書 即復

十五日壬辰雨 中秋節

接少穎姪七月初三 即復

十六日癸巳晴

十七日甲午晴

十八日乙未晴 李芳生來訪 自蘇來 邀余同游靈巖山 午刻前 與出西門 登

劍門之峽 陳程 過國茂 題山巔三峯 佛寺 古松滄翠 四圍青溪 跨過硯山

松虎閣 得晚歸 李沖下舟

十九日丙申晴 招李芳生 楊詠支小酌 巳刻到 申刻散

二十日丁酉晴 答訪李芳生舟中 與少舟同訪趙收 候北門外何詠支先

至申刻解纜仍至石舟將解維郵寄

接叡所作十八日信

廿一日戊戌晴

廿二日己亥晴夜大風雨

廿三日庚子大風雨

廿四日辛丑風雨止陰雲

接滬寄初八日信

又叔亭十三日信

廿五日壬寅晴 趙价人恩來都陸雨生來訪瞿石袖雄彭英而去

廿六日癸卯晴 訪陸傭安丙直子詠裘葛久譚又訪季君梅張雨生均不直

遂安李升蘭久譚踵晤蔣伯佛

廿七日甲辰晴秋分節令祀 先祖 是日戌刻長女柔嘉殤生一女外

孫甚健柔弱多病時皆憂其肯吸丁不幸生女惜歎相向而柔女悽然

哭是失狗夫之惠某切不足免墓不平挽安人尤是之余勉力律字過

多憂方復病未復乃外

廿八日乙巳晴

廿九日丙午晴

能靜居記

日記四十五

九月壬戌朔日丁未 陰雨

初二日戊申 陰

初三日己酉 晴 君穀同年來 丞君靜處 祝世丞夫人壽 又候季君梅賀 世子[illegible]日寧機 秦方 司事不晤

初四日庚戌 陰

初五日辛[illegible] 夜子時後細雨 陰 長女柔於天未明時乘隙防守稍懈 啓戶出 欲進宮后街 白布包頭 破為兩截 [illegible]自縊死 經人瞧[illegible] 大呼 全家奔起 趨林 奪及寬免 救扶[illegible] [illegible]木橋上 [illegible] 如法[illegible]救 一時不醒 竟之 父母行子至 避我病我 父母念其孝 未寄兩弟 [illegible]其見之 時 弟妹懷其風情 悽悒痛傷之 其性命[illegible] 哭聲鼎沸 風雨[illegible] 天[illegible] 久 余揮手止淚勿哭 [illegible] 之為未能稍及[illegible] 布[illegible]為[illegible] 其成[illegible] 下午[illegible] 未[illegible] 五[illegible] 常[illegible]詞寄請[illegible] 且之事 [illegible]不[illegible] 闔好[illegible]

初六日壬子 陰 下午於日出 [illegible] 後[illegible] [illegible] 小[illegible]中 [illegible] 六[illegible]

之已均為十六元 翻日具呈屬僕昨記由■癸字少堂中丞吳子益其邑侯郭春榆

來相驗

初九日乙卯 晴 甚熱（夜大風驟雨數日來少見）書午禪祖■■時 下午常熟余癸四十七年來書壽九日溢令隆甚

過出斛探評 湯少堯 朴林二分字偕 丹徒人 來訪久談

初十日丙辰 風雨驟寒 邑侯郭汝雨 元昌 候官人 來信久談 言早路相遇詢究

來敘胃昧 並詢吾女陶李誤出獲付來幣六七

十一日丁巳 陰風雨 寄陶子信 仍寄信局

接右官之初十日信

十二日戊午 陰雨

接李紫昌十一日信 莊詩五首

十三日己未 晴 狂風驟雨 晨侯郭汝雨邑侯久談 侯雪君靜少談

侯陸律午不直 晨侯湯少堯不直

十四日庚申 陰 丙文來訪久談

十五日辛酉 陰 雪君靜來晨侯

接河南初三日信

十六日壬戌晴

十七日癸亥陰

接毅舫仲十一日信

十八日甲子陰 復平齋書 潘子順 蔚吉卿 顧昆圃 花西氏國治 濤泡園（文蔭荊初六年來識） 顧何壺（鴻文應帝 顧寶泉至子來識） 楊壽城 曹鏡涵 張鴻卿（左安康叶識下） 葉家留雪 李升蘭 題作人 李君梅 楊質夫 胡雪岑（蘭枝來識） 芋人 題吹信 楊詠春 魏寶卿 烟虎（來識） 至伯佛 李佩青 諸人 皆具置筆招酌五 有名振桂 詢其謹慎 顧何壺題吹信 楊詠春 李佩青四人 沈旭初（玉欽比同）

梅之好來信詢所直

十九日乙丑陰雨 寫圍楊女十六歲作 寫陽秀信 圍楊女作（謝季作） 魏舫仲作

包蔗 寫某千作 李公作 全上 沈旭初洛來信之譯

二十日丙寅晨雨午晴 題卡洛公 寫六婦信 評以寶孫女字其孫泰生也

邵秀垂信 复卡寄信

廿一日丁卯晴　下午楊頌宣來，並代換張雲樵（刑部主事，簡州人）邀飲鄭溪寓，

叔孟之以張曲再雲樵善醫，請視內子及詩氏婦疾，留之方並酌

廿二日戊辰晴　接二姪修發（亡兄二十日作）

廿三日己巳晴　早同哥婿（晉季蘊）見弟，寄見李中丞之墓表及銘

廿四日庚午陰　寄吳賓子信，寄曾道詞辯一本（由局信船）

廿五日辛未陰雨　西重省生子（小名宗保）訃，信寄老之聯，十八日作，在二十年慶聯之

接函生弟二十日信　寄倫馬遠畫冊之件並

又寄季壽廿四日信

廿六日壬申陰（又童小名　日信）　寄通生弟信（由局信船）　寄全莊之信（由局信局）

接周姪女廿五日信　接李約若女廿二日信

廿七日癸酉陰雨　寄季約若信（由局信船）

接李婿妹二十四日信

輓孟著有生聯

心思足通羅務氣力可概羣倫若非落落精神青史應標籌國手

識西班在盛時備家已窮意難所痛棲棲歲月白頭猶作掾擊身

廿八日甲戌晴

廿九日乙亥晴

三十日丙子晴　下午張雲杭來為家人處診是夜在余寓徹宵

接六姊　居閱季女死相信

又接亭十五号信

十月癸亥朔日丁丑 陰雨 微惹颶風

初二日戊寅 陰雨

接阿弟九月廿一日信

又寄安弟九月廿五日信 告已娶子婦 抄將陸氏集字文證問季女事 相吐也

初三日己卯 晴 和暖

初四日庚辰 晴 疾瘳 出視江井修白 上書詹

接阿弟九月廿六日 廿四日信 問季女來學事

又寄安弟九月廿二日信 告子清之柩程 今月初六啟行

子清季女殤所為聯

嗚呼才羽之殤

夫婿唱歸 魂隨地下果相逢 一瞑千秋識因果

棣既頤深 已震何至戀 獨情附小詩伊誰

~~深米栢勝之卦人間 中書葉存寄來中不恭末~~

再作吉省老挽聯

甲寅才智果無窮 秦鼎觿未列 海壇方來 問平生志業如斯 青史誠足湮滅

國手

蜀賊袁榮叔與雲湖御西戚時傳文惠謝撫孝先陰一掬白頭與撫

並早身

初五日辛巳晴

初六日壬午晴 候楊滄石賀君子君張君舉天津之妻賢少謙 又

候謝曼少謙同至琉璃廠孫家祠若谷堂寶見同子順書家過之並談東邑

陳蔣子達秀如所借唐屈原集詩句論古過詩陳信少謙物

接石室初四日信

初七日癸未晴 寄湖南信御史 相亭六縣志信 全上 寄有孫信寄吾女夫寄之十本

全上 寄安姊信 全上

初八日甲申陰雨

初九日乙酉陰微雨

初十日丙戌陰雨

十一日丁亥陰雨 辛巢田畝歉收今年甫稔無異登之兆而又歉時後連甚雨來

將生年 乃為慈孫

十二日戊子 陰雨 寄呂望之信 仍節作俗

接呂望之十一日信 舊滿嬉香 課余子孫讀

十三日己丑 寒 下午 雨雪 夜月甚酣

十四日庚寅 晴 早食後至宗月鋤家弔其生母袁孺程龐昆圃陸雲孫信

洪嘉甫以初九日振鐸來赴試 以其主母病不得

接方元衡師叔月前日信 知雨畢事盡

十五日辛卯 晴 洪嘉甫 瑣 嶽如人 程補直 寄 來書 寄赤壹信 永譚 楊思議 思華 來信

接呂望之十四日信

十六日壬辰 薄雪有日 早信隆雲孫不直 僕業萬贄 金樽 賀吳子納寵之喜詞

程季曾梅 至舒 為作來趁 送醉 寄呂望之信註寄浦頤香閱聘 卯吉作

十七日癸巳 金風

接阿壽十二日信

又 六弟 初六日信

十八日甲午晴 午後陰 早合偕季署寶見閣市 飯後步遊訪吳秋
農畫家少坐 又至宮春鄰爾安不值
十九日乙未晴 寄方元丙信 由郵政局
接阿弟初七日信
又壹力甫 日信
二十日丙申 薄陰 時有日色 寄李三哥信 寄西當安挽聯一副 由郵政局
二十一日丁酉晴 寄李賀生信 由郵政局
二十二日戊戌晴 下午馮士旦師偕惲伯方 鴻儀 來候 馮師丁憂鄉里門 惲則由貴
陽府縣任還已二年矣 相見暢談 至二時畫方下舟
二十三日己亥晴 午前馮師先至伯方徒至合畢 伯方與生謂宜余偕馮師
蘇冠石棋巷訪顧春渲石皆階訪李春櫻不值 夜同伯方飲于春聚二鼓
返 泊至雲舟中更乃寢
二十四日庚子晴 寄盛勳琳信 方以孝常仰出使英國差其門生 由郵政局 寄仍寄伯方
以候題送為出使參贊偕盛侯門 由郵政局 全上 接小舟出城晉候馮師及惲君並

陪至芦洲一游又同過伯人少談又至北門花農鄧鐵家觀翁廷袁輝小坐
進城同訪陸石友辭之復訪伯人論書訪金彥伯人侍何妙陳小酌
二十五日辛丑晴　馮師偉乃伯方來午后畢同至陝雪山莊久坐論學先至下午
惠龍伯人之招席中談書成一人二段觀伯方畫論書家座譚陽師同
過又少坐　李務雜錄稿多
二十六日壬寅晴　晨起接北信子禮表弟已逝　遣寅先同子順先往哭之　弔
撰山泉書鏡涵來為書識定廿八日為其去歸同時舉殯即請諸家
之　午馮師來　伯方借論字帖借畢一別去即有報集以來不違還
字愛伯之作字亦為北方常贈吾人按字書弼師碑
接山穎報細少復
又完射野和雪少作疑子謙的遺書和夜至寺
又贈玉和雪少作知李女來報敘真者譯韶諸薩
又沈齋亭　雲書謝人贊玉和之右寄子禮擬表　二十六日作
二十七日癸卯晴　寫少穎報復　完甫報復　作句　雨書　沈霞亭復　廿八書　子惠函　下午設祖

莫形柔女雲次往哭畫君營葬手題其主 信遽子訊莫哭兄存年

二十八日甲辰晴 女表卯到萬門玉城外會子禮之喪因赴殯宮與旒翩翩但拈相

從見者莫不嘆息冥漠[illegible]中是耶果有知耶果無知耶信禍之年傷哀驕息

方云有托遺此傷天命我所勝拜癸矣正朝設萬帝受巾不罣師後謝安青安表樸居西作人

次債諸耆宿皆至宛若三十餘人饒西步泉為識君鄉賓有摇賓悅已侵郭君以左

以福桓未西郊不至申辭揖幕哉而主歸至方氏護主同寓遠心者之左

二十九日乙巳晴 ●

方婿皆來賜弔柔女因口挽楹痛哭五首 補四七作今录寫

有婿[illegible]三春去。寄書萬里來。[illegible]閃計日。疑信不敢裁。

有女明詩禮。閨門擅眾長。一經操井臼。久已謝妝。因夢欲識頌。敢家事謝莊。傷心教婦上。數載歸八暗。

百日同床病。心望意已灰。偶辭遷一死。誰與共餘生。恨重難安身。輕吐計名。黃泉哭下。無用策懷清。

兩姊天猶妒。姜清好作稀。虛女生桑棗。青郊懷同歸。封引需車動。齊御未施飛。來觀妻更時有淚沾衣。

人年原非浮。天心宜回生。不堪遺福福翦影封年。波老流光過膽。心枯釋又並。陽元未三天。何日[illegible]

十一月甲子朔日丙午晴

初二日丁未 陰 下午延廖季仙 嘉定人 來相宅 楊宅前借 廖君精三元九宮之學 可謂石破天驚 余所謂不為術所羅者 引之因視內外均云平安 惟嫌西面河身太直 為形柳堤外填土數尺以回曲其流 傍晚去（插花宮之初一日佳）

初三日戊申 陰 候曾君表 濮子潼 顧墨園 楊書城 吳錦卿 楊鏡泉 李嘉樓諸人 說張楊詠春 陸佛文（理庭鄉人）氏之書 諸人 東甫見情 留西 余晤廣根 擇 年前來談 其偕 砲巷衙之 又晤廖季仙 程楊濬石家少譚 寫嘉定子信 傍晚下船赴嘉善市 舟行四十里 泊淀墟

初四日己酉 晴 早發 午到蘇郡 泊齊門 錢子密 訪李壽伯 譚蓮國 薛安林同來觀 六君舍久坐 過某書坊 訪李壽伯 所江全集一部 傍晚下舟 安耕來 李壽

初五日庚戌 晴 順風 天明出齊門 午過吳江 未過八尺 申末到平望宿

寄家信二封 均托帆（一函交一家季泰順舟寄）

初六日辛亥 晴 早發平望 辰過王江涇 午到嘉興 由府北門入城 內市鄰甚稠 有落

鋪無限 見西吉弟揮 以書 遂至府印地 頭寓花盤大小 以下舟 復行申到塘灣 以時

暮不能到袁墓邊泊

初七日壬子晴 早發 巳初抵袁墓泊舟 省老之門 入哭盡哀 姪信其子小省其孫應筠出謁陳

藏伯 秋四人 伯之子曩年謝之存 談省老身後事甚悉 外觀狀貌不甚無異 時為老一生志

皆盡之 其安石北流傳於及■也 藏翁遊鄧尉園 余前歲嘗至 過一載 今已謝矣

翁題標字舉先 湖石雕為情信曾來中墓 情梅西折 亦備照碑 閱畢尾為重而

主人不逢 亭一年之事 是日悲矣 主人為午飯 畢即下舟 行傳袁墓泊

探梅罷歸居調之 月 日作

對一哭全省生差訪族 叙度初入偶園志哀

骨汪 細評歲云遷。包樹徽詩費錦囊。花經初開方約定 霜晨偕挽已成

篇 泉林懂得聊此興 華係山印盡情延 二十年來餘一別 猶擇

淚海同風煙

初八日癸丑晴 寒 逆風甚大 早發袁墓 巳刻過王江涇 申正平望 自門 不前逆泊

初九日甲寅晴 黎明發平望 巳刻過吳江 字南陽老僧行書 探梅罷居詩十二首 作句

申刻抵葑門 西閘安 一視諸婦女 諸孫 時訪李府中 不直下舟 移泊胥門

翟峯示寶墨齋賞碑搨數冊無所見，坐秉燭讀蘇頭畢，二夜乃西
初十日己卯晴。早答翟峯，答陸訪李筆孟（言卿），石門人，觀所藏古石古畫，有吳雲卿
宗耆昨往別，丞慶謝衙之，勁記蔣園邸（安昌門）遂至閣門內泰伯廟，福下舟，已先
由青門繞至蓮花橋游山塘，即酒五人，舟下，夜月甚佳，獨立衣岸，黃院橋附
讀明江集程論七篇，大旨言心學（致）刑皆從程程仁義，智信人之性，古為禮節，辭甚
辭博
十一日雨夜晴。歸時回詳相大致一株，此種今昂名貴（罕）鮮銀五錢，入樓樓之又，入花
寶珠雪燈添香各一，寶珠二日賞至鎖節一月，季桃黃聚香各一，上郭金移醉香卿
各一，二寸以白上賞，金瓢往保李傑雨各一，二寸皆仁紫，五色洋楓一株，一賞楊之，神思子
一，雖仁以上皆盆景，羅漢松一，大仁洋楓一，銀藤一，以工地蓋，致之由舟，至錫過府門訪宗
書云，程世初五生一子，甚喜，筆，顧通堂，家人惶恐甚是（蘇）候余為草詩
園內下舟，至初向門，晨翻過洪橋園，遂向居，夜之所入內，過門，夜不得寐
望世之罪使我度離苦耶，實翻樹虞
猶有陽去，初十日作

又寶恩祖七月年

又方子頤初六日作

十一日丁巳晴 卯刻起 呼門至文知二女墓 祭枯 望南陽君因 ... 怡仲大書為

至庠將 ... 侍無恙 審安姪自里門來 信來已 ... 自講 ... 文

汪硯山之子元鏗自京 ... 來見

楷六姊十月廿二日作

又楷壬山十月廿二日作 ... 復 ... 生 ...

十三日戊午晴 寄審安姪書 ... 讀 ... 以 ... 六 ... 季 ... 作 ... 安姪

復 ... 作姊 石袖 ... 植銀藤一 ... 桂一

十四日己未晴 靜 ... 東岸植洋楓一

接曾劼剛初三日作書 又正師全集一部 ... 香港

十五日庚申晴 複陰 陣雨 靜溪北植香櫞一 延之齋下植紅薇一 ... 樓後補植枇杷一

書梅 ... 桂 ... 梅 ... 林門外植梅一 翠薇一 靜溪植 ... 遠 ...

一日 石袖 ... 植櫻桃一 葡萄 ... 北植柿一 柳 ... 北植金荃一 ... 自蘇來 ... 下

午後 ... 雨 ... 以大女 ... 審安姪 ...

接魏船仲十二月信

十六日辛酉晴

接寅甫姊十月十七日信 大女病再來直有又詳訪臺旌

十七日壬戌雨 青芳函來談

十八日癸亥雨 寫鄧季垂信 賀其續弦之喜 即寄 信船

十九日甲子雨 寫劉叔信 吾廬服信 卅日寄 信局 六妹信 含之

二十日乙丑陰雨

二十一日丙寅陰 下午微有雪意 晴 趙次侯信來 曾君表來 譚稿 時文考

接李省生十九日信

二十二日丁卯晴陰 陳又懷甥剖腹一孫女 名之曰全 戊寅 甲子 丁卯 丑

接鄧季垂信

二十三日戊辰晴 寫李省生信 寫吳又展壽華一部 即寄 信船 趙次侯直 厚甫

又子自縣中來訪談

二十四日己巳晴 早后訪曾君表 鄰久談 又訪張㮋仰之談 以仿宋陶集見贈

又見元槧資治通鑑即胡刻祖本之又安昌[illegible]安昌之女為盧山蔡氏以歸

潘康保所藏　盧博校讀之本甚善近今[illegible]在里村張氏藏購而張以價高也

刻張出蓮巷語支舉藉之直久去[illegible]陰陵文借過陸倈文孙野又少譚乃為

二十五日庚午晴

二十六日辛未晴　晨訪趙之直自年不直　楊少泉來譚

二十七日壬申晴　下午楊少泉來譚

二十八日癸酉晴

二十九日甲戌晴　晨至府　午後合祀　先祖諱子寬加元服傍晚為宗祠

共餕

三十日乙亥雨

十二月乙丑初一日丙子 雪大風

初二日丁丑 晴 甚寒 大風

初三日戊寅 陰晴 甚寒 大風 訪汪慶甫不值 訪顧雲樵 兩湖時識之處人席中 賀其子入泮不值

初四日己卯 晴 甚寒 寒暑表三十分 池塘冰 午間稍暖和 寄所仲侯信 即寄信局

接珩弟十一月廿六信

初五日庚辰 晴 寄子寔兄信 寫壽壽挽安屏八字 即發信局 下午赴巷便郭汝雨之

招宴設甚盛 同座楊詠支、孝度、趙吹波、至老轉二陸路晚

初六日辛巳 晴 寄陳孝侯信 即發信局 寄孫陳雲殷信 即發 子英老蘭

初七日壬午 晴 大風 甚寒

接丁孫韓 ○作訃告本生母之喪

初八日癸未 晴 稍暖 飯早餐畢 出北門訪沈公久談 午進小餐 偕武三步行以北之

龍井相地 方氏所請 祖塋已無隙地 北路下之地 較寬廣 山形合龍 擬詢地主某姓價

值再約地師詳視之 返時往母山下 晡後步出 到順訪詠支 萁甫 聽保 仰 炳虎

少譚約

初九日甲申　晴　和煖　地冰將化

閱曾文正公年譜十二卷　黎庶昌編

初十日乙酉　晴　夜月甚皎　与家人玩月柳堤　寒輝照疏影縱橫　宵半煙火之戲尚

未淨盡

十一日丙戌　晴

接伯存大姪　　信

十二日丁亥　晴　風寒　寄周鍔安信　伯存大姪信　吾官子信　福兩卷信一紙　丁醴泉信　寄璋洋

二兄　李眉生信　寄石門女字祿一部　寄小眉信　[illegible]即石信局　叔之六妹信　即寄　寄田宜安

接貴初六日　　日信

十三日戊子　晴

接寄弟娘初九日信

閱曾文正日記今數二卷[illegible]校原稿 公日記甚多因無人理劇之非鉅手助譯不易 四十卷中精粹[illegible]有無畫山水筆無識是以待畫也 字已甚印多處矣

日記全部九十餘冊並無一冊前十信之文此又古版不能以付印冊下

十四日己丑晴

十五日庚寅晴 接李宇十二日信

十六日辛卯晴

十七日壬辰晴

十八日癸巳陰 寄鄧孝先信 附印書 李眉生信 附書

十九日甲午晴 寄李少荃相國信 請為吾女請

作筆寫吾女婿夫李寫一本 即日書 未能遂

請筆寫吾李寫一本 寄鄧國中堂

二十日乙未晴

接李省生 信 寄印寶刻數部二部

二十一日丙申晴 以贈壽印譜數種內甘氏印集四卷最為精為完白山人鐵筆之祖

甘名暘 字旭甫 陳高同 金陵人 手篆印譜為寄青訪其法而未希世不錫觀 又觀其精印譜

伯兆為作跋，則原與閣如是人那龢六朝，又印宋刻本古宋之佳者，以存古印

而剞劂之役不能精，且所只備六部陳立也

臨丁道護　四作

二十一日丁酉晴。天時暄甚，五六十中恆覺露，重脫帽，閣外多慳疾病，疹方異也

臨河序十二行作

又顏帖十二行作

又宋小字十九行作

二十二日戊戌晴。訪李君梅不直，遂訪謝春久談，留其留生飯

臨李碑七二十一行作

二十四日己亥晴。潘子昭來，便少談去

二十五日庚子晴。崔春為李屏詞設俸肅之饌。下午訪潘子昭，其來人如子

來隨訪其李生家，其僕呈始誦其所延，子頌亦也，微其子恩蕃所為

館師來，商也，兼少吉傳其父待之，請去

二十七日辛丑陰。冒暑記神相術，問鴻武之動靜，不問往，喧其家君子

贈尚齋責西村森政明保長生少譯　訪熙書城久譚以詠交迎師課
猶子雨為宦屬精段
二十二日壬寅陰　富阿吉往　穎嫂往　小婿二侄人
接聊季二十六日信
又鄧綰仲二十五日信
二十三日癸卯陰
二十四日甲辰晴　晡前雨　影谷記　先祖於初十坐往年

光緒五年歲在己卯 余年四十有八

正月丙寅元旦乙巳 陰 下午大雪 寫經 率家人拜天拜 先聖神 佛祖 竈神祀 先祖皆如往年 謁安定門外宗祠旋家 度歲畢壽任尹舊旋寓首下課三十餘年不意前以昨暴疾世不聽且循例爲作何下之有數已之 午後曉飯皆如往年晚供令子弟拜年

初二日丙午 陰 早飯畢出賀年 晚歸 作人共弟沈信函 亦晴 下午偕家人以拿德由往賀 宣君遠 楊寶甫來賀 多來 楊晴

初三日丁未 晴 早飯畢同子晴等琴山樹嶽祠祠拜祝 雪亦久留 午後微暑

初四日戊申 陰

初五日己酉 陰 夜雨 吾佳湖鈞堂（陳高）處被此人 不便吾谕楊寶甫 吾君部 時南君 静共家沈先大孫孫家罷自吸時宣紛半將之出之夜青黑色上該書太汝通門 寶抄六字次並曹赤貞二字下續僧織刑防晝半印

初六日庚戌 大雪

初七日辛亥晴午後至夜陰雨
初八日壬子陰雨
初九日癸丑陰風寒 寫柳葉二卷 再作蘇家林作 仰蘇
初十日甲寅陰寒 西江保鴛鴦梅古樁一株天祿臺植樂壯門外
十一日乙卯晴 早食後同子衡寬先將內外游好游市中良久返草堂
余獨訪詠支不值過 種柏一株植樂壯門外
十二日丙辰陰下午謝雲甫 靜齋滿送楊三株改植垂柳 又植玉蝶梅一株
十三日丁巳晴 趙沙侯來訪久譚
張勝之移住 四年十二月廿三作
十四日戊午陰 早食後訪詠春過丁聽蘇寓過自昆陵來晤少譚 還訪沙侯
莫卿偕人來 李丹園出西下午歸過濠過詠支與詠支聽蘇同至石樓游
余足新瘍
十五日己未晴元宵節 巳刻丁聽蘇來 候詠春 訪曾君舒少譚 下午往聽蘇楊詠春 請不至
城隍廟時觀燈

十六日庚申晴　寄儂丁致彝不直正書成再之正詠之再讀而書以證　杜彝先生

偕張雨生以孫來遇張先生余及杜彝因攬詠遊午后飯二時乃歸

聽彝內起直郡明日行

十七日辛酉陰雨雪寒寒

十八日壬戌陰寒　移植之東牆角小山上栗將露置今以兩星除地瓦礫填高之

十九日癸亥晴　樂君門東隅築堂覓移植早桂一大於盞

二十日甲子晴　移諸植巨柏一

二十一日乙丑晴　寓安娘自蘇州來

接阿壽四年十二月廿五日信

二十二日丙寅晴　下午麥君梅來訪久談

二十三日丁卯晴　下午雅陳雪生陳子君麟趙作人來飲寓安娘亦與座二

特殺

二十四日戊辰晴　馮武之袁嘯仙邦耀張德生

二十五日己巳晴

接阿哥十六日信
二十六日庚午晴
接六妹十六日信
又根弟四年十二月十五日信
二十七日辛未晴 夜偕內 園梅半放 與家屬縱觀
二十八日壬申晴 寫楹聯贈 仰蓀 伯勻
二十九日癸酉晴 張基生來自上海
接長宜子二十八日信
三十日甲戌晴 葉遐秋 蕭君默來訪少譚 答訪李君梅不直 訪張仲仰
久生借閱廣陽雜記 赴蕭作人招 同座王華遐秋李翊之國楊倪春季
君梅 遐秋 王子若汀 主人昆季 廣稿 下午歸

二月丁卯朔日乙亥 陰大風寒

閱廣陽雜記 叅 劉獻廷字繼莊 大興人 僑寓江蘇吳江 生崇禎間 此書廿所存
凡四卷 記供事明季吳三桂 王輔臣 鄭成功時事所記爲多 本朝
兵餉等事 前刻 兩及 修轄 余訪求此書不下二三十年 今始見之
雖其言異于書 而考究兼論 實可人首之 持樂非其所稿
故不能精核也

初二日丙子 陰風寒 下午借師浦 蟠節 明經廷耀 無錫人 自史家來 即日向借 夜

讀廣陽雜記 並延子承同飲

初三日丁丑 晴 静諸堦植 臣松二 又移植山茶木蘭各一盆 樹植白梅苹一株

楊詠春來 久談

初四日戊寅 夜微雨

初五日己卯 晴 夜得曾讀仲雲出生之詩 即以和之

搖裁乃新居初三日作

初六日庚辰 陰 賓虹子左陳步山 無錫居宜興 來自宜興

初七日辛巳 陰 得宋材明劉契一面 致古圖博古圖各一部 又寳豐花瓶一 皆僞

梁谿隨戈

初八日壬午 陰 夜雪

初九日癸未 晨起雪盈寸 山巔皆白 亭午西偏晏

初十日甲申 陰 夜微雨雪

十一日乙酉 陰 午有日色 夜雪 寫吳空手信 伯師信 魏船伊信 伯周啓 晴帆 郭治雨邑侯

偕季春梅樵東城萬壽邀飲 麟卿去年十二月席也 二鼓歸家

十二日丙戌 陰 風寒 夜雪

十三日丁亥 晴 同秦聊卿卿惠 勘石十二月來石湖又題唐碑研陰 倩梓人琢字

考一紙 季春梅來訪

十四日戊子 晴

十五日己丑 晴 同浦煃老游隆戈 邦壁飲 茗話在某樓中 並訪祁叟 余又獨訪

君梅還 已論古為久坐 偕返 閱季妻之母廖夫人書 明日攜冥具往弔

十六日庚寅 晴 大風 夜大雨 晨買舟欲風甚不發 偕繼門二鼓到吳壖住 此本兄吳壖嗜畫

此浩墳王音佗 舛因附誤也

拾詞齋雜如日記　永石室存已失之弱子既曰五章北信西至字居然可觀矣

十四日辛卯　陰微雨　晨出毗陵已剃頭前門赴邢氏市肆與秀云久語下
午雇舟至虎阜　舍舟登雕塑余向往所以屢至此者未曾入寺門　今頹垣斷柳　廣場
岸樵四壁　盛時碑幢林立　然寺正殿　遺址僅存　雨棚若天王殿　猶揭如一停
葛莊之安年一薄詩卷千人石　人不能設豆錦上青人新書亭史上劍泉世
賢者不改　春而觀　天工人工不侔　下山已暝　足舟泊閶門

十六日壬辰　陰微雨　雜雲稍有桃花　鶴登岸虎阜　飲茶園頗觀　盤薛安林已久
諍遠雲閣古寺野以新舊友翠　舊壞　嗟俱無訪　雖念　擇客
拙病仍云已　借此　子相久　在外　相一生　也已
困每久　訪李　有宴　停　下舟　留　路

十七日癸巳　陰　午雨　寄詞　仍　赴　飲　高
諸　二十四　讀　藏　石　畫
廿二一　十六　二　老人　平生　雅
此中秋林雪景凡一幀　又　家

世務西莊到刑子正同來廿一日下舟 寄高郵御史信 二十二日寄通如

二十四日甲午 早晴 午雨 間雷 早過鎮江 西門 訪鄧[illegible]作[illegible]談 與李壽久譚 薛安抄六也同來 初更後之畢 早[illegible]雨下舟 寫[illegible]信 附[illegible]一百一字 夜[illegible]作信 下午舟過西門 傍晚[illegible]陳六官公寄來 下直西門[illegible] 舟同[illegible]世人

接寶覺[illegible]來

又和邵仲英信

二十五日乙未 陰雨大風 早發 陳家[illegible]西莊抵家

接李申耆[illegible] 日信

二十六日丙申 晴

二十七日丁酉 晴 [illegible]之傳來 自言[illegible]相訪

二十八日戊戌 陰 吾訪[illegible]之傳 不直 [illegible]來訪 少譚 [illegible]信[illegible]日[illegible]

二十九日己亥 陰 午後晴 [illegible]之傳來 久譚

接[illegible]十一日信

又韻將初四夜

二十六日庚子晴 寫阿手倭寫本說文一部 借劉君 六師相寺借 任殺魏任 陸務

先作姚若 寄寶銘

二十七日辛丑晴 寶覺赴甲門 並泛玉蘭屢陳氏梯雪未歸

梅花初放圖 夜作蓋梅大女弱來訴事一篇

又至近浦白月山坎夜歸

二十八日壬寅晴

二十九日癸卯晴 連日皆晴 園梅花盛 玉蘭仁者皆花白 寄人游覽 午刻

春仲節 先祖祁家祠祭 近浦姨母方子頃及馬子孫餞

三十日甲辰晴 同精拓殘文字碑及工部及趙孟頫公題夫人墓志 又造為春氣

穆元公題夫人志原石本作何先生家藏 余家三十年前拓本凡數十分為

友人所得 僅存全石 未藏不知落於何所 無意於帳 異日論本之拓破

不全 至字體澆漓不減 枯瘦之 又曰 鄭公之極勝一甚

梅花篆書 二十七夜

二月戊辰 朔日乙巳晴

接仁篠舫元二月二十八日信

初二日丙午晴 下午楊誦文來 名保 家書 蓋訪錢吉仰 名錡 又謁頤了

君遠之名潛 號二和 叔

接吉字子初一日信 葉雲浦 到 將來 住名譯

初三日丁未 晴 謁訥安 名譯 訪吉士常

臣作 仰鶴句 錢卿作 叔節仲作 同上 楊曉嵐作 叔原蓋太守之子 叔原蓋之壽文 山川奇

林作 仍同 仍句

接寬兒二月廿八日家字已正壽附

初四日戊申晴 寫寬兒信 初五寄 仍句字日前去 李錦帥作 寫吉園全好一軸 仰節 仍句

初五日己酉晴

初六日庚戌晴

初七日辛亥雨 立夏 午晴 霽 未初一刻 已時 丁卯 立夏 乙未 過酥產一女 大小平順 妄 錢洪堤植老柏楊

梅香樓落成立字

初八日壬子晴

初八日癸丑　晴　寄寶兒信兩番　寄薛安林　蘇安林信　寄生古局契二分兩番　李若生

信兩番收　吳平齋信　張孝　魏明倫信兩番收

德泰若生一切來信

初十日甲寅晴　寄李若生信兩番收

十一日乙卯晴

十二日丙辰晴　李平翻北京來

接壹號兩十一信

十三日丁巳晴　寄張南陳伯節　夜五刻　地震甚厲

十四日戊午晴　寄寶兒信兩番收

十五日己未晴　接寶兒十四日食已內閣初了二號回

又阿萬初二信

又說　十二信

十六日庚申　陰雨甚寒

又寶兒十五日家　將由蘇起身

十七日辛酉 雨

十八日壬戌 陰 寒甚

十九日癸亥 仝上

二十日甲子 晴 朱蔀卿來 僕與餘年前識 今來求作文屬 直如此皆昔

接李君實十九日信 因事延納

二十一日乙丑 室下午雪 早食後寄信 朱蔀卿久談 又信 訪宋久談 同

孟明信 道 眼 徐子青 康 蘇姆人 主席潮 又識君子韜卿 及社長 陳波 蔡 問飲

陳康女士寄 下午到

二十二日丙寅 雨 晴 下午雪 寄阿峯信 卿 鳴 叔鳴仲信 仝上 孟雲子信 劉鳴

接叔雅伸十八日信

二十三日丁卯 晴

二十四日戊辰 晴 寄吳平甫信 劉鳴 李嘯甫信 仝上

接吳平甫廿二日信 寄煙二秦信 器皆真本

二十五日己巳 晴

二十六日陰乍晴

接周約翁二十三日信

二十七日辛未晴　碑賈西同豐寶子碑精拓本又無字碑乃得銅洗蓋觀齋

銅亮等拓本一冊又得三公山碑祀三公山碑東全碑王基殘碑楊宗閣王秋圃

郵印比干文比干碑魯峻碑　字集王書相國廟碑

二十八日壬申晴

二十九日癸酉晴

接吳平齋二十七日信以前寄亦信女鄭靈閣字復跋一本

閏三月朔日甲戌晴

初二日乙亥晴 訪吳君鞠如譚 因子偕吳齋久坐 並過解仲庵 下午歸 寄英

平安信 仰蘧信加 李君生信 同上

初三日丙子晴 朱紫卿李仲久譚

初四日丁丑陰風寒 姜媽產女將彌月 留拜之 先祖名安日穰

初五日戊寅晴

初六日己卯晴 孝侯郭幼雨邑侯及八首饒人庶常 前日來信 邑人 協和直 寄劉

申孫信 仰蘧加 劉雪坦 劉雪坦信 仰蘧加 周錫甫信 金山 湯衣莊信 左二

接陳壽二月廿四日信

又湯石笙初二日信 丁外郎匡庵 二

初七日庚辰晴

初八日辛巳晴

初九日壬午晴 接于永二月十五日信

初十日癸未晴　寄吳平齋信　寄盛旭人信　石家雨生信附　潘季玉信右郵寄
人季蕃信　又上　香巖信附去　寄眉生信附去
接鄧葆之初九日信
又鄧季萼同日信
十一日甲申晴　延畫師范叔文候文正公小象
接眉生初九日信
十二日乙酉晴　寄眉生信　寄大兄大人　英四元郵寄　子永信　郵寄樊寄信
賀君壽慈來訪久談去
潘吏部湘蓴寄以未下鹽豉小詩侑之
清尊為此踏征帆。全篇疊疊缺不起。厥火睟離白午時。白銀盛來
香不美。東國七計不味殊。料蘋淡飯猶能甘。況茲蓴芳滑適愛。
一杯到口先加餐。配鹽幽菽未下豉。持用報君佐烹滋。人生好異口腹
同。莫笑伙曾作為事。
靜淡晚行

暫拋筆硯許蕭閑。靜遶堤腰自往還。花裡春星池上月。橋邊煙樹屋邊山。歸生志事憐何者。傳家心情樂閑閑。煙霧蒼茫罷一棹。清波無那笑衰顏。

十三日丙戌 晴 夜月 世保與南陽君持酒過訪，同飲至二更久

十四日丁亥 晴 寄那季羅信 寄[illegible]正翁信 [illegible] 寄[illegible]

孝

接吳平甫十二日信

十五日戊子 晴 下午雨未止 [illegible] 來寓 [illegible]

接魏伯仲十二日信

十六日己丑 晴 夜密雨亦未久

接[illegible]初五日信

十七日庚寅 晴

十八日辛卯 晴 接[illegible]十六日信 [illegible]十七日信 接[illegible] 寄[illegible] 寄魏伯仲信 [illegible]

後日上 黃君靜來訪

接阿弟初五(?)信

十七日壬辰 晨(?) 訪陸(?)仲(?)文久談 談過滕(?)氏 下午歸 晤黃君靜 偕弟書歸

寫吳平齋(?)作寫(?)新(?)前一過 即寄 作札(?) 康(?)翁(?)生(?)作英(?)詩三首(?)第一過 寄(?)書(?)

~~十八日~~ 寫館(?)自(?)時(?)

接六(?)師(?)初三(?)日信

又作復(?)初十信

又陸子茹(?)生三月信

家菊初到寄平江李使君

餞霜含露氣自華。筠籠先入野人家。遙知山海陳(?)方(?)處。也許清蕊(?)浮(?)茗(?)芽。

秋花耐寒白雜肪(?)。荒(?)精(?)人間自古香(?)。一樣鮮(?)濃(?)情(?)猶(?)舊(?)。未(?)識山野宮(?)草(?)堂。

供(?)藏(?)東(?)籬(?)初朝晏(?)。剛被人呼玉版(?)郎(?)。不是搭(?)新(?)擱一角。留(?)庭(?)秋(?)

醉西王千年。

二十日癸巳　陰微雨

二十一日甲午　晴微雨

晨法相宗[illegible]讀因明[illegible]論序[illegible]為陸[illegible]文[illegible]作

陸地第二特天來。筆鄉如何蘇小林。一淨寶庵千古事。而今人傍寺思禪。因明[illegible]二十年[illegible]五載[illegible]以為因明人[illegible]相傳[illegible]

[illegible]道已行。近人論[illegible]

方。烏丘閣字秋作集。嵐[illegible]中[illegible]風。

[illegible]自知。[illegible]師。[illegible]

來可[illegible]。

[illegible]人物之[illegible]。[illegible]下[illegible]。陸[illegible]樓[illegible]　一[illegible]雲烟[illegible]。

[illegible]評。

二十二日乙未　[illegible]

[illegible]

報吳平齋廿一日信，寄進鼎(?)彝壺敦拓本各一，自書壺頌函之

廿三日丙申　晴

廿四日丁酉　晴　孫弟子卿送鑑金之八姊飲之。於江侄補存時來。因校對篇(?)楊聲經

接金之八姊正月廿六又本月初三日信

又櫻亭十二日信　寫齊女家傳一篇

廿五日戊戌　晴　寫櫻亭、六姊信，仲飴信，任筱沅信，鄭子琊信，金之八姊信，金上

齊女二鉼歌　子琊弟來

胥江江津夜有芒，其旁退樓多秘藏。鸞書鳳字何皇皇，下視珠貝猶粃糠。尊彝滿室僂指將，就中齊鉼數最長。前器後器合一堂，遺文三百交輝光。前器百六十餘文舊藏阮氏積古齋，後器亖十餘文舊藏曹氏懷米山房，今皆入吳氏退樓。雲雷虢饕餮法錦綮，赤瑞翡翠紛紺蒼。奇籀夭矯龍始翔，敢取繩墨期相當。白雲隊起風中颺，朵朵花落覆玉牀。讀之百遍微鑄張，語奇事晦疇能詳。羞鉼羕器罍未彰。彝器銘辭必云作某器，此云鑄𦉜羞鉼，後器云鑄𦉜羞鉼，而不云作罍，故疑𦉜為齊侯女名，而非罍器也。前器不云女者，省文。鉼即鉼，說文鉼似鐘而頸長，从金幵聲，斤幵音形並近，鉼之反文與鉼同一。鉼字亦即鈃字，周禮掌客鈃四十有二，注云羕器也。鐘之形制，諸家不詳，攷漢太官銅鍾形正如壺而頸短，銘以為鍾，可見古鍾之制與尊罍無甚異，後人均以尊罍名之耳。此器形亦類壺而較頸較長，與許書甚合，必為鉼矣。以羕器，故云羞。鉼若罍則酒器，不可言羞。鈚匕也，說文匕所以相比取飯，一名柶，詩大東有捄棘匕，禮雜記枇以桑，古匕用木，故禮經枇魚枇豕之枇多從木，此則鑄金，故字從金。其與鉼合銘者，曲禮羹之有菜者用梜

其無菜者不用梜正義有菜者為鉶羹其有肉調者犬羹兎羹之屬或當用匕也鉶既羹器鉈在所必用故并鑄而銘及之知匕之用不第撓鼎載實而亦以調羹經說不詳證之而曉然矣鉈器微小不特為銘後器遂略之也

我云女䍜尸孟姜不然乞也魚敍嘗曷擧内子稱田常女䍜名不可知以時事攷之蓋陳無宇子乞之妻而常之母公羊傳陳乞迎陽生諸大夫皆在朝陳乞曰常之母有魚菽之祭願諸大夫之化我也常之母即乞之妻矣夫在而稱祭以召諸大夫殆以其妻齊侯女貴可以號衆乎詩采蘋誰其尸之有齊季女女之尸祭已見於古

當時五嶽神明央鳳鳴卜家世正昌耽耽諸族瞰虎狼二卿將飲遺周防無宇迨君辭莒旁

胡為嚴邑畀高唐公孫古冶志若狂賜桃爭死先開疆阮儀徵之說以銘辭堇即左傳之子疆疊即史記之武子開其說甚辯然晏子春秋言公孫接田開疆古冶子事景公以勇力博虎聞田開疆與田開字子疆為一人顯然可知杜氏預云子疆武子字者當時必有所本未可厚非又史記田完世家云田桓子無宇有力事齊莊公甚有寵是開疆勇力博虎乃由家學亦足為田開疆即武子開之証無宇子開乞書又系本無宇產子亹此銘疊即亹此云堇者未知何人蓋其時開已死乞擅公室而堇疊諸子助祭於乞之家從其樂舞也

惟乞擧樹子陽詛盟大夫佐驅攘相齊專政厥志償工請王室要天慶治鑄宗器羞羹

湯銘勤辭聲洋洋政衰遜熄徒弱強尚德尚力失否臧嫗乎采邑終翦康磐石不固移

侯王此銘之作蓋⊕記乞立公子陽生相齊專政請於天子為齊命卿歸而與妻祭於無宇之廟之事故首言旅齊侯命聽命於天子中言受奉齊侯拜嘉命及誓於大司命用玉於南宮終言鑄新鉈以御洹子孟姜文甚秩然爾雅釋詁旅陳也此言陳齊侯之命以聽命於天子也受奉齊侯受必人名不然不辭乞之名不見銘中說文乞即雲气字玉篇求也受說文云相付也義亦作取管子畚十五吾受而官出之以百注云受取也求取義近故無宇諸子惟開字子疆書字子古見於經傳而乞之字無聞據此銘疑名受而字乞古書簡略足補遺缺誓於大司命指乞盟諸大夫之事史記田完世史記家田乞請諸大夫會飲田氏田乞盛陽生橐中置坐中央發橐出陽生曰此乃齊君矣大夫皆伏謁將盟立之又云悼公既立田乞為相專齊政此蓋得政之後命為卿士而與諸大夫尋盟也盟而遂祭於無宇之廟前以常之母之祭召諸大夫故銘稱女䍜其以天子之吏稱洹子者曲禮天子之吏鄭注引春秋傳曰王命委之三吏謂三公也是天子之卿大夫尚不得為此稱然周制變更稱謂日僭左

傳僖十二年王以上卿之禮饗管仲 管仲辭曰有天子之二守國高在守與吏無所軒輕則當時命卿已有斯號降及景悼之世宜大夫亦蒙冒稱之矣且無宇[illegible]景公初雖不為卿迫逐欒高而分其室其勢當不終於大夫況乞親執國政之時以卿禮葬其父亦禮之得禮 二千年事渺復茫欲一者前器銘兩稱後器銘一稱天子之吏皆與洹子齊斷不得移之他人甚明

議論誠荒唐退翁好古志勉釁[illegible]十年鉤索[illegible]亡如更饑饉甘稻粱我昔慕好目未相緘題忽到充篋囊裏剡藤穀薄白截肪翠墨澀澀分條行部鼎納廟詎可方且弆真本為琳瑯作詩報翁索肺腸何以志之永勿忘

廿六日己亥 陰雨

廿七日庚子 陰雨夜風

廿八日辛丑 陰 下午霽 晴日 寄吳平齋信 [illegible] 薛安叔信 [illegible]

廿九日壬寅 晴 薛浦安來以其先人二象求題 寄薛安叔信 [illegible]

接

接薛安叔廿八日信

三十日癸卯 晴

接完甫十四日信

題陸存齋先生採芝圖

[illegible]

佛菩薩出世。南北有巨公。洞垣擅妙術。肉骨奏殊功。豈唯因時異。應為及物同。誰云方白屋。真可慶君家。任重心能壯。夢稱德作崇。更信知能合。何以欲嘉聲。樸於淵德日。雲向偶然通。饒道得傳業。展卷仰清風。澤厚傳當遠。源長藉籍豐。請看羣後美。吳至此園中。

題陳樾峰先生桐陰圖　樾峰為寓主之祖。官清南某郡令。有名醫。好釋氏學。稱居士弟子。都中人題詠甚多。云是虛上異人也。都仙[illegible]記之

龍爾當年兩傳道。寧有身心比丘禪。於今一卷桐陰下。方解仙學翁字詠。

古廟香燈事舊盧。只餘靴聲來清除。主上心脫記存見。只遲識先師意尚無。

三甲陳太少逸句先生白有信南記承後記感嘆戊午自刻九月廿日[illegible]

四月己巳朔日甲辰晴雨、暨陳元巻指以一杯開天西翁去安

初二日乙巳晴　邑郎景自有就舟饒彦之攜余錫母敷年未見其荒　若傳子順並携四子及孫輩学小舟擬御廣遊黄耳日青山傍樹百飾佛顏穩携映為安西山道宝閣舟轉陕山元無聲攄之處游為勝觀為常譜舟中看夜江南澗徐十倩藉景惜無估山旅四之蓝識包矣一

初三日丙午晴

暨謝歸春舟向房印譜

朕思覺養内詩集。刀斋八法最於服。將知一脈傳於稿。不為人向記於雁。

初四日丁未晴

初五日戊申晴　訪陳序文　李幷蘭　朱崇仰　姚　譚益久　訪諸作人不直　訪詠没譯丞　下午乃返

初六日己酉雨　括庫安林初四日行　宫仕德阮任卿商　若子喬任十三巷云宝　李弟任卿賭

初七日庚戌　全敷面　館師甫怪老自家来

初八日辛亥雨　候黄君静賀史守子之喜　又叁儀庭元甫送日伊聊等春遥

蘇也兩函均前日所發

接河南函，二月廿八日發

又子琳信，閏二月廿二日發

初九日壬子，早晴，下午陰雨。寄藤安林信附照

接藤安林初八日信

初十日癸丑，晴。午間接丙君靜、陸保文、楊少巖書畫匠陳許人皆君送門

餞之送陳賢綸。飯自己門來携十方借寶見數於閩，若白無餞

三下午家言。朱篆卿來訪，久談

接吴永子函，初七日信

十一日甲寅，晴。寄定甫林信，並題詠信，寄下初信，歸晉山信。均十三日發，寄寶見

接閩錫甫初八日信

十二日乙卯，晴。早往畢道，手順拜晤寶見、丙君靜、陸保文，還寓门

晚至不晤陸，又至叔彥卿寓，少坐，赴市中，觀寶會，甚繁鬧。下午歸

十三日丙辰，晴。恭謁雲不志，順天大典之禮，正定全府至本日，酬對客，廿八序冊處

寶先書已付之。寶先即日渡河回津矣。陳惕叔勝、楊君吉甫三人皆
一舟二孩，時以小匠之門外宮庄園殿已五載，初陳惕之案，見已於家
俊之林守門戶，來覽隕肩心甚憐之。此事理當然，無足驚嘆
十四日丁巳　晴　寫泰筆來信　即覆付船
接河壽初六信
十五日戊午　晴　看儀事臣辭登　晨起謁家祠　即出南門　夜陪[illegible]
十六日陰己未　晨拜五府　出門坐舟　澤子祖　合罪登岸　至元將觀前閣
探問陳碩卿中丞之喪，同徐益林飲君觀中　十年返舟　寫鄭季
行　鄭蕃　鄭葆　至鄭季孚家　其見樹人　後至孫家表西賓之　寫家信即發
十七日庚申　陰微雨　晨邀安井至　移舟南門外　同至[illegible]
理行李畢　午刻移舟山塘　[illegible]
入游之　男士女甚[illegible]
十八日辛酉　甚雨[illegible]
[illegible]

價昂力不敢受，多種後下舟，到盤門，小舟至，出舟已移去，此頃舟亦合舉

瞿岸孚訪，謝舟龍渦孝史身後事，殊可嘆也，入暮別去

十九日壬戌，晴（午雨晚稍雨稀）。偕君綸舟葑門，至周物家，以價昂昂，銀五百兩與之

又士蓮訪，李駒生安付何曰歷經取殺序，作振本，畢毒稱區

來共渡跪而神氣免是，只真面觀，依侯武年，肯女子也，出訪意

張肩久譚，同訪楊見山，作後降，以作家合舉。至吳子寫年寒

六十九矣，多處，隨見家先生多子，藏寫人近，因入久譚日，觀所得齋

任物寫，大小山一院氏，其一年，欽只上角書氏，盡六八年，換為於之

書並青保陀，逐留書，平家，以為世人世，重金二師，得平修古

修書由之，下午，別出到藏說，御存舊好，論借前回宴，林墅蓮逝舟食

畢過，去此，歸不遇，又到園宅，看士來請，後到其名處，譚二枝刹

二十日癸亥，陰，晨起移舟葑門，邀屈其子同登舟，到觀前書坊閱

大德本前漢書與余藏正德本，遂用化本校伊，擬借抄補闕卷，又同到

汪姓別墅觀藏石，係山地，僅十弓，而藏峒樹林，碟，徑大眾，各本也

又同到戲園看戲 余不至此者亦已八年餘矣觀此繁會

不異昇平一夢 晚赴瑞臣張慎齋天利煙閣尤陵獻西觀劇出

與朱膜安林趨談字小詩乃偕過柳次泉李久孫二談下舟

接南陽書十七八日兩信

又寄兒十六日信已到上海

又李翁生十七日信到震澤寓予之蘇

二十日甲子陰順風 早抵齊門巳刻 吳璋未刻抵家

二十一日乙丑大雨 同家人觀雨池上

接南陽書二十夜 蘇州寄又四

二十二日丙寅雨 寄河南紀卿函 薛安林信 仲穎姆信 鄧後

接薛安林廿二日信

二十三日丁卯晴 張仲卿來談久譚 夜有寒熱病甚虐極

二十四日戊辰晴 患瘧溫瘧擬不服藥

二十五日己巳 白露 瘧中懂 下陰晴皆不記 瘧仍劇

二十七日庚午

接皇兄四月十九日信在廣州

二十八日辛未

二十九日壬申

三十日癸酉　連日疾阿斑服本地醫生方相丹翁未去病

五月庚午朔日甲戌　不孚君晉用雲湯洗　晚向伊祥姓瘥不減　接庚寄

仲簾兄廿七日發　仰看

接親臣伊四月廿六日信

又晏平甫四月廿九日信

初二日乙亥

初三日丙子　吞丸以療瘧時發

接根亭四月廿二日信

又南帽女初二日信　問疾

初四日丁丑

接卯文叔三月廿四日信　許以次女字秦次子寬

又邵青人初三日信　已自閩歸

又薩安林初三日信

初五日戊寅

接任蘅氏初四日信　云谭潔因彭直薦往邸居木濱新宅

初六日己卯
初七日庚辰
初八日辛巳　自初一至今夜夜不寐，今日再作，寒熱每晡輒作，形類瘧疾
初九日壬午　趙次侯來問疾
接賓兒四月廿四日來，又接天津平安無恙
又靜毅、靜極函，初六日發
初十日癸未　連日寒熱昏口汗似瘧非瘧
十一日甲申　常州時醫鄧君謙齋，應此間行醫聘，以同里來訪
寄中丞函平安方
接賓兒四月廿六日家書，寄生天津
接趙元暉京信，知伯如佳
十二日乙酉雨
十三日丙戌
十四日丁亥　楊价翁來問疾

接存弟十三信

十五日戊子　連日病少瘥

接寅兒初一日禀　寄到郯城志一部

又接祺姪在之四月廿八日信

十六日己丑　寄吳平齋信附白摺卷

十七日庚寅　謝府台每與盤收沱飯半桶

十八日辛卯　陰　以經保臣久未晤　買舟投虞訪之　下午下舟　通

夜行

十九日壬辰　晴　黎明抵蘇　訪存安林　讓舟即行　下午抵木瀆

經保臣久譚　二鼓下舟

二十日癸巳　陰微雨　晨起　保臣來舟　同至其宅　飯　兒戲以療

不寐　下午　竹橋　廣東人　昔年與余相識　來訪　保臣同

譚至二鼓　擬明早　七月初　來送其

二十一日甲午　晴　早晨　東門　寅兒偕　以舟中

出岸上　有池亭　李

午別去 下與[illegible]三[illegible]孫宰庭

梅[illegible]十九日二十四作

二十二日乙未晴 石湖探家 [illegible]

二十三日丙申晴

二十四日丁酉晴 連日無甚寒 [illegible]

二十五日戊戌晴

梅[illegible]十二日作

又[illegible]十七日作

又[illegible]廿五日作

二十六日己亥晴 [illegible]

二十七日庚子晴 南陽[illegible]

[illegible]一事

二十八日辛丑晴 [illegible]雷雨[illegible]止

二十九日壬寅晴

梅[illegible]十五日[illegible]

又[illegible]初十日作

六月辛未朔日癸卯晴

初二日甲辰晴

初三日乙巳晴 朱蕃卿來訪 携張岳軍字一譯

初四日丙寅午晴 連日懊熱 雨下午易有風雨 云勢極衣裳炎熇 趁雲氣不接 微雨即止 水涸一二尺 農田甚待澤矣

初五日丁未晴

初六日戊申晴

初七日己酉晴 寫呂堂之作 仍日發

初八日庚戌晴 楊錦武來訪談 今年靜農稱病 因為世繁 余以疾未能時晚 暑早與詠史之寫字中 產勤已久

接李紹安初六日信

初九日辛亥 晨雨 殘暑蒸鬱 有風甚爽 南陽君澤日時甚亡來 余無暇

家人稱賀 靜農 擬寫解字 并年動工

接勇之徵師五月卅一日信

初十日壬子晴 連日覺精力衰減方療時得信即發兩游北京協會業
並云伯唐來候往香港之路久談又至楊壽翁處少坐
接任候函初七日信
又寄笙子初九日信
十一日癸丑晴 寄方元翁信（卯若） 馬寄 張學良信為元翁事（卯若）
十二日甲寅晴 合西紅五角各處同出發郵
十三日乙卯 陰雨 晚雷有雪 趙四信來候 寄柳公威信（卯若 寄人壽）
又寄人李乘信（卯若作也）
十四日丙辰 陰雨時晴即止
十五日丁巳晴 寒晴
十六日戊午晴 寄魏紀伯信（卯若作局） 寄見信十八若 為君都信付若
十七日己未 時雨時雲 早午後寄訪趙（張協）偕人來墓卯久談 又寄訪一訪文
談伯久節午後畢 出北門寄訪趙信不直理其子祖白少坐即回
接柳季卷十六日信

十八日庚申　晴　寄叔季垂作　[illegible]

十九日辛酉　晴

二十日壬戌　蔚若來　季垂自蘇州來留宿譚　寄叔季作[illegible]

二十一日癸亥　晴　與季垂譚　立秋節祀　先祠獻瓜果

二十二日甲子　晴　舉世天久不雨　田禾龍甚　静園[illegible]樹之樹亦多枯死　先生謹侍今年正月至五月朔皆大月　[illegible]咸豐六年內[illegible]四十日[illegible]

餘矣　與季垂譚

二十三日乙丑　晴　季垂歸吳去

二十四日丙寅　晴　[illegible]二十六日[illegible]保定[illegible]

二十五日丁卯　晴　與[illegible]

二十六日戊辰　晴　[illegible]

記一[illegible]

[illegible]

梅居英元 日 記

二十七日己巳 晴

二十八日庚午 晴 楊嘉猷來訪久譚

二十九日辛未 晴 ~~傍晚有雷聲而簷~~時不雨已二十日燠熱異非常 一日急如火

來因為稻首民苦厚 祈禱已數日 傍晚有雲起西南雷聲殷殷方欣

盼雨忽大風起頃刻吹盡

三十日壬申 晴

十二月初一日癸丑晴 下半陣雪漸起風 以為要 閉戶君靜以事 南炳清晨

往訪之久譚而宮見書甲与從前月讀作可挽否矣

初二日甲寅晴 宮寶甫任 初二番 發本本轉下寄之家

振 復陳炳瑩之十月廿日信

初三日乙卯 黎明時雨閉門坐 滿點滴聲 即止 偶白出鼎 縣 上 庭上 間陰雲四合

甘雨大澍 惜時未久已止 不雨二十日矣 欣聲已四起矣

初四日丙辰晴 下午換舟東赴不讀 以修見隨作般也 而未能作儀矣

則

振 寄宮之之初三日信

初五日丁巳晴 與彝卿舟挽京門 遣徒存安茅玉之譚 擬以詩事 己刻

登岸訪鄰人孫季直 挹 值其講習 雲龍寓 久譚留午飯 並借偽人舟

未刻出胥門 舟已先至下舟 即月借校讀 登岸 存老久

譚兌卿子至未久甚快去

初六日戊午晴 卯刻促舟返 過川少雲 即下舟主人 俟即沒赴

得夕刊　再疊午正韻　即用元韻寄家久乞年今　又題李眉生帖
詩　下午過丹甫慰之　子君若自學績似云兄與其又興少別天字韻
清秀可喜　詩贈楊舟叟門
接南陽書　初四日信
又得湘臣前月廿六信
初七日乙卯　晴　出舁舉家少讀白書　登岸至邵宅　見母夫人　十一出殯
余病軀憚暑不得僅免但拜也　寸亭久安於後來同姪至吳園攤過
年睡下舟過虞方寸僧忽正野寢臥寒熱頓至　燒園支求以藥不
得奴子接叢香叢葉滿滿以服　微得汗後稍好　為伸之信
良久應話和扶我下舟喫菜豆粥一碗　並大汗淋漓數回而臥方
睡去月中門　夜泊吳塔
接南陽書　初六日信
又蒲伴仙初六日信
初八日丙辰　晴　展刻掃墓　叢頭登岸　申入內家忙

初九日辛巳 晴 夜少雨

初十日壬午 晴 楊見山太守（見山湖州人，前守常郡，今蒞此守附版人也）來候，以病謝之

十一日癸未 黎明得大雨 夢中閱[illegible]廣瀚卿所惜六石久如日中[illegible]鄭經

[illegible]只 靜澄東來 寄為小石畢匾額 東阜今日照舊 工人來 大

十二日甲申 晴 見山復來 佳按病步（名）譚

十三日乙酉 晴 先祠共喬茄饒 扶病拜墓 力甚不支

十四日丙戌 陰晴相間

十五日丁亥（接吳平齋十三日信）早晴 午後大雨 晨謁 先祠 自病後兩月未將一禮矣 早飯畢

候楊見山久譚 又訪師友六之譚

接寶廷六月十四日京中來信

又吳平齋十三日信

十六日戊子 晴 下午大雨 寄子穎信（寄安石附）寄吳平齋信（附同龢） 張仲卿來訪

十七日己丑 大雨 寄寶廷信（附同龢） 鄭澄東小石畢歿名之墨痛惜

十八日庚寅 陰晴相間（陰晚）午後大雨 下午得楊見山、楊詠春、張仲卿、趙次侯

四鼓二時醒

十九日辛卯 晴

二十日壬辰 晴 早食後訪訥安司馬 過楊見山久談 又訪張佚卿 過其寓觀劇

隱隱行不直 又同訪李升蘭久談

二十一日癸巳 薄陰

臨孫叔敖碑廿七行

又寫元碣十三行

二十二日甲午 陰 擬為邑侯陳韵卿書序 稿寫良久 擬致以未得意辭不就

之

二十三日乙未 晴 夜雨 靜得為舫友並自百衲跋製未畢 為靜得撰是

日記工

臨陳壽十二行

又爨寶子廿二行

二十四日丙申 陰雨

二十五日丁酉晴　寄穰卿、慎菴信（仰昌、信局）吕定子信（仰彤、信局）薛西齋信（合上）

二十六日戊戌晴　候郭西雨、陳何臺、西府晤、晉者不直，又候李君梅

楊星城六伯來晤

二十七日己亥晴　天放樓西平原一帶，意為周氏所營之園，況他徙因以

為倉屋，余擬更為築小樓，下●言●稿，余存願園東隙地，暑與

之

接鄭孫仲廿四日信

二十八日庚子晴　傍晚下雨　園林世稼偕南陽君馮瑤玩賞

二十九日辛丑晴

梅楊先山　從寶珂裝學碑一幀

八月癸巳朔日壬寅晴 蹟静[illegible]長果[illegible]尺十二丈保各三四漸波闊道

初二日癸卯晴 叢三伯協戒括飲辭〻 守河三手作御暇 那季壽行 御暇作批 契機伴行 御暇作為 昭文邑侯陳鈞堂素候久譚讀書悦在人也

初三日甲辰晴 守究作 御暇作為寫〻師 佐篠民作 樹堂作 薛安冉作

御暇

初四日乙巳晴

初五日丙午晴

初六日丁未陰 浦[illegible]晝自御暇

初七日戊申陰 守薛安冉作御暇

接御香[illegible]至初八日作

又薛安冉〻初六日作

初八日己酉雨 秋分節 午間合和先祖 晡邀朱[illegible]御宿[illegible]香伸仙

[illegible]子時生 [illegible]產穀

初九日庚戌雨

初十日辛亥雨 寄穆忠山信 寄陶詩一冊 仰駱 接寶延七月初七信 楊安弟七月卅日信 吳年翁初六日信

接韓念祖初八日信

十一日壬子陰 寄韓念祖信 寄立達書目二本 仰駱

十二日癸丑晴

接寶延七月廿一日信 已函知

又聞楊安初十日信 寄子訃 從因遺墨一包屬討寄

十三日甲寅晴 君儀陳鍔墨不直 並請作人題久保

十四日乙卯陰晴相間 初夜有月 旋風雨甚厲 夜同南陽君侍者溫酥吉橋上玩月 湖心寬廣 約東西十丈 嬉轉信境 勝景獨可憶 幸記

十五日丙辰晴 夜月甚皎 初夜如鏡月偕家人賞節之余獨至五橋守一時許 得風露乃回

接寶延七月廿七日信

十六日丁巳　陰雨　臨高昌墓誌殘石三日畢功　倉頡碑畢　適兩至

五師以為大喜

十七日戊午　晴　夜月甚佳　賣去磁般子　又賣去忘年交之壽硯匣二

蓋此兩夜予畫了　送壽字工

十八日己未　晴　寫吳季高信　即答付紅

十九日庚申　晴　寫黃見信　傳兩舊作

二十日辛酉雨　陰

二十一日壬戌　雨　下午趙仲侯楊研青李好之同趙作人楊書城先後來視余

李吉楊、滕、橫經為寫

梅楊見山十九日信

二十二日癸亥　陰　陳觀查指領不對

接伯序大姪二十日信

二十三日甲子　晴　下午朱葉卿來談

二十四日乙丑　晴

極安第二函二十二頁

二十五日丙寅雨

二十六日丁卯雨　寄楊見山信（即寄信函）　仍寄大姑信　寄孫四兄（即寄信函）

二十七日戊辰雨　至李祖良家弔其母喪　訪鄉友談懷補　又到朱某處

久譚乃歸

廿八日己巳雨　寄吳半舫信（即寄信函）

二十九日庚午雨　故人湯亦蒼不見十年矣　從杭州來訪　彼此喜慰　相見懽

甚　縱譚至乙夜乃別　李耕軒內弟郝來訪

接子承婿十五日信　同孫五江寧將寄到

九月甲戌 朔日辛未 食倩相商 与衣谷譚竟日 寫韓嘉穀信

李聽軒來 趙訪李聽軒、顏光舟

李青梅來書訪

即寄

接韓嘉穀八月 日信 寫寄李安卿、賡桐、孫擢來 兩大冊已得

初二日壬申 陰晴相間 安林自蘇州來 寫郵寄王楷亭、殷之梓、郭將俱安

林旭冉監造先來 賡座也 朱葉卿來訪 衣谷亦同來 郡舊好團坐

昌言夜來過

接阿哥八月十九日信

初三日癸酉 晴 早往候王秉靜 先母夫人 祝之也 陸雲孫流女 午

劉陛陳文來訪 午後赴朱葉卿之招 与衣谷三人同飲 鄭氏 南陽

君惠雅 副

接順齋八月初三日信

初四日甲戌 晴 夜雨

初五日乙亥 晴 女黎之死 匝一年矣 南陽君傷痛甚切 余亦腸中轉轉不能止 困

接衣谷寄來生辰 以書與之 下午犯病

接寶先八月 日手寫函 閑作辭謝 並工夫甚 不謂也

初六日丙子晴 下午朱蓉舫來久談

初七日丁丑晴 楊思立 詠春之子 來訪不遇 偕筠 安林呈甫過蘇 偶然看

與三哥書

接六姊八月廿五日信

初八日戊寅晴 寄三哥信 子郎侍旁 六姊信 子郎侍旁 寄竹庄 實之山東安邱人 江蘇候補 在楚軍中辦事

接張芝青八月廿三日信 李儀久談

又廣陵清初六日信

初九日己卯晴

接胡季壽初六日信

題吳中七老圖 滿眼之儒香下駐子山讀納史 吳門之

七人四百八十歲 共際休明得大年 扁劉蒼舊莊原孔 角山中之有

吳門吾大人以耆德會之為樣者 指在先殿賓之四皓 梅地志詩中請角里先生杜闕延 術吳人

正道以還元祐績 雖隨不能與風流 嵩會宋世最盛 李文正宴張好向壽錄 道九老文潞公至君 宋本壽錦香亭五

老杜初止王孫亭 稱雖隨至老

朱趙後孫論壽稱元祐七老 今來對見待賢下 不教詩人杜郭慈 明初高處

王仲聲繪吳門十才子

又題於卷十首

當世得協惆悵風。記中猶識舊閒遊。

滿雲儒字季玉號舊閒居士李子昔

當年人盡羣異軍。蠻陽春風林館風。

立軍中歲之錦人或不知為字

初十日庚辰晴　晨候于竹廬久談　訪仲儀不直　到詠芳處長談不下晡始

釋協送順壽湯佛文並贈襟從仲禔壽

前年謝之

十一日辛巳　陰雨　寫壽文數行　竹君　竹虛　誠安來候　余已偕子竹廬來談　下午

小澹乃去

十二日壬午　陰雨

十三日癸未　晴　大風頗寒

十四日甲申　晴

和答杜過李陵二首

身退未隳書。時義總衰微。何期動丹碣。未與共茅簷。寬贍雲橫

樹。開門月兩飛。此間宜業勝。安能負天緣。

陵地皆栽樹。宅墻上遶遶籬。辛勤

老大已堪悲。旋月千杯憶。

吳霜兩鬢蒼知枯榮隨物化且論論心期

十五日乙酉晴 答詩于竹虛不直 又詩為君稿久傳

十六日丙戌晴

十七日丁亥晴 同方普乘小舟至北郊 飲荔薛氏墀 道經次侯賀

抱孫孫手不暇 又與沈子樓其屬在山谷游雄山三峯永寺 西萬家

踏石劍門 出留石良久 衣袂覺好奇 諳生平未見此景 薄暮下山過帶雲

照石壁青黃赤黑膚異類 姣女撲常已上燈 弟蓀卿王耕生來訪 侯

至晚而去

十八日戊子晴 寄弟平安信 竹卿附若

十九日己丑晴

二十日庚寅晴 李升蘭華通秋訪作人來豫轉園詩稿刻事 于竹虛寄

廿一日辛卯晴 答詩于竹虛送行 兼寄袁山卿 書去寄于久諒 久諒郎

仍雨上巳 余兩手寸乃觧

廿二日壬辰晴 北閘招飲 實見今晨文灑讀真未完而了 惘然

接六姊函、五侄

廿三日癸巳　陰。寫寧兒信（郵寄，併函）、六姊信（郵寄，交陸順子）、季垂信（合上）、子康信（郵寄）、辛子碩

廿四日甲午　陰，微雨。趙次侯來，久譚。下午約趙作人、李升蘭、曾君表，邀陸梓文來小飲，並請浦蟋香諸客同席，初鼓散去。

廿五日乙未　陰雨，三[illegible]。午謁祠，李慶奠酒。

廿六日丙申　晴，大風甚寒，換衣未夜。

廿七日丁酉　晴，風寒。下午王耕生（若蔚）偕孫人來訪，示其及案，久譚乃去。

接吳年函、芸人，見寄顧古錢拓本十二紙。

廿八日戊戌　晴。

廿九日己亥　晴。候郭幽雨大令、曾君表，靜皆不遇。又候楊聽颿，賀其子少泉（荔）續刷，楊之妻主人昨不見客。又候吳頤伯，亦不遇。又候楊雲威，久譚。又候陳翁壹，金亦不遇。又候日耕生，華服朱紫，仍久譚。又訪楊仲甫，久譚，並晤諸作人。下午到石梅山耕，又君閣，遊石臺，登憑眺。耕生、來卿皆來，言大司

過陸氏園看菊並酌

三十日庚子晴　韓畫左歷先歲

接錢伊恩廿七日信